Exilforschung · Ein internationales Jahrbuch · Band 6

Fördernde Institutionen/Supporting Institutions

Akademie der Künste, West-Berlin
Leo Baeck Institute, New York
Friedrich-Ebert-Stiftung, Bonn
Lion-Feuchtwanger-Institute, Los Angeles
University of Alabama
State University of New York at Albany
California State University, Long Beach
University of South Carolina, Columbia
Wayne State University, Detroit
Philipps-Universität Marburg
Smith College, Northampton
Texas A & M University, College Station
University of Illinois, Urbana

EXILFORSCHUNG

EIN INTERNATIONALES JAHRBUCH

Band 6
1988
Vertreibung
der Wissenschaften
und andere Themen

Herausgegeben im Auftrag der
Gesellschaft für Exilforschung / Society for Exile Studies
von Thomas Koebner, Wulf Köpke,
Claus-Dieter Krohn und Sigrid Schneider
in Verbindung mit Lieselotte Maas

edition text + kritik

Anschrift der Redaktion
Prof. Dr. Claus-Dieter Krohn
Weidenstieg 9
2000 Hamburg 20

CIP-Titelaufnahme der Deutschen Bibliothek

Vertreibung der Wissenschaften und andere Themen / hrsg. im
Auftr. d. Ges. für Exilforschung von Thomas Koebner ... in
Verbindung mit Lieselotte Maas. – München : ed. text +
kritik, 1988
  (Exilforschung ; Bd. 6)
  ISBN 3-88377-286-0
NE: Koebner, Thomas [Hrsg.]; GT

Copyright by edition text + kritik GmbH, München 1988
Satz: offizin p + p ebermannstadt
Druck: Weber Offset GmbH, München
Buchbinder: Bückers GmbH, Anzing
Umschlagentwurf: Dieter Vollendorf, München
ISBN 3-88377-286-0

IN MEMORIAM
MARTA FEUCHTWANGER
und
FRITZ LANDSHOFF

Inhaltsverzeichnis

Vorwort   9

Sven Papcke   Fragen an die Exilforschung heute   13

Gerhard Hirschfeld   »The defence of learning and science...«. Der Academic Assistance Council in Großbritannien und die wissenschaftliche Emigration aus Nazi-Deutschland   28

Klaus Fischer   Die Emigration deutschsprachiger Kernphysiker nach 1933. Eine kollektivbiographische Analyse ihrer Wirkung auf der Basis szientometrischer Daten   44

Hans Helmut Christmann   Deutsche Romanisten als Verfolgte des Nationalsozialismus   73

Hans-Peter Kröner   Die Emigration deutschsprachiger Mediziner 1933-1945. Versuch einer Befunderhebung   83

Gottfried Niedhart   Gustav Mayers englische Jahre: Zum Exil eines deutschen Juden und Historikers   98

Alfons Söllner   »The Philosopher not as King«. Herbert Marcuses politische Theorie in den vierziger und fünfziger Jahren   108

Dieter Haselbach   Staat und Markt. Zur intellektuellen Biographie Wilhelm Röpkes   123

Christian Pross   Die Gutachterfehde – Emigrantenärzte in der Wiedergutmachung   137

Hans Speier	Nicht die Auswanderung, sondern der Triumph Hitlers war die wichtige Erfahrung. Autobiographische Notizen eines Soziologen	152
Dieter Schiller	Der Pariser Schutzverband deutscher Schriftsteller (Société allemande des gens de lettre, siège Paris). Eine antifaschistische Kulturorganisation im Exil	174
Erich Kleinschmidt	Schreibpositionen. Ästhetikdebatten im Exil zwischen Selbstbehauptung und Verweigerung	191
Alexander Stephan	Anna Seghers' *The Seventh Cross*. Ein Exilroman über Nazideutschland als Hollywood-Film	214
Arie Wolf	»Ein Schriftsteller nimmt Urlaub«. Arnold Zweigs Abschiedsschreiben aus Israel	230
Kurzbiographien der Autoren		240

Vorwort der Herausgeber

Mit dem diesjährigen Schwerpunkt-Thema soll der Blick auf einen Bereich gelenkt werden, der von der Exilforschung bisher nur unzureichend wahrgenommen wurde und dessen Dimension wie Bedeutung daher zur Zeit kaum abgeschätzt werden können. Das gilt sowohl für den Transfer theoretischer bzw. denkgeschichtlicher Traditionen sowie deren Wirkung auf die Wissenschaftsentwicklung in den Zufluchtsländern wie auch für die Frage nach dem Verlust, den die Emigration von Wissenschaftlern für die im NS-Staat verbliebene und von der internationalen Kommunikation isolierte Forschung bedeutete. Immerhin ist nach 1933 rund ein Drittel des wissenschaftlichen Personals aus den Hochschulen vertrieben worden, in einigen Fächern sogar mehr als die Hälfte, von denen der größte Teil den Hitler-Staat verließ. Versteht man – wie hier – unter der Wissenschaftsemigration auch die der akademischen Berufe, so ist der personelle und intellektuelle Verlust derzeit noch weniger abschätzbar.

Stimmt es, daß nach 1933 ganze wissenschaftliche Kulturen in Deutschland durch die Vertreibung wenn nicht völlig zerstört wurden, so doch – wie René König unlängst für die Soziologie angemerkt hat – zumindest einer weitgehenden »Fellachisierung« unterlagen? Oder hielten sich die Verluste trotz des Exodus der bedeutendsten Gelehrten, wie etwa in der Physik, doch in Grenzen, worauf möglicherweise der Wettlauf um die »Bombe« während des Zweiten Weltkriegs verweist? Ist es zulässig, überhaupt pauschal von Disziplinen zu sprechen, müßte nicht nach Schulen, Richtungen, spezifischen Paradigmen innerhalb der Fächer differenziert werden, um ein annähernd genaues Bild zu gewinnen? Das sind nur einige von vielen Fragen, die eine genauere Beantwortung verdienten. Bisherige Forschungen im Bereich der Wissenschaftsemigration sind mehr als spekulativ denn als gesichert anzusehen.

Andererseits: ist die Konturierung dieser terra incognita ein Desiderat nur der Forschung in Deutschland, um den Schleier von dem bisher Vergessenen oder absichtsvoll Verdrängten zu lüften, oder müßten die Grenzpfähle weiter gesetzt werden? In den USA, wohin nach 1933 der größte Teil der vertriebenen Gelehrten direkt oder auf Umwegen, spontan oder gezwungenermaßen emigrierte, sind seit kurzem von neokonservativer Seite seltsame Versuche unternommen worden, die angeblich vorhandenen Fehlentwicklungen der heutigen intellektuellen Kultur auf den unheilvollen Einfluß jener Emigranten zurückzuführen. Sie scheinen nicht nur eine verbreitete Strömung des Unbehagens zu artikulieren, sondern zugleich auch die Verantwortlichen dafür namhaft zu machen. Der spektakuläre Erfolg etwa des im vergangenen Jahr erschienenen Buches *The Closing of the American Mind* von Allan Bloom speist sich nicht zuletzt aus der effektvollen Klage, daß die derzeitige kulturelle

Verelendung der Vereinigten Staaten und der Wertrelativismus und Skeptizismus der amerikanischen Jugend gegenüber den überkommenen Traditionen in entscheidendem Maße von jener »German Connection« der dreißiger Jahre verursacht worden seien. Sie habe die intellektuelle Skyline noch nachhaltiger und radikaler verändert als etwa deutsche Architekten die Silhouette der amerikanischen Großstädte. So sei das geistige Profil der USA zu einer Art Disneyland-Verschnitt der Weimarer Kultur geworden.

Und Bloom scheint es offenbar genau zu wissen. Denn kurioserweise kommt er aus dem Schülerkreis des konservativen Philosophen – und Emigranten – Leo Strauss, dessen antiaufklärerisches und zivilisationskritisches Werk seit einigen Jahren zum verbindlichen Rüstzeug der neokonservativen Intellektuellen geworden ist. Strauss' Rückgriff auf die ewigen Wahrheiten der antiken Philosophie hatte nach Vietnam, der Bürgerrechtsbewegung oder auch nach den sozialkritischen Aufbrüchen der amerikanischen Gesellschaftswissenschaften in den sechziger Jahren eine gläubige Schar von Jüngern gefunden, die Platon gleichsam zu einem geistigen Ahnherrn der amerikanischen Gründerväter zu stilisieren suchten und die mit zu den intellektuellen Wegbereitern der Reaganschen Wende gehörten.

Über den emigrationsgeschichtlichen Aspekt hinaus dürfte die genauere Erforschung der vertriebenen Wissenschaften also auch eine weitere, politisch aktuelle Bedeutung haben. Mit unterschiedlicher Reichweite könnte sie ihren alternativen Beitrag gegen solche Sinnstiftungs- und Identifikationsversuche leisten, die sich nicht nur in den Vereinigten Staaten in jenen durchscheinenden Varianten des traditionellen Isolationismus und der klassischen Auserwähltheitsvision zeigen, sondern die sich auch in der Bundesrepublik etwa im jüngsten »Historikerstreit« mit der verharmlosenden Umdeutung und Einbettung des Nationalsozialismus in die deutsche Nationalgeschichte in grotesker und peinlicher Weise zu Wort meldeten. Zu einer reflektierten Verarbeitung der eigenen Erlebnisse durch zahlreiche Vertreter der modernen Sozial- oder Kulturwissenschaften gehörte gerade die Transzendierung räumlich enger nationalpolitischer Fixierungen. Aber auch der intellektuelle Transfer in anderen Professionen liefert genügend empirische Hinweise, welchen Schub der akademische Exodus aus Deutschland und Europa – trotz nicht zu übersehender Widrigkeiten und Hemmnisse – für die Internationalisierung der Wissenschaften, ihres Werte- und Normensystems bedeutet hatte.

Vor diesem größeren Zusammenhang können die in diesem Band versammelten Beiträge naturgemäß nur wenige Aspekte beleuchten. Die einleitenden »Fragen an die Exilforschung« umreißen mit einigen provokanten Thesen den Reflexionshorizont für eine künftige Arbeit im Kontext der aktuellen Kontroversen. Sie mögen interessierte Forscher/innen dazu anregen, sich der Prämissen, denkbaren Erkenntnisvariablen und Absichten des eigenen Vorgehens zu vergewissern. Es ist wohl angemessen, das Schwerpunkt-Thema mit einer Darstellung des Academic Assistance Council in Großbritannien beginnen zu lassen. Exemplarisch soll gezeigt werden, wie spontan und selbstverständlich die solidarische Hilfe der ›community of science‹ des Auslandes für die vertriebenen Kollegen aus Deutschland sein konnte. Solches Engagement erscheint noch eindrucksvoller, wenn man sieht, welche eigenen materiellen Opfer der Initiatoren damit verbunden waren und wie es außerdem couragiert gegen eine häufig indifferente politische Öffentlichkeit durchgesetzt werden mußte. Die daran anschließenden disziplingeschichtlichen Beiträge über die Physiker, die Romanisten und Mediziner beleuchten einige gruppenbiographische Facetten der intellektuellen Vertreibung und die Integrationsprobleme in den sozialen Milieus der Zufluchtsländer. Der Beitrag über die Emigration deutschsprachiger Kernphysiker bietet mit seiner Auswertung von sogenannten Zitationsindexen zugleich einen methodisch interessanten und herausfordernden Ansatz, wie die Wirkung und intellektuelle »Vernetzung« dieser Berufsgruppe in der neuen akademischen Welt bestimmt werden kann. Zwar ist dieses Verfahren nur in solchen Disziplinen anwendbar, für die entsprechende Erhebungen vorliegen, d.h. in den Naturwissenschaften, doch lassen sich immerhin auch Anregungen für die Konzeptualisierung rezeptionsanalytischer Methoden in weniger ›exakten‹ Wissenschaften gewinnen. Einen besonderen Aspekt im Bereich der Medizin, der zugleich Licht auf die Verhältnisse in der Bundesrepublik wirft, behandelt der Aufsatz über die »Gutachterfehde«, d.h. den Dauerkonflikt der nach 1950 als Gutachter in Wiedergutmachungsverfahren fungierenden Emigrantenärzte mit den deutschen Behörden-Medizinern.

Die individualbiographischen Aufsätze über den Historiker Gustav Mayer, den Philosophen Herbert Marcuse, der in der amerikanischen Emigration immer mehr zum politischen Theoretiker wurde, und den Ökonomen Wilhelm Röpke zeigen jeweils exemplarisch die unmittelbaren Akkulturationsprobleme (Mayer), die prägenden Faktoren, die die theoretischen Positionen in der neuen Welt der Emigration modifizierten (Marcuse), oder aber, wie im Fall Röpke, welche marginale Bedeutung die nationalsozialistische Herrschaft für die weitere Entwicklung seines gesellschaftswissenschaftlichen Werkes hatte, vielmehr ganz andere Kontinuitäten aus den Jahren vor 1933 sein Denken beherrschten. Als unmittelbarer Zeitzeuge kommt der Soziologe Hans Speier zu Wort, der die Entwicklung seines intellektuellen Profils schildert.

Der zweite Teil des Bandes bietet einige weniger bekannte Details und neue Informationen aus dem Bereich des literarischen Exils. So wird etwa nach dem Selbstverständnis des bisher kaum hinreichend erforschten Schutzverbandes deutscher Schriftsteller im Exil gefragt, außerdem in einem Aufsatz untersucht, ob und wie die Schriftsteller im Exil eine eigene situationsadäquate Schreibkultur und Darstellungsästhetik diskutiert hatten. Der Beitrag über die Verfilmung von Anna Seghers' Roman *Das siebte Kreuz* analysiert anhand bisher unausgewerteter Materialien aus Hollywood-Archiven die ›kulturindustrielle‹ Vermarktung dieses Verfolgungs- und Exilantenepos in den Vereinigten Staaten. In der letzten Studie schließlich werden die merkwürdigen, bisher unbekannten publizistischen Begleitumstände von Arnold Zweigs Rückkehr aus dem Exil in Palästina zur Zeit der Staatsgründung Israels beleuchtet.

Abschließend sei auf die geplanten Schwerpunkte für die künftigen Jahrgänge hingewiesen, die sich mit der Publizistik des Exils, dem politischen Exil und den vertriebenen bildenden Künstlern beschäftigen sollen. Längerfristig ist ebenfalls daran gedacht, den Ausnahmezustand von Vertreibung und Flucht, der weltweit zum Schicksal von Millionenmassen im 20. Jahrhundert wurde, in einem besonderen Projekt übergreifend zu vergleichen.

Sven Papcke

Fragen an die Exilforschung heute

»Exil ist eine geistige Haltung«
Hans Sahl[1]

In einer Wissenschaft wird nicht mehr viel erfunden, sobald sie in ein System gebracht worden ist, hat einst der große Aphoristiker Lichtenberg gemeint. Man braucht sich in dieser Hinsicht um die Exilforschung keine Sorgen zu machen. Von einem abgeschlossenen Wissens- geschweige denn Forschungsstand kann in dieser Disziplin bislang keine Rede sein. Es wäre vielmehr eine lohnende Aufgabe, wissenssoziologisch zu ergründen, warum sich hierzulande erst jetzt vereinzelte Stimmen melden, die der Exilforschung bescheinigen, nicht länger »in den Kinderschuhen«[2] zu stecken, immerhin über vierzig Jahre nach dem Ende jenes Schreckensregimes, das einst die Massenflucht aus Europa verursachte.

Späte Entdeckung

Das Exil allgemein hat in den letzten Jahren vermehrte Aufmerksamkeit gefunden als einer der wenigen Pluspunkte der jüngeren Geschichte dieses Landes. Entsprechend erlebte auch die Exilforschung einen späten Aufschwung, wobei sie einer ausgesprochenen Akademisierung und Spezialisierung unterlag. Während noch die Studentenbewegung[3] der sechziger Jahre bei ihrer Suche nach Alternativen zum Adenauererbe im »Anderen Deutschland« einen Ideenlieferanten aufspürte, kann von solcher Ausbeute für das Hier und Heute im Betrieb der Exilstudien kaum mehr die Rede sein. Statt dessen wird ein dem Thema eigenes Pathos gepflegt, das nicht nur Irving Louis Horowitz[4] stört. Indem man über die Exilanten wie über eine ›lost generation‹ redet, behandelt man sie tendenziell auch als ein ›lost subject‹, Gegenstand der Pietät, aber nicht länger jenes lebendigen Interesses, das Richard Albrecht[5] vor einiger Zeit nachdrücklich als eigentliches Forschungsmotiv genannt hat.

»Der Bann ist gebrochen«, so urteilte Hans-Albert Walter[6] 1980 über die Aufarbeitung der vielen persönlichen Schicksale im Exil. Vergleicht man den heutigen Wissensdurst in diesem Bereich mit der Ignoranz, die noch zu Anfang der siebziger Jahre anzutreffen war[7], so kann man sich über das gewachsene Interesse freuen. Dennoch signalisiert der Forschungsbetrieb, so unerläßlich er auch bleibt, um den Umfang, die Bedeutung und das Nachwirken des Exils überhaupt ausloten zu können, auch eine neue Art von Marginalität des Exils. Wenn Guy Stern[8] aus der Kongreßkonjunktur einen späten Erfolg des Exils und seiner Erforschung beim Brückenbau zwischen den Kontinenten ableitet, dann kann diese Interpretation angesichts sowohl der Distanz vieler Exilanten zu den USA[9] als auch des seit längerem beobachtbaren Auseinanderdriftens der europäisch-amerikanischen Allianz nur als Wunschdenken bezeichnet werden. Das *Exil ist Vergangenheit*, seine Auswirkungen im Herkunftsland und in den meisten Aufnahmeländern waren und sind kulturell und politisch eher bescheiden[10], daran ändert weder der Umstand eines inzwischen florierenden Forschungszweiges etwas, noch die von Ruth Gay[11] vor kurzem verzeichnete Tatsache, daß das Exil in der Bundesrepublik mittlerweile »as a kind of lost treasure« betrachtet wird. Gay redet sogar über eine Art von zweitem Exil des Exils. In diesem Zusammenhang sieht sich in bester Absicht der durch die ›rassische‹ Diskriminierung nach 1933 bewirkte Ausschluß aus dem sogenannten ›Volkskörper‹ fortgesetzt, öffentlichkeitswirksam vor allem seit Bernt Engelmanns Buch *Deutschland ohne Juden* (1970), dem eine achtundzwanzig Seiten lange Verlustliste vertriebener »Juden« angehängt war. »They are still not Germans, but eternally ›Jews‹«, kommentiert Ruth Gay. Überdies enthält der »new admiring tone of the eighties« seinerseits merkwürdige Untertöne. Der erzwungene Exodus betraf danach offenbar eine Superspezies, deren Vertreibung man nachträglich bedauert als eine Minderung der Chancen des eigenen Landes im internationalen Leistungswettbewerb, was mehr über das eigene Selbstbewußtsein verrät als über Umstände und Folgen jener »rude expérience« (Baldensperger) des Exils. Dabei geht es eigentlich um etwas ganz anderes als um den Wissenschaftsdarwinismus unserer Epoche. Adolf Muschg[12] hob in seinem Kommentar zur späten Wiederveröffentlichung kunstsoziologischer Studien von Max Raphael wohl nicht zu Unrecht die Vergeblichkeit hervor, sich dem Exil noch im Sinne einer Aneignung nähern zu können: »Am Ende mischt sich in die Trauer über die Verspätung dieser kritischen Meisterstücke Zorn über das Ausmaß der Kulturvernichtung, die das ›Dritte Reich‹ an der deutsch-jüdischen Überlieferung und damit an der Kontinuität unserer öffentlichen Wahrnehmung angerichtet hat. Es ist den Nazis gelungen, die Infrastruktur einer selbstkritischen deutschen Kultur auf unabsehbare Zeit zu zerstören. Auch der späte Rückimport ›kritischer Theorien‹ war mit dem Fluch des Demonstrativen, Forcierten und Elitären geschlagen. Der ›Basis‹ war diese anspruchsvolle Form von Trauerarbeit weder politisch noch ästhetisch zu vermitteln, sie blieb auf akademische Reservate beschränkt.«

Solche *Vergeblichkeit* umgibt Emigration und Remigration bis heute gleichermaßen. Vergeblich war der Versuch der von den Nazis unerwünschten Traditionen, sich gegen die aufkommende Barbarei *in* Deutschland zu behaupten; vergeblich das Bemühen, *im* Exil das »bessere Deutschland« als machtvolle Opposition gegen die Hakenkreuzler zu organisieren[13]; vergeblich auch das Streben, *nach* der Befreiung des Landes wirklichen Einfluß auf die kulturelle und politische Entwicklung in der Bundesrepublik zu gewinnen.[14]

Dabei konnten während der braunen Rauhjahre besonders die deutschen Kulturwissenschaften nur im Exil überwintern. Nach 1933 fand zwar keine »geistige Enthauptung« (Helge Pross) im Reich statt, wohl aber herrschte Denkzensur. Dieses Verbot jeglicher Kritik an den völkischen Denkschablonen wirkte derart lähmend, daß selbst die Schreibtische der sogenannten »inneren Emigration« zumeist leer blieben, was nicht nur Bernhard Guttmann[15] dokumentiert hat. Mit wenigen Ausnahmen wurde ›daheim im Reich‹ nichts Bedeutendes zu Papier gebracht, in der Soziologie beispielsweise entstand in dieser Zeit keine einzige Veröffentlichung von bleibendem Wert, während in den gleichen Jahren in allen Sparten des Wissens im – nicht nur amerikanischen – Exil Wesentliches geleistet wurde: Man betrachte etwa für die Sozialwissenschaft jene beeindruckende Liste »großer Bücher des Exils«, die Lepsius veröffentlicht hat und die doch nur einen kleinen Ausschnitt aus dem Publikationsangebot zur Kenntnis nahm.[16]

Nutzen für wen?

Auch die Wissenschaftsgeschichte durchläuft Konjunkturen, wobei das Auf und Ab des forschenden Interesses selbst ein äußerst ergiebiges Untersuchungsobjekt bildet, schon deswegen, weil es von den Wellenbewegungen der Politik und den Exzentrizitäten des Zeitgeistes abhängig bleibt. So fanden in den Vereinigten Staaten die Flüchtlinge vor dem Faschismus / Nationalsozialismus besondere Aufmerksamkeit, immerhin lange Jahre, bevor man diese Gruppe in Europa als Forschungsgegenstand zur Kenntnis nahm. Bereits 1969 haben die amerikanischen Kulturhistoriker Donald Fleming und Bernard Bailyn[17] ihrem Sammelband über intellektuelle Wanderungsbewegungen eine Kapazitäten-Liste des Exils angefügt. Damit haben sie nicht nur den Methodenkatalog der expandierenden Migrationssoziologie, sondern auch den der Exilforschung erweitert. Solche Listen machten Schule und verliehen den Argumenten in diesem Feld seither einen utilitären Akzent. Die ›Prominentisierung‹[18] und das names-dropping bestimmten den Charakter solcher Listen; abhängig vom internationalen, d.h. meist amerikanischen Aufmerksamkeitspegel ließen sie ältere Motive der Beschäftigung mit dem Exil zunehmend in den Hintergrund treten, die mit Joseph Maier[19] noch so etwas wie einen Generalnenner der Emigration benannt hatten: »Für uns war es von vornherein klar (...), was wir tun, ist einmal dem Schutz und der Bewahrung der deutschen Sprache und der deutschen Kultur gewidmet und zweitens dem Sturz des Nationalsozialismus, ist drittens ein Beitrag zu einer besser geordneten Welt.«

Fragen nach der Exilpolitik oder auch nach einem tatsächlichen Kulturwandel wurden schließlich ganz durch Untersuchungen zum Intelligenz- beziehungsweise Talenttransfer verdrängt, was nicht nur auf den wachsenden Stellenwert von wissenschaftlichen Leistungskriterien hinweist, sondern auch auf das Verblassen der geschichtlichen Konstellationen von einst. »Größe und Erbärmlichkeit des Exils« (Feuchtwanger) sind längst eher uninteressanter geworden, zu deren Aufhellung müßten nach Henry Jacoby[20] schließlich auch noch ganz andere Quellen erschlossen werden. Mit Blick auf den Zivilisationsbeitrag, den die vom Nationalsozialismus Verfolgten für Amerika leisteten, zählten Fleming und Bailyn 300 »herausragende Emigranten« auf, die in den

USA besonders erfolgreich waren. Die alphabetische Aufstellung beginnt mit Erwin Ackerknecht, einem aus Stettin stammenden Medizinhistoriker. Die lange Reihe der Namen kann einen Eindruck von dem geistigen Potential vermitteln, das seit Anfang der zwanziger Jahre – seit Mussolinis erfolgreichem ›Marsch auf Rom‹ – mit dem nicht abreißenden Strom der Flüchtlinge über den Atlantik kam. Nun haben solche Hitlisten ihre Tücken, nicht nur weil die Personen, die sie auslassen, damit vielleicht ungerechterweise der Bedeutungslosigkeit überantwortet werden. Den beiden Historikern ging es in diesem Falle vornehmlich um eine rein amerikanische *Nutzenbilanz*. Dieser Verwertungs-Optik entspräche eine *Verlustbilanz* für die europäischen Länder, die in Gänze noch aussteht, damit die unterschiedlichen Dimensionen desselben Phänomens beleuchtet würden. Es ist freilich die Frage, ob der von beiden Aufstellungen behauptete *Gewinn- beziehungsweise Verlustbefund* eigentlich noch das Exil betrifft oder nicht vielmehr ein Aspekt der Immigration (Assimilierung) oder auch der akademischen Internationalisierung (Wissenschaftstransfer) ist? Jedenfalls hätte eine Optik, die den brain-drain nicht nur aus der Ertragssicht der Aufnahmeländer betrachtet, ganz andere Leistungen zu erkunden. So wären intellektuelle Verdienste einzubeziehen, die »mit dem Gesicht nach Deutschland« (Otto Wels) erbracht wurden. Wie haben sich die Exilanten nach 1933 zur Niederlage für die Demokratie geäußert? Was sollte nach ihrer Meinung mit Nachkriegs-Deutschland geschehen?

Wir berühren damit ein schwieriges Kapitel des Exilthemas, dessen Durchleuchtung politisch wie wissenschaftlich sowieso eher wie bei einer Echternacher Springprozession denn kontinuierlich fortschreitet. Da Lichtenbergs[21] Einsicht nicht von der Hand zu weisen ist, daß »man Hypothesen und Theorien haben muß, um seine Kenntnisse zu organisieren, sonst bleibt alles bloßer Schutt«, ist eine Definition dringlich, was mit der Bezeichnung »Exil« eigentlich genau gemeint ist. Erst dann wären nicht nur die Exilbereiche und damit deren Erforschung zu systematisieren. Nur dann ließen sich auch die ideologische Schablonisierung oder die forschungstechnische Privatisierung dieses Fragenkreises vermeiden, wie sie üblich sind. Überdies wären auch zeitliche und damit thematische Eingrenzungen möglich. Gefragt ist also ein »geistiges Band«, das die Exilforschung verbindet, so wie das Exil einst – bei aller Unterschiedlichkeit[22] der ideologischen und politischen Lager, der räumlichen und kulturellen Distanz der Fluchtländer sowie der abweichenden Verhaltensweisen in der Fremde – in seiner Ablehnung des Nationalsozialismus geeint war, und das betraf auch jene »deutschen Staatsjuden bürgerlichen Glaubens« (Tucholsky), die als »Wirtschaftsemigranten« (Jacoby) von Hitler vertrieben wurden, obschon sie sich bis ganz zuletzt loyal verhalten hatten.[23] Es ist hier nicht der Ort, Definitionen wie diese neu zu formulieren. Vielleicht aber lassen sich doch einige Mängel benennen und Forschungslücken aufzeigen – beides hängt miteinander zusammen –, um im weiteren einige Probleme anzusprechen, die sich der Exilforschung heute stellen.

Forschungslücken

Am wenigsten sind wir bisher über die geglückte / mißlungene *Remigration* in die Westzonen (Bundesrepublik Deutschland) beziehungsweise die Ostzone (DDR) informiert, wir wissen einzig, daß es die Remigranten aus unterschiedlichen Gründen in beiden Lagern schwer hatten. Während das Exil *als Exil* auf die Nachkriegsentwicklung im Westen kaum Einfluß gewinnen konnte und auch nicht imstande war, das kulturelle Klima (in Konkurrenz zur ›Amerikanisierung‹ und zur ›Verdrängung‹) nachhaltig zu beeinflussen, bestimmten im Osten unter sowjetischer Kuratel zwar die Remigranten den Neuanfang, auf ›das Exil‹ als einen ausgesprochen pluralistischen Kosmos wurde aber kaum Wert gelegt. Jene »Kodifizierung des Schreckens« unter dem roten Stern, von der Heinz Maus 1951 gesprochen hat[24], gefährdete bald alle Exilgruppen, die nicht ins Sowjetisierungskonzept paßten.[25] In der SBZ war die Wiedereinbürgerung des Exils also politisch erwünscht, sie geschah aber eben unter hochideologischen Gesichtspunkten. Diese rein kommunistische Einäugigkeit nimmt noch der von Werner Mittenzwei geleiteten *Gesamtdarstellung: Kunst und Literatur im antifaschistischen Exil 1933 bis 1945* in sieben Bänden (Leipzig 1978 ff.) jeden Reiz, sieht man von wichtigen Einzelinformationen einmal ab, die hier gegeben werden. Von einer »Gesamtdarstellung« kann also bei dieser Veröffentlichung keine Rede sein. Es gibt aber auch nichts dergleichen als bundesdeutsche Publikation: Eine *Kulturgeschichte*[26] des Exils steht weiterhin aus, vielleicht haben aber auch erst die vielen (zum Teil neuen) Forschungsrichtungen (Einzelwissenschaften im Exil; Kulturbereiche – etwa Presse, Theater etc. – im Exil; Lebensfelder – etwa Politik, Religion u.ä. – im Exil u.a.m.) und Forschungsfelder (Fluchtanlaß; Fluchtzeitraum; Wanderungsweg; Emigrationstypus[27]; Rückkehrverhalten usw.) weiter zu reifen, ehe so etwas Anspruchsvolles versucht werden kann. Vorher wäre es aber auch nötig, sich mit der bisherigen Rezeption des Exils auseinanderzusetzen. Denn die Aufarbeitung ist nicht nur hierzulande nach Aufmerksamkeitskriterien verlaufen, die den Bedürfnissen der Rezipienten (Parteien, Studentenbewegung, Medien, Wissenschaften etc.) oft bei weitem mehr entsprachen als dem Problem selbst.

Eine gründliche Untersuchung des Exils müßte daher mit einer bereits 1959 von Svend Riemer[28] angedeuteten Unterscheidung der Fluchtgründe beginnen. Es war zwar nicht gleichgültig, ob man nach 1933 gehen mußte oder gehen wollte, der braune Leviathan verübte in jedem Fall einen ›push‹. Wir haben es also mit einem Flüchtlingsstrom zu tun, nicht mit einer Auswanderungswelle (›pull‹). Zeitlich danach aber müßten wichtige Differenzierungen einsetzen. Aus welchen Gründen, wo und zu welchem Zeitpunkt auch immer entschieden wurde, ob man in dem jeweiligen Fluchtland zu bleiben gedachte oder nach Deutschland zurückkehren wollte, nachdem der Fluchtanlaß beseitigt war, diese Entscheidung trennt die Ausgewanderten nachhaltig in Flüchtlinge und Exilierte.[29] Während die einen von einem bestimmten Zeitpunkt an um Akkulturation bemüht waren und insofern von Stund an zur Geschichte des

Aufnahmelandes zu zählen sind (Migrationsforschung), gehören – wenigstens nach 1945 – nur noch diejenigen zum ›deutschen Exil‹ im engeren Sinne (Exilforschung), die noch immer die Rückkehr planten. Auch das klärt die Zuständigkeit der Exilforschung nicht restlos, denn es ergaben sich viele Zwischenlagen: etwa jene Lage der Betroffenen, die im Ausland blieben, aber weiterhin in deutscher Sprache schrieben (z.B. Elias Canetti, Erich Fried, Hans Sahl oder Peter Weiss); die Situation jener, die zurück wollten, es aber nicht konnten[30]; oder auch die Schwierigkeiten jener Emigranten, denen es wie Moritz Goldstein[31] mangels Erfolg nicht gelang, in der Fremde festen Tritt zu fassen. Hier eröffnen sich komplexere Forschungsfelder für beide Disziplinen, deutlich aber bleibt, daß Migrations- und Exilforschung unterschieden werden müssen. Insofern betrifft die Exilforschung im engeren Sinn vornehmlich jene dreißig- bis vierzigtausend Flüchtlinge – ein winziger Prozentsatz bei einer Achtzig-Millionen-Bevölkerung[32] –, die ›in das Exil gingen‹, um dort politisch, kulturell oder wissenschaftlich für eine demokratische Zukunft Deutschlands tätig zu werden[33], nachdem das im Reich nicht mehr möglich war. Daß sich auch jene anderen Emigranten, die aus ›rassischen‹ und/oder politischen Gründen gehen mußten, früher oder später aber für ihre neue Heimat votierten, sehr intensiv um deutsche Probleme gekümmert haben mögen, berührt diese Unterscheidung in Migrations- und Exilforschung nicht. Sie zählten fortan zum Expertenkreis des Aufnahmelandes in dieser Angelegenheit. Auch daß viele Personen aus diesem Umfeld nach 1945 im Dienste der Siegermächte Hervorragendes für den Wiederaufbau ihres Herkunftslandes leisten konnten – wie sowieso der Wiederaufbau ohne die Emigration kaum hätte derart rasch bewältigt werden können –, auch das weist nur auf die vielen Überschneidungen in diesem Themenbereich hin, gehört aber eigentlich zur Verwaltungsgeschichte der alliierten Länder während der Besatzungszeit.

Idiosynkrasien

Zentraler Gegenstand der die Nachkriegszeit betreffenden Exilforschung wäre, wie gesagt, das Problem der verhinderten oder erfolgreichen Remigration und ihrer Einwirkungen auf die deutschen Verhältnisse. Das aber ist ein bisher vernachlässigter Arbeitsbereich geblieben. Die Exilforschung ging andere Wege. Vor allem bemühte sie sich um das amerikanische Exil. Quantitativ gewichtet ist dieser Schwerpunkt nicht unbegründet, leider werden alle anderen Weltregionen (von Argentinien bis Shanghai und von Schweden bis Kapstadt) dadurch eher ausgespart. Nun ist der amerikanische Claim aber seit langem abgesteckt, alles scheint bekannt. Man kümmerte sich entweder um die Frankfurtisten, den Kreis um Paul Lazarsfeld, oder aber um die New School for Social Research. Bezogen auf diese Blöcke besteht kaum Nachholbedarf, auch über deren Beziehungsprobleme (Wer harmonierte wann und aus welchen Gründen nicht mit wem?) wissen wir ganz gut Bescheid. Bemerkenswert ist in diesem Zusammenhang, daß die Beschäftigung mit diesen und anderen (etwa politischen) Exilgruppen immer auch wissenssoziologische Rückschlüsse auf die Präferenzen der Beobachter erlaubt. In der Exilforschung setzen sich offenbar nicht nur Stimmungslagen der Exilzeit fort, auch die ideologischen Schablonen der Nachkriegsepoche wirken weiter. Nicht zuletzt diese Sichtverzerrungen (mein Exil? dein Exil?) enthüllen das Fehlen verbindlicher Beurteilungskriterien, *die* Exilforschung gibt es noch gar nicht, vielmehr ein hochspezialisiertes Gewerbe mit – keineswegs durch die Arbeitsteilung erzwungenem – stark selektivem Einschlag. Entweder hält man also mit Heilbut[34] den Frankfurter Kreis für einzigartig, dann fallen die New-Schooler durch ihre Reformhaltung eher ab, oder eben umgekehrt[35] gelten die Frankfurter als exzentrisch, beispielsweise schon deswegen, weil auch in Amerika ihr Kontinent ausdrücklich doch Europa blieb. Wie auch immer: diese und andere Rasterbildungen, wissenschaftstheoretisch eigentlich nur jungen Disziplinen eigentümlich, die erst einmal der Stoffmassen Herr zu werden versuchen, verleihen der Exilforschung gewisse Züge einer erstarrenden Wissenschaft: Ihrer Optik entgehen Personen, Richtungen, Gruppen, die vielleicht weniger prominent sind – wer immer darüber befinden mag –, die womöglich aber ebenso wichtige Aussagen gemacht haben wie die Mitglieder der erwähnten Zirkel. Man denke hier stellvertretend – um die folgenden Seiten nicht mit den Namen bedeutender, bisher aber vergessener, verdrängter oder schlicht übersehener Autoren und Autorinnen füllen zu müssen – nur an Exildenker wie Peter Drucker[36] oder Siegfried Marck[37], die offenbar in keine der gängigen Schubladen passen mochten.

Es sind aber noch ganz andere Fragen an die Exilforschung zu stellen. Sieht man einmal ab von den vielen weißen Stellen und blinden Flecken der Disziplin, so zeigen sich mittlerweile Schwächen auch dort, wo man sich seiner Erfolge ganz gewiß zu sein wähnte. Mit einem gewissen Stolz wird auf die intellektuelle Ausstrahlung des Exils verwiesen, nicht so sehr mit Blick auf seine Rückwirkungen auf Deutschland, als vielmehr in bezug auf seine Bedeutung für das aufnehmende Land. In den Naturwissenschaften fand überall ein beachtlicher Wissenstransfer statt. Von einem merklichen Kultureinfluß kann freilich nur in den USA die Rede sein. In diesem Diskussionsrahmen sind zwei Leitkategorien entwickelt worden. Zum einen wurde die ›success story‹ des Exils gekoppelt an seine Fähigkeit, sich in Amerika so anzupassen (Assimilierung), daß die mitgebrachten Fertigkeiten auf diesem Ideen-, Wissens- bzw. Meinungsmarkt verdaubar waren. Beachtenswert war hauptsächlich, was sich in Prestige ummünzte, nicht unverständlich also, wieso man dort in *Nutzenbilanzen* diesen Kenntnistransfer zur Schau stellte. Mit kritischem Blick auf all jene, die – aus welchen Gründen auch immer – an diesem Markt nicht, nicht richtig oder nicht schnell genug ankamen, sah sich zum anderen ein Modell der neuzeitlichen Weltwissenschaftlichkeit (Kosmopolitismus) erstellt, das die Exillage gleichsam als Muster zukünftiger »Mondialität« ausgab.

Exil als Problem

Einmal abgesehen von der Frage, ob die etwa von Hughes[38] gepriesene Kulturverschmelzung als Folge einer »cultural migration« wirklich so glatt verlaufen ist wie oft angenommen (der Zugang zu den amerikanischen Universitäten war keineswegs leicht), einmal abgesehen auch von den biographischen Kosten erzwungener Weltläufigkeit: Inzwischen trübt sich das optimistische Konzept einer Kulturmission – nicht so sehr das Bild des unbestreitbaren Wissenstransfers – des deutschen Exils ein, das hierzulande eifrig poliert worden ist. Zunehmend stellt sich offenbar heraus, daß die biographische beziehungsweise kulturelle Umpflanzung zwar gelingen mochte, womit das Exil beendet war, daß deswegen aber noch keineswegs eine kosmopolitische Haltung und damit auch ein wirklicher Kulturaustausch in Gang kommen mußte.

Gerade das Land, das am meisten von der Austreibung des Geistes nach 1933 profitiert hat, reagiert heute zunehmend allergisch auf das deutsch-jüdische Exil. In Amerika ist seit einiger Zeit davon die Rede, daß mit Blick auf diesen Einwanderungsschub der Nutzenaspekt zumindestens ambivalent war. Was von der hiesigen Forschung immer noch gepriesen wird (Akkulturation, Kulturexport, Internationalisierung), scheint in den Vereinigten Staaten neuerdings mit mehr oder weniger offenem Mißtrauen betrachtet zu werden. Augenscheinlich erleben die Amerikaner seit einiger Zeit eine Identitätskrise[39], die nicht nur kulturell zu spüren ist, sondern sich auch politisch als Verlust der Großzügigkeit Washingtons auswirkt, von der Handelspolitik bis zum Wissenschaftstransfer. Ausländer, ob in Gestalt von Importen, Investitionen oder als Einwanderer, sind in den USA nicht mehr so ohne weiteres willkommen. Und diese Unduldsamkeit schlägt sich auch als Angst vor ›Überfremdung‹ nieder, vor einer Überfremdung, die offenbar inzwischen auf historische Anlässe zurückgeführt wird, und nicht mehr wie zu Zeiten von Senator McCarthy auf irgendwelche angeblich ›unamerikanische Wühlereien‹. Gerade hier aber geraten die deutschen Emigranten ins Zwielicht, weil sie in der langen Immigrationsgeschichte des Landes von herausragender Bedeutung waren.

Noch Anthony Heilbuts magistrales Werk *Exiled in Paradise* (1983) rief eher die üblichen Reaktionen hervor, vom Glück der USA war die Rede, »the Hitler refugees' rich legacy«[40] wurde noch einmal unterstrichen. Einwände betrafen höchstens die Tatsache, daß auch dieser wichtigen Veröffentlichung der »lack of framework«[41] anzumerken sei, der aber auch sonst die Exildebatte allgemein kennzeichne. Ein Jahr später erschien aus der Feder von Lewis A. Coser in der Yale University Press das Buch *Refugee Scholars in America. Their Impact and Their Experiences*. Doch diesmal fiel die Begrüßung völlig anders aus, obschon Coser die mit vielen neuen Details ausgeschmückte Exilrolle ganz traditionell auffaßte.[42] In der angesehenen Zeitschrift *The American Scholar* erschien eine Abrechnung mit »Weimar in America«[43], die alle bisherigen Einschätzungen des Exilbeitrages für Amerika schlicht in Zweifel zog. Eine

Umwertung der Werte fand hier statt, wenn der Historiker Wilfred McClay die Schattenseiten jenes »concentrated transfer of advanced learning« (S. 119) nach 1933 auflistete und dieser kulturellen Transplantation nicht nur die Überlagerung heimischer Denkansätze bescheinigte, sondern zugleich auch davon sprach, daß die europäischen Traumata und Neurosen mit dem deutschen Exil in den völlig anders strukturierten amerikanischen Lebensraum förmlich eingebrochen seien. Da bisher alle ernsthaften Arbeiten über diesen Zusammenstoß verschiedener Seinsweisen von Emigranten verfaßt worden seien, sei das, was »our national culture« (S. 120) dabei erlitt, selbstverständlich unerwähnt geblieben. Wenn mithin in diesem Umfeld von einer »Deprovinzialisierung« (Hughes) Amerikas gesprochen worden sei, so handele es sich dabei um schieres Eigenlob der Deutschen.

McClay will ein geradezu melancholisches Kompensationsgesetz der Geschichte entdeckt haben, wonach alle Errungenschaften ihren Preis kosten, vor allem, wenn sie so unverdient seien wie die Früchte des Exils. Was zuerst Tom Wolfe mit seinem Buch *From Bauhaus to Our House* (1981) angesprochen habe, werde jetzt offensichtlich: Amerika sei »haunted by the ghost of Weimar« (a.a.O.). Der Triumph des Exils bedeute mithin den Niedergang der »American culture worthy of the name« (S. 123). Es sei endlich an der Zeit, das öffentlich festzustellen, vor allem auch deswegen, weil jener »distorting filter of German experience« in vielen Bereichen, wo das Exil seine tiefen Spuren hinterlassen habe, nach wie vor zu Wirklichkeitsverzerrungen führe – nicht zuletzt in der Exilforschung selbst, wie das Buch von Coser wieder einmal beweise! Für Amerika komme es im Interesse seiner eigenen Kultur aber mittlerweile darauf an, hier Neubewertungen vorzunehmen. Der Historiker McClay hält das Buch von Coser nicht nur methodologisch für ausgesprochen langweilig, er wirft dem Verfasser auch vor, daß er überhaupt nicht bereit gewesen sei, »to plant the book firmly in the soil of American history« (S. 127). Ausdrücklich wird in diesem Artikel eine nationale Sicht der Dinge gefordert, was gerade mit Blick auf das Exil »a fundamentally different perspective« (S. 127) als die bisher gängige der Emigranten selbst verlange.

Dieser Angriff war erst der Anfang und fand auch noch weitgehend unter Ausschluß der Öffentlichkeit statt. Wirklich breitenwirksam wurde die Verdammung des Exils erst, als 1987 bei Simon and Schuster in New York das Buch des Chicagoer Philosophen Allan Bloom: *The Closing of the American Mind* erschien und sich 31 Wochen auf der Bestsellerliste der *Times* hielt. Das war im gleichen Jahr 1987, in dem Präsident Reagan einen »deutsch-amerikanischen Tag« proklamierte, wohl auch mit Blick darauf, daß die Deutsch-Amerikaner mit fünfzig Millionen Bürgern die größte ethnische Gruppe unter den 260 Millionen Einwohnern des Vielvölkerstaates sind. Bloom popularisierte die Kritik am Exil, das hier gleichsam die Rolle einer fünften Kolonne bei einer geradezu erschreckt notierten »German invasion of the United States« (S. 215) zugeschrieben bekam.

»Die Theorie ist zum hölzernen Pferd geworden und die universitas litterarum ein neues Troja, in dem die Feinde des Denkens und der Vernunft ihrem

Versteck zu entsteigen begonnen haben«. Als Walter Benjamin[44] 1938 diese kritischen Zeilen schrieb, hatte er die Politisierung der Universitäten in jenen Jahren im Auge. Bei Allan Bloom sind die aus Deutschland geflüchteten Theoretiker zu »Feinden des amerikanischen Denkens« geworden, das in der Tradition der »Founding Fathers« wurzele. Dieser Fundamentalismus reinsten Wassers – »Americanness generated a race of heroes« (S. 55) – bemängelt den derzeitigen Zustand seines Landes als »Disneyland version of the Weimar Republic« (S. 147). Zwar habe Washington den Krieg gewonnen, aber um den Preis, innerlich von der »Germanness« überrannt zu werden (S. 214), die mit den Exilanten – ironischerweise auf der Flucht vor den eher düsteren Zügen ihrer Heimat –, ungehemmt in das Land eingeströmt sei. Diese Exilanten hätten dann die intellektuelle Demontage ihrer neuen amerikanischen Umgebung betrieben, die ihrer geistigen Aggressivität einfach nicht gewachsen gewesen war. An den Folgen dieser Kulturschwemme aber leide das Land in Form von übertriebener Selbstkritik, Wertrelativismus und Orientierungsschwäche noch heute.

Es ist hier nicht möglich, jene »German Connection« auch nur in Umrissen nachzuzeichnen, die Bloom in erschöpfender Ausführlichkeit darstellt (S. 141 ff.). Schuld an allem, was Amerika befallen habe, sei jedenfalls »das deutsche Denken« – von Nietzsche bis Heidegger –, und die Emigranten wären die Transporteure dieser Konterbande gewesen, welche die amerikanische »Simplizität« (S. 54) nachhaltig zerstört habe.

Grenzen des Exils

Somit sitzt in unseren Tagen unvermutet das Exil zusammen mit der deutschen Kultur auf der Anklagebank, das sich selbst doch immer eher als Opfer denn als Agent jener Irrwege ›deutschen Denkens‹ verstanden hatte, die 1933 in den Massenwahn gemündet waren. Es wäre ein eigenes Thema, die Gründe für diesen amerikanischen Revivalismus (›our common roots‹) zu untersuchen. Stimmungslagen wie diese sind heutigentags weit verbreitet (Identitätssuche), nicht nur in den jungen Ländern der Dritten Welt, wo eine Sucht nach nationalen Ursprungsmythen der verschiedensten Art – religiösen / kulturellen / territorialen / revolutionären oder kriegerischen / historischen / sprachlichen / charismatischen etc. – ausgebrochen zu sein scheint. In einer scharfsinnigen Untersuchung hat der französische Essayist Alain Finkielkraut[45] diese Tendenzen jüngst mit der im 18. Jahrhundert von Herder ausgehenden romantischen Reaktion auf die Aufklärung verglichen. Auch unsere Zeitgenossen werden offensichtlich durch die enorme Komplexität der Weltläufte überfordert und suchen ihr Heil in der »Überschaubarkeit«: small is beautiful. Auf diese kompensatorische Dialektik von Eigenem und Fremdem hat bereits Lewis Mumford[46] hingewiesen: »Weltkultur« meint demnach einzig, daß sich *zivilisatorische* Gepflogenheiten internationalisieren; damit ist aber die kulturelle Stetigkeit nicht berührt, sie allein garantiert vielmehr die jeweilige Befähigung zur Ambiguitätstoleranz, die uns im Zeitalter der globalen Beziehungen zunehmend abverlangt wird.

Diese Sicht der Dinge beeinflußt auch die Paradigmata (Assimilierung / Kosmopolitismus) der Exilforschung. Deren Optimismus erweist sich als vordergründig, wonach die Güte des (amerikanischen) Exils sich am erfolgreichen Kulturtransfer ablesen lasse, der wiederum Frucht der Anpassungsfähigkeit der Emigranten gewesen sei. In diesem Sinne hat noch Thomas Mann 1941 das Exil sogar zum Prototyp einer zukünftigen Weltbefindlichkeit erheben wollen: »Das Exil ist etwas ganz anderes geworden, als es in früheren Zeiten war. Es ist kein Wartezustand, den man auf Heimkehr abstellt, sondern spielt schon auf eine Auflösung der Nation an und auf die Vereinheitlichung der Welt.«[47] Heute liest sich das ganz anders. Karl August Horst[48] umschrieb mit der Formel »Einheimisches Gewächs auf fremdem Boden« die Situation des Exils wahrscheinlich genauer. Kulturverschmelzungen sind nach neuer Erkenntnis bislang selten gelungen, selbst wenn sie wünschenswert sind, eher findet man »Überlagerungen« oder eben »Adaptionen«, die vom Fremden nehmen, was das Eigene ergänzt, ohne es gleich zu gefährden. Was hingegen als »überlagernd« empfunden wird, sieht sich über kurz oder lang als bedrohlich an den Pranger gestellt oder auch ausgeschieden. Die in Europa seit langem zu hörende Kritik an der ›Amerikanisierung‹ trägt auch hierzulande inzwischen Früchte. Diese Erkenntnis wird auch durch Ergebnisse[49] der Exilforschung unterstrichen, wonach der meßbare Einfluß der importierten Geisteswissenschaften (im Gegensatz zu Fertigkeiten, Methoden oder auch Wissen) in den USA durchaus begrenzt war.

Die vom Exil angeblich vorweggenommene »Weltwissenschaftlichkeit« hat es zu keinem Zeitpunkt gegeben. Das leuchtet im übrigen ein, denn da sich Wissenschaften nicht zuletzt durch ihren Gegenstand bestimmen, kann es wenigstens in den Sozial- und Geisteswissenschaften auch nur räumlich und zeitlich gebundene Problemstellungen geben. Die 1942 von Robert Merton[50] in Kritik der sogenannten ›Arisierung‹ der deutschen Universitäten aufgestellten Grundregeln – »universalism«, »communism«, »desinterestedness« und »organized scepticism« – betreffen wie etwa auch die Scharlataneriekontrolle ausschließlich die formale Organisation des Wissenschaftssystems! Die jahrelange internationale Dominanz beispielsweise des amerikanischen »Strukturfunktionalismus«, der in Europa noch einigermaßen reizvoll wirkte[51], für vorentwickelte Länder jedoch eher belanglos war, kann nur bei oberflächlicher Betrachtung darauf schließen lassen, daß eine Allgemeinverbindlichkeit einer Theorie möglich ist. »Weltwissenschaftlichkeit« ist nur um den Preis der inhaltlichen Entleerung der Fächer denkbar, und wenn es mit Daniel Bell[52] Tendenzen in dieser Richtung gibt, dann wird der kulturpolitische backlash – in welcher Form auch immer – kaum auf sich warten lassen, was hierzulande nicht zuletzt der Niedergang der hochformalisierten Soziologie in den letzten Jahren zeigen kann.

Wissenschaften bleiben ihrem Standort ebenso verpflichtet wie dem Zeitgeist. Während viele Paradigmata der Exilforschung ihre Klientel noch mit der amerikanischen Vormachtstellung in der Nachkriegsära identifizieren, muß sich diese Sicht heute das *Ende der Illusionen* eingestehen, was Leopold Schwarzschild in seinem in Amsterdam erschienenen Buch im übrigen schon 1934 dem Exil selbst abverlangte. Wer »the bitter bread of banishment« (Shakespeare) kostet, den befällt nicht nur das große Unglück, »um Luft zum Atmen betteln zu müssen«, worüber sich schon 1803 die aus Frankreich vertriebene Madame de Staël[53] bitter beklagte; er »sitzt auch zwischen allen Stühlen« (Ludwig Wronkow). Denn entweder beharrt er in der Fremde auf Kosten seiner Einbindung in die veränderte Lebenswelt auf der einmal erworbenen Kulturausstattung; oder er versucht, diesen Hintergrund abzustreifen, um das Neuzuerwerbende im besten Falle doch nur unvollständig aufsaugen zu können. Allemal also eine biographische Gratwanderung, die erklärt, warum Ernst Grünfeld[54] das Exilerlebnis insgesamt einer Soziologie der Peripherie zurechnete.

Das Exil als Exil bleibt mithin ein *eigener* Gegenstand der Forschung. Weder läßt es sich in die Nutzenbilanz des Gastlandes auflösen; noch ist es beim besten Willen – jedenfalls als Exil – so in dessen Kultur einzublenden, daß sich aus dieser Akzeptanz für die Exilforschung wirklich relevante Kriterien ableiten ließen. *You and the Refugee:* Gerade weil sie der englischen Öffentlichkeit die Dringlichkeit der Hilfe für die Flüchtlinge aus Deutschland klarzumachen versuchten, haben Norman Angell und Dorothy Buxton 1939 in ihrem Penguin Special Nr. 29 über »the morals and economics of the problem« die Distanz betont, zu der das Exil verurteilt blieb. Und wenn vielleicht auch nicht mehr der Forschung, so war den Betroffenen selbst diese Außenseiterrolle noch deutlich. Das Exil vermochte ebensowenig einen Kulturtransfer zu vermitteln wie heute die Touristik, weil Kultur sich nicht einfach »internationalisieren« läßt. Jenes oftgenannte bridge-building durch das Exil beförderte höchstens den Wissens- beziehungsweise Talentaustausch. Auch nach Allan Bloom wurde die durch das Exil nach Amerika eingeführte und dort so einflußreiche Denkungsart eben nicht zu eigen gemacht, sondern sie überlagerte oder verdrängte in vielen Bereichen autochthone Stile. Wo das geschah, konnte sich das Exil vielleicht vormachen, selbst eine Entprovinzialisierung zu erleben sowie eine ähnliche Entwicklung in der neuen Umgebung eingeleitet zu haben. In Wirklichkeit stellte sich aber nur die Alternative – so jedenfalls zeigt der Rückblick –, in der neuen Umgebung weiter im Gewohnten zu verharren (Herkunftsprovinzlertum) oder aber sich soweit wie möglich anzupassen (Umorientierung zum örtlichen Provinzdenken).

›Die Heimat war fremd geworden und die Fremde nicht heimisch‹, so oder ähnlich ist diese Lage vom Exil immer wieder beschrieben worden. Was fraglos damit zu tun hatte, daß auch die USA – um von anderen Aufnahmeländern gar nicht zu reden – für die Neuankömmlinge aus Mitteleuropa einen Kulturschock bereithielten. »Ich fürchtete mich davor, in ein Land zu reisen, das jünger war als die meisten Toiletten in Wien«, so hat der Biochemiker Erwin Chargaff[55] später dieses Gefühl beschrieben. Auch das war ein Indikator für die Beschwernisse, sich hinfort als Exilant oder als Auswanderer zu definieren.

Aber es gab nur ein Entweder-Oder, und Möglichkeiten, als Wanderer zwischen den Welten bestehen zu können, waren kaum gegeben.

Entsprechend redet nicht nur Chargaff (S. 89) von einem Exilmythos: Im Gegensatz zu den in vielen Nutzenbilanzen fixierten Unterstellungen könne auch in den USA von einem verwertbaren Kulturgewinn durch das Exil (als Exil) kaum gesprochen werden. Sogar die Naturwissenschaften »leben im Schoße einer bestimmten Sprache und Zivilisation« (a.a.O.), ihre Leistugen sind also keineswegs unbegrenzt übertragbar. Was die Vertriebenen in den dreißiger Jahren mitbrachten, »war weniger leicht verwendbar als die Webekunst der Hugenotten« (S. 89). Unstreitig ist danach eigentlich nur, daß die Herkunftsländer ärmer wurden, obschon auch das eine These ist, die genauer zu untersuchen wäre.

Das Gepäck des Exils war reichhaltig, es ließ sich aber nur zum Teil nutzen. Man kam nicht nach ›Megalopolis‹ (Mumford), und das Exil bereitete dessen Heraufkunft auch keineswegs vor. Kultur entwickelt sich bodenständig, um ganz davon abzusehen, daß auch »der Mensch eine Pflanze ist« (Chargaff), die sich kaum umsetzen läßt, ohne Schaden zu erleiden. Mit Blick auf die persönliche Dimension des Exildramas drängt sich ein Vergleich mit dem Mythos vom Riesen Antäus auf, der seine Kräfte verlor, sobald er nicht mehr auf dem Boden stand. Das langsame »Absterben der Verbundenheit« aber führte nach Chargaff (S. 51) zu einer verarmten Existenz des Exils. Die Chronik der Versuche, frische Wurzeln zu schlagen, ist wieder eine andere Geschichte.

1 Hans Sahl: »Interview mit Gabriele von Arnim«. In: FAZ-Magazin Nr. 357 (1987), S. 29. – 2 In einem Interview hat Fritz Landshoff (»Literatur, die kämpft und blüht«. In: FAZ, 29.11.1986, S. 28) hervorgehoben, daß hierzulande erst mit der Studentenbewegung die einst vertriebenen Autoren wieder populär wurden. – 3 Eckhard Jesse: »Zur Geschichte der deutschen Emigration während des Dritten Reiches«. In: Das Parlament, 14.9.1985, S. 15. – 4 I.L. Horowitz: »Zwischen der Charybdis des Kapitalismus und der Szylla des Kommunismus«. In: Ilja Srubar (Hg.): *Exil, Wissenschaft, Identität. Die Emigration deutscher Sozialwissenschaftler 1933 bis 1945*. Frankfurt/M. 1988, S. 36 ff., bes. S. 39 f. – 5 Richard Albrecht: »Wissenschaftler im Exil. Ein Versuch nach fünfzig Jahren«. In: *Widerstand und Exil 1933 bis 1945*. Schriftenreihe der Bundeszentrale für politische Bildung. Bd. 223. Bonn 1985, S. 223 ff., hier S. 233. – 6 Rezension von Henry Jacoby und Karl Otto Paetel. In: Frankfurter Rundschau, 16.8.1980. – 7 Vgl. Friedrich-Ebert-Stiftung (Hg.): *Die deutsche politische Emigration 1933 – 1945*. Bonn-Bad Godesberg 1972, S. V. – 8 Guy Stern: »Internationale Tagung in New Hampshire – Querverbindungen im Exil«, In: Aufbau (New York), 26.4.1985. – 9 Dazu Anthony Heilbut: *Exiled in Paradise. German Refugee Artists and Intellectuals in America, from the 1930s to the Present*. New York 1983. – 10 Vgl. Horst Möller: *Exodus der Kultur*. München 1984. – 11 Ruth Gay: »Bildungsbürgertum«. In: The American Scholar. Bd. 55 (1986), S. 290 ff. – 12 Adolf Muschg: »Arbeit – aufgegeben an uns selbst«. In: FAZ, 20.11.1984, S. B4. – 13 Joachim Radkau: »Das Elend deutscher Exilpolitik 1933 – 1945 als Spiegel von Defiziten der politischen Kultur«. In: Horst Schallenberg und Helmut Schrey (Hg.): *Im Gegenstrom*. Wuppertal 1977, S. 105 ff. – 14 Ein bei weitem nicht aufgearbeitetes Feld, in dem Studien wie die von Hans-Helmut Knütter (»Emigration und Emigranten als Politikum im Nachkriegsdeutschland«. In: Politische Studien 25 (1974), S. 413 ff.) bisher nur Materialsammlungen vorlegen konnten. Bereits im September 1951 mußte Rolf Pechel (»Deutsche Gegenwart«. In: Deutsche Rundschau (1951), S. 225 ff.) gegen die denunzierende Art Front

machen, mit der die sogenannten »Emigranten a.D.« öffentlich diffamiert wurden, ein Thema, das Wolfgang Koeppen in seinem Roman *Das Treibhaus* (1953) aufgegriffen hat. Diese Emigrantenhetze wirkte fort; noch Mitte der sechziger Jahre ließ sich daraus politisches Kapital schlagen (vgl. Egon Bahr: »Emigration – ein Makel?« In: Die Zeit Nr. 44 (1965), S. 20), auch hier hat erst die ›Studentenbewegung‹ eine Umkehr bewirkt und das Exil positiver zu besetzen vermocht. In den Wissenschaften mag die Wirkung der Remigration verschieden einzuschätzen sein. Der Fall der Soziologie aber ist sicher nicht untypisch: Der Neubeginn fand unter westalliierter Kuratel statt, aber ohne das Exil! Den Remigranten blieb nichts anderes übrig, als sich auf das veränderte Klima einzustellen, oder, wie die »Frankfurtisten« (Brecht), die Marginalität zu riskieren. – **15** Bernhard Guttmann: »Brief an die Herausgeber«. In: Die Gegenwart 4. Jg. (August 1949) Nr. 16, S. 4. – **16** Rainer Lepsius: »Die sozialwissenschaftliche Emigration und ihre Folgen«. In: Kölner Zeitschrift für Soziologie und Sozialpsychologie. Sonderheft 23 (1981), S. 461 ff., hier S. 472 f. Diese Liste ist verdienstvoll, sie ist freilich hoch selektiv: Eine Unmenge weiterer Bücher etwa von Fritz Croner, Siegfried Kracauer, Richard Löwenthal, Karl Polanyi, Willi Strzelewicz, Adolf Sturmthal, Frieda Wunderlich, etc. fehlen. – **17** Donald Fleming und Bernard Bailyn (Hg.): *The Intellectual Migration. Europe and America, 1930 – 1960.* Cambridge, Mass. 1969, S. 675 ff. **18** Das ist schon eine unbeabsichtigte Nebenfolge der an sich verdienstvollen Biographisierung (*Biographisches Handbuch der deutschsprachigen Emigration nach 1933.* 3 Bde. München u.a. 1980/1983) des Exils, vgl. S. Papcke: »Auszug des Geistes«. In: Die Neue Gesellschaft Heft 11 (1982), S. 1128 ff, und Heft 8 (1986), S. 767 f. – **19** Interview mit Joseph Maier (New Jersey) am 3. Juni 1983 in Frankfurt. – **20** Jacoby betont in seinen Erinnerungen (*Davongekommen. 10 Jahre Exil 1936 – 1946.* Frankfurt/M. o.J. [1983]) die Bedeutung der Briefliteratur (S. 17), deren Wichtigkeit auch Evelyn Lacina (1982) erkannt hat. – **21** Zitiert nach Paul Requadt: *Lichtenberg. Zum Problem der deutschen Aphoristik.* Hameln 1948, S. 83. – **22** Vgl. Siegfried Bernfeld: »Zur Soziologie der deutschen Emigration«. In: Neue Volkszeitung. 9. Jg. Nr. 22 vom 1.6.1940, S. 6. Dazu auch Klaus Mann: *Der Vulkan. Roman unter Emigranten* (1939). Reinbek 1981. S. 103 ff. – **23** Vgl. Hannah Arendt: *Eichmann in Jerusalem. Ein Bericht von der Banalität des Bösen.* München 1964, S. 12 ff. – **24** Heinz Maus: »Kodifizierung des Schreckens«. In: Ders.: *Die Traumhölle des Justemilieu.* Frankfurt/M. 1981, S. 294 ff. – **25** Vgl. Franz Loeser: *Die unglaubwürdige Gesellschaft. Quo vadis, DDR?* Köln 1984. – **26** Vgl. Defizitvermerke bei Richard Albrecht: »Exil-Forschung. Eine Zwischenbilanz«. In: Neue Politische Literatur. Heft 2 (1983), S. 174 ff. – **27** Dazu schon Erich Stern: *Die Emigration als psychologisches Problem.* Boulogne-Sur-Seine 1937, bes. S. 72 ff. – **28** Svend Riemer: »Die Emigration der deutschen Soziologen nach den Vereinigten Staaten«. In: Kölner Zeitschrift für Soziologie und Sozialpsychologie 11 (1959), S. 100 ff. – **29** Vgl. zur Begrifflichkeit Hannah Arendt, in: *Auszug des Geistes.* Bremen 1962, S. 14 f. – **30** Vgl. Wolfgang Frühwald und Wolfgang Schieder (Hg.): *Leben im Exil. Probleme der Integration deutscher Flüchtlinge im Ausland 1933–1945.* Hamburg 1981, bes. S. 39 ff. – **31** Moritz Goldstein: »Answer to the Questionaire«. Nachlaß von Moritz Goldstein im »Institut für Zeitungsforschung« der Stadt Dortmund. – **32** Sie wurden von Berlin durchaus als ernsthafter Gegner eingestuft, vgl. H.E. Tutas: *NS-Propaganda und deutsches Exil 1933–1939.* Worms 1973, S. IX f. – **33** Motivationsberichte etwa bei Ernest Borneman: »Vom freiwilligen Exil«. In: Bernt Engelmann (Hg.): *Literatur des Exils.* München 1981, S. 49 ff. oder Peter de Mendelssohn: *Der Geist der Despotie* (1953). Frankfurt/M. 1986, S. 12 ff. – **34** »Of the three institutes nominally devoted to social research, the isolated Frankfurters produced the most noteworthy work«, urteilt Heilbut (Anm. 9), S. 90. – **35** Claus-Dieter Krohn: *Wissenschaft im Exil. Deutsche Sozial- und Wirtschaftswissenschaftler in den USA und die New School for Social Research.* Frankfurt/M. 1987, S. 213 ff. – **36** Vgl. Peter Drucker: *The End of Economic Man. A Study of the New Totalitarianism.* London 1939. – **37** Vgl. Siegfried Marck: *Der Neuhumanismus als politische Philosophie.* Zürich 1938. – **38** Vgl. Stuart Hughes: *The Obstructed Path.* New York 1968, S. 8. – **39** Dazu die neue Studie von Donata Elschenbroich: *Eine Nation von Einwanderern. Ethnisches Bewußtsein und Integrationspolitik in den USA.* Frankfurt/M. 1986. – **40** Peter Philipps: »The Cultural Legacy of those who Fled Hitler«. In: Businessweek, 4.7.1983, S. 11. – **41** Elisabeth Young-Bruehl: »Goodbye to Berlin«. In: The Nation, 25.6.1983, S. 805 f. – **42** Vgl. Jerry Z. Mullers kühle Rezension des Buches von Coser. In: American Political Science Quarterly 1985, S. 156 f. Dagegen der Enthusiasmus von Bernhard Fabian: »Was emigrierte Wissenschaft bewirkte«. In: FAZ, 6.11.1985, S. 11. – **43** Wilfried M. McClay: »Weimar in America«. In: The American Scholar 55 (1986), S. 119 ff. – **44** Walter Benjamin: »Zeitschrift für Sozialforschung«. In: Maß und Wert

1 (1938), S. 818 ff., hier S. 820. – **45** Alain Finkielkraut: *La défaite de la pensée.* Paris 1987, S. 14 ff. – **46** Lewis Mumford: *Die Verwandlung des Menschen.* Frankfurt/M. 1956, S. 159 ff. – **47** Thomas Mann: »Deutsche Hörer«. In: *Gesammelte Werke.* Bd. 13. Frankfurt/M. 1974, S. 747. – **48** K.A. Horst: »Stierkampf ohne Stier: Roman«. In: Joachim Moras u.a. (Hg.): *Deutscher Geist zwischen Gestern und Heute.* Stuttgart 1954, S. 361 ff., hier S. 365. – **49** Vgl. Krohn (wie Anm. 35) über den späteren Einflußschwund der New School, S. 177 ff. – **50** R.K. Merton: »Science and Democratic Social Structure« (1942). In: Ders.: *Social Theory and Social Structure.* London 1964, S. 550 ff. – **51** So sah sich der amerikanische Soziologe William J. Goode genötigt, die deutsche Nachkriegssoziologie vor blinder Nachäfferei amerikanischer Denkansätze zu warnen (»Die Beziehungen der amerikanischen und der deutschen Soziologie«. In: Kölner Zeitschrift für Soziologie und Sozialpsychologie« 11 (1959), S. 165 ff.). – **52** Daniel Bell: *Die Sozialwissenschaften nach 1945.* Frankfurt/M., New York 1986. – **53** Zit. nach Pauline Gräfin de Pange: *A.W. Schlegel und Frau von Staël.* Hamburg ⁶1949, S. 31. – **54** Ernst Grünfeld: *Die Peripheren. Ein Kapitel Soziologie.* Amsterdam 1939. – **55** Erwin Chargaff: *Das Feuer des Heraklit. Skizzen aus einem Leben vor der Natur.* München 1984.

Gerhard Hirschfeld

»The defence of learning and science...«
Der Academic Assistance Council in Großbritannien und die wissenschaftliche Emigration aus Nazi-Deutschland

Während der ersten Jahre der nationalsozialistischen Diktatur gehörte Großbritannien keinesfalls zu den Schwerpunktländern der jüdischen und politischen Emigration aus Deutschland. Flüchtlingsstatistiken zählen zwar bekanntlich zu den am wenigsten gesicherten amtlichen Angaben, und das Vereinigte Königreich bildete hier keine Ausnahme, zumal die Statistiken des Home Office nicht zwischen Flüchtlingen und Besuchereinreisen unterschieden.[1] Zuverlässigen Schätzungen zufolge belief sich die Zahl der asylsuchenden deutschen Emigranten in Großbritannien bis 1935 auf nicht mehr als 2500 und stieg erst 1937 auf etwa 5.500 Personen an.[2] Damit hielten sich gegen Ende jenes Jahres nur knapp 4 % der seinerzeit etwa 154.000 aus dem deutschen Reich Geflohenen in diesem Land auf.

Die Weigerung der britischen Regierung, politisch und »rassisch« verfolgte deutsche Flüchtlinge in nennenswertem Umfang aufzunehmen, basierte in ihrem Kern auf der weitverbreiteten Furcht vor einer für unausweichlich erachteten Zunahme der überaus hohen Arbeitslosigkeit (1933: 2,2 Millionen oder 19,8 % aller versicherten Arbeiter). Die seitens der Regierung von den jüdischen Hilfsorganisationen und Gemeinschaften verlangte (und erhaltene) Garantie, daß die ankommenden Flüchtlinge keinesfalls den öffentlichen Kassen zur Last fallen würden, entsprang ebenso dieser Besorgnis um die Entwicklung auf dem Arbeitsmarkt angesichts eines möglichen Flüchtlingsstroms aus Deutschland wie die mitunter aufgeregten und von xenophobischen Invektiven nicht immer freien Interventionen britischer Abgeordneter und Diplomaten.[3] Gestützt auf die restriktiven Einwanderungsbestimmungen seit dem Höhepunkt der jüdischen Immigration aus Osteuropa (1905) und die verschärften Ausländergesetze, die während und kurz nach dem Ersten Weltkrieg eingeführt wurden, behielt man diese Politik einer »halboffenen Tür« gegenüber den Flüchtlingen vor dem Nationalsozialismus zunächst bei.[4]

Erst unter dem Eindruck der aggressiven Außenpolitik des Dritten Reiches und der Judenpogrome im November 1938 begannen die britischen Behörden, vornehmlich unter dem Druck eines Teils der öffentlichen Meinung, ihre Einreisebeschränkungen zu lockern. In den folgenden Monaten stiegen die Zahlen der Asylsuchenden dramatisch an. Bei Kriegsausbruch befanden sich rund 74.000 Flüchtlinge aus Deutschland, Österreich und dem Sudetenland in Großbritannien. Ein Teil von ihnen besaß allerdings nur eine vorläufige

Aufenthaltsgenehmigung und mußte sich verpflichten, das Vereinigte Königreich sofort nach Erhalt der Einwanderungserlaubnis für ein anderes Land wieder zu verlassen. Ein Jahr später erhielten 55.000 den offiziellen »refugee«-Status zuerkannt. Freiwillige Auswanderungen während der Kriegsjahre und die im Rahmen einer überaus rigorosen Internierungspolitik veranlaßten Deportationen nach Übersee reduzierten die Zahl der deutschsprachigen Flüchtlinge erneut. Nach britischen Schätzungen lebten im Sommer 1943 etwa 35.000 Deutsche und 15.000 Österreicher in Großbritannien.[5] Mithin hatten dort etwa 10 % der insgesamt aus dem nationalsozialistischen Machtbereich emigrierten 500.000 Personen eine vorläufige Zuflucht gefunden, die für viele allerdings bald eine endgültige Heimat werden sollte.

Angesichts der relativ niedrigen Aufnahmequote für deutschsprachige Flüchtlinge zwischen 1933 und 1937 mag der hohe Anteil an Wissenschaftlern und Angehörigen der im Englischen als »professional classes« bezeichneten Berufsgruppen unter den Immigranten zunächst überraschen. Erste quantitative Analysen auf der Basis des im *Biographical Dictionary of Central European Emigrés* versammelten Materials deuten auf eine überproportional häufige Wahl Großbritanniens als erstes Zufluchtsland für emigrationswillige Hochschulangehörige, und zwar sowohl bei Dozenten, als auch bei Studenten, hin.[6] Zeitgenössischen Erhebungen zufolge fanden zunächst etwa die Hälfte der bis 1938 emigrierten 2120 deutschen Wissenschaftler und Hochschullehrer den Weg auf die britischen Inseln.[7]

Von Anfang an waren nämlich zwei soziale Gruppen von den restriktiven Asylbestimmungen ausgenommen, von denen sich die britische Regierung einen unmittelbaren Nutzen versprach. Neben bekannten Wissenschaftlern und Künstlern waren dies Fabrikanten und Geschäftsleute mit Privatvermögen, die durch die Errichtung neuer Unternehmen zu einer Reduzierung der hohen Arbeitslosigkeit beitragen konnten.[8] Bereits im April 1933 hatte sich im britischen Kabinett die Ansicht durchgesetzt, daß es im öffentlichen Interesse läge, »to try to secure for this country prominent Jews who were being expelled from Germany and who had achieved distinction whether in pure science, applied science, such as medicine or technical industry, music or art. This would not only obtain for this country the advantage of their knowledge and experience, but would also create a favourable impression in the world, particularly if our hospitality were offered with some warmth.«[9] Zugleich beeilte sich die Regierung allerdings deutlich zu machen, daß bei dieser aus einem wohlerwogenen Nützlichkeitsdenken heraus getroffenen Entscheidung nicht an die Vergabe staatlicher Gelder gedacht war. Auch hier wiederum sollten sich zunächst private Organisationen und Institutionen, ebenso wie wohlhabende Mäzene, gefordert sehen.

Die für emigrierte Wissenschaftler mit Abstand wichtigste Hilfsorganisation war der bereits im Mai 1933 gegründete *Academic Assistance Council* (AAC), im März 1936 umbenannt in *Society for the Protection of Science and Learning* (SPSL). Der AAC war entstanden auf eine Initiative des damaligen Direktors der London School of Economics and Political Science, Sir (später Lord)

William Beveridge. In seinen 1959 erschienenen Erinnerungen über die Gründung und Tätigkeit des AAC/SPSL schildert Beveridge jene Begebenheit in einem Wiener Café Ende März 1933, die seither als die Geburtsstunde dieser Hilfsorganisation gilt.[10] Eine österreichische Abendzeitung meldete die Entlassung einer Reihe prominenter deutscher Professoren, woraufhin Beveridge und sein Kollege Lionel Robbins (Professor für Ökonomie an der LSE) sich spontan zur Hilfeleistung für die aus ihren Stellen vertriebenen deutschen Wirtschaftswissenschaftler entschlossen. Informationen aus erster Hand über die nationalsozialistischen Zwangsmaßnahmen erhielt Beveridge in Wien ferner von dem aus Ungarn stammenden, aber seit 1920 an der Universität Berlin (zuletzt als Privatdozent) tätigen Physiker Leo Szilard, der engagiert für die Errichtung einer akademischen Flüchtlingshilfe warb.[11]

Nach seiner Rückkehr gelang es Beveridge sehr schnell, die verantwortlichen Gremien seiner Hochschule von der Notwendigkeit gezielter Hilfe für entlassene *prominente* Kollegen aus Deutschland zu überzeugen und diesen ein Post-Graduiertenstipendium an der LSE zu offerieren. Bereits am 18. Mai stimmten Kuratorium und Verwaltungsrat der LSE seinem Vorschlag zu, den Hochschullehrern zu empfehlen, künftig zwischen einem (Dozenten) und drei Prozent (Professoren) ihres Jahreseinkommens an einen Unterstützungsfond für emigrierte deutsche Sozial- und Wirtschaftswissenschaftler zu zahlen, was eine Summe von rund £1000 im Jahr ergäbe.[12] Dieser Sonderfond der LSE mit einem jährlichen Spendenaufkommen in etwa dieser Höhe sollte drei Jahre lang bestehen, bevor er schließlich zu Gunsten der SPSL aufgelöst wurde.

Parallel zu dieser hochschulinternen Initiative hatte William Beveridge auch noch eine Reihe von Gesprächen geführt, unter anderem mit dem Historiker George Trevelyan, dem Biochemiker Frederick Gowland Hopkins sowie mit dem Physiker und Direktor des Cavendish Laboratoriums in Cambridge, Ernest Rutherford. Die Angesprochenen, allesamt an der Universität Cambridge lehrend, waren sich darüber einig, daß eine britische Hilfsaktion auf *nationaler* Ebene notwendig sei, um auch weniger bekannten und erst am Anfang ihrer Karriere stehenden deutschen Wissenschaftlern nach ihrer Entlassung aus dem Staatsdienst zu helfen. Hilfreiche Unterstützung fand der Vorschlag eines nationalen Hilfskomitees für emigrierte deutsche Wissenschaftler auch bei der Royal Society und ihrem Präsidenten Sir William Bragg, wobei der Council der Royal Society allerdings energisch von der Wahl eines jüdischen Honorary Secretary abriet.[13] Diese Befürchtung, daß die neue Hilfsorganisation von der britischen Öffentlichkeit als eine jüdische Einrichtung angesehen werden könne und dadurch möglicherweise nicht frei in ihren Entscheidungen sei, findet sich später noch in einer Vielzahl von internen Korrespondenzen des AAC/SPSL. Solche Vorsicht reflektiert das während jener Jahre in den westlichen Demokratien, vor allem in den USA und Großbritannien, nicht eben selten anzutreffende Klima, das in seinem Kern xenophobische, mitunter auch anti-jüdische Verhaltensweisen erkennen läßt.

Die Aufgabe des Honorary Secretary übernahm Beveridge schließlich selber (zum zweiten Secretary wurde der an der Londoner Guy's Hospital Medical

School lehrende Chemiker Charles Stanley Gibson ernannt), während der Vorsitz der neuen Organisation an Lord Rutherford of Nelson fiel; der ursprünglich aus Neuseeland stammende weltberühmte Physiker und Nobelpreisträger übte diese ehrenamtliche Funktion mit großem Engagement bis zu seinem Tod im Oktober 1937 aus. Sein Nachfolger wurde der spätere Erzbischof von Canterbury, William Temple. Nach dessen Tod 1944 wählte man William Beveridge zum dritten Präsidenten. Der veröffentlichte Gründungsaufruf des Academic Assistance Council vom 22. Mai 1933 trug die Unterschriften von 41 Persönlichkeiten des öffentlichen Lebens in Großbritannien. Neben den bereits Genannten hatten eine Vielzahl prominenter Wissenschaftler, dazu einige bekannte Politiker sowie mehrere Vice-Chancellors und Principals britischer Universitäten und Colleges den von Beveridge entworfenen und von der Royal Society für gut befundenen Aufruf zur Unterstützung der aus ihren Stellungen vertriebenen deutschen Hochschullehrer (»of all grades and in all faculties«) unterschrieben.[14]

Unter den Unterzeichnern war der Physiologe A.V. Hill, neben Rutherford ein weiterer Nobelpreisträger, sowie der Direktor des British Museum und Secretary der British Academy Sir Frederic Kenyon, die beide zu Vizepräsidenten der AAC ernannt wurden; ferner der Cambridger Wirtschaftswissenschaftler John Maynard Keynes, der Regius Professor für Griechisch an der Universität Oxford Gilbert Murray, der Chemiker Sir William Pope, der Historiker Sir Charles Grant Robertson, der Erziehungswissenschaftler Sir Michael E. Sadler, der Physiologe Sir Charles S. Sherrington, der Wirtschaftswissenschaftler Sir Josiah C. Stamp, der Physiker Sir Joseph Thomson, Master of Trinity College, Cambridge, der Historiker George M. Trevelyan und weitere bekannte Hochschullehrer und Wissenschaftler. Unter den Politikern befanden sich der langjährige Völkerbunddelegierte und spätere Friedensnobelpreisträger Viscount Robert Cecil of Chelwood, der Historiker und frühere Erziehungsminister H.A.L. Fisher, der ehemalige Gouverneur von Bengalen und (1925) Vizekönig von Indien, Earl of Lytton, sowie der ehemalige Gesundheitsminister (1923-1924) und Präsident des Board of Education Lord Eustace Percy. Bei der von Beveridge und der Royal Society mit Sorgfalt zusammengestellten Liste handelte es sich im wesentlichen bereits um die Mitglieder des ständigen Council des AAC/SPSL, der sich in seiner Zusammensetzung zwischen 1933 und 1945 kaum veränderte.[15] Von einer Zuwahl jüdischer Mitglieder wurde mit wenigen Ausnahmen allerdings ebenso Abstand genommen wie von der Einbeziehung emigrierter Wissenschaftler, um sich nur ja nicht, wie selbst Beveridge eingestand, in der Öffentlichkeit dem Verdacht auszusetzen, der AAC sei keine originäre britische Organisation.[16]

Der Appell vom 22. Mai 1933 selbst ist ein eindrucksvolles Dokument praktischer Solidarität und weitsichtiger Hilfeleistung. Angesichts der Vorgänge an deutschen Universitäten erwarteten die Unterzeichner, daß die Hochschulen Großbritanniens und anderer Länder »take whatever action they can to offer employment to these men and women«. Da die finanziellen Ressourcen der einzelnen Universitäten allerdings begrenzt seien, müsse ein eigener

Unterstützungsfonds geschaffen werden, »to be used primarily, though not exclusively, in providing maintenance for displaced teachers and investigators, and finding them a chance of work in Universities and scientific institutions«. Darüber hinaus sei eine Organisation notwendig, die in ständiger Kommunikation mit britischen Universitäten, aber auch mit verwandten Einrichtungen in anderen Ländern, als ein sogenanntes »clearing house« sowie als ein Informationszentrum für Hilfsmaßnahmen in diesem Bereich wirken müsse. Das gegenwärtige Problem betreffe nicht nur jüdische Hochschullehrer und beschränke sich keineswegs nur auf die deutschen Verhältnisse. »We should like to regard any funds entrusted to us as available for University teachers and investigators of *whatever country who, on grounds of religion, political opinion or race are unable to carry on their work in their own country.*« (Hervorhebung von mir, G.H.)[17] (Mit dieser Absichtserklärung zu einer möglichen Ausweitung ihrer Hilfstätigkeit über den deutschen Fall hinaus wurde gleichsam der Grundstein gelegt für die bis heute fortwirkende Arbeit der Gesellschaft.) Abschließend wiesen die Unterzeichner auf die ausschließlich humanitäre Ausrichtung ihrer Aktion hin, die keinesfalls als Kritik an einer Regierungsform oder möglichen bilateralen Problemen verstanden werden dürfe: »Our only aims are the relief of suffering and *the defence of learning and science*« (Hervorhebung von mir, G.H.). Der Hinweis auf den vermeintlich unpolitischen Charakter dieser akademischen Hilfsaktion ist keinesfalls nur als eine taktische Vorsichtsmaßnahme zu sehen; er spiegelt die insgesamt konservative Zusammensetzung des Council und seine anfängliche Zurückhaltung wider, offen politisch zu argumentieren und Stellung zu beziehen.

Die Ankündigung von der Gründung einer Hilfsorganisation für verfolgte deutsche Wissenschaftler stieß vor allem innerhalb der britischen Universitäten auf großes Verständnis und spontane Reaktion. Eine Reihe von Forschungsinstituten und gelehrten Vereinigungen bot ihre Hilfe an, das Komitee der Vice-Chancellors und Principals britischer Hochschulen regte eine eigene Sondersitzung für den 24. Juli an »to consider what action Universities, jointly or separately, may be able to take in regard to the situation that has arisen in Germany«, und aufgrund des ersten Appells vom 22. Mai gingen auf dem Konto des AAC bis zum 1. August 1933 mehr als £ 7.000 an Spenden ein, darunter ein Betrag von £ 2.500 vom Central British Fund for German Jewry.[18] Die nationale Presse, insbesondere die *Times*, kommentierte das Ereignis in aller Ausführlichkeit und trug somit ebenfalls dazu bei, daß die eingeleitete Hilfsaktion auch außerhalb der Universitäten bekannt wurde.[19] Große Publizität gewann der AAC auch durch eine gemeinsam mit drei weiteren Hilfsorganisationen bestrittene öffentliche Kundgebung in der Londoner Royal Albert Hall am 3. Oktober 1933. Unter den zahlreichen prominenten Sprechern war Albert Einstein, der sich »als Mensch, als guter Europäer und als Jude« hinter den Appell der Hilfsorganisationen stellte und um Unterstützung für den vornehmlich vom AAC getragenen »German Refugees Assistance Fund« bat.[20]

Der Umfang der nun täglich anfallenden Schreibarbeit und Administration zwang schon sehr bald zu einer Neuordnung der internen Zuständigkeiten. William Beveridge, der auch weiterhin, neben seiner Tätigkeit als Direktor der LSE, den größten Teil der Außenrepräsentation bestritt, wurde insbesondere entlastet durch die Ernennung Walter Adams zum hauptamtlichen Generalsekretär des AAC. Die Wahl des damals 26jährigen Adams im Juli 1933, der seine sichere Dozentur für Neuere Geschichte am University College London zugunsten der unsicheren Anstellung bei einer Flüchtlingshilfeorganisation aufgegeben hatte, erwies sich ebenso als ein glücklicher Umstand wie die Mitarbeit von Esther Simpson, die von Anbeginn an für schließlich mehr als 19 Jahre einen großen Teil der äußerst umfangreichen Korrespondenz und Verwaltungsarbeiten des neuen Unternehmens übernahm.[21] Ein vorläufiges Domizil erhielt der AAC in den Räumen der Royal Society im Londoner Burlington House, bevor er nach einem kurzen Zwischenaufenthalt in der Clement's Inn Passage am Clare Market im Januar 1937 eine großzügigere Unterkunft in der universitären Umgebung von Bloomsbury am Gordon Square fand.

Die praktische Tätigkeit des AAC konzentrierte sich auf zwei Gebiete: die Einrichtung eines akademischen Informationsdienstes und die Zuteilung zeitlich befristeter Unterhaltsbeihilfen, sogenannter »maintenance grants« an stellungslose emigrierte Wissenschaftler, sofern diese über keine anderweitigen Einkünfte verfügten. Die vom AAC gesammelten Informationen und Unterlagen betrafen nicht nur die inzwischen in Großbritannien eingetroffenen Wissenschaftler, sondern auch diejenigen, die sich, obwohl bereits aus ihren Stellungen vertrieben, noch innerhalb des nationalsozialistischen Machtbereichs aufhielten. Jedes Dossier enthielt einen ausführlichen Fragebogen, der in englischer und (etwas holpriger) deutscher Sprache »allgemeine« und »vertrauliche Auskunft« über den Wissenschaftler einholte: so etwa Informationen über die Ausbildung, den Familienstand und die Religion, ferner über die letzte berufliche Anstellung, das Datum und die Umstände der Entlassung, sodann die Einkommensverhältnisse, die sprachliche Kompetenz und mögliche Alternativen zur akademischen Laufbahn (»Würden Sie eine industrielle oder kaufmännische Stellung annehmen?«) sowie die Wahl des Einwanderungslandes (»Nach welchen Ländern würden Sie vorziehen zu gehen? Nach welchen Ländern würden Sie nicht gehen?«).[22] Der Personalakte beigegeben waren außerdem ein Lebenslauf und ein Verzeichnis der wissenschaftlichen Veröffentlichungen und Forschungsschwerpunkte, mitunter auch Sonderdrucke und Rezensionen in Fachzeitschriften, sowie Gutachten und Empfehlungen von Fachkollegen und Stellungnahmen eines eigens vom Council des AAC einberufenen Expertenausschusses, des sogenannten Allocation Committee. Die teilweise sehr umfangreichen Dossiers der Wissenschaftler, die sich heute als geschlossener Bestand im SPSL-Archiv der Bodleian Library in Oxford befinden, bildeten die Grundlage für die später in einer Reihe von Fällen erfolgreiche Vermittlungstätigkeit des AAC.

Die erste Sitzung des Allocation Committee fand am 13. Juli 1933 unter dem Vorsitz von William Beveridge statt; bis September 1934 traf sich dieser Ausschuß weitere sechsmal, darunter am 3. Juli 1934 in einer regelrechten Marathonsitzung, die nach der Erinnerung von Beveridge fünf Stunden dauerte und bei der 58 zur Diskussion stehende »grants« verhandelt wurden.[23] Die letzte Entscheidung über die Vergabe dieser Unterhaltsbeihilfen (ebenso wie über alle laufenden Geschäfte) lag jedoch beim sogenannten Executive Committee, das das eigentliche Entscheidungsgremium des AAC war und das gelegentlich auch eigenständig über Zuteilung, Aufschub oder Verweigerung der »temporary maintenance grants« entschied. Diesem regelmäßig tagenden Ausschuß – allein bis September 1934 fanden dreizehn Sitzungen statt – gehörte die gesamte Führungsspitze des AAC an, darunter Beveridge, Gibson, Hill und Kenyon.[24] Dank der gründlichen Vorbereitung durch das Allocation Committee – alle Mitglieder erhielten detaillierte maschinengeschriebene Vorlagen und Kopien der vorausgegangenen Korrespondenzen – scheinen die Entscheidungen zumeist recht zügig getroffen worden zu sein.

Die auf einer jährlichen Basis veranschlagten Unterstützungszahlungen waren in der Regel eher bescheiden; sie betrugen für einen verheirateten Wissenschaftler £ 250 und für einen unverheirateten £ 182. Das war nicht viel, der 26jährige Geschichtsdozent am Londoner University College Walter Adams erhielt beispielsweise 1933 vor seiner Ernennung zum Generalsekretär des AAC ein jährliches Grundgehalt von £ 495.[25] Spätere Bemühungen, älteren und bekannteren emigrierten Hochschullehrern ein angemessenes temporäres Einkommen in Form eines Forschungsstipendiums von £ 450 zu gewähren, erregten in einigen Fällen den Unmut britischer Kollegen; das Executive Committee hielt diese Ausnahmen bei »refugees of world reputation« allerdings für gerechtfertigt.[26] Bei der Mehrzahl der »maintenance grants« handelte es sich oft nicht einmal um die festgesetzten Maximalleistungen, sondern nur um sehr viel niedrigere Ausgleichszahlungen (etwa zuzüglich zu einem Universitäts»gehalt« oder anderweitigen Stipendien), um einmalige Zuschüsse (etwa als Reisemittel zu Vorstellungsgesprächen oder zur Drucklegung wissenschaftlicher Publikationen) oder – seltener – um rückzahlbare Darlehen. So weist beispielsweise eine auf den 31. (sic!) April 1934 datierte finanzielle Aufstellung des AAC 62 Zuwendungsempfänger auf, von denen jedoch nur 27 die Höchstbeträge von £ 182 bzw. 250 erhielten, sieben bekamen £ 50 und weniger (hier handelte es sich vermutlich um einmalige Zahlungen) und fünf der Stipendien wurden während des Vergabezeitraums nicht in Anspruch genommen. Außerdem gingen vier »grants« direkt an universitäre Institutionen, während ein Betrag von £ 5 lediglich als »Grant for ›Mathematics‹« (sic!) deklariert wurde.[27]

Eine direkte Anweisung von Geldern an Universitäten, Colleges und andere wissenschaftliche Einrichtungen war keineswegs selten. Einige Hochschulen und Institute richteten besondere Vorlesungsreihen und Sonderprogramme für anderenfalls beschäftigungslose Wissenschaftler ein, für deren Finanzierung wiederum der AAC sorgte. So hielt etwa der (später in Princeton) lehrende ehemalige Hamburger Kunsthistoriker Erwin Panofsky im Dezember 1933 am Londoner Courtauld Institute sechs Vorlesungen über Ikonographie, für die er £ 30 aus dem Fund des AAC erhielt. Im Februar 1934 referierte in der gleichen Veranstaltungsreihe (der spätere Slade-Professor für Kunst an der Universität Cambridge) Nikolaus Pevsner über Barockgemälde.[28] Obwohl der Direktor des Courtauld Institute, William George Constable, anfänglich einige seiner deutschen Gastdozenten mit überraschend kritischem Urteil bedachte, wurden die Vorlesungsveranstaltungen des Courtauld Institute durch eine minimale finanzielle Aufwendung seitens des AAC von jährlich £ 250 bis zu Constables Ruf in die USA 1938 weitergeführt.[29]

Verglichen mit verwandten wissenschaftlichen Förderinstitutionen und -programmen jener Jahre steht der AAC, was den Erfolg seiner Vermittlungstätigkeit angeht, sicherlich nicht schlecht da, obgleich sich in seinen statistischen Jahresübersichten oftmals auch individuelle Initiativen als Vermittlungserfolge zahlenmäßig niederschlagen. Bis Juli 1935 hatten 57 emigrierte deutsche Wissenschaftler in Großbritannien eine feste Anstellung an einer Universität (31) oder einer außeruniversitären Forschungseinrichtung (26) gefunden, während weitere 155 Flüchtlinge zeitlich befristete Lehr- und Forschungspositionen übernahmen. Unter den temporären Arbeitsstellen lag die Londoner Universität mit 55 Plätzen an der Spitze, gefolgt von Cambridge (30), Oxford (15), den schottischen und walisischen Universitäten (7 bzw. 3) sowie schließlich den englischen »Red Brick Universities«, unter denen allein Birmingham 5 Wissenschaftlern einen vorläufigen Arbeitsplatz verschaffte.[30] Temporäre Arbeitsangebote kamen auch von einer Reihe einflußreicher Institutsdirektoren, die sich – wie etwa Professor Lindemann für das Clarendon Laboratorium in Oxford – um bekannte deutsche Naturwissenschaftler bemühten. Lindemann verstand es auch, den erst 1926 gegründeten und naturgemäß neueren Forschungen gegenüber sehr aufgeschlossenen Chemiekonzern Imperial Chemical Industries (ICI) für die Vergabe besonderer Forschungsstipendien (fellowships) an emigrierte Physiker und Chemiker zu gewinnen. 1935 hielten 18 Naturwissenschaftler an einer britischen Universität ein ICI-fellowship, wobei der Konzern allerdings dafür Sorge trug, daß die ernannten fellows in der Vergangenheit keine Beziehung zur deutschen I.G.-Farben unterhalten hatten, »as it was particularly wished not to jeopardise in any way the good relations existing between I.G. and the German government.«[31] Das ICI-Stipendienprogramm wurde jedoch 1936 weitgehend eingestellt und nur in einigen, von der ICI für besonders wichtig angesehenen Forschungsbereichen vorläufig weitergeführt. Abgewickelt wurden diese Stipendien als direkte Unterhaltsbeihilfen des AAC, die zunächst aus einer einmaligen Spende der ICI von £ 2500 bestritten wurden.[32]

Bereits in den ersten Jahresstatistiken des AAC über eine erfolgreiche Vermittlungstätigkeit fällt der hohe Anteil an Naturwissenschaftlern und Medizinern unter den festen ebenso wie den temporären Anstellungen auf. Unter den im Juli 1935 genannten 57 Wissenschaftlern, die eine Dauerbeschäftigung in Großbritannien gefunden hatten, befanden sich 9 Wirtschaftswissenschaftler, 8 Chemiker, 5 Ingenieure und 4 Physiker sowie 19 Mediziner (gegenüber 3 Philologen, 2 Juristen, 1 Historiker und 1 Soziologen).[33] Die Angaben in den späteren Jahresberichten des AAC bestätigen dieses Ungleichgewicht zwischen den Geistes- und Sozialwissenschaften einerseits und den Naturwissenschaften und der Medizin andererseits oder weisen gar auf eine zunehmende Scherenbewegung hin. Die Gründe dafür sind vielfältig und können hier nur angedeutet werden. Die internationale Ausrichtung der Naturwissenschaften, bereits bestehende wissenschaftliche Verbindungen aus der Zeit vor der Emigration sowie die Tatsache, daß sprachliche Fertigkeiten nicht essentielle Voraussetzungen sind für die naturwissenschaftliche und medizinische Forschung, wären hier ebenso zu nennen wie die spezifischen Ausbildungsweisen und -ziele britischer Hochschulen insbesondere im Bereich der Geisteswissenschaften. Erschwerend wirkte sich auch die relative Stagnation des britischen Universitätswesens, sowohl was die Zahl der Studenten als auch die der Dozenten anging, während der dreißiger Jahre aus. Die eigentliche Expansion der britischen Hochschulen begann erst mit dem Ausbau des Wohlfahrtsstaates zu Beginn der fünfziger Jahre, also mehr als siebzehn Jahre nach der Ankunft der ersten Emigranten. In den entscheidenden Jahren vor dem Ausbruch des Krieges fanden die emigrierten Wissenschaftler nur ein sehr begrenztes Ausbildungssystem von insgesamt geringer Aufnahmekapazität vor. Das überraschend hohe Ausmaß der wissenschaftlichen Weiterwanderung, vornehmlich in die USA, findet hier seine Erklärung.[34]

In den Akten des AAC bzw. der SPSL für den Zeitraum 1933 bis 1945 sind die Personalien von 2541 Emigranten gesammelt, davon stammen etwas mehr als die Hälfte aus Deutschland und Österreich. Von diesen hatten im Jahre 1946 noch 601 Personen ihren Wohnsitz in Großbritannien, von denen wiederum 307 ursprünglich aus Deutschland stammten.[35] Einen großen Teil der Wissenschaftler zog es nach einem mehr oder minder kurzen Aufenthalt in Großbritannien in die Vereinigten Staaten weiter, die aufgrund ihrer unvergleichlich größeren Aufnahmekapazität zum eigentlichen Aufnahmeland für die deutschsprachige wissenschaftliche Emigration gegen Ende der dreißiger Jahre wurden. Die Frage der Weiterwanderung wurde auch für die praktische Arbeit des AAC sehr bald zu einem bestimmenden Element. Angesichts der als gering angesehenen Aussichten für emigrierte Wissenschaftler in Großbritannien selbst gerieten die Vereinigten Staaten bei der Zukunftsplanung zunehmend in die Rolle eines akademischen Refugiums, ohne daß die verantwortlichen Gremien des AAC bzw. der SPSL sich die realen Bedingungen in den USA immer ausreichend vor Augen geführt hätten. Kurzfristige Unterhaltsstipendien waren nicht selten mit der Vorgabe verbunden, der Wissenschaftler möge sich möglichst schnell um eine Arbeitsmöglichkeit in den USA bemühen. In den Beurteilungen der Allocation und Executive Committees finden sich häufig Hinweise auf Kontakte des jeweiligen Bewerbers zu amerikanischen Kollegen, auf beabsichtigte Vortragsreisen in die USA oder generelle Beurteilungen über die Aussichten des Antragstellers bei amerikanischen Universitäten, allesamt Umstände, die bei der abschließenden Beurteilung positiv zu Buche schlagen sollten.[36]

Die angestrebte enge Zusammenarbeit des AAC mit amerikanischen Hilfsorganisationen und Stiftungen zur Wissenschaftsförderung ging über einen Austausch von Informationen und über Hinweise auf die Qualifikation des Bewerbers kaum hinaus. Zwar hatte sich insbesondere Beveridge schon sehr früh um eine entsprechende Kooperation bemüht, doch sein Vorschlag zur Etablierung eines internationalen »clearinghouse« für emigrierte Wissenschaftler fand ebensowenig Resonanz wie seine anhaltende Bitte um finanzielle Unterstützung durch die Rockefeller Foundation und die Carnegie Corporation – über das von jenen bereits geleistete Maß hinaus – auch für die weniger prominenten Wissenschaftler unter den Emigranten.[37] Das amerikanische Gegenstück zum AAC/SPSL, das Emergency Committee in Aid of displaced German Scholars, das sich ebenfalls vornehmlich um prominentere Wissenschaftler bemühte, überließ im Gegensatz zum Vorgehen des AAC die Auswahl der Stipendiaten weitgehend den jeweiligen universitären Gremien. Wiederholt verwahrte sich das Emergency Committee gegen einen weiteren Zuzug emigrierter Wissenschaftler aus England und warf den britischen Kollegen Unkenntnis der amerikanischen Verhältnisse vor. Eine schwelende Kontroverse, die bereits 1935 begonnen hatte, trat im Zusammenhang mit einer Informationsreise des neuen Generalsekretärs der SPSL, David Cleghorn Thomson, im Februar 1939 in die USA offen zutage. Der Sekretär des Emergency Committee, Stephen Duggan, wandte sich scharf gegen eine derartige »fact-finding mission« (Cleghorn Thomson) an amerikanischen Universitäten, die nur einen weiteren Zustrom deutscher Emigranten zur Folge haben werde, obgleich längst der »saturation point for the employment of foreign scholars had been about reached«[38]. Für die SPSL hingegen bedeuteten die Reise ihres Generalsekretärs und seine Gespräche mit 20 amerikanischen Universitätspräsidenten und Institutsdirektoren eine Bestätigung ihrer bislang praktizierten Re-Migrationpolitik und der selbstgewählten Funktion einer akademischen Clearing-Stelle, wie ihr Generalsekretär in seinem umfangreichen Abschlußbericht resümierte: »Great Britain must be regarded as one of the clearing home countries and America as the great terminal countries in this crisis, and in most cases the methods they are employing bear a striking resemblance to each other.«[39] Die SPSL setzte zunächst ihre bisherige Praxis fort, indem sie weiterhin Reisemittel (entweder als direkte Stipendien oder als Darlehen) für die Übersiedlung in die USA gewährte. Beveridge selber schätzt, daß etwa die Hälfte aller emigrierten Wissenschaftler, die sich bei Kriegsende in den USA aufhielten, entweder auf eigene Initiative oder mit Hilfe des AAC/SPSL dorthin gelangt waren.[40]

Doch die beabsichtigte Internationalisierung der Tätigkeit des AAC/SPSL beschränkte sich nicht nur auf die Vereinigten Staaten. Sehr enge Beziehungen unterhielt die Hilfsorganisation vor allem zur Notgemeinschaft deutscher Wissenschaftler im Ausland, die Ende 1935 (auf Anregung des AAC) ihr zentrales Büro von Zürich nach London verlegt hatte und deren Sekretär Fritz

Demuth seit 1937 dem Executive Committee (der SPSL) mit beratender Stimme angehörte. Die Zusammenarbeit mit der Notgemeinschaft, die ihre Vermittlungen vor allem auf die außereuropäischen Universitäten, insbesondere die türkischen Hochschulen, konzentrierte, erwies sich für beide Seiten als äußerst fruchtbar und trug viel zur angestrebten internationalen Konsolidierung der Vermittlungsaktionen emigrierter Wissenschaftler bei.[41] Hingegen blieb ein weiterer Versuch, die Tätigkeit auch verschiedener anderer nationaler Komitees stärker zu koordinieren und ihnen eine internationale Repräsentation zu schaffen, in den Anfängen stecken. Zwar folgte die Mehrheit der nationalen Hilfsorganisationen (mit Ausnahme des amerikanischen Emergency Committee) einer Einladung von Beveridge zu einem »Informal International Meeting to consider means of assistance to displaced University teachers« im November 1937 nach Oxford, doch ging die Bereitschaft zu einer verstärkten organisatorischen Zusammenarbeit über wohlmeinende Absichtserklärungen kaum hinaus.[42]

Mit der Zunahme der Flüchtlinge nach 1938 wuchsen auch die Probleme für die Hilfsorganisationen in Großbritannien. Bereits 1936 hatte sich der verantwortliche Council des AAC angesichts der Fortdauer des Flüchtlingsstroms und der verschärften anti-jüdischen Gesetzgebung in Deutschland auf eine neue, auf Dauer angelegte Struktur der Organisation verständigt. Die neue Organisation, nun unter dem Namen »Society for the Protection of Science and Learning« wurde als ein eingetragener Verein deklariert, dem eine eigene finanzielle Stiftung, der sogenannte Academic Assistance Fund angegliedert war, aus dem künftig einige langfristige Forschungsstipendien bestritten werden sollten.[43] Die neue Gesellschaft umfaßte etwa 2000 beitragzahlende Mitglieder, von denen die meisten Angehörige britischer Hochschulen und Forschungseinrichtungen waren. Außerdem besaß sie nun (als ein Ergebnis der internationalen Konferenz in Oxford) korrespondierende Mitglieder in allen europäischen Ländern, darunter der dänische Physiker Niels Bohr und der niederländische Historiker Johan Huizinga. Trotz der festen Einnahmequelle aus den Mitgliedsbeiträgen und einiger namhafter privater Spenden sowie der direkten Zuwendung aus den verschiedenen großen Flüchtlingsaktionen jener Jahre wie dem German Refugees Assistance Fund, dem Central British Fund for German Jewry oder (wenn auch für die SPSL mit vergleichsweise bescheidenem Ergebnis) dem Stanley Baldwin Fund von 1938, blieb die wirtschaftliche Situation der Gesellschaft auch weiterhin äußerst prekär. Wie der Jahresbericht von 1939 besorgt feststellte, war die weitere Arbeit der Hilfsorganisation in hohem Maße gefährdet und dies nicht allein in finanzieller Hinsicht.[44] Die Aussichten, in Großbritannien eine vorübergehende oder gar eine feste Anstellung an einer Hochschule zu finden, hatten sich nämlich weiter verschlechtert. Neben den etwa 400 nach dem »Anschluß« ihres Landes entlassenen österreichischen Hochschullehrern und Forschern waren es inzwischen auch – wie die Akten des Executive Committee ausweisen – italienische, tschechische, spanische, portugiesische und seit 1936 auch sowjetische Akademiker, die sich hilfesuchend an die SPSL wandten.

Der Ausbruch des Krieges brachte überraschend eine Stabilisierung der Haushaltslage, als im Januar 1940 die britische Regierung eine nationale Kommission unter Sir Herbert Emerson zur Unterstützung aller Flüchtlingshilfeorganisationen einsetzte, die der SPSL künftig regelmäßige Zuschüsse in der Höhe ihrer geleisteten Ausgaben zukommen ließ.[45] Während die drückenden finanziellen Sorgen damit fürs erste beseitigt schienen, sah sich die Gesellschaft bald schon mit neuen Problemen konfrontiert, die eine entschiedene Antwort verlangten. Nachdem die britische Regierung – scheinbar im Gegensatz zu jenen finanziellen Hilfen für die Flüchtlingsorganisationen – bereits unmittelbar nach Kriegsbeginn alle aus Deutschland und Österreich stammenden Flüchtlinge zu »feindlichen Ausländern« erklärt und bestimmten Restriktionen unterworfen hatte, beschloß das Kriegskabinett unter Churchill im Juni 1940 die sofortige Internierung nahezu aller Emigranten, die selbstverständlich auch die emigrierten Wissenschaftler einschloß. Mit zahllosen offiziellen und persönlichen Interventionen bemühte sich die (inzwischen in Cambridge ansässige) SPSL um die Freilassung ihrer akademischen Schützlinge oder deren Freistellung von den zwischenzeitlich begonnenen Deportationen der »enemy aliens« nach Kanada und Australien. Nachdem der Innenminister am 17. Juli im Unterhaus auf eine entsprechende Anfrage des unabhängigen Abgeordneten (und Vice Chairman des Executive Committee der SPSL) Professor A.V. Hill ausdrücklich erklärt hatte, daß »contributions of significance (by refugees, G.H.) to science and learning« im nationalen Interesse des Landes seien, schien der Weg offen zu sein für eine Freilassung der etwa 530 Universitätslehrer und Wissenschaftler unter den rund 27.000 internierten Flüchtlingen. Da das Home Office jedoch auf einer individuellen Überprüfung bestand, richteten die Royal Society, die British Academy und die Royal Society of Medicine eigene Kommissionen ein, die die wissenschaftlichen Fähigkeiten und Qualifikationen der Wissenschaftler (oftmals unter Hinweis auf ihre Verwendung innerhalb der britischen Kriegsführung) im Einzelfall erörterten. In 518 Fällen lagen diesen »special tribunals« von der SPSL besorgte Gutachten und Stellungnahmen britischer Kollegen vor, die für die besondere Leistung und Integrität des jeweiligen Wissenschaftlers bürgten.[46] So erwirkte beispielsweise J.M. Keynes die Freilassung von vier bis dahin in Cambridge beschäftigten Wirtschaftswissenschaftlern, unter ihnen der ehemalige Sekretär der Wirtschaftskommission bei der deutschen Friedensdelegation 1919 in Paris und spätere Bibliothekar des LSE, Eduard Rosenbaum.[47] Nur in zwanzig der 518 erörterten Fälle kamen die verantwortlichen Kommissionen zu einem negativen Ergebnis – keiner von diesen zwanzig Internierten gehörte, wie Bentwich später mit Genugtuung bemerkte, zu dem von der SPSL betreuten Personenkreis.[48] Bis zum Jahresende waren die meisten der internierten Wissenschaftler wieder auf freiem Fuß.

Unter den vorzeitig aus den Internierungslagern Freigekommenen befanden sich eine Anzahl Naturwissenschaftler und Ingenieure, die nun entsprechend dem wiedererwachten Nützlichkeitsdenken der britischen Behörden zu kriegswichtigen Forschungen und Arbeiten herangezogen wurden.[49] Trotz ihrer

Verwendung im Rahmen des alliierten Kriegseinsatzes und der außerordentlichen Bedeutung mancher Forschungen in diesem Bereich bestand allerdings ein gewisses Mißtrauen gegenüber den emigrierten Wissenschaftlern fort, das auch manche der in der Atomforschung in Großbritannien und später in den USA tätigen Forscher nicht ausnahm.[50] Ebenso wie für Naturwissenschaftler eröffneten sich auch für zahlreiche Geistes- und Sozialwissenschaftler sehr bald kriegsbedingte Arbeitsmöglichkeiten, etwa in den Bereichen der »intelligence« (Informationsbeschaffung, Presseauswertung usw.), der psychologischen Kriegsführung und der Propaganda.[51] Demgegenüber war ihr Anteil bei den regulären britischen Armeeinheiten relativ gering. Dies ist nicht weiter verwunderlich, da den meisten »enemy aliens« bis 1943 jeder militärische Einsatz mit Ausnahme für das anfänglich unbewaffnete Auxiliary Military Pioneer Corps untersagt war. Eine Anzahl der etwa 30 Kriegsfreiwilligen diente zunächst in diesem Corps, bevor sie später bei anderen Einheiten, insbesondere in den Nachrichtenabteilungen, Fernmeldetrupps oder dem Royal Army Medical Corps, wo allein 14 von ihnen tätig waren, eingesetzt wurden. Zwei der Freiwilligen kamen während ihres Kriegseinsatzes ums Leben.[52]

Der Krieg und die folgenden sozialen und wirtschaftlichen Veränderungen wirkten sich sehr schnell auch auf die generelle Erwerbssituation der vor 1939 emigrierten Wissenschaftler aus. Von den im März 1942 noch von der SPSL registrierten 549 Wissenschaftlern waren zu diesem Zeitpunkt lediglich 43 ohne eine feste Anstellung. Zwei Jahre später waren es noch 22, von denen allerdings die meisten zu alt, krank oder sonstwie daran gehindert waren, eine angemessene Beschäftigung zu finden.[53] Einer vorläufigen Statistik der SPSL zufolge hatten ein halbes Jahr nach Ende des Kriegs nahezu alle von der Gesellschaft nach ihrer Ankunft in Großbritannien betreuten und dort noch ansässigen Wissenschaftler eine dauerhafte Arbeit gefunden: 243 waren in Hochschulen oder außeruniversitären Forschungsinstituten, einschließlich der medizinischen Forschung tätig, weitere 17 unterrichteten an Schulen oder Fachhochschulen; 170 Wissenschaftler arbeiteten in der Industrie, im Dienstleistungsbereich und im Gesundheitswesen, 50 waren bei britischen oder alliierten Dienststellen angestellt, 23 dienten noch in der Armee, 15 arbeiteten bei der B.B.C. und weitere 38 bezeichneten sich als freischaffend (»private teaching and research«); von 45 Personen lagen keine gesicherten Erkenntnisse vor.[54] Die Angaben sind sicherlich nicht in allen Fällen zuverlässig, aber sie vermitteln doch ein einigermaßen repräsentatives Bild von den, nicht zuletzt durch den Krieg und seine Folgen beeinflußten, Karrieren der emigrierten Wissenschaftler.

Auch bei Kriegsende stellten Deutsche und Österreicher die zahlenmäßig stärkste Gruppe unter den im Land ansässigen (und von der SPSL in ihren Unterlagen geführten) Wissenschaftlern. Ihnen galt nach wie vor, wie auch der erste Jahresbericht nach Kriegsende vermerkte, die besondere Aufmerksamkeit der Gesellschaft. Unter ihnen waren jetzt noch, wie bereits erwähnt, 307 ursprünglich aus Deutschland stammende Personen, von denen bereits inzwischen 77 die britische Staatsangehörigkeit erworben hatten, darunter alle an der Atomforschung des Landes beteiligten Wissenschaftler.[55] Von den 96 Österreichern in den Listen der SPSL hatten sich bislang nur drei einbürgern lassen. Während die Flüchtlingshilfeorganisation sich noch allgemein für eine reibungslose Integration all jener Wissenschaftler aussprach, die es vorzogen, in Großbritannien zu bleiben, hatte man inzwischen auch schon Kontakt aufgenommen zu den Erziehungsabteilungen der britischen Besatzungsbehörden in Deutschland und Österreich (British Element of the Control Commission), um eine möglichst schnelle Rückkehr von Emigranten an die Universitäten ihrer Herkunftsländer zu ermöglichen: »It is hoped that the Universities will invite many of these scholars to return, but their freedom of appointment is recognised and safeguarded by the plans that have been made.«[56] Eine Antwort der deutschen und österreichischen Universitäten stand allerdings noch aus und sollte auch nie erfolgen.

---

1 Home Office: Report under the Aliens Order, 1920. Statistics in regard to Alien Passengers who Entered and Left the United Kingdom, 1932–1939. In: House of Commons Papers. – 2 Herbert A. Strauss: »Jewish Emigration from Germany. Nazi Policies and Jewish Responses I«. In: *Leo Baeck Institute (LBI) Yearbook* XXV (1980), S. 326, 354 (Table X). – 3 A.J. Sherman: *Island Refuge. Britain and the Refugees from the Third Reich*. London 1973, S. 28, 33, 70, passim. – 4 Vgl. Bernard Wasserstein: »Britische Regierungen und die deutsche Emigration, 1933–1945«. In: Gerhard Hirschfeld (Hg.): *Exil in Großbritannien. Zur Emigration aus dem nationalsozialistischen Deutschland*. Stuttgart 1983, S. 44 ff. – 5 Die deutschsprachigen sudetendeutschen Emigranten wurden den etwa 8.000 tschechoslowakischen Flüchtlingen zugerechnet. Dazu François Lafitte: *The Internment of Refugees*. Harmondsworth 1940, S. 33 ff.; [Political and Economic Planning:] *Are Refugees an Asset?* London 1945. – 6 Vgl. Herbert A. Strauss: »Some Demographic and Occupational Characteristics of Emigrés«. In: *International Biographical Dictionary of Central European Emigrés*. Vol. II, Part 1: The Arts, Sciences and Literature. München, New York, Paris 1983, S. LXXXIII (Table 11). – 7 Hierzu siehe Gerhard Hirschfeld: »Die Emigration deutscher Wissenschaftler nach Großbritannien, 1933–1945«. In: Gottfried Niedhart (Hg.): *Großbritannien als Gast- und Exilland für Deutsche im 19. und 20. Jahrhundert*. Bochum 1985, S. 117–140. – 8 Vgl. Herbert Loebl: »Flüchtlingsunternehmen in den wirtschaftlichen Krisengebieten Großbritanniens«. In: Hirschfeld (wie Anm. 4), S. 205–235. – 9 Cabinet Conclusion, 8. April 1933. Public Record Office, London: Cabinet 27/33. – 10 Lord William Beveridge: *A Defence of Free Learning*. London, New York, Toronto 1959, S. 1. – 11 Mdl. Auskunft von Esther Simpson vom 3.2.1988. Vgl. a. Norman Bentwich: *The Rescue and Achievement of Refugee Scholars. The Story of Displaced Scholars and Scientists 1933–1952*. Den Haag 1953, S. 11. – 12 Court of Governors and Council of Management, 18.5.1933 und Report of Special Meeting of Professorial Council, LSE, 17.5.1933. Archiv des AAC/SPSL in der Bodleian Library Oxford: SPSL 1/7. – 13 Vgl. Beveridge: *A Defence of Free Learning* (wie Anm. 10), S. 3. – 14 Gründungsaufruf des AAC: Academic Assistance Council, 22.5.1933. Bodleian Library: SPSL 1/7. – 15 Vgl. Annual Reports des AAC/SPSL 1–5 (1934, 1935, 1937, 1938, 1946). Bodleian Library: SPSL 1/1 1–5. – 16 Noch in seinen Erinnerungen (vgl. Anm. 10, S. 3) weist Beveridge darauf hin, daß nur zwei der 41 Unterzeichner »definitely Jewish« waren (Samuel Alexander, emeritierter Philosophieprofessor in Manchester und Fellow in Oxford, und Sir Arthur Schuster, langjähriger Secretary der Royal Society). – 17 Gründungsaufruf des AAC (wie Anm. 14). – 18 Schreiben des Universities Bureau of the British Empire an Beveridge vom 30.5.1933; Notes

on Agenda of Council meeting, 1.6.1933; Report on Progress, 1.8.1933. Bodleian Library: SPSL 1/7. – **19** *The Times* und *Manchester Guardian* vom 24.5.1933, *The Observer* vom 28.5.1933. – **20** »Wissenschaft und Civilisation«. Text der Ansprache von A. Einstein in deutscher Sprache (und englischer Übersetzung), 3.10.1933. Bodleian Library: SPSL 1/9. – **21** Internes Memorandum des AAC (Appointment of Secretary), ohne Datum. Bodleian Library: SPSL 1/7. Walter Adams war von 1967 bis 1974 Direktor der London School of Economics. Esther Simpson, die zunächst als Assistant Secretary und seit 1939 als Secretary tätig war, erhielt für ihre Verdienste um die akademische Emigration 1985 den juristischen Ehrendoktor der Universität London. – **22** Siehe Personalakten im Bestand der SPSL (Bodleian Library). – **23** Beveridge: *A Defence of Free Learning* (wie Anm. 10), S. 34. – **24** Academic Assistance Council: Report, September 1934. Bodleian Library: SPSL 1/7. – **25** Appointment of Secretary, (wie Anm. 21) S. 2. – **26** Beveridge: *A Defence of Free Learning*, (wie Anm. 10), S. 20. – **27** Financial Statement, April 31st (sic!) 1934. Bodleian Library: SPSL 2/2. – **28** Lectures at the Courtauld Institute under the Auspices of the Academic Assistance Council, Anlage zum Schreiben von W.G. Constable an W. Adams vom 4.5.1934. Bodleian Library: SPSL 18/8–9. – **29** Siehe vor allem Constables Urteil über N. Pevsner: »He is capable but there are others, as I say, more capable and more in need«, ebd.; Allocation to Courtauld Institute, 27th Meeting of Executive Committee on October 20th [1937]. Bodleian Library: SPSL 3/2. – **30** Second Annual Report: Report for the Year 1934–5 (April 1934 – Juli 1935), S. 12–13. Bodleian Library: SPSL 1/2. – **31** F.A. Lindemann und W. Rintoul: »Memorandum on the Employment of Foreign Scientists«, zit. von P. Hoch: »The Reception of Central European Refugee Physicists of the 1930s: U.S.S.R., U.K., U.S.«. In: *Annales of Science* 40 (1983), S. 217–246, hier S. 225. – **32** Allocation from Donation from Imperial Chemical Industries, 3.7.1936. Bodleian Library: SPSL 3/1. – **33** Second Annual Report, (wie Anm. 30), S. 13. – **34** Siehe hierzu meinen Aufsatz: »Die Emigration deutscher Wissenschaftler nach Großbritannien« (wie Anm. 7). Vgl. auch Helge Pross: *Die deutsche Akademische Emigration nach den Vereinigten Staaten 1933–1941*. Berlin 1955, S. 35–36. – **35** Fifth Annual Report for the Years 1939–45 (wie Anm. 15). – **36** 32th Meeting of SPSL-Executive Committee, 13.5.1938 (Royal Society). Bodleian Library: SPSL 3/2. – **37** Schreiben Beveridges an Edmund Day (Rockefeller Foundation) vom 25.5.1933. Bodleian Library: SPSL 1/7; Beveridge: *A Defence of Free Learning* (wie Anm. 10), S. 14. – **38** Kopie eines Schreibens von Stephen Duggan an Frederic P. Keppel (Präsident der Carnegie Corporation) vom 15.4.1939. Duggan stützt sich hier auf eine Aussage des Sekretärs der American Association of University Professors. Siehe ferner »SPSL-information sheet, containing copies of a number of exchanged letters concerning the American Emergency Committee's disapproval of the General Secretary's visit to the U.S.« als Anlage zum 36th Meeting of SPSL-Executive Committee, 7.3.1939. Bodleian Library: SPSL 4/1. – **39** D. Cleghorn Thomson: »A Report on the nature and extent of work being done and planned in the United States of America on the placement of exiled scholars and scientists«, 3.4.1939. Ebd. – **40** Beveridge: *A Defence of Free Learning* (wie Anm. 10), S. 30–31. – **41** Rundschreiben über die Tätigkeit der Notgemeinschaft Deutscher Wissenschaftler im Ausland, London-Zürich, 1935/36. Bodleian Library: SPSL 120/2; Philipp Schwartz: »Über die Notgemeinschaft deutscher Wissenschaftler im Ausland«. Vortragsmanuskript für das 2. Internationale Symposium zur Erforschung des deutschsprachigen Exils nach 1933, Kopenhagen 1972, (hekt.). Institut für Zeitgeschichte (Archiv): Zs 1993. – **42** Siehe »Minutes« der Oxforder Konferenz vom 13.11.1937 (University College). Bodleian Library: SPSL 3/1. – **43** »Memorandum on Formation of S.P.S.L.«, ebd., Appendix 3, S. 129–132. – **44** Fourth Annual Report: Report for the Year 1937–8 (wie Anm. 15), S. 11. – **45** Beveridge: *A Defence of Free Learning* (wie Anm. 10), S. 52–54. – **46** Summary biographies of emigré scholars with references compiled in 1940 to support pleas against internment. Bodleian Library: SPSL 65/1–4. – **47** Correspondence with British academics and other individuals for assistance in prevention of internment of refugee scholars, 1940–1941. Bodleian Libary: SPSL 66/3; ferner Bentwich (wie Anm. 11), S. 30. – **48** Beveridge: *A Defence of Free Learning* (wie Anm. 10), S. 59. – **49** Hierzu siehe Wolfgang Mock: *Technische Intelligenz im Exil. Vertreibung und Emigration deutschsprachiger Ingenieure nach Großbritannien. 1933 bis 1945*. Düsseldorf 1986, S. 136–149. – **50** Vgl. Margaret Gowing: *Britain and Atomic Energy, 1939–1945*. London 1964; Hoch (wie Anm. 31), S. 244–245. – **51** Vgl. Michael Balfour: *Propaganda in War 1939–1945. Organisation, Policies and Publics in Britain and Germany*. London 1979, S. 80–102; Conrad Pütter: »Deutsche Emigranten und britische Propaganda. Zur

Tätigkeit deutscher Emigranten bei britischen Geheimsendern«. In: Hirschfeld (wie Anm. 4), S. 106–137. – **52** Fifth Annual Report, S. 5, War Service List (wie Anm. 35), S. 11; Norman Bentwich: *I understand the Risks. The story of Refugees from Nazi aggression who fought in the British forces.* London 1950. – **53** Beveridge: *A Defence of Free Learning* (wie Anm. 10), S. 54 f. – **54** Fifth Annual Report, (wie Anm. 35), S. 5. – **55** Ebd., S. 6. – **56** Allied Control Commission, British Element. Correspondence concerning the post-war Re-education in Germany and Austria, and the Re-employment of refugees there, 1946–47. Bodleian Library: SPSL 91/1.

Klaus Fischer

Die Emigration deutschsprachiger Kernphysiker nach 1933

Eine kollektivbiographische Analyse ihrer Wirkung auf der Basis szientometrischer Daten

I   Die individualbiographische Methode: Vorteile und Schwächen

Der Wissenschaftshistoriker kann inzwischen auf eine große Zahl von Biographien, Autobiographien oder Interviews verschiedener Qualität und Ausführlichkeit zurückgreifen, die das Leben und die Arbeit emigrierter Physiker in lebhafter, anekdotisch reich ausgestatteter Form wiedergeben. Der interessierte Leser gewinnt aus den besten dieser Arbeiten ein menschlich sehr eindringliches und farbiges Bild von der Arbeit der später emigrierten Wissenschaftler in den Ursprungsländern, von ihren Familienverhältnissen, kollegialen Kontakten, Reisen, von ihrer Ausbildung und ihren Lehrern, ihren Schwierigkeiten, Konflikten und Erfolgen. Er wird an konkreten Beispielen informiert über den latenten Antisemitismus an deutschen Hochschulen, über das mehr oder weniger erzwungene oder freiwillige Ausscheiden des Berichtenden bzw. der Hauptperson aus dem deutschen Wissenschafts- und Lehrbetrieb nach 1933, über die Zeit bis zum Entschluß, das Heimatland zu verlassen, über die Schwierigkeiten der Stellensuche, der Anpassung an eine kulturell ungewohnte neue Umgebung und die Arbeit in dieser Umgebung. Mehr oder weniger beiläufig in die biographische Darstellung eingestreut sind zumeist auch noch Informationen über den zeitgeschichtlichen Kontext, in den alles eingebettet ist, sowie Meinungen und Urteile des Autors oder der Hauptperson zu diesem und jenem politischen, wissenschaftlichen oder allgemein-menschlichen Problem. Auch die humoristische Seite wird selten vernachlässigt.

Solche Arbeiten sind unverzichtbar und unersetzlich. Fraglich ist allerdings, ob man sie als Endpunkte der wissenschaftlichen Erforschung des Emigrationsprozesses ansehen soll oder ob nicht vielmehr auf ihrer Basis und durch Berücksichtigung weiterer Quellen neue Ebenen und Dimensionen des Verständnisses von Strukturen und Wirkungen der Wissenschaftsemigration nach 1933 erschlossen werden können. Vergleicht man die Erinnerungen verschiedener Personen (oder ein und derselben Person zu verschiedenen Zeitpunkten und in unterschiedlichem Kontext), so wird deutlich, daß man nicht jede Schilderung, jede Begebenheit, jede Anekdote für bare Münze nehmen darf. Der Grund dafür besteht weder in der Länge der Zeiträume, die hier zu überbrücken sind, noch an einem Mangel der Betreffenden an subjektivem

Bemühen um Korrektheit oder an Überzeugtheit, daß ihre Erinnerung zutreffend ist. Beides mag vorkommen, doch entscheidend für die Schwächen erinnerten, durch die persönliche Perspektive und Wahrnehmung geprägten Materials für die historische Analyse ist etwas anderes: die Funktionsweise der menschlichen Wahrnehmung und des menschlichen Gedächtnisses. Da wir an dieser Stelle nicht näher auf damit verbundene psychologische Forschungen und Ergebnisse eingehen können, müssen zwei kurze Bemerkungen genügen. Neuere Wahrnehmungs- und Gedächtnistheorien machen mehr und mehr deutlich, daß die menschliche Wahrnehmung keineswegs nach dem Modell eines neutralen und objektiven Transmissionsmechanismus der »in der Realität selbst« vorhandenen Informationen in den internen Code des Wahrnehmenden verstanden werden darf. Die Wahrnehmung des Menschen ist vielmehr in hohem Maße vom jeweiligen internen Zustand der Wahrnehmungssysteme und des Gedächtnisses abhängig. Das Gedächtnis wiederum ist kein neutrales Medium zur Aufzeichnung tatsächlicher Begebenheiten, sondern ein sehr parteiischer Zeuge. Dies ist nicht verwunderlich, ist doch bereits die von ihm zu speichernde Information das Produkt ebenso parteiischer Selektionen und Deutungen der Wahrnehmungssysteme. Darüber hinaus gleicht das Gedächtnis keineswegs einem Archiv, in dem die Daten nach dem Registrieren, Verzeichnen und Abheften normalerweise in der ursprünglichen Form erhalten bleiben. Während das Lesen einer Akte die in ihr vorhandene Information nicht verändert, stellt bereits die bloße Erinnerung an diesen Vorgang einen Eingriff in die Gedächtnisstruktur dar. Jede Erinnerung hebt im Bewußtsein des sich Erinnernden bestimmte Aspekte hervor, stuft andere herab, erschließt neue Informationen aus dem Kontext oder fügt gar Begebenheiten hinzu, die unzutreffend sind. Zudem wird der Kontext der aktuellen Erinnerung mit der ursprünglichen Information intern assoziiert. In Zukunft wird jede erneute Erinnerung Interferenzen mit ähnlichen Erinnerungskontexten erzeugen und somit an Zuverlässigkeit einbüßen. Damit verändert sich die intern gespeicherte Information selbst – wenngleich zumeist nur marginal. Da es sich jedoch um einen kumulativ wirkenden Prozeß handelt, wird die ursprüngliche »Gedächtnisspur« mit jeder Erinnerung mehr und mehr verwischt, überlagert, überschrieben, partiell verstärkt, partiell unkenntlich gemacht.

Historische Quellen, die auf persönlichen Erinnerungen beruhen, sind daher immer mit besonderem Mißtrauen auf ihre Stichhaltigkeit zu befragen. Wo dies nicht möglich ist, dürfen sie nur mit großer Umsicht genutzt werden, vor allem dann, wenn sie weitreichende Schlüsse rechtfertigen sollen. Außer Frage steht jedoch, daß es viele Fragen und Probleme gibt, auf die aus persönlichen Erinnerungen selbst dann, wenn sie als absolut zuverlässig oder als methodisch erhärtet gelten können, keine Antworten abzuleiten wären. Dies ergibt sich nicht nur aus der begrenzten Reichweite, Sensibilität und Kapazität individueller Wahrnehmungsfelder, sondern auch aus der einfachen Tatsache, daß die fraglichen Informationen zu jener Zeit für niemanden verfügbar waren. Der große Vorteil der persönlichen Erinnerung, ihre Konkretheit und Individualität, wird zum Nachteil, wenn es nicht mehr um die anschauliche Schilderung von Begebenheiten, sondern um die Herausarbeitung von Strukturen und Gesetzmäßigkeiten geht.

Die erstgenannte Einschränkung betrifft die Tatsache, daß die Betroffenen die äußeren Umstände, Bedingungen und kausalen Zusammenhänge, unter denen sich ihr Leben abspielt, falsch, verzerrt oder unvollständig wahrnehmen und interpretieren können. Sie sind »Spieler« in Handlungszusammenhängen, die ihre eigenen Strategien auf der Basis begrenzter Informationen über die Strategien der anderen Interaktionspartner sowie über die Randbedingungen ihres Handelns zu verfolgen suchen. Zugleich sind sie Elemente größerer sozialer und politischer Systeme und somit Betroffene vor- und übergelagerter Handlungszusammenhänge, die sie weder antizipieren noch steuern können, auf deren Vollzüge sie bestenfalls post facto zu reagieren vermögen.

Die zweite Einschränkung betrifft die Tatsache, daß es Informationen über Prozesse und Strukturen der Wissenschaftsemigration gibt, die nicht an der Oberfläche liegen, sondern Ergebnis der Aggregation sehr vieler Individualdaten zu Aussagen über einen umfassenderen Ereignisraum sind. So interessant Einzelanalysen zu emigrierten Wissenschaftlern im einzelnen sein mögen, so wenig kann man aus ihnen über den Prozeß der Wissenschaftsemigration und seiner Wirkung als Aggregatphänomene erfahren. Welche Bedeutung die Betreffenden im fachlichen Kontext von Ursprungs- oder Gastland wirklich hatten, läßt sich aus einzelbiographischen Analysen bestenfalls erahnen; welche Bedeutung die emigrierten Wissenschaftler als Gruppe in den verschiedenen Phasen ihrer Entwicklung hatten, ist dagegen nicht einmal andeutungsweise aus solchem Material zu entnehmen. Dies liegt nicht nur daran, daß auch die Verteilung der Studien zu einzelnen Wissenschaftlern dem »Lotkaschen Gesetz« folgt und eine exponentielle Form aufweist: Es gibt sehr viele Studien über sehr wenige bekannte Personen und sehr wenige Studien über sehr viele relativ unbekannte (aber vielleicht ebenfalls wichtige Arbeit leistende) Personen. Dazwischen befindet sich eine Gruppe von Personen mit mittlerem Bekanntheitsgrad, über die jeweils eine oder zwei kleinere Arbeiten vorliegen. Der quantitativ größere Teil der emigrierten Physiker ist auf individualbiographische Weise aufgrund mangelnder Information nicht oder nur unter Inkaufnahme eines hohen Aufwandes, zum Beispiel durch Auswertung von Nachlässen (falls vorhanden und zugänglich), erfaßbar. Angesichts der Größe der betreffenden Gruppe (einige hundert Personen) ist diese Strategie in unserem Fall nicht praktikabel. Dieses Argument schließt im übrigen auch die in verschiedenen Archiven lagernden Bestände ein. Auch hier finden wir eine ungleichgewichtige Verteilung sowohl der Information selbst als auch des Zugangs zu dieser Information. Das am schwersten wiegende Argument ist in unserer Sicht jedoch das folgende: Selbst eine vollständige Auswertung der in allen vorhandenen Nachlässen und Archiven über Emigranten verfügbaren Informationen könnte die fachliche Wirkung der Gruppe nicht in reproduzierbarer Weise erfassen. Der Grund dafür besteht darin, daß wissenschaftliche Wirkung im Zusammenhang des Emigrationsprozesses nur als komparativer

Begriff sinnvoll verwendbar ist. Die Wirkung der emigrierten Wissenschaftler läßt sich nur dann feststellen, wenn man über einen Maßstab zu ihrer Messung und über einen Vergleichspunkt zur Einschätzung ihrer Bedeutung verfügt. Die Aussage, daß die emigrierten Physiker diese oder jene Publikationen aufzuweisen, diese oder jene fachlichen Innovationen eingeführt, diese oder jene Studenten ausgebildet, diese oder jene wichtigen Schüler herangezogen, dies oder jenes für den Aufbau eines Instituts oder Labors getan haben, ist nur dann als Indikator für die fachliche Qualität und Bedeutung der Betreffenden verwertbar, wenn man diese Informationen auf etwas anderes beziehen kann. Dieses tertium comparationis kann in unserem Falle nur in den Publikationen, Innovationen, pädagogischen Erfolgen oder organisatorischen Aktivitäten der in den Ursprungsländern verbliebenen bzw. in den späteren Gastländern ansässigen Wissenschaftler bestehen. Die individualbiographische Vorgehensweise läßt die zweite Seite der Wirkungs-Ungleichung offen. Sie sieht nicht, daß sich die reale Wirkung der Wissenschaftsemigration innerhalb der disziplinären Entwicklung in Ursprungs- und Zielländern nur dadurch einschätzen läßt, daß man den Emigrationsprozeß in den Kontext der disziplinären Gesamtentwicklung in den betreffenden Ländern stellt. Die Dimension dieser Aufgabe läßt allerdings erahnen, daß sie auch kaum nach dem Muster qualitativ inhaltsanalytischer Vorgehensweise zu bewältigen wäre. Sie verlangt nach neuen methodischen Instrumenten, die nicht nur eine Aggregation der vorhandenen Datenmengen auf einen handhabbaren Umfang erlauben, sondern diese Daten zugleich in ein »Format« transformieren, das sie für Vergleiche der oben angeführten Art verwendbar macht. Die bisherigen Verfahren von Inhaltsanalyse einerseits, Archiv- und Nachlaßstudien andererseits können diese Aufgabe allein nicht leisten, weil sie zunächst nur Daten auf dem untersten Aggregationsniveau, also dem der Individuen, ihrer Pläne, Absichten, Meinungen, Reaktionen erbringen. Aus der Zusammenfassung und Klassifizierung solcher Daten resultieren noch keine Aggregatdaten im hier gewünschten Sinn, sondern nur analytische Kategorien von Personen. Erforderlich sind daher Methoden der Erarbeitung von Gruppendaten sui generis, das heißt der Erfassung von Merkmalen und Strukturen, die auf dem Aggregationsniveau der sozialen Makroeinheit selbst liegen.

II Ist Institutionengeschichte ein Ausweg?

Ein auf den ersten Blick gangbar erscheinender Ausweg aus dem skizzierten Dilemma scheint in der Beschränkung der Analyse auf einzelne Institutionen zu bestehen. Die Begrenztheit der in Frage kommenden Gruppe sowie der Zahl der einzusehenden Archive und Nachlässe ermöglicht offenbar eine Ausdehnung der Analyse auf Aggregate von Personen ohne den Verzicht auf die Vorteile der einzelbiographischen Analyse. Doch dieser Eindruck täuscht. Institutionell ausgerichtete Studien können ihrer Anlage nach zwar Aggregate von Personen behandeln, jedoch nur unter besonderen Umständen disziplinäre Wirkungen erfassen. Prozesse auf disziplinärem Niveau verlaufen unabhän-

gig von (oder besser: »orthogonal« zu) Prozessen auf institutioneller Ebene. Sie umfassen in aller Regel nicht nur eine Vielzahl verschiedener Institutionen vom einzelnen Universitätsinstitut über das industrielle Forschungslabor bis hin zum selbständigen Wissenschaftsunternehmer, sondern vollziehen sich darüber hinaus auf Ebenen jenseits der Institutionen: in Zeitschriften und Büchern, auf Kongressen und Seminaren, in Briefwechseln und direkten Interaktionen – also auf der Ebene öffentlicher und halböffentlicher, mediengebundener oder persönlicher, latenter oder manifester Kontroversen, Konflikte, Solidarisierungen und Gruppenbildungen. Daraus wird deutlich, daß institutionsgeschichtlich orientierte Studien nur dann einen Beitrag zur komparativen Wirkungsgeschichte der Emigration leisten können, wenn
a) sie verschiedene Institutionen im Hinblick auf bestimmte ausgewählte Kriterien vergleichen oder
b) die behandelte Institution solitären Charakter aufweist oder die Entwicklung eines Spezialgebietes dominiert, bzw. in besonderer Weise exemplifiziert, und
c) sie zudem das Problem lösen, innerhalb der jeweils behandelten Institution(en) die Leistung der Emigranten von der der Nichtemigranten abzugrenzen.

Ungeachtet der Erfüllung dieser Bedingungen lassen institutionell orientierte Studien die wirkungsgeschichtlich wichtigsten Fragen offen. Sie klären weder, was unter »wissenschaftlicher Wirkung« oder »Leistung« zu verstehen ist, noch wie man die wie auch immer verstandene Wirkung messen kann und wie die erhaltenen Meßgrößen (oder qualitativen Beurteilungen) zu den entsprechenden Parametern für die Nichtemigranten ins Verhältnis zu setzen sind. Zumeist umgehen die vorliegenden Studien diesen Problemkreis, indem sie sich auf die inhaltliche Ebene beschränken und die Arbeiten des untersuchten Personenkreises ihrem expliziten Aussagegehalt nach darzustellen und in ihrer Bedeutung für das Fach zu beurteilen versuchen. Wie problematisch diese Vorgehensweise ist, ersieht man daraus, daß die Aufgabe einer vollständigen inhaltlichen Aufarbeitung selbst institutionell begrenzter Entwicklungen um so weniger möglich erscheint, je größer der behandelte Personenkreis ist und je mehr diese Personen geschrieben haben. Nähert man sich jenen Einheiten, die heute »wissenschaftliche Gemeinschaften« genannt werden, also denjenigen Personengruppen, die sich durch die gemeinsame Arbeit innerhalb desselben wissenschaftlichen Spezialgebiets konstituieren, so wird die Aufgabe einer vollständigen inhaltlichen Beschreibung von Entwicklungen selbst für den beteiligten Spezialisten mehr und mehr unlösbar. Da das Spezialgebiet diejenige Aggregationsebene der Forschung zu repräsentieren scheint, auf der sich wissenschaftliche Entwicklung im Wechselspiel ihrer sozialen und kognitiven Komponenten vollzieht, gerät der Wissenschaftshistoriker in das Dilemma, daß sich gerade dort, wo es für ihn interessant zu werden beginnt, die interessierenden Prozesse aufgrund ihrer Vielfalt und Komplexität mehr und mehr seinem Zugriff entziehen. Es mag nur ein schwacher Trost sein, daß die qualitative Betrachtungsweise auch im Falle ihrer Praktikabilität unter dem schwerwiegenden Mangel leiden würde, kaum jemals reproduzierbare Ergebnisse zu erbringen. Zu oft bereits haben sich die Beurteilungsmaßstäbe, die Kriterien und infolgedessen auch die Bewertungen wissenschaftlicher Entwicklungen und Innovationen in der Geschichte gewandelt, als daß man diese Illusion noch zum forschungsleitenden Prinzip erheben sollte.

III Das wissenschaftliche Spezialgebiet als Einheit der Analyse

a. Die sozial-kognitive Konstitution wissenschaftlicher Disziplinen

Es ist seit langem bekannt, daß die soziale Organisation des Forschungsprozesses für bestimmte Phänomene innerhalb der institutionalisierten Wissenschaft mitverantwortlich ist: unterschiedliche Karrierechancen gleich qualifizierter Wissenschaftler, nicht auf Sachautorität beruhende Macht im Forschungsbetrieb, Prozesse (horizontaler und vertikaler) sozialer Schichtung in der Wissenschaft, unterschiedliche Publikations- und Rezeptionschancen rangungleicher Forscher sind Beispiele für Merkmale des Wissenschaftsprozesses, die sich nicht allein mit Hilfe kognitiver Faktoren erklären lassen, sondern die Einbeziehung der soziologischen Ebene erfordern. Weniger deutlich ist, daß Prozesse sozialer Differenzierung, Bewertung und Ausschließung auch Konsequenzen auf der kognitiven Ebene haben. Hinreichende Bedingung für das Eintreten einiger dieser Konsequenzen ist bereits, daß kognitive Fähigkeiten, Strukturen und Inhalte auf Personen mit unterschiedlichen sozialen Merkmalen nicht zufällig verteilt sind.

Bei näherer Analyse der Struktur des Forschungsprozesses erscheint eine solche Zufallsverteilung jedoch unwahrscheinlich. Aus der Kommunikationsforschung und der Wahrnehmungspsychologie ist bekannt, daß die Zahl der bezüglich eines Merkmals empfangenen negativen oder positiven Kommunikationen ceteris paribus die Einstellung des Wahrnehmenden hinsichtlich dieses Merkmals determiniert. In Gruppendiskussionen bestimmt nicht der Teilnehmer mit den besten Argumenten, sondern derjenige mit den höchsten Kommunikationsanteilen, in welche Richtung sich die Meinung der anderen bewegt. Darüber hinaus scheinen die Wahrnehmungssysteme des Menschen unter den meisten Bedingungen konforme gegenüber nichtkonformen Informationen zu prämieren. Experimente haben gezeigt, daß die Wahrnehmungen von Personen, die in unmittelbarer Interaktion stehen, unabhängig von der Validität des resultierenden Wahrnehmungsurteils konvergieren.

Die genannten Bedingungen sind strukturell identisch mit jenen, die auch im Forschungsprozeß realisiert sind: Der Besuch gleicher Kongresse und Symposien, die Lektüre derselben Bücher und Zeitschriften, die wissenschaftliche Sozialisation durch dieselben Lehrer stellen Randbedingungen wissenschaftlichen Arbeitens dar, die über Prozesse der Wahrnehmungskonvergenz, Einstellungsänderung, Urteilsfindung und Urteilssicherung zu sozialen Solidarisierungen, Abgrenzungen und Ausgrenzungen führen. Die sozialen Einheiten innerhalb des Systems der Wissenschaften, auf die die genannten

Randbedingungen zutreffen, sind kleiner als klassische Fächer wie Physik, Chemie, Mathematik. Sie sind jedoch nicht identisch mit dem Personal eines bestimmten Labors oder Instituts. Vielmehr scheint man sie mit denjenigen Einheiten des Forschungsprozesses gleichsetzen zu können, die sich durch die gemeinsame Arbeit an einem kleineren abgrenzbaren Fragenkomplex auszeichnen. Im Anschluß an die Arbeiten von Thomas S. Kuhn hat sich in den vergangenen Jahren für Einheiten der genannten Art der Begriff der paradigmatischen Gruppe eingebürgert. Von Bedeutung ist jedoch nicht das verwendete Wort, sondern die Möglichkeit der strukturellen Kennzeichnung von Einheiten innerhalb des Wissenschaftsbetriebs, die sich durch soziale und kognitive Merkmale der genannten Art auszeichnen.

b. Die Beschreibung und Messung von Forschungsleistung

Wenn die durch ein überdurchschnittliches Maß an Interaktion gekennzeichneten sozialen Einheiten des Forschungsprozesses kleiner als das übliche Fach und größer als die unmittelbare Arbeitsgruppe sind, dann besteht der Ort, an dem wissenschaftliche Wirkungs- und Beeinflussungsprozesse zu lokalisieren sind, weder im Fach als solchem noch in den wissenschaftlichen Institutionen, an denen die Betreffenden arbeiten. Er besteht vielmehr im wissenschaftlichen Spezialgebiet mit seinen spezifischen Problemen, Phänomenen und Theorien, seinen spezifischen Konferenzen, seinen dominierenden Zeitschriften, »opinion leaders« und »gate keepers«. Ließ sich die Wirkung eines Wissenschaftlers innerhalb eines positivistisch-objektivistischen Wissenschaftsverständnisses noch anhand seiner »Beiträge« zum Erkenntnisfortschritt messen, so müssen wir bei Berücksichtigung des gegenwärtigen Standes der wissenschaftstheoretischen Diskussion auf andere Indikatoren zurückgreifen. Die Wirkung wissenschaftlicher Leistung bemißt sich nach dem Maß an Anerkennung, die diese Leistung erfährt, und die Währung, in der diese Anerkennung »gezahlt« wird, ist nach dem wissenschaftlichen Ethos der explizite Verweis auf diese Arbeit. Eine »Zahlung« ist dann fällig, wenn der Betreffende in irgendeiner Weise von einer Fremdleistung profitiert hat. Vereinfacht gesagt, sollte sich bereits durch einfache Auszählung der innerhalb der disziplinspezifischen Literatur in einem bestimmten Zeitraum erfolgten Anerkennungen (Zitationen) ein brauchbares Maß für den Einfluß und die Leistung der verschiedenen Mitglieder der entsprechenden wissenschaftlichen Gemeinschaft gewinnen lassen. Die gewonnene Maßzahl mißt – um es noch einmal zu sagen – die den Betreffenden aktual zuteil gewordene soziale Anerkennung; sie mißt nicht sub specie aeternitatis, und die erhaltene Maßzahl präjudiziert auch nicht die auf der Basis besserer Maßstäbe zustandegekommenen Urteile späterer Wissenschaftshistoriker. Ein Vergleich der Zahl der von den Betreffenden publizierten Arbeiten mit der sozialen Anerkennung dieser Leistung kann wiederum (ceteris paribus) als Grundlage für die Konstruktion eines Indexes der sozialen Akzeptanz innerhalb der Disziplin Verwendung finden. Es ist allerdings nicht möglich, von der Anerkennung in einem Spezialgebiet unmittelbar auf die

Anerkennung im Fach zu schließen oder die Zitationsraten verschiedener Personen in verschiedenen Spezialgebieten oder innerhalb desselben Spezialgebietes zu verschiedenen Zeiten direkt zu vergleichen. Wenn sich das Feld insgesamt vergrößert oder wenn die disziplininterne Zitationsdichte ansteigt, dann können die Zitationsraten sich auch bei gleichbleibender Anerkennung verändern und vice versa. Vergleiche dieser Art setzen die Standardisierung der Zitationsmaße voraus.

Ein oft gehörter Einwand gegen die Verwendung von Zitationen als Maß wissenschaftlicher Anerkennung ist, daß Verweise auf fremde Leistungen nicht nur in zustimmender Absicht erfolgen. Darauf ist zu entgegnen, daß auch die kritische Zitation zumindest die Relevanz eines Autors belegt – wäre er unwichtig, könnte man ihn ignorieren – und daß im Falle der Naturwissenschaften nach unabhängigen Untersuchungen über 95 % der Zitationen affirmativ sind. Das Argument entbehrt folglich in diesem Bereich jeder Grundlage.

Ein weiterer Einwand besagt, daß es Arten wissenschaftlicher Wirkung gibt, die sich mit Hilfe von Zitationsmaßen nicht erfassen lassen. Dies ist unbestritten. Dennoch sollte dieses Zugeständnis nicht dazu mißbraucht werden, denjenigen Aspekt wissenschaftlichen Einflusses, der mit diesem Verfahren operationalisierbar ist, für unwichtig zu halten und auf Messung zu verzichten. Sicherlich ist es nicht möglich, mit Hilfe von Zitationen den fachlichen Einfluß, den ein Forscher durch die Ausbildung wissenschaftlichen Nachwuchses ausübt, direkt zu erfassen. Auch andere Methoden leisten dies nicht. Verfahren der Zitationsanalyse können jedoch den disziplinären Einfluß der Schüler messen und über den Vergleich verschiedener Gruppen von Schülern auch zu einer Bewertung der Lehrerqualitäten von Wissenschaftlern beitragen.

Die Vielseitigkeit des Instruments erweist sich darin, daß es in seinen komplexeren Anwendungsformen auch spezifischere Prozesse erfassen kann. Verfolgt man die Veränderung der Zitationsraten im Zeitverlauf, so lassen sich Zusammenhänge zwischen Karriereverlauf, Emigration, Wanderung, Akkulturationsphase, Akkulturationserfolg, Wandel fachlicher Interessen, Publikationsverteilung und disziplinärer Wirkung herstellen. Da die erforderliche Datenbasis auch Informationen über die zitierten Zeitschriften, das Erscheinungsjahr der zitierten Arbeit, die Co-Autoren usw. enthält, fallen reichhaltige wissenschaftliche »windfall-profits« an. Von der Veränderung der durchschnittlichen Zahl der Co-Autoren, der durchschnittlichen Zitationsrate jedes Artikels oder Autors im Fachgebiet (»Zitierdichte«), der Zahl durchschnittlich zitierter Autoren und Aufsätze im Zeitverlauf (»Zitierfülle«), des durchschnittlichen Alters der jeweils zitierten Arbeiten über die Veränderung der Zitationsraten verschiedener disziplinrelevanter Zeitschriften, der Fachliteratur verschiedener Länder, der Über- bzw. Unterrepräsentation von Emigranten in bestimmten Zeitschriften in verschiedenen Perioden bis zur Zahl der überhaupt innerhalb des Spezialgebiets Publizierenden reicht das Spektrum der zusätzlich anfallenden Informationen.

In wissenschaftsgeschichtlicher Perspektive besteht die bedeutsamste Leistung zitationsanalytischer Verfahren nicht in der Operationalisierung des disziplinären Einflusses von Individuen oder verschiedener Zeitschriften und länderspezifischer Literaturen. Wichtiger für die allgemeine Wissenschaftsgeschichte ist die hier eröffnete Möglichkeit, die Entwicklung verschiedener struktureller Parameter von Disziplinen und Spezialgebieten, von verschiedenen Wissenschaften und sogar des Wissenschaftssystems zu erfassen und entsprechende Hypothesen zu testen. Anhand von Überlegungen zur sozialkognitiven Struktur wissenschaftlicher Gemeinschaften lassen sich zum Beispiel konkrete Hypothesen über die im Verlauf der Entwicklung von Spezialgebieten zu erwartenden Werte für Parameter wie Zitierfülle, Zitationsdichte, Zitatalter und Zitationsstreuung ableiten, anhand derer sich die Kuhnsche Theorie paradigmageleiteter Wissenschaft operationalisieren und testen läßt. Durch Verwendung noch komplexerer Auswertungsverfahren wie der Cozitationsanalyse läßt sich die kognitive Struktur eines Forschungsfeldes »vermessen« und die Position bestimmter Zielpersonen innerhalb seiner »kognitiven Landschaft« lokalisieren.

Wir können an dieser Stelle nur wenige der angesprochenen Möglichkeiten vorführen, insbesondere solche, die sich in direkter Weise auf die Leistung der emigrierten Kernphysiker beziehen. Der Ausgangspunkt unserer quantitativen Analyse ist elementar. Wir untersuchen zunächst die Struktur der erschienenen disziplinspezifischen Literatur auf ihre regionale und zeitliche Verteilung sowie auf die entsprechenden Anteile der Emigranten. Anschließend stellen wir die Beiträge der beteiligten Emigranten in systematischer Form und mit namentlicher Aufschlüsselung dar. Auf dem Hintergrund dieser Literaturuntersuchung fahren wir fort mit der Darstellung einiger zitationsanalytischer Ergebnisse, die auf der Basis einer Stichprobe von 1158 Publikationen aus fünf verschiedenen Perioden, die sich auf den Zeitraum zwischen 1920 und 1947 erstrecken, gewonnen wurden. Die in den Quellenaufsätzen gefundenen 14.813 Zitationen wurden codiert, auf elektronische Speichermedien übertragen und (mit Hilfe von dbase III+ und SPSS/PC+) ausgewertet.

IV Stellung und Bedeutung deutschsprachiger Emigranten in der Kernphysik

a. Literaturauswertung

Die Kernphysik war 1933 noch kein fest etabliertes Forschungsgebiet, sondern eine aufsteigende (im Sinne von T.S. Kuhn »revolutionäre«) Disziplin, die ihren hauptsächlichen Impetus durch die drei großen Entdeckungen des Jahres 1932 (Entdeckung des Positrons durch Anderson (USA), des Deuterons durch Urey, Brickwedde & Murphy und des Neutrons durch Chadwick (England) sowie durch die Entwicklung der Teilchenbeschleuniger, insbesondere des Zyklotrons durch Lawrence (USA), erhielt. Obwohl die Ideen der Beschleunigertechnologie zunächst auch aus Schweden (Ising, 1925: Prinzip des Linearbeschleunigers) und Deutschland kamen (Wideröe, 1928; Brasch und Lange, 1930), errangen vor allem die USA durch die konsequente Befolgung des Zyklotron-Prinzips sehr bald einen deutlichen und schnell wachsenden Vorsprung. Sowohl diese Entwicklung als auch der Pioniercharakter des neuen Forschungsgebietes schlagen sich in der Struktur der nachfolgenden Tabellen sehr deutlich nieder. Nur 4,2 % der in der verwendeten Bibliographie berücksichtigten Arbeiten sind vor 1933 erschienen und der summierte Anteil der USA an der Literatur beträgt bis 1947 rund 60 %. Daran mag sich zum Teil die auch in anderen Bibliographien der unmittelbaren Nachkriegszeit beobachtbare Tendenz zu einer gewissen Überbewertung der US-Forschung gegenüber anderen Ländern niederschlagen, doch an der grundsätzlichen Aussage der nachfolgenden Tabellen würden auch eventuelle Korrekturen der Relationen nichts ändern.

Sowohl in der zeitlichen Verteilung der Publikationen des Gesamtgebiets (Tabelle 1) als auch der Arbeiten emigrierter deutscher Physiker (Tabelle 2) kommt der innovative Charakter der Disziplin deutlich zum Ausdruck. Bei den meisten dieser Emigranten handelt es sich um Wissenschaftler, deren fruchtbarste Periode in die Zeit nach der Emigration fällt. Beteiligt an der Entwicklung der Kernphysik bis 1947 waren nach der Literaturauswertung 52 deutsche Emigranten, zumeist Physiker, einige Chemiker (z.B. Fajans, Paneth und Farkas). Die meisten von ihnen hatten ihre (formale) Ausbildung bereits vor der Emigration abgeschlossen oder zumindest begonnen.

Die Verteilung der Arbeiten deutscher Emigranten nach Ländern zeigt sehr deutlich den Wanderungsprozeß von Deutschland über England in die USA. Der ersten großen Wanderungswelle 1933/34 folgt eine kleinere in den Jahren 1938/39. Bemerkenswert ist der hohe Anteil der deutschen Emigranten an der kernphysikalischen Literatur Englands (Tabelle 2). Er erreicht prozentual gesehen fast den doppelten Wert wie im Falle der USA und hebt sich insbesondere durch die Spitzen der Jahre 1934 und 1935 hervor (29 und 36 Prozent). In den USA erreicht der Emigrantenanteil erst im Jahre 1937 seinen langjährigen Durchschnittswert von gut 9 %). Nur in den Kriegsjahren kann er sich, bedingt durch den scharfen Rückgang der allgemeinen Publikationsziffern und durch Einbindung der meisten einheimischen Kernphysiker in das »Manhattan-Projekt«, knapp verdoppeln, um anschließend wieder auf seinen Durchschnittswert abzusinken. Nach dem Ende des Zweiten Weltkrieges ist die Rolle der Kernphysik als Frontdisziplin der Physik beendet; an ihre Stelle tritt jetzt die Elementarteilchen- und Hochenergiephysik. Da ab 1946 wiederum ein exponentieller Anstieg der physikalischen Forschungsbemühungen und der entsprechenden Fachpublikationen zu verzeichnen ist, die Zahl der Emigranten jedoch nicht beliebig vermehrbar ist, kann man erwarten, daß ihre relative Bedeutung entsprechend abnimmt. Diese Aussage bedarf allerdings noch der quantitativen und qualitativen Absicherung. Wie in vielen anderen Fällen könnte auch hier Qualität einen Mangel an Quantität kompensieren.

Die Aufschlüsselung der Arbeiten deutscher Emigranten nach Spezialgebieten der Kernphysik zeigt deutliche Spitzen in den theoretischen Grundlagen

(»Theorie der Kernstruktur«, »Theorie der Kernzerfallsprozesse«) und in der »Kernspaltung«, stark unter dem Durchschnitt liegende Werte dagegen in den Kategorien »Isotope und Massenbestimmung«, »Gammastrahlung« und »Methoden und Geräte«. In der Tendenz liegt der Anteil der Emigranten also in den theoretischen Gebieten etwas über und in den experimentellen Gebieten etwas unter dem Mittelwert. Der besonders niedrige Wert in der Kategorie »Isotope und Massenbestimmung« könnte ein Artefakt der Auswahl der Literatur in der verwendeten Bibliographie sein. In einem speziell der Isotopenforschung gewidmeten Literaturvergleich, der hier nicht dargestellt werden kann, erreichten die Emigranten einen Anteil von insgesamt 8,2 % aller (2331 bis zum Jahre 1948) publizierten Arbeiten. Allerdings zeigt eine nähere Betrachtung, daß die meisten Emigrantenarbeiten, die im Isotopenbericht von Mattauch und Flammersfeld erscheinen, in der von uns verwendeten Bibliographie unter »Various papers on disintegration processes (experimental)« oder unter »Radioactivity« eingeordnet sind, darunter viele Publikationen von Bradt, Deutsch, Goldhaber und Meitner. Dies deutet darauf hin, daß die Klassifizierung in unserer Bibliographie trennschärfer ist als die im Isotopenbericht. Obwohl das Kriterium für die Berücksichtigung in der ausgewerteten Bibliographie u.a. die Relevanz der Publikation war, deutet nichts darauf hin, daß die Diskrepanz als ein Indiz für eine geringere Qualität der Beiträge deutscher Emigranten in der Isotopenforschung gewertet werden könnten. Es scheint sich um ein reines Klassifikationsproblem zu handeln.

Die nachfolgenden Tabellen beruhen auf einer Auswertung der Bibliographie in R.T. Beyer, *Selected Papers in Foundations in Nuclear Physics*, New York 1949. Die Bibliographie ist nach Sachgebieten, innerhalb der Sachgebiete nach alphabetischer Reihenfolge der Autoren geordnet. Die Gesamtzahl der aufgeführten Arbeiten beträgt 3.887. Dabei gibt es einige Mehrfachnennungen. Die Bibliographie ist nicht vollständig, enthält jedoch die wichtigsten Arbeiten. Nach unabhängigen Auswertungen können wir die Gesamtzahl der Veröffentlichungen im Berichtszeitraum etwa dreimal so hoch ansetzen. Für die zweite Hälfte des Berichtszeitraums ist die Bibliographie vollständiger als für die erste. Die Zahlen für 1947 umfassen nur die in den ersten Monaten des Jahres erschienenen Arbeiten. Die Gliederung in unserer ersten Auswertung erfolgt nach Ländergruppen: USA und Kanada, England und Commonwealth, übriges Europa enschließlich UdSSR, Deutschland einschließlich annektierte deutschsprachige Gebiete, übrige Welt einschließlich Japan. Die Zahlen für die USA sind durch die Berücksichtigung der *Physical Review Letters* (Umfang ½ bis 1 Seite) und der »Proceedings of the American Physical Society« (Abstracts der Vorträge im Umfang etwa einer Drittelseite) im Vergleich zu den anderen Ländern um etwa 25 % überhöht. Da über die Bedeutung einer Arbeit jedoch nicht ihr Umfang oder die Art ihrer Publikation entscheidet, haben wir darauf verzichtet, einen Korrekturfaktor einzuführen.

Die Dominanz der amerikanischen Literatur, und hier insbesondere der *Physical Review* ist kein Forschungsartefakt amerikanischer Perspektive, sondern kommt schon in der deutschsprachigen wissenschaftlichen Literatur der dreißiger Jahre zur Geltung. In der von Diebner und Graßmann in der *Physikalischen Zeitschrift* im Anschluß an ihre Berichte über »Künstliche Radioaktivität« Teil IV (1939) und V (1940) angeführten Liste relevanter Neuerscheinungen ergibt sich für die Literatur der Jahre 1938 und 1939 folgende Verteilung:

Summe der aufgeführten Arbeiten	292	
davon in deutschen Zeitschriften erschienen	41	(14 %)
Arbeiten in ausländischen Zeitschriften	251	(86 %)
Anteil der *Physical Review*	151	(51,7 %)

Ein Vergleich dieser Verteilung mit der länderspezifischen Verteilung der Literatur zweier anderer Bibliographien verdeutlicht den langsamen Rückgang der deutschsprachigen Forschung auf dem hier untersuchten Spezialgebiet. In der Übersicht über die Literatur der Jahre 1935 und 1936, die Flügge und Krebs ihrem Anfang 1937 in der *Physikalischen Zeitschrift* erschienenen Artikel über »Kernphysik« angefügt haben, beträgt der Anteil der *Physical Review* bereits 45,5 %, der der deutschen Zeitschriften 22,3 %. In der zwei Jahre vorher erschienenen Übersicht derselben Autoren über das Spezialgebiet »Kernchemie«, die die Literatur der Jahre 1933 und 1934 verarbeitet, betrug der Anteil der *Physical Review* erst 34,4 %, der der deutschen Zeitschriften insgesamt 28,4 %. In diesen beiden Zweijahresperioden ist das Gewicht der anderen europäischen Zeitschriften (etwa *Compte Rendu*), insbesondere der englischen (*Nature* und *Proceedings of the Royal Society*), noch stärker als in der letzten der oben erwähnten Perioden, die völlig von dem amerikanischen Organ beherrscht wird. Diese Zahlen machen auch deutlich, daß die Physik in Deutschland ungeachtet der jeder abstrakt-theoretischen Forschung widrigen äußeren Bedingungen und der Schwierigkeiten der Informationsbeschaffung ein international ausgerichtetes Unternehmen blieb. Von einer germanozentrischen Perspektive, wie sie von den Vertretern einer »Deutschen Physik« propagiert wurde, kann zumindest in der Kernphysik keine Rede sein. Die Arbeiten der deutsch-jüdischen Emigranten wurden nach den vorliegenden Daten mit derselben Selbstverständlichkeit aufgeführt und diskutiert wie die der »Arier«.

Tabelle 1: Summe kernphysikalischer Beiträge in absoluten Zahlen nach Ländergruppen

	USA	UK	EU	D	andere Länder	Welt insgesamt
bis 1915	-	6	-	1	-	7
1915–25	6	7	-	4	-	17
1926	-	1	1	3	-	5
1927	-	5	1	3	-	9
1928	1	3	-	7	-	11
1929	5	6	-	11	-	22
1930	3	10	1	10	-	24
1931	10	13	-	12	-	35

	USA	UK	EU	D	andere Länder	Welt insgesamt
1932	16	25	9	16	1	67
1933	50	21	7	25	-	103
1934	107	45	21	24	-	197
1935	102	64	20	37	3	226
1936	150	46	17	30	5	248
1937	202	29	40	58	11	340
1938	188	30	47	34	4	303
1939	265	62	50	48	20	445
1940	204	43	19	34	16	316
1941	224	31	32	8	13	308
1942	120	17	22	19	6	184
1943	66	19	33	17	11	146
1944	58	20	34	12	1	125
1945	94	25	41	-	-	160
1946	310	32	72	12	-	426
1947	147	12	5	-	-	164
Summe	2328	572	472	424	91	3887
	(220)	(93)	(41)	(33)	-	(387)

(* Zahlen für 1947 unvollständig; Arbeiten von Emigranten in absoluten Zahlen in Klammern)

Bemerkenswert an Tabelle 1 sind folgende Punkte:

1. Das fast exponentielle Wachstum der kernphysikalischen Forschung in den USA ab 1931. Finden wir hier einen Anstieg der Publikationsziffern von 1931 bis 1939 (als bestes Jahr) um den Faktor 26,5, so lautet der entsprechende Multiplikator für Deutschland von 1931 auf 1937 (bestes Vorkriegsjahr) nur 4,8; für England von 1931 auf 1939 gleichfalls 4,8 und für das übrige Europa von 1932 auf 1939 5,1.

2. Deutschland hält seine Gleichrangigkeit gegenüber England, fällt jedoch gegenüber den USA weit zurück, während das übrige Europa ab 1937 bis zum Kriegsausbruch mit Deutschland und England gleichzieht. Der 1939 in allen Ländern zu beobachtende Anstieg der Publikationen ist das Ergebnis des neuen Forschungsimpulses durch die Entdeckung der Kernspaltung.

3. Wie ein Vergleich mit Tabelle 2 zeigt, erreichen die USA ihre Spitzenposition bereits vor dem Eintreffen der Emigranten. Schon 1933 und 1934 publizieren sie die Hälfte der insgesamt erscheinenden Fachliteratur. Dabei befindet sich eine einzige Emigrantenarbeit. Die Publikationstätigkeit der Emigranten in den USA setzt erst ab 1935 (3 %) ein, erreicht 1937 ihren langjährigen Durchschnittswert von 9,4 % und fällt danach bis zum Kriegsausbruch langsam ab. In den Kriegsjahren steigt ihr Anteil wiederum stark an, was vermutlich darauf zurückzuführen ist, daß die meisten einheimischen Kernphysiker mit geheimen Kriegsprojekten befaßt sind, während einige Emigranten aus Sicherheitsgründen noch davon ausgeschlossen sind und weiterhin normale universitäre Forschung betreiben.

4. Der Anteil der Emigranten an den englischen Fachveröffentlichungen ist außerordentlich hoch und erreicht 1935 nahezu 36 %. In diesem ersten Höhepunkt, dem darauffolgenden Rückgang auf 17,4 % und dem anschließenden Wiederanstieg spiegeln sich die verschiedenen Emigrationswellen von Deutschland nach England (1933/34 und 1938/39) sowie von England in die USA wider.

Tabelle 2: Anteil der Arbeiten von Emigranten in %

	USA	UK	EU	D	andere Länder	Welt insgesamt
bis 1915	-	-	-	-	-	
1915-25	-	-	-	(25,0)*	-	
1926	-	-	-	-	-	
1927	-	-	-	-	-	
1928	-	-	-	-	-	
1929	-	-	-	(18,2)	-	(8,0)
1930	-	-	-	30,0	-	12,0
1931	-	-	-	(16,7)	-	(5,7)
1932	-	-	(11,0)	12,5	-	4,4
1933	-	(4,8)	(14,3)	20,0	-	6,4
1934	(0,9)	28,8	23,8	(8,3)	-	10,1
1935	3,0	35,9	(5,0)	13,5	-	14,5
1936	6,0	17,4	(5,6)	(6,7)	-	6,7
1937	9,4	24,1	(5,0)	3,5	-	9,1
1938	8,5	20,0	(4,3)	11,8	-	9,4
1939	7,2	19,4	6,0	(2,0)	-	8,3
1940	6,9	18,6	(5,0)	-	-	6,7
1941	8,5	16,1	(3,0)	-	-	7,5
1942	14,2	(5,9)	(4,5)	-	-	9,2
1943	19,7	21,0	(6,1)	-	-	13,8
1944	15,5	(5,0)	(3,0)	-	-	8,5
1945	30,9	(8,0)	24,4	-	-	24,4
1946	12,3	(6,3)	11,1	(8,5)	-	10,9
1947	(9,5)	(16,7)	(20,0)	-	-	10,2
insges.	9,5	16,3	8,7	7,8	-	10,0

* Zahlen in Klammern bei weniger als drei Emigrantenarbeiten

Tabelle 3: Anteil der Emigranten an den verschiedenen Teilbereichen der Kernphysik bis 1947 in %

Isotope und Massenbestimmung	1,6
Hyperfeinstruktur, Kernmomente und Spin	8,3
Streuung und Stoßprozesse	11,9
Zerfallsprozesse (experimentell)	9,2

Radioaktivität	10,6
Betastrahlung	7,0
Gammastrahlung	5,1
Neutronen	10,4
Theorie der Kernstruktur	12,9
Theorie der Kernzerfallsprozesse	17,0
Kernspaltung	13,0
Methoden und Geräte	5,0

Bemerkenswert ist der hohe Anteil der Emigranten an den theoretischen Schlüsselgebieten der Kernphysik (Theorie der Kernstruktur und Theorie der Kernzerfallsprozesse) sowie auf dem Gebiet der besonders kriegsrelevanten Kernspaltung. Dem steht eine unterproportionale Repräsentation auf dem Gebiet der Methoden und Geräte gegenüber. Der genannte geringe Anteil an der Kategorie Isotope und Massenbestimmung geht zum einen auf die traditionell starke Position Englands in diesem Sektor zurück, zum andern aber auch auf die eher experimentelle Eigenart des Gebiets, die der zumeist theoretischen Orientierung der deutschen Emigranten weniger entsprach. Nimmt man die theoretischen Arbeiten zur Isotopenforschung hinzu, wie dies etwa im *Isotopenbericht* geschah, dann erreichen die Emigranten auch hier einen Anteil von 8,2 %. Auch dieser Anteil liegt allerdings noch unter dem Durchschnitt des Gesamtgebiets von genau 10 %.

Tabelle 4: Übersicht über die an der Entwicklung des Faches beteiligten Emigranten nach ihren kernphysikalischen Publikationen

Name / Zeit	bis 1935	1936–38	1939–41	1942–44	1945–47	Summe
L.Farkas	1	-	-	-	-	1
A.Brasch	1	-	-	-	-	1
W.Ehrenberg	1	-	-	-	-	1
W.M.Elsasser	6	-	-	-	-	6
M.Delbrück	1	-	-	-	-	1
G.Herzberg	1	-	-	-	-	1
O.Klemperer	1	-	-	-	-	1
P.Hertz	1	-	-	-	-	1
F.A.Paneth	2	2	-	-	-	4
G.v.Hevesy	5	3	-	-	-	8
M.Born	1	1	-	-	-	2
O.Stern	5	1	-	-	-	6
I.Estermann	4	1	-	-	-	5
H.Kuhn	1	1	1	-	-	3
J.Rotblat*	1	2	3	-	-	6
L.Szilard	4	-	4	-	-	8
V.Weisskopf	1	3	3	-	-	7
Lise Meitner	11	7	6	3	3	29
H.Bethe	9	20	11	-	6	46
Marietta Blau	1	-	-	-	1	2
O.R.Frisch	5	7	4	-	4	20
F.Bloch*	2	2	-	4	10	18

W.Pauli*	1	-	-	6	1	8
R.Peierls	5	1	4	1	1	12
M.Goldhaber	6	2	7	4	18	37
W.H.Heitler	2	2	6	4	3	17
V.F.Hess	1	-	-	-	2	3
Elizabeth Rona	-	1	-	-	-	1
N.Kemmer	-	5	1	1	-	7
H.Fröhlich	-	1	3	-	-	4
E.Teller	-	8	4	1	-	13
L.W.Nordheim	-	4	1	-	2	7
G.Beck	-	1	2	2	1	6
P.Debye	-	-	1	-	-	1
P.Havas	-	-	1	-	-	1
G.Kürti	-	-	1	-	-	1
Ph.Frank	-	-	1	-	-	1
K.Fajans	-	-	6	-	-	6
H.H.Staub*	-	-	3	-	-	3
H.Barshall	-	-	1	2	3	6
Gertrud Scharff-Goldhaber	-	-	1	1	3	5
H.L.Bradt	-	-	2	3	16	21
M.Deutsch	-	-	5	13	2	20
E.Guth	-	-	2	-	3	5
K.W.Meissner	-	-	-	1	-	1
R.Courant	-	-	-	1	1	2
P.P.Ewald	-	-	-	2	1	3
E.Schrödinger	-	-	-	1	1	2
J.M.Blatt	-	-	-	1	3	4
H.Freundlich	-	-	-	-	1	1
J.Franck	-	-	-	-	1	1
D.Gabor	-	-	-	-	1	1
G.Groetzinger	-	-	-	-	4	4
R.Hutter	-	-	-	-	1	1
V.H.Regener	-	-	-	-	3	3
G.Dessauer	-	-	-	-	1	1

56 Emigranten publizierten insgesamt 386 Arbeiten zum Thema

(* J. Rotblat war nach neuen Informationen polnischer Emigrant; ebenso wie H.H. Staub war strenggenommen auch F. Bloch schweizerischer Migrant; W. Pauli war nach strengen Maßstäben trotz deutscher Staatsangehörigkeit und teilweiser jüdischer Abstammung ebenfalls kein Emigrant, da er zum Zeitpunkt der Nazi-Machtergreifung einen Lehrstuhl in Zürich besaß und erst während des Krieges in die USA ging.)

Eine Gruppenbildung ergibt folgendes Bild:

Personen		Publikationen	
8	(14,3%)	208	(53,9%)
22	(39,3%)	133	(34,5%)
26	(46,4%)	45	(11,7%)

Die acht Kernphysiker, die 53,9 % aller von Emigranten geschriebenen und in der Bibliographie aufgeführten Arbeiten publizierten, waren: H. Bethe,

F. Bloch, H.L. Bradt, M. Deutsch, O.R. Frisch, M. Goldhaber, W. Heitler und L. Meitner.

Die oben gewählte Ordnung unter den Emigranten zeigt deutlich die verschiedenen »Generationen« emigrierter Physiker. Dies ist nicht in jedem Fall biologisch zu verstehen. Hier kann auch ein Wandel der Forschungsinteressen oder eine temporäre Abwanderung in ein anderes bzw. eine Zuwanderung aus einem anderen Forschungsgebiet vorliegen. Die bekanntesten Kernphysiker unter den Emigranten sind zugleich jene, die über die gesamte Periode hohe Publikationsziffern aufzuweisen haben – wie Bethe, Bloch, Frisch, Goldhaber, Peierls, Meitner, Heitler. Weniger bekannt dagegen sind diejenigen, die ebenfalls hohe Publikationsziffern aufweisen, aber erst in der mittleren Phase mit ihrer Forschungstätigkeit begannen (wie Bradt und Deutsch). Niedrige Publikationsziffern bedeuten nicht, daß die Betreffenden in der Physik nur eine untergeordnete Rolle spielten. Dieselben Physiker können auf anderen Spezialgebieten weit höhere Ziffern erreichen, wie dies etwa im Fall von Max Born, James Franck, Paul Hertz, Gerhard Herzberg oder K.W. Meissner zu beobachten ist, die auf dem Gebiet »Linienspektren« zu den meistpublizierenden Autoren zählten. Für Wolfgang Pauli, Max Born und Erwin Schrödinger trifft dasselbe für das Gebiet »Quantentheorie« und »Wellenmechanik« zu. Viktor F. Hess forschte ebenso wie Marietta Blau vor allem auf dem Gebiet der »Kosmischen Strahlung«. Andere Beispiele ließen sich anfügen. Eine interessante Anomalie besteht darin, daß die eben erwähnte Marietta Blau in der Zitationsanalyse auf Rang 16 der meistzitierten Emigranten kommt, während sie in der Literaturauswertung nahezu verschwindet und auch in den vorliegenden Emigrationsstudien – selbst denjenigen aus ihrem Herkunftsland Österreich – nahezu vergessen ist.

In der Kernphysik nicht mehr in Erscheinung treten einige jener Emigranten, die in den zwanziger Jahren das in den *Physikalischen Berichten* bis 1930 als »Bau der Atome und Moleküle« bezeichnete Fachgebiet mit an prominenter Stelle und mit hohen Publikationsziffern vertraten, wie: E. Rabinowitsch, J. Kudar, H. Kallmann, B. Rosen, H. Lessheim (jeweils 3 – 6 – 9 – 5 – 3 Publikationen allein in den Jahren 1929 und 1930).

b. Zitationsanalyse: Die Wirkung der emigrierten Kernphysiker

Die zum Zwecke der Wirkungsanalyse ausgewertete Stichprobe setzt sich folgendermaßen zusammen. Codiert wurden alle Arbeiten der Jahre 1935, 1941 und 1947, die in die Bibliographie von Beyer aufgenommen wurden. Ein zufällig ausgewählter Teil der Arbeiten des Jahres 1946 wurde hinzugenommen, weil der Jahrgang 1947 in der verwendeten Bibliographie nur bis etwa April erfaßt ist. Zur Verlängerung der Analyse in die Vergangenheit wurde eine zahlenmäßig vergleichbare Zufallsstichprobe aus denjenigen Arbeiten gezogen, die in dem Referateorgan *Physikalische Berichte* unter der Kategorie »Bau der Atome und Moleküle« in den Jahren 1921 bis 1930 erschienen sind (die »Kernphysik« taucht als eigene Kategorie erst ab 1931 auf). Diese

Stichprobe wurde unterteilt in die zwei Gruppen der 1921–1925 und der 1926–1930 erschienenen Arbeiten. Eine Ausdehnung der Analyse über 1947 hinaus wurde nicht in Betracht gezogen, weil sich das Gebiet in dieser Zeit zu stark ausdifferenziert. Darüber hinaus verliert die Kernphysik Ende der vierziger Jahre ihren Status als physikalisches Frontgebiet. An ihre Stelle tritt mit der Entdeckung des Synchrotron-Prinzips und der dadurch ermöglichten Konstruktion stärkerer Beschleuniger die Elementarteilchen- bzw. Hochenergiephysik. Auch die Festkörperphysik kann mit der Entwicklung des Transistors ihren Frontcharakter neu zur Geltung bringen. Eine zeitliche Fortführung der Analyse hätte bei diesen beiden Gebieten anzusetzen.

Wir können an dieser Stelle nur einige exemplarische Ergebnisse anführen, die aus Raumgründen nicht immer für alle fünf Perioden aufgeschlüsselt werden. Ziel ist nicht die möglichst vollständige Beschreibung des Gegenstandsbereichs, sondern die Lösung konkreter Probleme der Emigrationsforschung. Wir möchten zeigen, daß zitationsanalytische Verfahren geeignet sind, einen Beitrag zur Beantwortung von Fragen wie den nachfolgend genannten zu leisten:

1. Wurden die Arbeiten von Emigranten im Vergleich zu denen der Nichtemigranten vernachlässigt oder bevorzugt? Hat sich daran über die verschiedenen Perioden etwas geändert?

2. Gilt eine eventuell festgestellte Bevorzugung oder Benachteiligung generell oder sind differenziertere Aussagen möglich?

3. Lassen sich aus den Daten Rückschlüsse auf Akkulturationsprozesse ziehen?

4. Ist die Vernachlässigung oder Bevorzugung länder- oder zeitschriftenspezifisch?

5. An welcher Stelle in der »Zitationslandschaft« des Fachs sind die Emigranten zu finden? Welche Bedeutung besaßen sie in Ursprungs- und Gastländern?

Ad 1) Eines der Ergebnisse unserer obigen Literaturauswertung bestand in der Feststellung, daß Emigranten Autoren oder Co-Autoren von 10 % aller in der Bibliographie verzeichneten kernphysikalischen Arbeiten waren. Eine Benachteiligung von (späteren) Emigranten wäre dann gegeben, wenn von allen Zitationen weniger als 10 % auf sie entfielen, eine Bevorzugung, wenn die Zitationsquote wesentlich über 10 % läge. Betrachten wir dazu die folgende Tabelle.

Tabelle 5: Anteile der Emigranten an den Zitationen der fünf Perioden (Crosstabulation aller Perioden)

	Periode (zu den Zeiten s. Seite 58)					
	0	1	2	3	4	Summe
kein Emigrant	1169* 1184,1 89,6%	2749 2847,7 87,7%	2787 2754,2 91,9%	4474 4396,0 92,4%	1415 1412,0 91,0%	12594 90,8%
Emigrant	135 119,9 10,4%	387 288,3 12,3%	246 278,8 8,1%	367 445,0 7,6%	140 143,0 9,0%	1275 9,2%
Summe	1304 9,4%	3136 22,6%	3033 21,9%	4841 34,9%	1555 11,2%	13869 100,0%

* Erste Zahl: tatsächlicher Wert; zweite Zahl: statistischer Erwartungswert; dritte Zahl: Spaltenprozentziffer

Zur Interpretation der Zahlen bedarf es folgender Zusatzinformationen: Bei der bibliographischen Auszählung wurde jede Arbeit, bei der zumindest ein Co-Autor Emigrant war, nur als Emigrantenarbeit gezählt. Dies war nach unserer Auffassung insofern zulässig, als Mehrfachautorschaften in der betreffenden Zeit noch nicht dominierten. Wo sie vorkamen, hatten Emigranten überzufällig häufig andere Emigranten als Co-Autoren. Dennoch ist dieses Verfahren Ursache einer gewissen Verzerrung, die bei einem Vergleich mit den Zitationsdaten berücksichtigt werden muß. Da bei der Zitationsanalyse jede einzelne Co-Autorschaft gezählt wurde, bedeutet dies, daß die hier erhaltenen Zahlen gegenüber der Literaturanalyse etwas kleiner ausfallen müssen. Damit entfällt gegen unsere Vorgehensweise zugleich ein Einwand, der gegen den Science Citation Index immer wieder erhoben wird: Im Gegensatz zum SCI haben wir alle Co-Autoren, soweit sie zitiert wurden, in die Analyse einbezogen. Dies brachte beträchtliche Komplikationen mit sich, weil sie bei einigen statistischen Auswertungen, die sich nicht auf Autoren, sondern auf Arbeiten bezogen, wieder eliminiert werden mußten.

Bei Berücksichtigung der oben angeführten Differenz zwischen Literaturauswertung und Zitationsanalyse ist die Aussage berechtigt, daß von einer Benachteiligung der Emigranten insgesamt gesehen keine Rede sein kann. Allerdings zeigen die Ziffern für die Perioden 2 und 3, daß der Wanderungs- und Akkulturationsprozeß offenbar einen gewissen Tribut gefordert hat. Die Zitationsquote fällt (nach Tab. 5) von dem mit 8,1 % ohnehin niedrigen Niveau des Stichjahres 1935 auf 7,6 % im Jahr 1941 zurück, um dann allerdings bis 1947 wieder auf 9 % zu steigen. Auch die Abweichungen von den Erwartungswerten (also demjenigen Wert, der bei statistischer Unabhängigkeit der beiden Achsen der Kreuztabelle realisiert wäre) zeigen die Differenz mit aller Deutlichkeit. Erstaunlicher jedoch ist die außerordentlich hohe Zitationsquote der zweiten Periode, die den Erwartungswert um ein Viertel übersteigt. Da die Arbeiten der Perioden 0 und 1 von der Beyer-Bibliographie nur ungenügend erfaßt werden, bedürfen diese Zahlen einer unabhängigen Interpretation. Eine Literaturauswertung der im Gebiet »Bau der Atome und Moleküle« (aus dem auch die Stichproben für die Perioden 0 und 1 gezogen wurden, s.o.) in dem Referateorgan *Physikalische Berichte* angezeigten Arbeiten, die hier nicht detailliert aufgeschlüsselt werden kann, bestätigt, daß der Anteil der (späteren) Emigranten an der zwischen 1926 und 1930 erschienenen Fachliteratur 9,6 %, und an der zwischen 1931 und 1933 in den beiden Gebieten »Bau der Atome und Moleküle« und »Kerne, Radioaktivität, Korpuskularstrahlen« erschienenen Fachliteratur 7,4 % betrug und damit wesentlich geringer als die feststellbare Zitationsquote war. Dies bedeutet, daß die Bewertung dieser Arbeiten in den ersten beiden Phasen positiver als in den drei folgenden war – mit der erwähnten Erholungstendenz bis 1947. Eine weitere, hier nicht dargestellte Differenzierung der Zitationsraten in einzelne Jahre zeigt ausgeprägte Spitzen für die in den Jahren 1919–1921 (Zitationsquote: 17,7 %) und 1926–1928 (Zitationsquote: 15,2 %) publizierten Arbeiten, eine ausgesprochene Flaute dagegen für die Veröffentlichungen von 1931–1933 (Zitationsquote 5,4 %!). Aufgrund der Aggregation von jeweils drei Jahren kann hier von einer Zufallsfluktuation keine Rede mehr sein. Überdeutlich ist, daß die »nichtarischen« Physiker bereits in den Jahren vor der Nazi-Machtergreifung latente oder manifeste produktivitäts- und rezeptionshemmende Faktoren zu vergegenwärtigen hatten. Obwohl es im Prinzip möglich ist, dieses Phänomen bis auf die Ebene der Beiträge von Emigranten in einzelnen Zeitschriften zurückzuverfolgen, deren Zitationsrate noch steiler abfällt als ihre absolute Zahl, steigt bei fortgeführter Differenzierung und verringerten Fallzahlen das relative Gewicht von Zufallsfluktuationen. Weil damit die Interpretierbarkeit der Ergebnisse sinkt, verzichten wir auf eine weitere Differenzierung.

ad 2) und 3) Zur Beantwortung der zweiten Frage ziehen wir Tabelle 6 heran:

Tabelle 6: Zitationsraten der Emigranten, alle Perioden (Crosstabulation; Kategorien: 1 = 1 Zitation; 2 = 2–5 Zitationen; 3 = 6–15 Zitationen; 4 = 16–35 Zitationen; 5 = über 35 Zitationen)

	Zitationen über den gesamten Zeitraum					
	1	2	3	4	5	Summe
kein Emigrant	1171 *	922	362	107	50	2612
	1147,1	920,1	374,4	114,9	55,5	
	97,7%	95,9%	92,6%	89,2%	86,2%	95,7%
Emigrant	27	39	29	13	8	116
	50,9	40,9	16,6	5,1	2,5	
	2,3%	4,1%	7,4%	10,8%	13,8%	4,3%
Summe	1198	961	391	120	58	2728
	43,9%	35,2%	14,3%	4,4%	2,1%	100,0%

* Vgl. Anmerkung Tab. 5

Da in Tabelle 6 jeder Autor nur einmal auftaucht, ersieht man sofort die Diskrepanz zwischen dem Anteil der Emigranten an den zitierten Autoren und ihrem Anteil an der Zahl aller Zitationen, wie sie in Tabelle 5 zu finden ist.

Obwohl die Emigranten nur 4,3 % aller zitierten verschiedenen Autoren (116 von 2728) ausmachen (Tab. 6), entfallen auf sie 9,2 % aller Zitationen (Tab. 5). Diese Differenzierung ist sehr bemerkenswert. Obwohl sie noch nichts über die Struktur der Verteilung aussagt, bedeutet sie, daß Emigranten im Schnitt häufiger zitiert werden als Nichtemigranten. Die Verteilung wird in Tabelle 6, Spalte 1 und 5 sichtbar. Die Zahl derjenigen Emigranten, die nur einmal zitiert werden (27), ist um fast 50 % niedriger als der fiktive Erwartungswert (50,9), die Zahl derjenigen, die öfter als 35 mal zitiert werden (8), dagegen um über 200 % höher (2,5). Auch in den Kategorien 3 (6–15 Zitationen) und 4 (16–35 Zitationen) sind die Emigranten um knapp 100 % (Kategorie 3) bzw. gut 150 % überrepräsentiert. Nur in Kategorie 2 (2–5 Zitationen) stimmen Erwartungswert und tatsächlicher Wert überein. Im Fall der Emigranten hat die Verteilung daher im Vergleich zur Kontrastgruppe eine schmalere Basis und eine verbreiterte Spitze.

Pointiert formuliert könnte man sagen: Je exklusiver die gewählte Spitzengruppe der Meistzitierten, desto höher der Anteil der Emigranten. Eine Differenzierung in die einzelnen Perioden hat zum Ergebnis, daß das erwähnte Phänomen in den beiden ersten Perioden, also vor der Emigration am deutlichsten in Erscheinung tritt, während es in den zwei folgenden Perioden weniger ausgeprägt, jedoch noch immer erkennbar ist. Beträgt die Überrepräsentation der Emigranten – die in der Tabelle nicht einzeln ausgewiesen ist – in der Spitzengruppe 1935 und 1941 nurmehr 40 % bzw. 80 %, so stimmt der tatsächliche Wert (18) mit dem Erwartungswert (21,3) für die unterste Gruppe (nur eine Zitation im Berichtszeitraum) im Jahre 1941 fast überein. Bis 1946/47 hat sich die ursprüngliche Differenz jedoch wieder herausgebildet. In der untersten Gruppe ist der Erwartungswert wieder doppelt so hoch wie der tatsächliche (20,1 gegenüber 11), in der obersten ist der Anteil der Emigranten viermal so hoch wie theoretisch zu erwarten. Wir deuten dies als Indiz dafür, daß die Akkulturation der immigrierten deutschsprachigen Kernphysiker innerhalb der Wissenschaftssysteme der hier in Frage kommenden Länder England und USA, und speziell innerhalb der kernphysikalischen »scientific community« im Jahre 1946/47 erfolgreich abgeschlossen war.

Hochinteressante Abweichungen von den soeben referierten Befunden ergeben sich, wenn man Emigranten und Nichtemigranten nicht in bezug auf die Gesamtzahl der erhaltenen Zitationen, sondern daraufhin vergleicht, wie oft ihre einzelnen Arbeiten zitiert wurden. Wir möchten hier nur die Kreuztabelle 7 für die vierte Periode anführen.

Tabelle 7: Häufigkeit der Zitation *verschiedener* Arbeiten von Emigranten und Nichtemigranten 1946/47 (Kategorien: 1 = 1 Zitation; 2 = 2 Zitationen ...; 5 = 5 und mehr Zitationen)

	Anzahl der Zitationen, die auf eine Arbeit entfallen					
	1	2	3	4	5	Summe
kein Emigrant	1498 * 1494,8 92,1%	260 262,0 91,2%	49 48,7 92,5%	17 17,5 89,5%	11 12,0 84,6%	1835 91,9%
Emigrant	128 131,2 7,9%	25 23,0 8,8%	4 4,3 7,5%	2 1,5 10,5%	2 1,0 15,4%	161 8,1%
Summe	1626 81,5%	285 14,3%	53 2,7%	19 1,0%	13 0,7%	1996 100,0%

* Vgl. Anmerkung Tab. 5

Hier, wie auch in den anderen Perioden, stimmen die Erwartungswerte für die unterste Gruppe (Arbeiten, die nur einmal zitiert werden) in allen fünf Perioden recht gut mit den Erwartungswerten überein, während in der obersten Kategorie (Arbeiten, auf die mindestens fünf Zitationen entfallen), der Erwartungswert um durchschnittlich 100 % überschritten wird. Die Differenz ist in den Perioden 1 (hier nicht dargestellt) und 4 (Tab. 7) am größten, während in der Zeit der Wanderung und Akkulturation (Periode 2: 1935; Periode 3: 1941) eine Angleichung zu beobachten ist (hier nicht dargestellt). Auch dies ist als Indiz für gewisse Anpassungsfriktionen zu bewerten. Wichtiger scheint jedoch eine Schlußfolgerung, den ein Vergleich der Tabellen 6 und 7 nahelegt. Die Differenz zwischen den globalen Zitationsraten und den Zitationsraten für die einzelnen Arbeiten bedeutet, daß die Emigranten im Schnitt mehr publizierten als die Nichtemigranten. Nimmt man Periode 4 als Beispiel, so waren 4,2 % aller zitierten verschiedenen Autoren in unserem Sample Emigranten (hier nicht dargestellt). Diese Emigranten schrieben jedoch 8,1 % aller verschiedenen Arbeiten, die in Periode 4 zitiert wurden (Tab. 7). Für die anderen Perioden lauten die Zahlen folgendermaßen:

Tabelle 8

Perioden	1920–25	1926–30	1935	1941	1946/47
a) % Em./zit. Autoren	5,5	6,7	5,7	4,4	4,2
b) % Em./zit. Arbeiten	9,2	11,4	7,1	6,5	8,1
c) % Em./zit. Zitationen	10,4	12,3	8,1	7,6	9,0
Sichtbarkeitsindex (b/a)	1,67	1,70	1,25	1,48	1,93
Akzeptanzindex (c/b)	1,13	1,08	1,14	1,17	1,11

Bildet man den Quotienten aus den beiden Maßzahlen, so erhält man einen Index für die Sichtbarkeit der Emigranten in der Disziplin. Dieser Index ist in allen Perioden größer als 1, das heißt besser als der Erwartungswert. Beobachtbar ist jedoch ein starkes Abfallen zwischen den Perioden 1926/30 und 1935, dem bis 1946/47 ein Wiederanstieg auf das bisher höchste Niveau folgt.

Einen Index für die Akzeptanz (in objektivistischer Lesart: die Qualität) der Arbeiten von Emigranten in der Disziplin kann man in ähnlicher Weise bilden, indem man den Prozentsatz der von Emigranten geschriebenen Arbeiten zum Prozentsatz der auf diese Arbeiten entfallenden Zitationen ins Verhältnis setzt. Auch dieser Index ist in allen Perioden größer als der Erwartungswert 1. Erkennbar ist jedoch ein Absinken in der Periode 1926/30 und ein Anstieg auf ein Maximum bis 1941. Die Unterschiede sind allerdings geringer als oben.

ad 4) Zur Beantwortung der Frage, ob es »emigrantenspezifische« Zeitschriften gab, greifen wir auf Tabelle 9 zurück.

Tabelle 9: Verteilung der Zitationen auf Zeitschriften (Crosstabulation; aufgenommen sind nur Zeitschriften, auf die mehr als 99 Zitationen im Gesamtzeitraum entfallen)

Zeichenerklärung:

ZS	=	Zeitschrift, im einzelnen:		
6	=	Annalen der Physik	13	= Ber. Deutsch. Chem. Ges.
18	=	Comte Rendu, Paris	28	= J. Amer. Chem. Soc.
45	=	Nature	46	= Die Naturwissenschaften
49	=	Philosophical Magazine	52	= Physical Review
53	=	Physikalische Zeitschrift	58	= Proc. Cambr. Phil. Soc.
64	=	Proc. Phys.-Math. Soc. Jap.	67	= Proc. Royal Society
73	=	Reviews of Modern Physics	74	= Rev. Scientific Instrum.
76	=	Ric. Sci. Riconstruz., Rom	90	= Zeitschrift für Physik
91	=	Zeitschrift f. chem. Phys.		

	Zeitschrift					
	6	13	18	28	45	46
kein Emigrant	237*	93	252	260	613	193
	265,3	91,5	231,8	237,3	678,3	231,8
	2,4%	0,9%	2,5%	2,6%	6,1%	1,9%
	80,9%	92,1%	98,4%	99,2%	81,8%	75,4%
Emigrant	56	8	4	2	136	63
	27,7	9,5	24,2	24,7	70,7	24,2
	5,4%	0,8%	0,4%	0,2%	13,0%	6,0%
	19,1%	7,9%	1,6%	0,8%	18,2%	24,6%
Summe	293	101	256	262	749	256
	2,7%	0,9%	2,3%	2,4%	6,8%	2,3%

Die Emigration deutschsprachiger Kernphysiker 67

	Zeitschrift					
	49	52	53	58	64	67
kein Emigrant	425 392,1 4,2% 98,2%	4349 4164,8 43,5% 94,6%	258 261,7 2,6% 89,3%	157 153,9 1,6% 92,4%	132 119,5 1,3% 100,0%	1348 1294,1 13,5% 94,3%
Emigrant	8 40,9 0,8% 1,8%	250 434,2 24,0% 5,4%	31 27,3 3,0% 10,7%	13 16,1 1,2% 7,6%	0 12,5 0,0% 0,0%	81 134,9 7,8% 5,7%
Summe	433 3,9%	4599 41,6%	289 2,6%	170 1,5%	132 1,2%	1429 12,9%

	Zeitschrift					
	73	74	76	90	91	Summe
kein Emigrant	114 160,3 1,1% 64,4%	173 164,8 1,7% 95,1%	174 157,6 1,7% 100,0%	1066 1219,8 10,7% 79,1%	160 179,3 1,6% 80,8%	10004 90,6%
Emigrant	63 16,7 6,0% 35,6%	9 17,2 0,9% 4,9%	0 16,4 0,0% 0,0%	281 127,2 26,9% 20,9%	38 18,7 3,6% 19,2%	1043 9,4%
Summe	177 1,6%	182 1,6%	174 1,6%	1347 12,2%	198 1,8%	11047 100,0%

* in Reihenfolge: tatsächlicher Wert; statistischer Erwartungswert; Reihenprozentziffer; Spaltenprozentziffer

Eine Analyse von Tabelle 9 lehrt, daß die Verteilung der zitierten Emigranten- und Nichtemigrantenarbeiten auf die verschiedenen Zeitschriften in der Tat stark von der erwarteten Verteilung (also derjenigen Verteilung, die dann zutreffen müßte, wenn die beiden Merkmale kausal voneinander unabhängig wären) abweichen. Stark überrepräsentiert sind Verweise auf Arbeiten in den *Annalen der Physik, Nature, Die Naturwissenschaften, Reviews of Modern Physics, Zeitschrift für Physik* und *Zeitschrift für chemische Physik*. Absolut gesehen fällt die Überrepräsentation der Zitationen von Emigrantenarbeiten in *Nature* und *Zeitschrift für Physik* am stärksten ins Gewicht; ausgedrückt in Prozentzahlen ist sie jedoch in *Reviews of Modern Physics* und *Die Naturwissenschaften* am höchsten. Hier beträgt der Anteil der Emigrantenarbeiten an den Zitationen 35,6 % (bei Nr. 73) bzw. 24,6 % (bei Nr. 46; in den Zellen der Tabelle jeweils der vierte Wert) gegenüber 9,4 % im Durchschnitt. Die Abweichung des hier erhaltenen Durchschnittswertes vom Durchschnittswert für die gesamte Zitationsdatei (9,2 %) ist darauf zurückzuführen, daß hier nur Zeitschriften berücksichtigt sind, auf die im gesamten Zeitraum mindestens 100 Zitationen entfielen. Offenbar hat die Verteilung der Emigrantenarbeiten im Vergleich zur Gesamtverteilung einen »bias« in Richtung der vielzitierten Zeitschriften.

Sehr viel schlechter als im Durchschnitt schneiden die Emigranten in den zentralen Fachorganen der Gastländer England und USA ab. Ihr Anteil an den Zitationen der *Physical Review* und der *Proceedings of the Royal Society*, aber auch des *Philosophical Magazine* und des *Journal of the American Chemical Society* liegt erheblich unter dem Erwartungswert. Dies gilt auch für die einzigen Zeitschriften aus Frankreich, Italien und Japan, die in unserer Tabelle auftauchen. Offenbar war es für die Emigranten zunächst leichter, ihre Arbeiten in solchen Zeitschriften zu drucken, die wie *Nature* a) einen geringeren Grad an Spezialisierung als die anderen Zeitschriften hatten, b) keine Verbandszeitschrift waren und c) eine dezidiert internationale Ausrichtung aufwiesen.

Eine Differenzierung der Analyse in die einzelnen Perioden zeigt weitere Regelmäßigkeiten, von denen hier nur wenige Beobachtungen angeführt werden sollen. Entsprechend den Wanderungsströmen stieg der Anteil der Emigranten an den Zitationen der englischen Zeitschriften schneller an als der an den Zitationen der amerikanischen. Er erreichte im Falle von *Nature* bereits 1935 mit 28,9 % sein höchstes, den Erwartungswert um 300 % übertreffendes Niveau, während im Falle der *Proceedings of the Royal Society* der Erwartungswert erst 1941 erreicht wurde. Zu diesem Zeitpunkt lag der Emigrantenanteil am zentralen amerikanischen Organ, der *Physical Review*, noch immer sehr deutlich unter dem Erwartungswert (135 gegenüber 187 theoretisch zu erwartenden Zitationen), während er im Falle der *Review of Modern Physics* mit einem Anteil von 40,3 % bereits einen Höchstwert erreicht hatte. Eine noch differenziertere Aufschlüsselung macht sichtbar, daß dieser hohe Anteil ausschließlich auf die bekannten kernphysikalischen Standardwerke von Bethe, Bacher und Livingston, von denen der erste Emigrant war, zurückzuführen ist. Im Fall der *Physical Review* haben sich Erwartungswert und tatsächlicher Wert erst 1946/47 bis auf eine verbleibende Differenz von 10 % angenähert.

ad 5) Bereits anhand der bisher referierten Ergebnisse läßt sich ersehen, daß die emigrierten deutschsprachigen Kernphysiker über alle Perioden hinweg in den Spitzengruppen der meistzitierten Autoren sehr stark repräsentiert waren. Wir können das vorhandene Material hier nur sehr selektiv verwerten und möchten daher von der Gesamtliste der über 100 zitierten Emigranten nur diejenigen aufführen, die im gesamten Zeitraum mindestens zehnmal zitiert wurden.

Die Emigration deutschsprachiger Kernphysiker   69

Tabelle 10: Emigranten mit 10 und mehr Zitationen

Autor	Anzahl	Autor	Anzahl	Autor	Anzahl
Kemmer	10	Stern	16	Szilard	27
Herzfeld	10	Peierls	17	Deutsch, M.	28
Scharff-Goldhaber	10	Schrödinger	17	Bloch, F.	36
Brück, H.	10	Weisskopf	17	Franck	39
Reiche	11	Biltz, M.	17	Fajans	47
Sponer, H.	11	Beck, Guido	17	Hevesy	47
Houtermans	13	Paneth	18	Meitner	55
Farkas	13	Blau, M.	19	Born	56
Herzberg, G.	14	Nordheim	20	Goldhaber	78
Kudar	14	London	21	Heitler	79
Klemperer	14	Frisch	21	Bethe	191
Kuhn, H.	14	Teller	23		
Barshall, H.H.	14	Debye	24		

Die Aufstellung gibt nur einen ersten, summarischen Überblick über die Sichtbarkeit der emigrierten Physiker, sagt jedoch noch nichts über ihre Bedeutung im Fach und über die Zeit ihrer stärksten Wirkung aus. Um auf diese Frage eine vorläufige Antwort zu finden, vergleichen wir die jeweils 20 obersten Ränge jeder Periode, gemessen an ihren Zitationsziffern, auf ihre Besetzung durch emigrierte Physiker.

Tabelle 11: Der Rang emigrierter Physiker in den verschiedenen Perioden im Vergleich

Rang	Periodenkennziffer				
	(0) 1920–25 1. Periode	(1) 1926–30 2. Periode	(2) 1935 3. Periode	(3) 1941 4. Periode	(4) 1946/47 5. Periode
1	Bohr+	Rutherford	Fermi+	*Bethe	*Bethe
2	*Fajans	Chadwick	Chadwick	Bonner	Seaborg
3	*Born	Bothe	Rutherford	Livingston	Breit
4	Coster	*Born	Amaldi	Seaborg	Amaldi
5	Langmuir	Hund	Crane	Breit	*Deutsch
6	Rutherford	Heisenberg	Oliphant	Hafstad	Fermi+
7	Richards	Aston	Lauritsen	Fowler	Segré+
8	*Hevesy	Birge	Segré+	*Heitler	Schwinger
9	*Franck	Sommerfeld	Lawrence	Bhabha	*Heitler
10	Baxter	Geiger	*Bethe	Bohr+	Wheeler
11	Meyer	Gamow+	*Goldhaber	Lauritsen	Livingston
12	Geiger	*Franck	Dunning	Wigner(M)	*Bloch
13	Ladenburg(M)	*Heitler	Cockcroft	Fermi+	Mcmillan
14	Schaefer	Goudsmit(M)	Livingston	Richardson	Wentzel
15	Grimm	Mulliken	d'Agostino+	Williams	Pauli(M)
16	Darwin	Wood	Rasetti+	Amaldi	Bohr+
17	Ramsauer	Smyth	Walton	Dunning	*Goldhaber
18	Bothe	*London	Breit	Tuve	Rasetti+
19	Sommerfeld	Williams	Schüler	Segré+	Williams
20	Compton	Langmuir	Tuve	Cork	Roberts

Zeichenerklärung: * = deutschsprachiger Emigrant
 + = andere Emigranten
 M = Migranten

Insgesamt gesehen sind die Zitationsziffern in der dritten und vierten Periode höher als in der ersten oder zweiten, so daß auch die Spitzen deutlicher hervortreten. Dies liegt im wesentlichen daran, daß sich das Feld nach 1930 verdichtet und konzentriert. Dieser Prozeß erreicht nach allen Indikatoren bereits in der dritten Periode (1935) seinen Höhepunkt. Ersichtlich ist dies u.a. daran, daß die Zahl der häufig zitierten Arbeiten in keiner anderen Periode so hoch ist wie hier.

Auch in den »Cozitationslandschaften«, die man durch Auswertung der Zitationsdatei auf diejenigen Arbeiten hin erhält, die am häufigsten zusammen zitiert werden, findet dies seinen Niederschlag. (Siehe hierzu Seite 71.)

Grundlage der Clusterbildung ist die Cozitationsmatrix, in der die Häufigkeiten der gemeinsamen Zitation für eine Auswahl von häufig zitierten Arbeiten kreuztabelliert werden. In den vorliegenden Plots ist dies noch insoweit zu erkennen, als die innerhalb des Vierecks auftauchenden Zahlen jeweils die Häufigkeit angeben, mit der die an der linken und an der unteren Leiste jeweils durch eine Ziffer angezeigten Arbeiten cozitiert werden. Die Cluster entstehen aus der Cozitationsmatrix durch fortlaufendes Verschieben von Reihen und Spalten, bis die Cluster am deutlichsten hervortreten. Direkte diagonale Verschiebungen sind dabei nicht zulässig. Cluster, die sich durch vertikale oder horizontale Verschiebung der entsprechenden Reihen aneinander anschließen lassen, sind sich fachlich »näher« als Cluster, die in der Diagonale liegen und infolgedessen keine direkten Berührungspunkte aufweisen. In den ersten beiden Perioden ist die Cozitationslandschaft flach, weit auseinandergezogen und nur mit wenigen, gut voneinander abgrenzbaren Hügeln besetzt. In der dritten Periode wird sie sehr viel dichter, mit deutlichen Spitzen und nur schwer abgrenzbaren Clustern. In der vierten Periode setzt – vermutlich als Folge wachsender Ausdifferenzierung des Fachs – wieder eine Verflachung ein, die auch in der fünften Periode erhalten bleibt. Hier gibt es allerdings eine sehr ausgeprägte Spitze in den Cozitationen der Arbeiten von McMillan und Veksler, die das Prinzip des Synchro-Zyklotrons unabhängig voneinander entdeckt hatten. In derselben Periode wäre noch ein flacheres, aber breiteres Cluster zu nennen, das aus Arbeiten von Alaoglu & Smith, Ruark und Brammer sowie Volz besteht. Keiner der genannten war Emigrant. In der vierten Periode werden die nicht sehr hohen Spitzen der »Cozitationslandschaft« durch gemeinsame Nennungen von Arbeiten von Bhabha und Heitler, Fermi und Lawson, Fermi und Gamow & Teller, Burcham & Devons und Smith, Burcham & Devons und Becker & McLean & Fowler & Lauritsen, Becker & McLean & Fowler & Lauritsen und Smith, Bethe & Livingston und Roberts & Rumbough & Hafstad, Bhabha und Bhabha, Krishnan und Nahum & Krishnan, Yukawa und Nordheim & Bethe, Nahum & Krishnan und Ruben & Kamen & McMillan sowie Bethe und Bethe markiert (wobei »&« die Coautoren jeweils *einer* Arbeit verknüpft, während »und« die Cozitation verschiedener Arbeiten bedeutet). Von ihnen waren Heitler, Nordheim, Teller und Bethe deutschsprachige Emigranten, während Fermi italienischer und Gamow russischer Emigrant war. In der dritten Periode (vgl. Abb. 2) gibt es

Die Emigration deutschsprachiger Kernphysiker 71

Abbildung 1

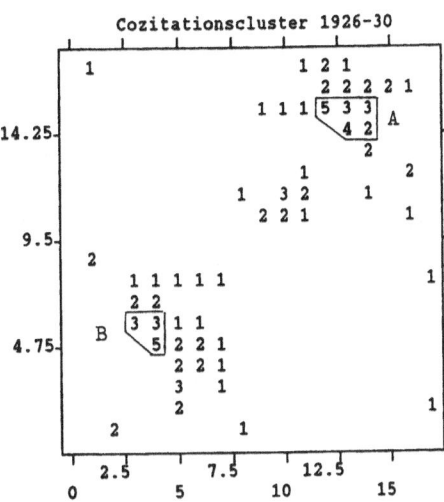

Abbildung 2

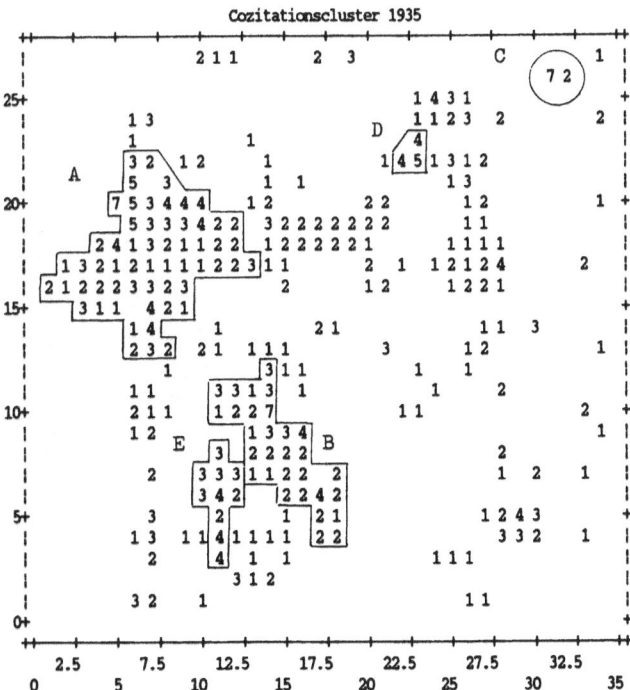

mehrere herausragende Spitzen, unter denen vor allem ein sehr großes, breit aufgefächertes Cluster, dessen Spitzen durch Cozitationen der Arbeiten von Chadwick & Goldhaber, Goldhaber & Taylor und Amaldi & Fermi & Pontecorvo (Cluster A: »Neutronen«) gebildet werden, ins Auge fällt. In diesem Cluster sind auch Arbeiten von Fermi, Dunning und Bethe an prominenter Stelle zu finden. Daneben gibt es ein ebenso hohes, aber weniger ausgedehntes und schneller verflachendes Cluster, dessen Spitzen durch gemeinsame Zitation der Arbeiten von Bethe und Kempton & Oliphant & Rutherford (Cluster B: »Protonen, Deuteronen und Kernumwandlungen«) gebildet wird und in dem weiterhin Arbeiten von Becker & Bothe sowie Haxel vertreten sind. Als Monolith steht die durch Cozitationen der Arbeiten von Goudsmit und Fermi & Segré (Cluster C: »Kernmomente«) gebildete Spitze in der Cozitationslandschaft. Etwas weniger hoch, aber immer noch deutlich, hebt sich ein Cluster mit Arbeiten von Wigner, Majorana und Feenberg (Cluster D: »Kernkräfte«) sowie Cockcroft & Walton, Crane & Lauritsen und Lawrence und Livingston (Cluster E: »Beschleuniger«) ab. Dabei ist Cluster E, was in dem obigen Plot nicht zum Ausdruck kommt, auch an Cluster A anschließbar. Von den genannten waren Bethe, Wigner und Goldhaber deutschsprachige, Segré und Fermi italienische Emigranten. In der zweiten Periode (Abb. 1) werden die Spitzen der Cozitationscluster durch gemeinsame Zitationen der Arbeiten von Heitler und London (Cluster B), Gurney & Condon und Gamow sowie Houtermans & Gamow und Gamow (Cluster A) markiert. Davon waren Heitler, London (der noch einen gleichfalls emigrierten Bruder hatte), sowie Houtermans deutschsprachige Emigranten. Houtermans kehrte allerdings später eher unfreiwillig aus der UdSSR ins »Dritte Reich« zurück, um dem Stalin-Terror zu entgehen. Gamow war Russe, hatte jedoch in mehreren europäischen Ländern, unter anderem auch in Deutschland, gearbeitet und publiziert.

Diese Ergebnisse verlieren an Abstraktheit, wenn man sie im Kontext der Entwicklung der Physik inhaltlich interpretiert. Im begrenzten Rahmen dieses Aufsatzes ist dies natürlich nicht möglich. Die referierten Ergebnisse zeigen jedoch, daß szientometrische Methoden einen hervorragenden Beitrag zur Beantwortung vieler offener Fragen des Zusammenhangs von Emigration und disziplinärer Entwicklung zu leisten vermögen – Fragen, auf die die qualitativ orientierte Forschung keine befriedigende Antworten wußte oder deren Relevanz erst im Zusammenhang einer quantitativen Betrachtungsweise zu erkennen ist. Qualitative und quantitative Analyseverfahren sind dabei oft keine konkurrierenden, sondern komplementäre Methoden. Sie erlauben Antworten auf jeweils verschiedene Fragestellungen und gestatten in vielen Fällen erst das Erkennen von Problemen, deren Erforschung möglich und lohnend ist.

Hans Helmut Christmann

Deutsche Romanisten als Verfolgte des Nationalsozialismus

Romanisten im Exil – das Thema ist im Zusammenhang bisher nicht behandelt worden. Nur um einzelne, ganz wenige hat man sich gekümmert, und so erscheint es nicht untypisch, daß in der rezenten Gesamtdarstellung *Refugee Scholars in America* von Lewis A. Coser ganze zwei Romanisten betrachtet und dabei als Vertreter nicht der Romanistik, sondern der Vergleichenden Literaturwissenschaft (»Comparative Literature«) charakterisiert werden, nämlich Erich Auerbach und Leo Spitzer.[1]

Es ist daher hohe Zeit, daß die deutsche Romanistik sich dieses Themas annimmt. Dies im größeren Zusammenhang der von den deutschen Universitäten vertriebenen Vertreter dieses Faches zu tun, war das Ziel einer Sektion des letzten Romanistentages im September 1987 in Freiburg: *Deutsche Romanisten als Verfolgte des Nationalsozialismus – Romanistik im Exil.*

Die Aufgabe erwies sich schon wegen der Zahl der Betroffenen als schwierig. Von Anfang an war klar, daß sie wesentlich höher liegt, als öffentlich, aber auch fachintern bekannt ist. Um wieviel Romanisten handelt es sich eigentlich? Die Frage gehört in den Zusammenhang des Verlustes, den die deutsche Wissenschaft 1933 und danach als Ganzes erlitten hat. Dieser Komplex ist oft untersucht worden. Das fing an mit der *List of Displaced German Scholars*, die die »Notgemeinschaft deutscher Wissenschaftler im Ausland« 1936 herausgab und die übrigens 15 Romanisten enthält.[2] Es folgten die Berechnungen von Hartshorne, von Gumbel (usw.) bis zu denjenigen von Christian von Ferber, Evelyn Lacina, Peter Kröner und Horst Möller.[3] Gleichwohl haben wir bis heute keine wirklich genauen und verläßlichen Angaben über die Zahl der verfolgten Gelehrten. Man muß sich mit Annäherungswerten begnügen: Die absolute Zahl für alle Professionen dürfte nicht sehr weit von 2000 liegen, die relative Zahl, d.h. der Anteil der Suspendierten an der Summe der Universitätsangehörigen, dürfte zwischen 20 und 30 Prozent betragen. Auch das *International Biographical Dictionary of Central European Emigrés* von Strauss und Röder[4] hilft uns da nicht weiter, weil es ja eine Auswahl trifft (auf der wiederum Kröner und Möller basieren). An Romanisten sucht man in ihm zum Beispiel Hatzfeld, Leo und Sandmann vergebens.

Bei aller Anerkennung für die dem Gesamtgebiet geltenden Forschungen bleibt dem Vertreter einer Einzeldisziplin, der seine Fachgenossen möglichst vollständig erfassen will, also nichts anderes übrig, als sich selbst auf die Suche zu machen. Solche Erhebungen sind etwa für die Psychologie, die Alte

Geschichte und die Klassische Philologie angestellt worden.[5] Und das haben auch wir getan und sind dabei auf mindestens 40 verfolgte Romanisten gekommen, von denen etwa 30 ins Exil gingen. Wir wollen sie alle biobibliographisch in einer Art von erweitertem »Kürschner« dokumentieren, der zusammen mit den Vorträgen unserer Sektion erscheinen soll.[6]

Die Suspendierungen erfolgten zunächst aufgrund des Gesetzes zur Wiederherstellung des Berufsbeamtentums vom 7. April 1933. Wenn etwa im Oktober 1933 aus Heidelberg Friedrich Panzer an Julius Petersen schreibt: »Olschki [der Heidelberger Ordinarius für Romanische Philologie] ist § 3 entlassen«[7], so meint das dieses Gesetz, dessen § 3, Absatz 1 lautete: »Beamte, die nicht arischer Abstammung sind, sind in den Ruhestand (...) zu versetzen.«[8] Dabei gab es bestimmte, in Absatz 2 definierte Ausnahmen, die es z.B. Auerbach als ehemaligem Frontkämpfer erlaubten, vorläufig weiter zu amtieren. Andererseits lieferte der § 4 eine Handhabe gegen jeden politisch Mißliebigen: »Beamte, die nach ihrer bisherigen politischen Betätigung nicht die Gewähr dafür bieten, daß sie jederzeit rückhaltlos für den nationalen Staat eintreten, können aus dem Dienst entlassen werden.« Dieser Paragraph wurde etwa angewandt auf den Romanisten Wilhelm Friedmann in Leipzig. Das Schriftstück über die Entziehung der Lehrbefugnis ist unterschrieben vom Reichsstatthalter in Sachsen, Martin Mutschmann und nennt § 4, obwohl Friedmann »Jude« war; wahrscheinlich wäre er beim Nichtarierparagraphen unter die Ausnahmen gefallen, und man rekurrierte auf die andere Möglichkeit, weil man ihn auf jeden Fall entlassen wollte.

Zu dem Gesetz sei eine zeitgenössische Äußerung in einer neuphilologischen Schulzeitschrift nicht verschwiegen, weil sie ebenso kriminell wie grotesk ist. Ein Oberstudiendirektor versicherte 1933[9], die »nationale Revolution« brauche die deutsche Schule nicht einzureißen; sie könne sich vielmehr »mit einem feineren Besen begnügen, um das Haus reinzufegen.« Diesen Besen liefere das Gesetz zur Wiederherstellung des Berufsbeamtentums, und für die verschiedenen Schularten gelte: »Es eifre jede ihrer eigengesetzlichen, von Vorurteilen, aber auch von Scheelsucht freien Aufgabe nach!« – ausgerechnet eine Anspielung auf die Ringparabel bei Lessing (*Nathan der Weise* III, 7), das Plädoyer des Juden Nathan für die Toleranz!

Das Beamtengesetz und weitere Unterdrückungsmaßnahmen führten zu dem, was man die bedeutendste Verlagerung in der geistigen Welt seit der Auswanderung der griechischen Gelehrten aus Konstantinopel genannt hat.[10] Ein merkwürdiges Schicksal hat es dabei so gefügt, daß gerade die damals neugegründete Universität Istanbul zahlreichen deutschen Wissenschaftlern eine »Zuflucht am Bosporus« gewährte. Die Romanisten waren hier wissenschaftlich sehr stark vertreten, mit Leo Spitzer, Erich Auerbach, einigen Mitarbeitern Spitzers und Herbert Dieckmann.[11]

Vermittelt wurden die deutschen Emigranten in die Türkei durch die soeben in Zürich aufgebaute »Notgemeinschaft deutscher Wissenschaftler im Ausland«. Gleichzeitig entstanden weitere Hilfsorganisationen, wie in Frankreich das »Comité des savants« und in Großbritannien der »Academic Assistance

Council«, aus dem 1937 die »Society for the Protection of Science and Learning« wurde.[12] Auch bei ihnen findet man Namen von Romanisten; wir kommen darauf zurück.

Wichtigstes Aufnahmeland der verfolgten Gelehrten wurden letzten Endes die USA, »le pays riche et accueillant qui méritait l'appellation de Paradis des exilés«. So sagte es Henri Peyre mit Recht[13]; freilich gab es dazu auch die Kehrseite, eine gewisse Feindseligkeit z.B. von seiten einiger jüngerer amerikanischer Linguisten, zu der sich Robert A. Hall, Jr., in seiner Selbstbiographie *Stormy Petrel in Linguistics* mit bemerkenswerter Offenheit bekannt hat.[14] Diese Erfahrung machte etwa der Romanist Henry Kahane (geb. 1902), der (als Heinrich Kahane) Habilitand an der Universität Berlin gewesen war und der aus »rassischen« Gründen nach der »Machtergreifung« zusammen mit seiner ebenfalls romanistisch tätigen Frau Renée Toole Kahane zunächst nach Italien und dann über Griechenland in die USA ging. In Florenz war er 1933 bis 1938 Direktor eines Landschulheims für Emigrantenkinder gewesen, des »Istituto Fiorenza«, von dem eine Informationsbroschüre des Jahres 1936 kürzlich in einer Ausstellung der Deutschen Bibliothek in Frankfurt über die jüdische Emigration aus Deutschland zu sehen war.[15] Seit 1941 lehrte Kahane an der University of Illinois in Urbana. Über seinen Lebensweg hat er auf dem Freiburger Romanistentag 1987 berichtet: *Der Emigrant der dreißiger Jahre: Selbstporträt eines Sprachwissenschaftlers*. Seit vielen Jahrzehnten veröffentlichen die beiden Kahanes gemeinsam ihre Arbeiten, vor allem zur Wort- und Kulturgeschichte der Sprachen um das östliche Mittelmeer.

Stand die Emigration für die meisten verfolgten Wissenschaftler am Ende des erniedrigenden Prozesses eines abrupten oder allmählichen Verlustes ihrer akademischen Rechte, so entschlossen viele von ihnen sich doch nur sehr langsam und widerstrebend, die Heimat zu verlassen. Tatsächlich finden wir auch eine Reihe von Romanisten bis Ende 1933 und noch lange darüber hinaus in Deutschland. Gehen wir diesen Spuren nach und beginnen wir mit einem unscheinbaren, aber bezeichnenden Zeugnis, das in der genannten Frankfurter Ausstellung zu sehen war: ein Heftchen mit dem Titel *Einführung ins Spanische für jüdische Auswanderer* (Berlin 1937), entstanden auf Anregung der »Reichsvertretung der Juden in Deutschland« und zuerst veröffentlicht im *Israelitischen Familienblatt* 1937.[16] Verfasser war Jacques Malkiel (geb. 1914), der damals als russischer Flüchtling und Inhaber eines Nansen-Ausweises an der Universität Berlin studierte und gleichzeitig am Jüdischen Lehrhaus tätig war. Er konnte 1938 noch promovieren und emigrierte 1940 in die USA, wo er, jetzt Yakov Malkiel, an der University of California in Berkeley lehrte und besonders mit Arbeiten zur Wortforschung sowie zur Geschichte der Sprachwissenschaft und der romanischen Philologie hervortrat; die führende Fachzeitschrift *Romance Philology* wurde von ihm gegründet.

Noch direkter, nämlich unverschlüsselt und schonungslos tritt uns das Schicksal der damals Ausgestoßenen, aber vorerst in Deutschland Gebliebenen in den persönlichen Briefen entgegen, die sie in dieser Zeit schrieben. Eine ebenso kostbare wie erschütternde Quelle ist die unveröffentlichte Korrespondenz mit Karl Vossler.[17] Leo Spitzer (1887 bis 1960) schreibt ihm etwa am 8. März 1933: »Aber alles ist nichtig gegenüber dem, was uns alle über Nacht überfallen hat, lang geahnt: der Sieg des Primitiven um uns – mir gegenüber weht auf der Universität [gemeint ist Köln] die H[itler]-Fahne (...) der Ausbruch der Instinkte ist mir g e i s t i g   u n f a ß b a r«. Lange vorher hatte Spitzer schon hellsichtig geäußert, daß er »stets ein Paria« bleibe: »Was ist mein Verbrechen? Daß ich ›anders‹ bin«, gehörend zu den »Juden, Judenstämmige[n], Judoide[n]« (23. Juni 1920), und: »Alles ›Rassische‹ läuft ins Mörderische hinüber« (18. Dezember 1925). Im April 1933 dann die Nachricht von seiner telegrafischen Beurlaubung durch den Minister, mit der Bitte an Vossler: »Ja, was nun? Rate, Carlo.« Vosslers Empfehlung lautete offensichtlich, Deutschland so schnell wie möglich zu verlassen. Aber Spitzer zögert (4. Juni 1933): »Vielen Dank. Trotzdem weiß ich nicht ob es das Vernünftigste ist gleich abzudampfen (...) Auch unterschätzt Du, Carlo, meine Verbundenheit mit hiesigen Dingen (...) Wahrscheinlich habe ich selbst mein Unglück noch nicht genügend begriffen.«

In der Tat hofft Spitzer vorerst auf eine Wendung zum Guten. Die Fakultät hat sich (im Mai) einstimmig dafür eingesetzt, ihn im Sinn von § 3, Absatz 2 von der Suspendierung auszunehmen. Kurz danach jedoch (im Juli) »protestieren« die nationalsozialistischen Studenten »gegen das weitere schädliche antinationalsozialistische Wirken der Assistenten des beurlaubten Prof. Spitzer« und werfen z.B. der Hilfsassistentin Dr. Eberwein-Dabcovich vor, sie sei fremdländischer Herkunft, sie sei verheiratet, und ihr Wissen sei auf altfranzösische Fabeln beschränkt (»Bericht über die Zustände im Romanischen Seminar«, aus dem Universitätsarchiv Köln[18]). Auch die hochbegabte Elena Eberwein-Dabcovich mußte damals die deutsche Universität verlassen. Sie habilitierte sich erst nach dem Krieg in Hamburg und wurde dann an die Technische Universität Berlin berufen.[19]

Am 30. September 1933 kann Spitzer Vossler mitteilen, er habe – nach mehreren vergeblichen Bewerbungen – einen Vertrag mit der Türkei für die Universität Istanbul unterzeichnet, von wo er 1936 einem Ruf an die Johns Hopkins University Baltimore folgte. Eine Wiederberufung nach Köln 1946 lehnte er ab, er lehrte aber 1958 als Gastprofessor in Heidelberg. Mit seinen ungemein zahlreichen Schriften zur Stilistik, zu den romanischen Literaturen, zur deutschen und englischen Literatur sowie zur geistesgeschichtlichen Semantik gehört Spitzer auch heute noch zu den weltweit bekanntesten Romanisten.

Sehr viel länger, bis 1938, blieb Helmut Hatzfeld (1892 bis 1979), der in Heidelberg zunächst noch amtieren konnte, jedoch Stück für Stück seine Befugnisse verlor. Er schrieb an Vossler am 9. Dezember 1934: »Hier ist in den letzten Wochen der Ausschluss aller Professoren, die der raza malsonante (Cervantes) angehören, von der Beteiligung an Doktorprüfungen erfolgt. Damit habe ich alle banderillas in meinem Stiernacken und es fehlt nur noch der Endstoss des Toreros.« – Und am 22. März 1935: »Die ›Angstträume‹ meiner Frau sehen mich (...) in einem nicht-arischen Strafbataillon von

Soldaten 2. Klasse mit Uriasbrief enden.« – Hatzfeld erhielt zwar ein Unterstützungsangebot des »Academic Assistance Council«, ging aber erst sehr spät aus Deutschland weg. Übrigens wurde seine in dieser Zeit erschienene Abhandlung über die französische Romantik am Anfang einer im Juni 1938 in Heidelberg gehaltenen Habilitationsvorlesung attackiert; der Habilitand mußte wissen, daß der Angegriffene Zwangspensionierter eben dieser Universität war und noch in der Stadt lebte.[20]

Erst nach der »Reichskristallnacht« floh Hatzfeld nach Belgien, wo er vorübergehend an der Universität Löwen unterkam. Seine Bibliothek hatte er mitnehmen können; er verkaufte sie, »hauptsächlich an die Stadtbibliothek in Gent, um Geld für die Überfahrt und das erste Leben in USA zu haben« (Brief an Vossler vom 8. November 1946). Das war 1940; noch im selben Jahr wurde er Professor an der Catholic University of America in Washington, D.C. Seine Arbeiten galten besonders der literarischen Stilforschung und der Barockliteratur.

Ein anderes Zeugnis stammt von Manfred Sandmann (1906 bis 1980), der 1933 Assistent am Centro de Estudios Históricos in Madrid geworden war, aber wegen des Bürgerkrieges Spanien hatte verlassen müssen. Wir treffen ihn danach wieder in Deutschland, und zwar in Berlin, von wo er Vossler für eine Empfehlung dankt und am 15. März 1937 schreibt: »Man hat mir erlaubt, arischen Kindern Nachhilfeunterricht zu erteilen! – Das Auge sieht den Himmel offen! Vormittags sitze ich auf der Staatsbibliothek (...) In Madrid konnte man leben, aber nicht arbeiten, hier kann man nur arbeiten – aber nicht leben.«

1938 ging Sandmann nach Großbritannien und konnte an den Universitäten Glasgow und Edinburgh Fuß fassen; 1950 vermittelte ihm die »Society for the Protection of Science and Learning« eine Professur an dem damals zur Universität London gehörenden University College of the West Indies, Jamaica.[21] 1960 wurde er an die University of California, Berkeley berufen; Gastprofessuren führten ihn mehrfach nach Deutschland (Hamburg 1968, Köln 1974, München 1974/75). Sandmann war vor allem auf dem Gebiet der romanischen Syntax und Stilistik tätig.[22]

Besonders tragisch wirken die Äußerungen von Ulrich Leo (1890 bis 1964), der es schon sehr schwer gehabt hatte, überhaupt in die akademische Laufbahn zu kommen (1931 wurde er als Bibliotheksrat Privatdozent an der Universität Frankfurt am Main), und dann, kaum daß es ihm gelungen war, auf sie verzichten mußte. Was Vossler in seinem Südamerika-Aufsatz von »Vereinsamung« sagt, bezieht Leo auf sich selbst (Brief vom 30. Juli 1933): »Sie erfassen (...) die Wesenszüge eines Zustandes, der durch Naturanlage, dann durch boshafte Schicksalsfügungen, und nun endlich durch die politischen Ereignisse zum Dauerzustand meines Lebens geworden ist: das Alleinsein im geistigen Sinne, (...) den allmählich hoffnungslos werdenden Kampf mit der mangelnden Arbeitsruhe und -zeit: kurz, den Zustand desjenigen, der, wie er glaubt, eine ›geistige Aufgabe‹ hat, die zu verwirklichen er zähe kämpft, und die zu verwirklichen ihn die Übermacht des

›Lebens‹ mit jedem Tage mehr hindert, sodaß nun bald die Hoffnung, noch zu ›siegen‹, vernünftigerweise aufgegeben werden muß.«

1938 nahm Leo eine Bibliothekarsstelle in Venezuela an und unterrichtete Vossler von seiner Ausreise (8. März 1938): »Es ist immerhin ein jahrelanger Abschied von den Meinigen, und ein wer weiß wie langer von dem, was trotz allem und allem dennoch Vaterland und Heimat bleibt und trotz aller ›Gesetze‹ nie etwas anderes werden kann.« Ulrich Leo hat das, was er als seine geistige Aufgabe betrachtete, auch in Venezuela nicht erfüllen können, wo man ihn als Bibliothekar und Archivar hin- und herschubste. Und so schreibt er von dort am 20. Dezember 1941 an Vossler, da er nicht mehr hoffen könne, seine Aufgabe als Romanist, seine einzige wirkliche Aufgabe, zu erfüllen, betrachte er sein Leben als verloren: »Lo que lamento es, que, cada vez más, pierdo la posibilidad de desempeñar mi tarea de filólogo romanista, mi única v e r - d a d e r a tarea, y que ya no puedo esperar de volver a realizar. En este sentido considero mi vida como perdida.« (»Was ich beklage, ist, daß ich immer mehr die Möglichkeit verliere, meine Aufgabe als Romanist zu erfüllen: es ist meine einzige wirkliche Aufgabe, und ich kann nicht hoffen, sie je wieder in Angriff zu nehmen. In diesem Sinn betrachte ich mein Leben als verloren«.)

Seine Lage besserte sich erst, als er einige Jahre später an ein College in den USA kam und schließlich (1948) eine Stelle an der Universität Toronto erhielt. 1959 war er Gastprofessor in Bonn, 1963 ernannte ihn seine alte Universität Frankfurt zum Emeritus. In den fünfziger Jahren erschienen von ihm zahlreiche Schriften zu italienischen Autoren (Dante, Tasso) und zur spanischen Literatur.[23]

Sehr pessimistisch klingen auch die Briefe, die Leonardo Olschki (1885 bis 1961) aus der amerikanischen Emigration an Vossler richtete. Olschki, in Deutschland vor allem hervorgetreten durch eine mehrbändige *Geschichte der neusprachlichen wissenschaftlichen Literatur*, hatte gleich 1933 sein Heidelberger Ordinariat verloren und 1938/39 auch sein Geburtsland Italien verlassen müssen; in den USA war es ihm nicht gelungen, eine angemessene Stellung zu erhalten. Hier eine Passage aus seinem ersten Schreiben nach dem Krieg, am 9. Februar 1947 in Berkeley abgefaßt: »Ich habe es in diesem Lande zu nichts gebracht, wohl hauptsächlich weil man hier mit einem alten Humanisten nichts anzufangen weiß (...) Und da eine zweckfreie Forschung in dieser pragmatistischen Welt ein Unsinn ›per definitionem‹ ist, bin ich hier nichts anderes als eine komische Figur. In Italien wäre ich ein ›Signore‹, und folglich auch nicht viel Besseres.« Hinzu kam die Schwierigkeit, auf englisch zu publizieren, wie er bei Erscheinen seines Buches *The Genius of Italy* deutlich machte: »Mit welchen Qualen ein korrekter und persönlicher Stil in einer spät angelernten Sprache zu erzielen ist, weiss nur ein Emigrant. Wir nennen die Englische Sprache hier in unserm Freundeskreis ›Desperanto‹, und das ist es wirklich.«[24] (Das Buch erschien 1958 auch auf deutsch: *Italien. Genius und Geschichte.*)

1948 wurde Olschki Lecturer am Department of Oriental Languages, Berkeley, doch entließ man ihn 1950, weil er als einer von wenigen Dozenten den »Loyalty Oath« (die Distanzierung von sogenanntem kommunistischem

Gedankengut in der McCarthy-Zeit) verweigerte; 1952 erfolgte die Rehabilitierung, nachdem der California Supreme Court den Eid für verfassungswidrig erklärt hatte. 1953 wurde er von der Universität Heidelberg emeritiert.[25]

Wieder ein ganz anderes Schicksal spiegeln die Briefe Erich Auerbachs (1892 bis 1957). Vossler hatte ihm auf seine Bitte eine Möglichkeit zur Habilitation verschafft, und zwar bei Leo Spitzer in Marburg (1929), wo er dann auch Spitzers Nachfolger wurde (1930). Als Frontkämpfer erst 1935 suspendiert, erwog er im September dieses Jahres nach einem Wiedersehen mit Spitzer in Italien zum erstenmal, ins Ausland zu gehen (Brief an Vossler vom 15. September 1935 aus Siena). Der Entschluß wurde erleichtert, weil er die gerade freigewordene Professur Spitzers in Istanbul übernehmen konnte. Was er dort bemängelte, war bezeichnenderweise das Fehlen wissenschaftlicher Literatur. Man könne »nicht wissenschaftlich arbeiten, ohne eine UB«, schrieb er am 28. April 1939. »In dieser Hinsicht ist figura [eine sehr bekannt gewordene Abhandlung von 1939 über das mittelalterliche Denken] wirklich eine Sportleistung – mit meiner Privatbibliothek und einem alten Migne [Sammlung von Texten der Kirchenväter], den ich in einem italienischen Kloster in Galata fand, (und ausserdem mit Fotos des Thesaurusartikels) war es garnicht so einfach meinen Gedanken ein wenig zu orchestrieren.« – Der Wunsch nach einer wissenschaftlichen Bibliothek war denn auch der Grund dafür, daß Auerbach von der Türkei in die USA ging (Brief vom 30. Juni 1947): »Unser Entschluss ist sehr kühn, da wir drüben weder Stellung noch Geld haben. Aber vor der Hand ist es der einzige Ort, wo unsereiner Bibliotheken und Arbeitsmöglichkeiten findet. Und ich habe noch allerhand Pläne, die sich weder hier noch gegenwärtig in Deutschland durchführen lassen.«

Auerbach erlangte schließlich 1950 eine Professur in Yale. Weit über die Grenzen seines Fachs hinaus wurde er bekannt durch das viele Literaturen und Sprachen, von Homer bis Virginia Woolf, umspannende Werk *Mimesis. Dargestellte Wirklichkeit in der abendländischen Literatur*.[26] Entstanden ist es in Istanbul, und der Verfasser sagt im Nachwort, es verdanke sein Zustandekommen wohl dem Fehlen einer großen Fachbibliothek: »Hätte ich versuchen können, mich über alles zu informieren, was über so viele Gegenstände gearbeitet worden ist, so wäre ich vielleicht nicht mehr zum Schreiben gekommen.«

Auch Auerbachs zweites in Istanbul verfaßtes Buch, die *Introduction aux études de philologie romane*, geht direkt auf das Exil zurück: Die deutschen Emigranten-Professoren in Istanbul waren verpflichtet, jeweils ein Lehrbuch ihres Faches zu schreiben.[27]

Soweit einige Zeugnisse als Beispiele für das Schicksal von Romanisten, die früher oder später emigrieren und sich schließlich in den USA irgendwie eine neue Existenz aufbauen konnten. Aber nicht allen Emigranten gelang es, dem Terror definitiv zu entkommen. Der Mannheimer Privatdozent und *spiritus rector* des Dolmetscher-Instituts der dortigen Handelshochschule, Curt Sigmar Gutkind (1896 bis 1940), Verfasser zahlreicher Arbeiten zur italienischen Literatur sowie eines Molière-Buches, schrieb noch am 23. Mai 1933 aus Paris an Vossler, seine Mannheimer Kollegen hätten ihn zur Demission gezwungen, obwohl er als Kriegsfreiwilliger einen Anspruch auf die Ausnahmeregelung für »jüdische« Beamte gehabt habe; »ma è meglio e più degno così (...) Le speranze non mancano, il coraggio c'è, e, scrivendo in italiano, bisogna farsi forte di ›pazienza‹« (aber so ist es besser und würdiger ... Die Hoffnung fehlt mir nicht, Mut habe ich, und da ich italienisch schreibe [offensichtlich zur Tarnung], wappne ich mich mit *pazienza* [Geduld]). Tatsächlich fand Gutkind dann in England eine Stelle an den Universitäten London und Oxford, sollte jedoch 1940 nach Kanada abgeschoben werden und kam auf der Überfahrt ums Leben, als das Schiff von einem deutschen Unterseeboot torpediert wurde.

Nur vorübergehend in Sicherheit bringen konnte sich auch Wilhelm Friedmann (1884 bis 1942). Der gebürtige Wiener war Lektor der italienischen Sprache an der Universität Leipzig gewesen, hatte sich dort habilitiert (1910) und den Titel außerordentlicher Professor erhalten. Hervorgetreten war er mit Arbeiten zur älteren italienischen und zur altprovenzalischen, vor allem aber zur neuesten französischen Literatur, u.a. als Verfasser des pionierhaften kleinen Buches *Die französische Literatur im XX. Jahrhundert* (1914), in dem er, fünf Jahre vor Ernst Robert Curtius' *Wegbereitern*, Autoren wie Bergson, Gide, Rolland, Claudel, Péguy behandelt. Nachdem man ihm im September 1933 die Lehrbefugnis entzogen hatte, wurde ihm mit Schreiben vom 6. November 1933 die Dienststellung als Lektor zum 31. März 1934 gekündigt. Er ging daraufhin nach Paris.

Intensive Spurensuche liefert Mosaiksteine seiner dortigen Tätigkeit: Er erhält vom »Comité des savants« für das akademische Jahr 1933/34 eine Unterstützung von 10.000 Francs und liest an der École pratique des hautes études über italienische Philologie; er spricht am 11. Dezember 1934 auf einer Veranstaltung der deutsch-französischen Studiengesellschaft »Führende Köpfe der französischen Gegenwartsliteratur« über André Gide, Georges Duhamel, Jules Romains, am 3. Juni 1935 auf einer Gedenkveranstaltung »Victor Hugo, der große Emigrant«, die der »Schutzverband Deutscher Schriftsteller im Ausland« gemeinsam mit der »Deutschen Freiheitsbibliothek« aus Anlaß des 50. Todestages Victor Hugos organisiert hatte; er hält Vorlesungen an der »Freien Deutschen Hochschule«, unter anderem 1938 über »L'idée de la paix dans la littérature française du Moyen-Age jusqu'à nos jours« (Der Friedensgedanke in der französischen Literatur vom Mittelalter bis heute); er schreibt, zusammen mit zahlreichen prominenten Schriftstellern, in der bekannten, von Willi Münzenberg in Paris herausgegebenen Emigrantenzeitung *Die Zukunft* (am 23. Dezember 1938 über *Literaturpreise*, am 5. Mai 1939 über *Die französische Schule*); er erklärt im Juni 1939 seinen Beitritt zur »Deutsch-Französischen Union« (»Union Franco-Allemande«).[28] Dann verliert sich die Spur, doch das Ende ist dokumentiert: Nach der Besetzung der sogenannten ›freien Zone‹ durch deutsche Truppen im November 1942 wird Friedmann am 10. Dezember 1942 von der Gestapo festgenommen und tötet sich während der Untersuchung am 11. Dezember 1942 durch Gift in Bedous (Basses-Pyrénées, jetzt Pyrénées-Atlantiques).[29]

Die vorstehenden Ausführungen und insbesondere die der deutschen Romanistik bisher völlig unbekannten Angaben über Wilhelm Friedmann mögen exemplarisch zeigen, wieviel Arbeit an ›Spurensicherung‹ hier zu leisten ist. Bei dem Gesagten konnte es sich nur um einzelne Mosaiksteine handeln, ebenso wie unsere Freiburger Sektion nur einen Anfang machen konnte. Es bleibt weiterhin die Aufgabe, dafür zu sorgen, daß daraus ein regelrechtes Mosaik wird, eine umfassende Darstellung der Romanisten im Exil und überhaupt der vom Nationalsozialismus verfolgten deutschen Romanisten, die ihnen ihren Platz in der Geschichte der Wissenschaft sichert.[30]

1 Lewis A. Coser: *Refugee Scholars in America. Their Impact and Their Experiences*. New Haven and London 1984, S. 261 ff. – 2 Notgemeinschaft deutscher Wissenschaftler im Ausland: *List of Displaced German Scholars*. London, Autumn 1936. (Nachdruck Stockholm 1976; neuerer Nachdruck Berlin 1987); die 15 Vertreter des Faches »Romance Philology« S. 90 f. – 3 Edward Yarnall Hartshorne, Jr.: *The German Universities and National Socialism*. London 1937, S. 87 ff., besonders S. 92 ff.; *Freie Wissenschaft*. Ein Sammelbuch aus der deutschen Emigration. Hg. von E.J. Gumbel. Strasbourg 1938, S. 9, vgl. S. 27; Christian von Ferber: *Die Entwicklung des Lehrkörpers der deutschen Universitäten und Hochschulen 1864 – 1954. (Untersuchungen zur Lage der deutschen Hochschullehrer*. Hg. von Helmuth Plessner. Bd. III). Göttingen 1956, S. 143 ff., wo allerdings unter »Emigrationsverlust« auch mitgezählt sind die Verstorbenen, die normal Abgegangenen und die Suspendierten, aber in Deutschland Gebliebenen; Evelyn Lacina: *Emigration 1933–1945*. Stuttgart 1982, S. 58 f.; Peter Kröner: *Vor fünfzig Jahren. Die Emigration deutschsprachiger Wissenschaftler 1933 – 1939*. Münster 1983, freilich lückenhaft; Horst Möller: »Wissenschaft in der Emigration – Quantitative und geographische Aspekte«. In: Berichte zur Wissenschaftsgeschichte 7 (1984), S. 1 ff., ebenfalls lückenhaft; ders.: *Exodus der Kultur*. München 1984, S. 38 ff., wobei jedoch Möller die anfängliche Behauptung, die Zahl der Amtsenthobenen lasse sich präzis bestimmen, durch seine eigenen Ausführungen im folgenden widerlegt. – 4 *International Biographical Dictionary of Central European Emigrés 1933–1945*. Vol. II (in zwei Teilen): *The Arts, Sciences, and Literature*. General Editors: Herbert A. Strauss – Werner Röder. Editors: Hannah Caplan – Belinda Rosenblatt. München, New York, London, Paris 1983. – 5 Ulfried Geuter: *Die Professionalisierung der deutschen Psychologie im Nationalsozialismus*. Frankfurt/M. 1984, S. 99 ff.; Mitchell G. Ash: »Disziplinentwicklung und Wissenschaftstransfer – Deutschsprachige Psychologen in der Emigration«. In: Berichte zur Wissenschaftsgeschichte 7 (1984), S. 207 ff.; Volker Losemann: *Nationalsozialismus und Antike*. Hamburg 1977, S. 30 ff.; Karl Christ: *Römische Geschichte und deutsche Geschichtswissenschaft*. München 1982, S. 164 ff.; Walther Ludwig: »Amtsenthebung und Emigration Klassischer Philologen«. In: Berichte zur Wissenschaftsgeschichte 7 (1984), S. 161–178. – 6 *Deutsche Romanisten als Verfolgte des Nationalsozialismus – Romanistik im Exil*. Hg. von Hans Helmut Christmann und Frank-Rutger Hausmann in Verbindung mit Manfred Briegel. Tübingen ca. 1988. – 7 Der Brief ist abgedruckt in: *Klassiker in finsteren Zeiten 1933–1945*. Eine Ausstellung des Deutschen Literaturarchivs im Schiller-Nationalmuseum Marbach am Neckar. Marbach 1983. Bd. 1, S. 269. – 8 In: Reichsgesetzblatt. Teil I. Berlin 1933, S. 175 ff.; Teil-Faksimile in: »... *treu und fest hinter dem Führer«. Die Anfänge des Nationalsozialismus an der Universität Tübingen 1926–1934*. Tübingen 1983, S. 28; vgl. Hans Mommsen: *Beamtentum im Dritten Reich*. Stuttgart 1966, S. 39 ff. – 9 Karl Schmidt: »Das neusprachliche Gymnasium im Dritten Reich«. In: Neuphilologische Monatsschrift 4 (1933), S. 375. – 10 Norman Bentwich: *The Rescue and*

Achievement of Refugee Scholars. The Story of Displaced Scholars and Scientists 1933–1952. The Hague 1953, S. 10. – **11** Vgl. Horst Widmann: *Exil und Bildungshilfe. Die deutschsprachige akademische Emigration in die Türkei nach 1933.* Bern, Frankfurt/M. 1973 (zu den Romanisten S. 105 ff., 255, 289 ff.); Fritz Neumark: *Zuflucht am Bosporus. Deutsche Gelehrte, Politiker und Künstler in der Emigration 1933–1953.* Frankfurt/M. 1980 (zu den Romanisten S. 92 f.). – **12** Vgl. u.a. Bentwich (wie Anm. 10), passim; Jean-Philippe Mathieu: »Sur l'émigration des universitaires«. In: Gilbert Badia u.a.: *Les Bannis de Hitler. Accueil et luttes des exilés allemands en France (1933–1939).* Paris 1984, S. 146 ff. – **13** Henri Peyre: »Erich Auerbach«. In: *Marburger Gelehrte in der ersten Hälfte des 20. Jahrhunderts.* Hg. von Ingeborg Schnack. Marburg 1977, S. 13. – **14** Ithaca, New York 1975, S. 25, 27, 106 f., 139, 141 f. und passim. – **15** *Die jüdische Emigration aus Deutschland 1933–1941. Die Geschichte einer Austreibung.* Eine Ausstellung der Deutschen Bibliothek, Frankfurt am Main, unter Mitwirkung des Leo Baeck Instituts, New York. Frankfurt/M. 1985, S. 183 (Nr. 397). – **16** Ebd., S. 179 f. (Nr. 392). – **17** Bayerische Staatsbibliothek München, Handschriften- und Inkunabelabteilung. Auf diese Briefe hat mich mein Mitarbeiter Franz Lebsanft aufmerksam gemacht. – **18** Für die Fotokopie danke ich dem Leiter des Universitätsarchivs Köln, Herrn Prof. Dr. E. Meuthen; für den Hinweis auf die dortigen Akten Spitzer Frau Dr. Isolde Burr (Köln). – **19** Vgl. Willi Jung: »Elena Eberwein-Dabcovich«. In: *Deutsche Romanisten als Verfolgte ...* (wie Anm. 6). – **20** Helmut Hatzfeld: »Wesen und Gestaltelemente des französischen Romantisme«. In: Literaturwissenschaftliches Jahrbuch der Görres-Gesellschaft 8 (1936), S. 216–273. – Edgar Glässer: »Rasse, Adel und Ehre im Werke von Alfred de Vigny«. In: Neuphilologische Monatsschrift 9 (1938), S. 441–458; hier S. 441 mit Anm. 2, ohne Namensnennung, die Kritik an Hatzfelds Abhandlung. – **21** Vgl. Bentwich: *Rescue and Achievement* (wie Anm. 10), S. 70, 102. – **22** Vgl. Christmann: »Zum Gedenken an Manfred Sandmann (1906–1980)«. In: Zeitschrift für romanische Philologie 102 (1986), S. 721–728. – **23** Vgl. Hans Ludwig Scheel: »Ulrich Leo und seine Bedeutung für die Italianistik«. In: *Deutsche Romanisten als Verfolgte ...* (wie Anm. 6). – **24** Solche Klagen begegnen natürlich häufig. Vgl. z.B. Franz Werfel: »Stefan Zweigs Tod« (1942). In: F.W.: *Zwischen Oben und Unten. Prosa – Tagebücher – Aphorismen – Literarische Nachträge.* München, Wien 1975, S. 461: »Spätere Geschlechter werden einmal die Tragik jener Dichter und Schriftsteller ermessen, die man ausgestoßen hatte aus ihrer Sprache und die wie ahasverische Bettler auf der Schwelle einer fremden Grammatik und einer fremden Kultur hockten.« – **25** Zu seinen wissenschaftlichen Arbeiten vgl. Richard Baum: »Leonardo Olschki und die Tradition der Romanistik«. In: *Deutsche Romanisten als Verfolgte ...* (wie Anm. 6). – **26** Bern 1946. 2., verbesserte und erweiterte Auflage 1959; hier S. 518 das folgende Zitat. – **27** Die *Introduction* erschien zunächst auf türkisch, Istanbul 1944; auf französisch dann Frankfurt/M. 1949, ²1961. – Über Auerbachs Schriften vgl. Hans-Jörg Neuschäfer: »Sermo humilis, oder: Was wir mit Erich Auerbach vertrieben haben«. In: *Deutsche Romanisten als Verfolgte...* (wie Anm. 6); Arnulf Stefenelli: »Ein Werk aus dem Exil: Erich Auerbachs *Introduction aux études de philologie romane*«, ebd. – **28** Quellen: Jean-Philippe Mathieu: »Sur l'émigration des universitaires«. In: Badia: *Les Bannis de Hitler* (wie Anm. 12), S. 159; Hélène Roussel: »L'Université allemande libre (fin 1935–1939)«, ebd., S. 341, Anm. 52; Alfred Kantorowicz: *Politik und Literatur im Exil* (1978). München 1983, S. 167 (statt »F. Friedmann« muß es »W. Friedmann« heißen); Albrecht Betz: *Exil und Engagement. Deutsche Schriftsteller im Frankreich der dreißiger Jahre.* München 1986, S. 293, 295; *Die Zukunft*, Paris, Oktober 1938 bis Mai 1940 (Nachdruck Vaduz 1978), 23. Dezember 1938, S. 6 [134] und 5. Mai 1939, S. 7 [355], vgl. auch 30. Juni 1939, auf S. 11 [455] die erste Liste derer, die ihren Beitritt zur »Deutsch-Französischen Union« (»Union Franco-Allemande«) erklärt haben, und 13. Oktober 1939, S. 8 [608] die Liste der Mitarbeiter. – **29** Auskunft des Bundesministeriums des Innern, wo Unterlagen aus einem Wiedergutmachungsverfahren für die Witwe Friedmanns vorhanden sind (auch eine Fotokopie der Verfügung über die Entziehung der Lehrbefugnis sowie Angaben über die Kündigung als Lektor). Für diese freundlichst gewährten Auskünfte danke ich Herrn Ministerialrat Sartorius, für den sehr wertvollen Hinweis auf das Wiedergutmachungsverfahren Frau Dr. Ruth Schirmer (Bonn). – **30** Für tatkräftige Unterstützung bei der Beschaffung der Materialien danke ich meiner Mitarbeiterin Susanne Strobach-Brillinger. – Korrekturnote: Die Akten der oben mehrfach genannten Sektion des Romanistentages 1987 erscheinen, abweichend von der Angabe in Anm. 6, unter dem Titel *Deutsche und österreichische Romanisten als Verfolgte des Nationalsozialismus.*

Hans-Peter Kröner

Die Emigration deutschsprachiger Mediziner 1933-1945

Versuch einer Befunderhebung

Im September 1935 folgte der Chirurg Rudolf Nissen – er war zu jener Zeit schon Ordinarius für Chirurgie an der Universität Istanbul – einer Einladung der Universität Kiew zu einer Vortragsreise in die Sowjetunion. Als nach einem Vortrag in Odessa auch die Umstände angesprochen wurden, unter denen er Deutschland verlassen hatte, erwiderte er: »Ich darf, so glaube ich, in der Wärme des Empfanges mehr den Ausdruck der Sympathie ganz allgemein mit meinem Schicksal als mit meiner Person sehen. Verstehen Sie mich nicht falsch: Ich bin froh und dankbar dafür, daß ich in der Türkei die Möglichkeit zu ausgiebiger Betätigung in meinem ärztlichen und akademischen Beruf gefunden habe. Die Zeit wird kommen, in der meine deutschen Berufsgenossen glücklich sein werden, wenn man sie nicht für die Unterstützung ihres heutigen unmenschlichen und arroganten Regimes verantwortlich macht. Trotz aller hypertrophischen Lobpreisungen der Forschungsleistungen und sozial-medizinischen Errungenschaften, die der nazistischen Regierung zu verdanken seien, wird der Abstieg des wissenschaftlichen und ärztlich-praktischen Niveaus unaufhaltsam fortschreiten. Die deutsche Wissenschaft, deren Einfluß in Rußland einmal groß und gern gesehen war, wird durch die Anhänger von Hitler, Goebbels, Rust und Frick systematisch geschädigt.«[1] Diese vorausschauenden Worte können heute wie eine Programmatik zur Erforschung der medizinischen Emigration gelesen werden: Vertreibung und Niederlassung, Erfolg oder Scheitern in einem Beruf, der durch den Dualismus »Wissenschaftlichkeit und Anleitung zum praktischen Handeln« gekennzeichnet ist, und schließlich die Frage nach dem Gewinn für die Aufnahmeländer – gemeinhin als Transfer von Wissen verstanden – sowie der Verlust für die Herkunftsländer werden im folgenden die Wegmarken sein, an denen Probleme dieser größten Gruppe der »akademischen Emigration« erörtert werden sollen.

Bilanz der Vertreibung

Bei der Volkszählung vom Juni 1933 wurden 51.527 Ärzte gezählt, davon 5.557 jüdischen Glaubens.[2] Der Anteil der nach nationalsozialistischen Kriterien als jüdisch eingestuften Ärzte muß aber höher eingeschätzt werden, da sich zum einen ein Teil der jüdischen Ärzte bereits in der Emigration befand, zum anderen bei der Volkszählung lediglich die sogenannten »Glaubensjuden« gezählt wurden. Kümmel schätzt den Anteil der »nicht-arischen« Ärzte an der Gesamtärzteschaft Anfang 1933 auf etwa 15 bis 17 Prozent (dem würden in absoluten Zahlen etwa 8.000 bis 9.000 entsprechen).[3] Insgesamt wird man davon ausgehen müssen, daß der überwiegende Teil der medizinischen – wie überhaupt der akademischen – Emigration jüdischer Herkunft war. Das gilt übrigens auch für die aus politischen Gründen emigrierten Ärzte des »Vereins sozialistischer Ärzte« und der »Arbeitsgemeinschaft sozialdemokratischer Ärzte«, die zum größeren Teil Juden waren und daher in doppelter Hinsicht verfolgt wurden.[4] Innerhalb des Judentums stellten die Ärzte den höchsten Anteil der akademischen Berufe, gefolgt von Anwälten und den Zahnärzten.[5] Auch von den vertriebenen jüdischen Hochschullehrern stellen die Mediziner die Mehrheit. So führt die »Liste der Notgemeinschaft deutscher Wissenschaftler im Ausland« von 1936 einschließlich ihres Supplements von 1937 ungefähr 500 entlassene medizinische Hochschullehrer an. Zum Vergleich: An zweiter Stelle stehen die Chemiker mit 180 Zwangsentlassungen.[6] Die Zahl von 500 Hochschullehrern muß insofern relativiert werden, als sie zum weitaus größeren Teil Extraordinarien, Privatdozenten und auch Assistenten umfaßt und somit ein verfälschtes Bild vom Einfluß jüdischer Mediziner an den Hochschulen wiedergibt. So erschwerte auch in der Weimarer Republik ein latenter, völkisch tingierter und biologistisch begründeter Antisemitismus der Professorenschaft jüdischen Wissenschaftlern den Zugang zum Ordinariat.[7] Hinzu kam der offene Antisemitismus der zum Rechtsradikalismus tendierenden Studentenschaft.[8] Zwar wurden zwischen 1933 und 1936 etwa 30 jüdische medizinische Ordinarien emeritiert oder zwangsentlassen, was einem Anteil von über 6 Prozent an den medizinischen Ordinarien entsprach, bezogen auf die gesamte jüdische Ärzteschaft aber stellten die Ordinarien nur einen Anteil von 0,3 Prozent, während die nichtjüdischen Ordinarien ein Prozent der nichtjüdischen Ärzteschaft ausmachten.[9] Shulamit Volkovs These, daß der verdeckte Antisemitismus des Kaiserreichs gewissermaßen ursächlich war für den wissenschaftlichen Erfolg des deutschen Judentums, indem er sie in subalterne, aber hochgradig spezialisierte Positionen zwang, abseits der ausgetretenen Pfade der »normalen Wissenschaft«, scheint auch für die Weimarer Zeit Gültigkeit zu haben.[10] So wurde die Mehrheit der jüdischen Ordinarien nicht von den klassischen klinischen Fächern wie Innere Medizin oder Chirurgie gestellt, sondern von Randfächern wie Dermatologie oder Hygiene bzw. von noch nicht voll etablierten Grundlagenfächern wie Pharmakologie oder physiologische Chemie. Vergleichbares gilt für die einzelnen Universitätsorte: Auch hier findet man die Mehrheit der jüdischen Ordinarien nicht an den Traditionsuniversitäten wie Berlin oder Heidelberg, sondern an den medizinischen Fakultäten der Universitäten Breslau und Frankfurt oder an der medizinischen Akademie Düsseldorf. Eine weitere Karrieremöglichkeit boten außeruniversitäre, auch weniger traditionsgebundene Forschungsinstitute wie die Kaiser-Wilhelm-Institute, die ebenfalls die Erforschung scheinbar marginaler, aber potentiell innovativer Fächer ermöglichten. Beispielhaft dafür ist die Biochemie, die mit Otto Meyerhoff, Carl Neuberg und Otto Warburg hervorragende Vertreter in leitenden Positionen aufweisen konnte, in der zudem viele jüdische Wissenschaftler forschten, die später in der Emigration einen entscheidenden Anteil am Aufstieg des Fachs hatten.[11] Eine klassische jüdische Wissenschaftlerkarriere in der Medizin endete aber meistens im Extraordinariat und war verbunden mit der Leitung einer Abteilung oder gar einer Klinik.

Während die Vertreibung der Hochschullehrer und Ärzte in öffentlichen Krankenhäusern, die mit dem »Gesetz zur Wiederherstellung des Berufsbeamtentums« begann, spätestens nach den »Nürnberger Gesetzen« von 1935 abgeschlossen war, folgte für die niedergelassenen Ärzte nach der Verordnung des Reichsarbeitsministeriums vom 22. April 1933, durch die ihnen die Kassenzulassung entzogen worden war, eine Phase der relativen Konsolidierung, in der es der Mehrheit der jüdischen Kassenärzte gelang, über ein Einspruchsverfahren ihre Wiederzulassung zu erklagen. Dennoch wurden 2.000 Kassenarztstellen frei und überwiegend mit parteitreuen Jungärzten besetzt.[12] Die materielle Sicherheit, die die Wiederzulassung zunächst zu bieten schien, hatte zur Folge, daß viele Ärzte den Entschluß zur Emigration trotz aller Schikanen und Demütigungen immer wieder hinausschoben. So schrieb der Berliner Kassenarzt Dr. Ludwig Jaffé drei Monate vor seinem Freitod im holländischen Exil an seinen Kollegen Dr. Alfred Korach: »Ich glaube, es wäre für alle damals besser gewesen, wenn wir die Krankenkassen nicht zurückbekommen hätten. Ich war kurz davor schon einmal hier, um meine Auswanderung vorzubereiten und gab meine Absichten auf, als meine Praxis wieder begann. Dabei wurden wir nicht etwa in Ruhe gelassen, man hat uns vielmehr schikaniert, wo man nur konnte. Das hatten die Kassenpatienten natürlich bald heraus, und es blieben immer mehr fort. Aber schließlich hatte ich immer noch reichlich zu leben, mußte mir sogar wieder einen Wagen anschaffen. Vier Wochen nachdem ich den neuen Wagen hatte, kamen die Nürnberger Gesetze heraus. Trotzdem hatte ich noch immer ausreichend zu tun, ja nach meiner dreiwöchigen Haft, während der sogar mein Stempel gesperrt wurde, hatte ich immer noch zu arbeiten. Das ging übrigens bis zum allerletzten Tag so. Nur ganz wenige meiner Patienten hatten nicht mehr den Mut, weiter zu mir zu kommen.«[13]

Der »allerletzte Tag« kam mit dem 30. September 1938, als durch die »Vierte Verordnung zum Reichsbürgergesetz« vom 25. Juli 1938 die Bestallungen aller jüdischen Ärzte für erloschen erklärt wurden. Von den 3.152 noch im »Altreich« verbliebenen Ärzten durften zunächst noch 709 widerruflich als »Krankenbehandler« für die jüdische Bevölkerung praktizieren.[14]

In Berlin waren 1.623 Ärzte von dieser Verordnung betroffen; das entsprach einem Drittel der Berliner Kassenärzte. Tatsächlich hatte Berlin bis zum September 1938 sogar noch einen Zuwachs an jüdischen Ärzten von 8,2 Prozent verzeichnen können bei einer reichsweiten Abwanderung von 4,5 Prozent.[15] Diese Entwicklung steht aber in Einklang mit der allgemeinen Binnenwanderung der jüdischen Bevölkerung in die Großstädte, die gegenüber dem Land und den Kleinstädten in ihrer Anonymität und in der Geborgenheit der größeren jüdischen Gemeinschaften einen gewissen Schutz vor Repressionen und einen Rest von sozialem Zusammenhalt gewährleisteten.

Die Gesamtzahl der medizinischen Emigranten aus dem »Altreich« wird bisher auf ungefähr 6.000 geschätzt.[16] Hinzu kommen noch 3.000 Ärzte-Emigranten aus Österreich.[17] Dieses Verhältnis stimmt mit eigenen Berechnungen überein, nach denen die medizinischen Emigranten aus Österreich und der Tschechoslowakei ein Drittel der gesamten deutschsprachigen Ärzte-Emigranten ausmachten.[18] Fast ein Drittel (31,7 Prozent) der Ärzte-Emigranten aus Deutschland emigrierte 1933. Bis 1937 war der Anteil auf 6 Prozent gesunken, um 1938 noch einmal auf 13,7 Prozent anzusteigen. Die Verhältniszahlen für 1939 entsprechen mit 11 Prozent in etwa denen von 1935 (10,6 Prozent).[19] Die Altersgruppen der 20- bis 30-Jährigen und der 30- bis 40-Jährigen machten 1933 zwei Drittel der Jahresemigration aus. Dabei handelt es sich wahrscheinlich um die aufgrund des »Berufsbeamtengesetzes« entlassenen Assistenzärzte der öffentlichen Krankenhäuser sowie um die jüngeren Kassenärzte, die wirtschaftlich noch nicht so etabliert waren und daher eher bereit waren, das Risiko einer Emigration einzugehen.

Auch bezogen auf die gesamte deutschsprachige Emigration stellen die erwähnten Altersgruppen mit fast 50 Prozent den höchsten Anteil. Nur 1939 liegt die Gruppe der 40- bis 50-Jährigen und der 50- bis 60-Jährigen mit einem Anteil von 35 Prozent knapp über dem Anteil der beiden jüngeren Altersgruppen. Den Höhepunkt der gesamten deutschsprachigen Emigration bildet mit 25 Prozent aber das Jahr 1938, als nach dem Überfall auf Österreich und den folgenden äußerst rigorosen Repressionen auch unter den Ärzten eine panikartige Massenflucht ausgelöst wurde. Nicht erstaunlich ist, daß die österreichischen Ärzte mit 56 Prozent in diesem Jahr die Mehrheit an der Jahresemigration stellten. Auch 1939 bleibt ihr Anteil mit fast 40 Prozent hoch, hinzu kommt noch ein signifikanter Anteil tschechischer Ärzte-Emigranten von 15 Prozent. Auffallend hoch ist mit über 12 Prozent der Anteil der Ärztinnen an der medizinischen Emigration. Zum Vergleich: 1933 betrug der Anteil der Frauen an der Ärzteschaft 8,5 Prozent, der Anteil der jüdischen Ärztinnen an der Gesamtzahl der jüdischen Ärzte 10,5 Prozent.[20] Der hohe Anteil an der medizinischen Emigration erklärt sich durch die Tatsache, daß jüdische Ärztinnen durch die frauenfeindliche NS-Ideologie und den »Kampf gegen das Doppelverdienertum« einer zweifachen Verfolgung ausgesetzt waren und damit einem höheren Druck zur Auswanderung unterlagen.[21]

Die Immigrationsländer

Die Haupteinwanderungsländer der medizinischen Emigranten waren nach unseren Berechnungen die USA (50 Prozent), Palästina (22 Prozent) und Großbritannien (12 Prozent). Die Zahlen für die USA und für Großbritannien stimmen in etwa mit den von Herbert A. Strauss an einem Sample auf

Grundlage des *Biographischen Handbuchs der deutschsprachigen Emigration* errechneten Zahlen für die »wissenschaftliche« Emigration überein (USA 48 Prozent, Großbritannien 10 Prozent).[22] Dagegen wanderten nach diesem Sample nur 8 Prozent der Wissenschaftler nach Palästina aus. Offensichtlich war das Entwicklungsland wenig attraktiv für Wissenschaftler im allgemeinen, da es nicht ausreichend qualifizierte Stellen anbieten konnte. Für Ärzte hingegen gab es aber zunächst ein breites Betätigungsfeld. In den ersten drei Jahren überwog die Einwanderung nach Palästina; ab 1936 sind dann die USA das bevorzugte Immigrationsziel mit einem Anteil von jeweils ungefähr 50 Prozent an der Jahresemigration bis einschließlich 1939. Die Zahlen für Palästina sinken von fast 60 Prozent 1933 auf 15 Prozent 1939 und reflektieren die zunehmend restriktivere Einwanderungspolitik der britischen Mandatsregierung. Zudem ist ab 1935 durch den großen Einstrom von Ärzten auch eine ansteigende Ärztearbeitslosigkeit zu verzeichnen, wodurch Palästina für die medizinische Emigration an Attraktivität verlor.[23] Die britische Ärzte-Immigration, die 1933 immerhin einen Anteil von 14 Prozent aufweisen konnte (allerdings gehen in diese Zahl auch die medizinischen Wissenschaftler ein, die bevorzugt nach Großbritannien einreisen konnten), sank bis 1937 auf 6 Prozent, um 1939, als Folge des Novemberpogroms und eines verstärkten Drucks der politischen Öffentlichkeit auf die Einwanderungspolitik der Regierung, einen Höhepunkt von fast 21 Prozent der Jahresimmigration zu erreichen.[24] Mit insgesamt 74 Prozent liegt der Anteil derjenigen Mediziner-Emigranten, die direkt ihr endgültiges Niederlassungsland aufgesucht haben, sehr hoch im Vergleich zu Stichproben, die Strauss auf Grundlage des Handbuch-Materials für die wissenschaftliche Emigration generell berechnet hat, wo der Anteil nur bei 46 Prozent liegt.[25] Der Entschluß, eine eingeführte Praxis aufzugeben, wurde wahrscheinlich als endgültig empfunden, so daß sich die Mediziner tatsächlich als Auswanderer verstanden, die nicht »mit dem Gesicht nach Deutschland« eine abwartende Position in einem Nachbarland bezogen. Dem würde auch entsprechen, daß in unserem Kollektiv die klassischen »Warteländer« Frankreich, Tschechoslowakei, Niederlande und die Schweiz nur eine geringe Zahl von Nennungen aufzuweisen haben, verglichen mit den politischen Exilanten. Es ist auch anzunehmen, daß Ärzte, zumindest bis 1938, bei allen Schwierigkeiten des Vermögenstransfers eher die materiellen Mittel besaßen, die eine Auswanderung nach Übersee oder nach Palästina (Kapitalistenzertifikat) ermöglichten. Endgültig im europäischen Ausland (außer Großbritannien) haben sich 6 Prozent der Ärzte-Emigranten niedergelassen. Zu erwähnen wären noch die lateinamerikanischen Länder, in denen 3 Prozent Zuflucht fanden, sowie, als Sonderfall, die Türkei, wo 57 medizinische Hochschullehrer die größte Fachgruppe bildeten unter den Wissenschaftlern, die Atatürk im Zuge seiner Reformen ins Land geholt hatte.

Ein Hauptproblem der Ärzte-Emigranten war die Tatsache, daß sie in fast allen Ländern auf die ökonomisch motivierte Abwehr der organisierten Ärzteschaft stießen, die durch Zugangserschwernisse für ausländische Ärzte oder Berufsverbote ihre wirtschaftlichen Interessen zu wahren suchten.[26] Im

Haupteinwanderungsland USA trafen die Emigranten zwar auf einen Ärztemangel, der sich vor allem in den ländlichen Gebieten und in den Südstaaten bemerkbar machte, gleichzeitig aber versuchte die »American Medical Association« als mächtigste Lobby der amerikanischen Ärzteschaft, den Zugang ausländischer Ärzte zur Berufspraxis zu erschweren wenn nicht zu verunmöglichen. Diese Bestrebungen hatten sich zunächst gegen amerikanische jüdische Medizinstudenten gerichtet, die wegen eines mehr oder minder offiziellen numerus clausus der »Medical Schools« im Ausland studiert hatten.[27] Beispielsweise kam Harold Rypins, der Vorsitzende des Zulassungsausschusses im Staat New York nach einer Untersuchung von 37 Bundesstaaten zu dem Ergebnis, daß in 21 von ihnen Ausländer so gut wie nie zugelassen würden.[28] Da die Zugangsbedingungen in den Staaten der Atlantikküste noch am liberalsten gehandhabt wurden, konzentrierte sich dort die Mehrheit der Emigranten-Ärzte. So stieg der Anteil der ausländischen Ärzte im Staat New York 1931 bis 1936 um das Zehnfache an.[29] 1936 führte aber der Zulassungsausschuß des Staates New York auf Druck des Ärztevereins die Ablegung des amerikanischen Staatsexamens (state board examn) als Voraussetzung einer Zulassung ausländischer Ärzte ein.[30] Das bedeutete für die emigrierten Ärzte ein erneutes mühsames Studium in einer fremden Sprache bei gleichzeitiger Bestreitung ihres materiellen Lebensunterhalts. So arbeitete die Ärztin Käte Frankenthal zeitweilig als Eisverkäuferin und Handleserin[31], ihre Kollegin Hertha Nathorff verdingte sich als Kindermädchen und Krankenpflegerin, um ihrem Mann das Studium für das Staatsexamen zu ermöglichen.[32] Der überwiegenden Mehrheit der Ärzte ist aber nach den schweren Anfangsjahren ein erfolgreicher Wiedereinstieg in die ärztliche Praxis gelungen.[33]

Ganz andere Verhältnisse fanden die Ärzte-Emigranten zunächst in Palästina vor. Die Mehrzahl der Ärzte dort waren Allgemeinpraktiker, die während der 3. und 4. Alijah in den zwanziger Jahren überwiegend aus Osteuropa eingewandert waren. 1932 praktizierten 476 zugelassene jüdische Ärzte in Palästina, was einer Ärztedichte von 1 : 382 entsprach. Bis 1939 stieg die Zahl der zugelassenen Ärzte auf 1987 an entsprechend einer Ärztedichte von 1 : 216.[34] Am 25. Juli 1935 erließ die Mandatsregierung daraufhin ein Gesetz, das ab 1. Dezember 1935 ein Quotierungssystem zur Reduzierung der jährlichen Arzt-Zulassungen vorsah.[35] Die Folge war aber, daß nun die Ärzte-Einwanderung bis Dezember steil anstieg.

Auch in unserem Kollektiv stellt die Palästina-Immigration mehr als die Hälfte der Jahresimmigration von 1935. Dieser Ärzteüberschuß führte zu einer harten Konkurrenz der Privatärzte mit der Folge, daß 60 Prozent der Ärzte ein Einkommen hatten, das unter dem Existenzminimum lag. Zusätzlich wurde das Problem noch durch die allgemeine wirtschaftliche Krise in Palästina verstärkt. So nimmt es nicht wunder, daß ein Drittel der Ärzte-Einwanderer zunächst nicht in ihrem Beruf Arbeit fand, sondern in anderen Bereichen, vorzüglich in der Landwirtschaft tätig wurde. Erst mit Beginn der vierziger Jahre konnten die meisten in ihren Beruf zurückkehren. Dabei hielten sie in der überwiegenden Zahl der Fälle ihre Fachrichtung bei.[36]

Auch in Großbritannien leistete die ärztliche Berufsorganisation Widerstand gegen die Zulassung ihrer ausländischen Kollegen. Voraussetzung war ebenfalls der Nachweis des britischen Examens. Erst 1938 konnte der Widerstand der »British Medical Association« teilweise gebrochen werden, was zur Einführung eines »vorläufigen Ärzteregisters« (temporary Register of the Medical Council) führte. Das Register erlaubte den in ihm geführten Ärzten, in Krankenhäusern und als Assistenten britischer Praktiker zu arbeiten. Ende 1939 führte das Register etwa 1.000 emigrierte Ärzte. Dem standen im Juli 1940 nur 460 vom Home Office voll lizensierte ausländische Praktiker gegenüber, die lange vor 1938 eingewandert waren. Die Einschränkungen wurden erst nach dem Krieg mit dem Erwerb der britischen Staatsbürgerschaft aufgehoben.[37]

Zur Wirkung der medizinischen Emigration

Die Darstellung einer Wirkungsgeschichte der medizinischen Emigration kann beim vorliegenden Forschungsstand und unter Berücksichtigung der allgemeinen Problematik historischer Wirkungsanalysen nicht geleistet werden. Es können nur Fragestellungen aufgeworfen werden, die sich aus der Vielschichtigkeit des Gegenstandes im Begriffsrahmen der neueren Historiographie der wissenschaftlichen Emigration ergeben. Zentralbegriffe einer Historiographie sind die Begriffe »Transfer von Wissen (oder Wissenschaft)« und »Akkulturation«. Diese Unterscheidung ist rein heuristischer Natur, da der erste Begriff den wissenschaftshistorischen, der zweite den sozialgeschichtlichen und ethnologischen Aspekt eines komplexen Vorgangs betont. So handelt es sich beim Transferprozeß nicht einfach um die Übertragung kulturspezifischer Kenntnisse und Techniken, die sich gleichsam additiv der Mehrheitskultur einfügen, sondern um eine Synthese eigener Art, die aus der Begegnung zweier Kulturen und ihrer wechselseitigen Beeinflussung entsteht. Diese Synthese vollzieht sich in einem Netz formeller und informeller sozialer Beziehungen, das abhängig ist von der Arbeitsmarktsituation, der Struktur des Wissenschafts-/Berufssystems, der Offenheit der Gesellschaft, der Entfremdungs- oder Entwurzelungserfahrung, um nur einige Faktoren zu nennen. Hauptprobleme sind dabei die Benennungen von Indikatoren zur Beurteilung eines Transfers sowie die Rekonstruktion jenes sozialen Gefüges, in dem sich die primäre Akkulturation vollzogen hat.[38]

Zum Verständnis der wissenschaftlichen Wirkung bedarf es weiterhin genauer Kenntnisse der wissenschaftlichen Entwicklung in den Herkunftsländern sowie der Stellung und Anerkennung späterer Emigranten in der nationalen und internationalen »scientific community« bis 1933. Für die Aufnahmeländer müßte eine vergleichbare Analyse geleistet werden. Ein weiterer wirkungsgeschichtlicher Aspekt wäre die Frage nach dem Verlust für die Herkunftsländer und nach der Rückwirkung nach 1945. Grundlage einer Beurteilung müßte die Untersuchung der wissenschaftlichen Entwicklung im deutschen Faschismus sein. Eine solche Gesamtdarstellung liegt für die

Medizin im Faschismus noch nicht vor. Detaillierte Untersuchungen befaßten sich bisher mit den Auswüchsen, den Medizinverbrechen, aber eine Gesamtdarstellung müßte diese einbinden in die Entwicklung eines medizinischen Szientismus, dessen Wurzeln bis in das 19. Jahrhundert reichen.[39]

Hauptprobleme einer Beurteilung des »medizinischen Transfers« sind die große Zahl von Emigranten und Aufnahmeländern sowie die Komplexität des Gegenstandes selbst, der Medizin, die in eine Vielzahl von Fächern zerfällt (38 in unserem Kollektiv!). Hinzu kommt noch die Unterscheidung zwischen eher klinisch oder praktisch tätigen Ärzten und wissenschaftlich-theoretisch arbeitenden Medizinern. Zwar sind 84 Prozent der von uns erfaßten Mediziner in die drei Hauptaufnahmeländer USA, Palästina und Großbritannien eingewandert. Das heißt aber nicht, daß die Wirkung der verbleibenden 16 Prozent – immerhin mehr als 1.400 Mediziner bei einer geschätzten Gesamtzahl von 9.000 – zu vernachlässigen sei. Die Wirkung einer kleinen Zahl in einem Entwicklungsland, und darum handelt es sich bei den meisten der übrigen Länder, kann durchaus höher einzuschätzen sein als die einer großen Zahl in einem entwickelten Land, das diese eher in den etablierten Institutionen seines Gesundheitssystems zu absorbieren vermag. Leider wissen wir bisher sehr wenig über die Arbeit dieser Ärzte in den Entwicklungsländern.[40]

Den höchsten Anteil der medizinischen Spezialfächer stellen in unserem Kollektiv die Internisten mit 11,5 Prozent bei einem Anteil an der deutschen Gesamtärzteschaft von 7,5 Prozent.[41] Es folgen die Psychiater und Neurologen mit einem Anteil von über 10 Prozent gegenüber nur knapp 2 Prozent an der Gesamtärzteschaft. Auch Pädiater sind mit 5,8 Prozent zu 2,5 Prozent deutlich überrepräsentiert. Leicht erhöht ist auch, mit 5,3 Prozent zu 4,2 Prozent der Anteil der Dermatologen. Die anderen klinischen Fächer – Chirurgie (5,8 Prozent), Gynäkologie (5,8 Prozent), Augenheilkunde (3 Prozent) und Hals-Nasen-Ohren-Heilkunde (3 Prozent) – entsprechen in etwa den von der Reichsstatistik zu erwartenden Verhältniszahlen.

Auffallend ist der hohe Anteil der Psychiater, die in den USA sogar die größte Gruppe der fachärztlichen Emigranten bildeten. Es handelt sich dabei notabene meist um klassische Nervenärzte, die in der Nachfolge Kraepelins oder Wagner-Jaureggs standen, und nicht um Psychoanalytiker. Untersuchungswert wäre der Einfluß dieser Gruppe auf die Entwicklung der »State Hospitals«, der staatlichen Heil- und Pflegeanstalten, wo die meisten eine erste Anstellung erhielten, sodann auf Psychiatriereform und Erarbeitung sozialpsychiatrischer Konzepte (z.B. Paul Henry Hoch und Friedrich Redlich) oder ihr Beitrag als Gutachter in Wiedergutmachungsverfahren (Leo Alexander, Wilhelm Mayer-Gross in England). Auch der Transfer und Wandel ihrer therapeutischen Konzepte, die oft invasiver Art waren und Insulinschock, Elektroschock oder gar psychochirurgische Eingriffe umfaßten, ist bisher nicht untersucht. Ein Teil dieser Psychiater wandte sich später auch der Psychoanalyse zu. Bezüglich eines Verlustes wäre zu untersuchen, ob der jahrzehntelange Rückstand der Psychiatrie in der Bundesrepublik, der sicher in der Verstrickung dieser Disziplin in die NS-Verbrechen und einer nachfolgenden selbst gewollten Abschottung nach außen begründet ist, nicht auch durch den Verlust eines möglicherweise innovatorischen Potentials zu erklären wäre (z.B. Kurt Goldstein, Wladimir Eliasberg, Hertha und Walter Riese, Arthur Kronfeld).

Ein Hauptproblem bei der Beurteilung der Wirkung klinisch tätiger Emigranten ist die Tatsache, daß die wichtigsten Veränderungen in Diagnostik und Therapie auf Fortschritte in den Grundlagenfächern zurückzuführen sind. Schon Rudolf Nissen hatte dazu geschrieben: »Wie steht es nun mit der *Wissenschaft der Chirurgie*? Hier wird der naheliegende Fehler begangen, die staunenswerten Fortschritte unseres Faches als Ergebnis einer chirurgischen Wissenschaft darzustellen. Bei Betrachtung der chirurgischen Errungenschaften, die in den Laboratorien eines L. Pasteur und R. Koch, in den Arbeitsstätten der Chemiker vorbereitet wurden, zeichnet sich schon etwas ab, was in der heutigen Phase den chirurgischen Fortschritt beherrscht: die intelligente Anwendung der theoretischen Forschung.«[42]

Wissenschaftlich arbeitende Kliniker verwenden daher bei ihren Forschungen Methoden, die vornehmlich der Biochemie, Physiologie oder Pharmakologie entstammen. So arbeitete der Internist Siegfried Thannhauser, der 1933 von seinem Freiburger Ordinariat vertrieben worden war und in den USA eine Professur an der Tufts Universität erlangt hatte, gleichzeitig als Biochemiker an der Erforschung des Fettstoffwechsels. Der Wiener Kardiologe David Scherf, bis 1938 Direktor des Rothschild-Krankenhauses in Wien, machte sich am New York Medical College um die Entwicklung des Belastungselektrokardiogramms verdient. In England baute der Neurochirurg Sir Ludwig Guttmann das Paraplegiker-Zentrum Stoke Mandeville zu einer weltberühmten Rehabilitationsinstitution für Querschnittgelähmte aus.

Gerade Guttmanns Behandlungsmethode, die eine umfassende Anleitung des Patienten und seine soziale Reintegration in die Gemeinschaft beinhaltete, verdeutlicht die Problematik einer Beurteilung der klinischen Tätigkeit nach rein naturwissenschaftshistorischen Gesichtspunkten. Tatsächlich entziehen sich Leistungen in der klinischen Medizin zu einem großen Teil der Bewertung durch Kuhnsche Kategorien der Wissenschaftsgeschichte.[43] Es gab gewiß singuläre Leistungen großer Klinikerpersönlichkeiten, aber paradigmatische Veränderungen mit Auswirkungen auf die klinischen Konzepte wurden zunächst in der biomedizinischen Grundlagenforschung erbracht.[44]

Ganz anders zu bewerten ist das Wirken der emigrierten Kliniker in den Entwicklungsländern. Bis 1932 z.B. gab es in Palästina nur vier Krankenhäuser, an denen es mehrere Spezialabteilungen gab: die beiden Hadassah-Krankenhäuser in Jerusalem und Tel Aviv, das Spital in Afulah und das Englische Regierungskrankenhaus.[45] Die Basisversorgung lag in den Händen von Allgemeinpraktikern, die von der Kuppat Cholim, der Krankenkasse des Gewerkschaftsbundes Histadrut eingestellt wurden.[46] Der Einstrom einer großen Zahl von Fachärzten nach 1933 hatte zur Folge, daß sich viele dieser Einwanderer auf dem privaten Sektor zu etablieren versuchten. So begründeten deutschjüdische Ärzte wie der Sozialmediziner Benno Chajes die ersten privaten Krankenversicherungen und auch private Krankenhäuser.[47] Aber auch die großen Krankenhausneugründungen nach 1933 wie das Beilinson-Krankenhaus und das Zentral-Krankenhaus im Emek-Afule waren zunächst fast rein deutsche Sprachinseln.[48] An der Entwicklung der vier medizinischen Fakultäten (Jerusalem, Tel Aviv, Haifa, Be'er Shewa) hatten Einwanderer aus Deutschland oder Österreich und deren Schüler einen entscheidenden Anteil.[49]

Der israelische Historiker Doron Niederland nennt drei Hauptwirkungen der Ärzte-Emigranten in Palästina: Spezialisierung, Modernisierung und »Liberalisierung«.[50] Spezialisierung bedeutet die Einführung modernen Expertentums in ein vordem basismedizinisch versorgtes Entwicklungsland. Modernisierung betont den dadurch bedingten Anschluß an den Stand der modernen Medizin, vor allem auch in der Anwendung moderner Technologien, da die Emigranten neben ihrem Fachwissen häufig auch Apparate und Instrumente ins Land brachten. »Liberalisierung« – vom Autor kritisch in Anführung gesetzt – bezeichnet den Struktureffekt auf ein ehedem »sozialisiertes« Gesundheitssystem im Sinne von Privatisierung und freier Konkurrenz.[51]

Einen vergleichbaren Modernisierungsschub bewirkte auch die Beteiligung deutschsprachiger Emigranten an der Reform der Universität Istanbul und an der Gründung der Universität Ankara.[52] Zu den bekanntesten Ärzte-Emigranten gehörten dort etwa der Chirurg Rudolf Nissen, der Dermatologe Alfred Marchionini, der Internist Erich Frank und der Pädiater Albert Eckstein. Gerade Erich Frank war eine Klinikerpersönlichkeit, dessen Wirken nicht allein an seinem wissenschaftlichen Werk zu messen ist, sondern der vor allem auch als Lehrer einen großen Einfluß ausübte. Bei seinem Tod 1957 wurde er mit einem Staatsbegräbnis in Istanbul bestattet.[53] Albert Eckstein, der in Ankara die Kinderabteilung des Nümne-Hastanesi-Krankenhauses leitete, machte im Auftrag des Hygieneministeriums lange Reisen durch die anatolische Provinz zum Aufbau einer Säuglings- und Kinderfürsorge. In den Jahren seiner Tätigkeit (1935 bis 1949) sank die Säuglingssterblichkeit in der Türkei von 33 Prozent auf 12 Prozent.[54] Leider liegt ein Teil der wissenschaftlichen Literatur dieser Emigrantengruppe bisher nur in türkischer Sprache vor.

Für die Vertreter der Grundlagenfächer stand die Emigration in ein europäisches Land oder in die USA im Vordergrund. Nur diese Länder boten die wissenschaftliche Infrastruktur, die notwendig für ihre Tätigkeit war, da viele von ihnen schon seit Jahren keiner ärztlichen Tätigkeit mehr nachgegangen waren. Der hohe Grad der Internationalisierung ihrer Fächer erleichterte ihnen die Stellensuche, zumal wenn sie schon über einen prominenten Namen verfügten. So war Großbritannien, das seine Tore zunächst nur zögernd den Emigranten geöffnet hatte, bereit, prominente Juden aus den Naturwissenschaften und den Künsten aufzunehmen, wenn ihre Kenntnisse von Vorteil für das Land waren.[55] England war zu jener Zeit führend in der biomedizinischen Forschung, vor allem in der Biochemie, der Physiologie und der Pharmakologie, wofür Namen wie A.V. Hill, Lord Sherrington oder Sir Henry Dale standen.[56] Zu diesen Wissenschaftlern hatten viele Emigranten auch schon vor

1933 Beziehungen gehabt, so daß für sie nicht jene Vorbehalte galten, die der durchschnittliche humanistisch gebildete deutsche Akademiker gegenüber England hegte und die der Arzt und Schriftsteller Martin Gumpert folgendermaßen ausdrückte: »Ich hatte viele und vage Vorstellungen über England, aber ich hatte nicht vermutet, daß es eine Reise nach China werden würde, denn niemals war ich in eine fremdartigere und unverständlichere Atmosphäre geraten, nicht in der Türkei, nicht in irgendeinem europäischen Lande.«[57] Zu den bekanntesten England-Immigranten gehörten die Nobelpreisträger Hans Krebs, ein Biochemiker aus der Schule Otto Warburgs, Boris Chain, der zusammen mit H.W. Florey das Penicillin als Wirkstoff isolierte, und der Neurophysiologe Bernhard Katz.

Den größten Anteil an den Grundlagenfächern stellten die emigrierten Biochemiker, gefolgt von den Pathologen, Bakteriologen, Physiologen und Pharmakologen. Haupteinwanderungsland waren die USA, gefolgt von Großbritannien und Palästina, wo sich auch später noch viele Wissenschaftler, z.B. Türkei-Emigranten, niederließen. In die USA emigrierten unter vielen anderen die Biochemiker Otto Meyerhoff und Carl Neuberg, die Pathologen Paul Kimmelstiel und Hans Popper, die Physiologen Rudolf Höber und Bruno Kisch, die Pharmakologen Otto Krayer und Otto Loewi. Untersuchenswert wäre hier der Anteil der Emigranten am Aufstieg der »Life Sciences«, zu dem auch die zweite Generation einen wichtigen Beitrag geliefert zu haben scheint. So hatten in unserem Kollektiv von 197 Angehörigen der zweiten Generation, die in ihrem Einwanderungsland in einem medizinischen Fach ausgebildet worden waren und die zum »full professor« aufgestiegen waren, fünfzig das Fach Biochemie gewählt. Eine besondere Gruppe stellen die emigrierten Sozialhygieniker dar, die in der Mehrzahl der Schule Alfred Grotjahns in Berlin oder Julius Tandlers in Wien entstammen. Entsprechend ihrem Verständnis, daß eine soziale Medizin sich nur im politischen Gesamtraum verwirklichen ließ, waren sie fast alle parteipolitisch organisiert, überwiegend im linken Spektrum.[58] Durch die Vertreibung wurde gerade hier ein fortschrittlicher Ansatz in der Medizin zerstört, der auch nach dem Krieg nicht wieder aufgenommen wurde. Die Nazis ersetzten die Sozialhygiene durch die »Rassenhygiene«, die eine Scheidung der Gesellschaft in »Lebenswerte« und »Lebensunwerte« nach dem Kosten-Nutzen-Prinzip vornahm. In der Emigration hat die Gruppe der Sozialhygieniker nur geringe Wirkung gezeigt. Eine Ausnahme ist vielleicht Palästina, wo Benno Chajes, der Nachfolger Alfred Grotjahns an der Universität Berlin, einen wichtigen Beitrag zum Aufbau des Gesundheitswesens leistete. Für die Mehrzahl bedeutete aber die Emigration ein Ende der politischen Tätigkeit. Die Notwendigkeiten des täglichen Lebenskampfes, das Scheitern der politischen Opposition und die Fortführung der Grabenkämpfe in den Emigrantengruppen, der überwältigende Druck des neuen politischen Milieus – vor allem in den USA – könnten als mögliche Erklärung dienen. Einigen gelangen Einzelkarrieren. So lehrte Alfred Korach »Öffentliches Gesundheitswesen« an der Universität Cincinnati, Franz Goldmann, ein Habilitand Grotjahns, hatte zuletzt eine Professur für das gleiche

Fach an der Harvard-Universität.[59] Eine Untersuchung über ihren Einfluß auf die Entwicklung der amerikanischen Sozialmedizin steht noch aus. Käte Frankenthal, die zuletzt als SAP-Vertreterin Mitglied des Preußischen Landtags war, arbeitete 1944/45 im »Council for a Democratic Germany« zusammen mit Felix Boenheim und Kurt Glaser eine Denkschrift über den »Aufbau eines demokratischen Gesundheitswesens in Deutschland« aus.[60] Glaser hat nach seiner Remigration als Präsident der Gesundheitsbehörde Hamburg einen Teil seiner Vorstellungen verwirklichen können. Grundsätzlich gilt aber Gerhard Baaders Urteil über die Rückwirkung der politischen Ärzte-Emigranten: »Einer generellen Neuordnung des Gesundheitswesen im Sinne Glasers standen jedoch die politischen Realitäten der Ära Adenauer seit 1949 entgegen. Die Ansätze der sozialistischen Ärzte der Weimarer Republik blieben somit – wie es Stephan Leibfried ausdrückte – ›verschüttete Alternativen‹ eines demokratischen Gesundheitswesens. Ihre Ideen bestimmen nur im geringen Umfang unser heutiges gesundheitspolitisches Spektrum. Die Vertreibung dieser politisch engagierten Ärzte aus Deutschland hat somit bis zum heutigen Tag ihre unauslöschlichen Spuren hinterlassen. Eine Remigration fand in diesem Bereich so gut wie nicht statt.«[61]

Nur 5 Prozent der von uns erfaßten Mediziner kehrten nach dem Krieg zurück, vornehmlich in die Bundesrepublik. Es folgen Österreich, die DDR, die Schweiz (häufig als Ruhesitz) und die Tschechoslowakei. Knapp die Hälfte kehrte bis 1949 zurück. Der Hauptgrund für die geringe Rückwanderung war gewiß die Erinnerung an Demütigungen, an Boykott und Vertreibung und das Wissen um den Holocaust. Hinzu kam, daß die ehemaligen Kollegen besonders tief in die nationalsozialistischen Verbrechen verstrickt waren, sei es, daß sie beteiligt gewesen waren an Zwangssterilisation, an der Aussonderung und Ermordung der psychisch Kranken, an den Menschenversuchen in den Konzentrationslagern, sei es, daß sie um diese Verbrechen gewußt hatten und entgegen ihrer viel beschworenen Standesethik geschwiegen hatten oder gar als Rassenhygieniker das ideologische Klima mitbestimmt hatten. Ein weiterer Grund war sicherlich auch, daß der überwiegende Teil der Emigranten inzwischen eine neue Existenz gegründet hatte, vielleicht zum zweiten Mal eine Praxis eröffnet hatte, die man natürlich nicht für ein ungewisses Schicksal im Nachkriegsdeutschland aufgeben wollte. Ein endgültiges Urteil über die Bereitschaft der Hochschulen, Emigranten rückzuberufen, muß der Universitätsgeschichte überlassen werden. Es gibt aber Hinweise dafür, daß diese Bereitschaft nicht sehr groß war, zumal viele Stellen mit NS-Berufungen besetzt waren, die nach ihrer Entnazifizierung als »131er« Anspruch auf Versorgung hatten.[62] Andererseits hatte der Pädiater Albert Eckstein, ehe er 1949 einen Ruf nach Hamburg annahm, Berufungen an die Universitäten Gießen, Leipzig, Freiburg (1947), Würzburg (1948) und Münster (1949) abgelehnt.[63]

Grundsätzlich wird man davon ausgehen müssen, daß das politische Klima nach dem Krieg den Remigranten nicht gerade entgegenkam, bildeten sie doch ein beständiges Memento gegen den Nachkriegskonsens des Verschweigens.

Insgesamt wird der wissenschaftliche Einfluß der Remigranten in der Medizin gering zu veranschlagen sein, obwohl es wichtige Ausnahmen gab. So spielten die remigrierten Dermatologen Oskar Gans und Alfred Marchionini – beide wurden zu Rektoren der Universitäten Frankfurt respektive München gewählt – eine wichtige Rolle in der Nachkriegsgeschichte ihres Faches, nicht zuletzt wegen ihrer internationalen Beziehungen, so zu Rudolf Baer, der in der Emigration zu einem der führenden Dermatologen in den USA aufgestiegen war. Und Rudolf Nissen, der 1951 in New York einen Ruf an die Universität Basel angenommen hatte, übte von dort großen Einfluß auf die deutsche Chirurgie aus, sowohl als Präsident der Deutschen Gesellschaft für Chirurgie als auch als Mitglied des Berufungsausschusses der neugegründeten medizinischen Fakultät an der Technischen Hochschule in München.[64] Wieweit die nicht-remigrierten Wissenschaftler die wissenschaftliche Entwicklung ihrer Herkunftsländer nach dem Krieg über die üblichen Medien des internationalen wissenschaftlichen Austausches beeinflußten, muß disziplingeschichtlichen Spezialuntersuchungen überlassen bleiben.

Eine Wirkungsgeschichte der gesamten medizinischen Emigration kann von einem einzelnen Medizinhistoriker nämlich nicht geleistet werden. Die Vielzahl der Fächer, der eine vergleichbare Zahl an Fragestellungen entspricht, der Methodenpluralismus, der von streng naturwissenschaftlichen Verfahren über sozialwissenschaftliche bis zu hermeneutischen reicht, können nur im Rahmen einer Disziplingeschichte der einzelnen Fächer bearbeitet werden. Dabei bleibt noch unberücksichtigt, daß der weitaus überwiegende Teil der medizinischen Emigration eine ärztliche Emigration war. Eine Sozial- und Alltagsgeschichte dieser Ärzte, ihre Erfahrungen in den ersten Jahren der Akkulturation, das Schicksal der Ärztinnen wären ein notwendiger Hintergrund, vor dem der Aufstieg der »Erfolgreichen« gesehen werden müßte. Zusehr verdeckt die Erfolgsgeschichte prominenter Emigranten, daß die Emigrationsgeschichte vor allem Leidensgeschichte war, die Geschichte einer gewaltsamen Vertreibung. Auch Autobiographien, aus der Distanz der Jahre geschrieben, sparen häufig die mühsamen ersten Jahre aus oder relativieren sie aus einem verständlichen Vergangenheitsoptimismus. Leider ist die Quellenlage für eine solche Sozialgeschichte sehr schwierig: Es fehlt an Selbstzeugnissen wie Tagebüchern, Briefen (für eine oral history ist es wohl zu spät, aber die zweite Generation käme in Frage), und auch Nachlässe werden bisher nicht zentral gesammelt. Ein weiterer Ansatz wäre die Untersuchung von Krankenhäusern, an denen vorzüglich Emigranten beschäftigt waren, wie z.B. das Mount Sinai in New York oder die schon erwähnten State Hospitals. Und noch ein letztes Wort zur »Prominentengeschichte«: Es besteht Gefahr, daß die große Reihe bedeutender Namen von einem neuen Nationalismus als unfreiwillige »Sendboten des deutschen Geistes« mißbraucht und vereinnahmt wird, um so den einer nationalen Identitätsfindung im Wege stehenden Nationalsozialismus zu relativieren. Nicht zuletzt hat ein apologetischer Umgang mit unserer jüngsten Geschichte zur Zeit wieder Konjunktur.

1 Rudolf Nissen: *Helle Blätter – dunkle Blätter. Erinnerungen eines Chirurgen.* Stuttgart 1969, S. 208. – 2 *Statistik des Deutschen Reiches.* Bd. 455. Berlin 1934, S. 26. – 3 W.F. Kümmel: »Die Ausschaltung rassisch und politisch mißliebiger Ärzte«. In: Fridolf Kudlien (Hg.): *Ärzte im Nationalsozialismus.* Köln 1985, S. 79. – 4 Vgl. dazu Gerhard Baader: »Politisch motivierte Emigration deutscher Ärzte«. In: Ber. z. Wiss. Gesch. 7 (1984), S. 67–84; Stephan Leibfried, Florian Tennstedt: *Berufsverbote und Sozialpolitik 1933.* Bremen ²1980; Käte Frankenthal: *Der dreifache Fluch: Jüdin, Intellektuelle, Sozialistin. Lebenserinnerungen einer Ärztin in Deutschland und im Exil.* Hg. von Kathleen M. Pearle und Stephan Leibfried. Frankfurt/M., New York 1981. – 5 *Jüdisches Leben in Deutschland.* Hg. und eingeleitet von Monika Richarz. Bd. 3: Selbstzeugnisse zur Sozialgeschichte 1918–1945. Stuttgart 1982, S. 24. – 6 *List of Displaced German Scholars.* London 1936 und *Supplementary List.* London 1937. – 7 Vgl. Heinrich A. Winkler: »Die deutsche Gesellschaft der Weimarer Republik und der Antisemitismus«. In: Bernd Martin, Ernst Schulin (Hg.): *Die Juden als Minderheit in der Geschichte.* München ²1982, S. 285. – 8 Vgl. Michael H. Kater: *Studentenschaft und Rechtsradikalismus in Deutschland 1918–1933.* Hamburg 1975, S. 145 ff. – 9 Berechnungen nach Hans-Heinz Eulner: *Die Entwicklung der medizinischen Spezialfächer an den Universitäten des deutschen Sprachgebiets.* Stuttgart 1970. – 10 Shulamit Volkov: »Soziale Ursachen des Erfolgs in der Wissenschaft. Juden im Kaiserreich.«In: Historische Zeitschrift 245 (1987), S. 315–342. – 11 Vgl. David Nachmansohn: *German-Jewish Pioneers in Science 1900-1933.* Berlin, Heidelberg, New York 1979, S. 166 ff., S. 342 ff. – 12 Vgl. W.F. Kümmel (wie Anm. 3), S. 70 f. – 13 Stephan Leibfried: »Stationen der Abwehr. Berufsverbote für Ärzte im Deutschen Reich 1933-1938 und die Zerstörung des sozialen Asyls durch die organisierten Ärzteschaften des Auslands.« In: LBI Bulletin 62 (1982), S. 5. – 14 Vgl. Gerhard Badder (wie Anm. 4), S. 73. – 15 Stephan Leibfried (wie Anm. 13), S. 11 und 14. – 16 W.F. Kümmel (wie Anm. 3), S. 79; Stephan Leibfried (wie Anm. 13), S. 14. – 17 Michael Hubenstorf: »Österreichische Ärzteemigration.« In: Friedrich Stadler (Hg.): *Vertriebene Vernunft. Emigration und Exil österreichischer Wissenschaft 1930-1940.* Wien, München 1987, S. 360. – 18 Eigene Berechnungen aufgrund einer von Berthold Paschert und mir zusammengestellten biographischen Sammlung von über 3.200 Mediziner-Emigranten. Grundlage dieser Sammlung waren das IBD, die Archive des Instituts für Zeitgeschichte in München sowie der Research Foundation for Jewish Immigration, New York, das Archiv der Society for the Protection of Science and Learning in Oxford und das Archiv des Emergency Committee in Aid of Displaced Foreign Scholars in New York. Biographische Angaben stammen, wenn nicht anders angegeben, aus dieser Sammlung. – 19 Wie Anm. 18. Wenn keine anderen Quellen angegeben werden, stammen Zahlen im folgenden aus dieser Sammlung. – 20 *Statistik des Deutschen Reichs,* (wie Anm. 2), S. 2, 48, 96. – 21 Vgl. Stephan Leibfried (wie Anm. 13), S. 9 f. – 22 Werner Röder, Herbert A. Strauss: *Biographisches Handbuch der deutschsprachigen Emigration nach 1933/International Biographical Dictionary of Central European Emigrés 1933-1945* (= IBD). München, New York, London, Paris 1980-1983, Bd. II/1, S. LXXXIII. – 23 Vgl. Doron Niederland: »Deutsche Ärzteemigration und gesundheitspolitische Entwicklungen in ›Eretz Israel‹ (1933-1948)«. In. Med. Hist. J. 20 (1985), S. 161 f. – 24 Vgl. A.J. Sherman: *Island Refuge. Britain and Refugees from the Third Reich 1933-1939.* London 1973, S. 166 ff. – 25 *IBD* (wie Anm. 22), S. LXXVIII. – 26 Einen Überblick über Länder, in denen Zugangsbeschränkungen für Ärzte bestanden, gibt Stephan Leibfried (wie Anm. 13), S. 21 f. – 27 Vgl. Kathleen M. Pearle: »Ärzteemigration nach 1933 in die USA: Der Fall New York.« In: Med. Hist. J. 19 (1984), S. 113 f. – 28 Ebd., S. 115. – 29 Ebd. – 30 Ebd., S. 121. – 31 Vgl. Käte Frankenthal (wie Anm. 4), S. 252 f. – 32 Vgl. *Das Tagebuch der Hertha Nathorff. Berlin-New York. Aufzeichnungen 1933 bis 1945.* Hg. von Wolfgang Benz. (= Schriftenreihe der Vierteljahreshefte für Zeitgeschichte Bd. 54). München 1987, S. 171 ff. – 33 Vgl. J. Hirsch, E. Hirsch: »Berufliche Eingliederung und wirtschaftliche Leistung der deutsch-jüdischen Einwanderung in die Vereinigten Staaten (1935-1960)«. In: *Twenty Years American Federation of Jews from Central Europe, Inc. 1940-1960.* Hg. von A.F.O.J.F.C.E..New York 1961, S. 57. – 34 Vgl. Doron Niederland (wie Anm. 23), S. 155. – 35 Ebd., S. 157. – 36 Ebd., S. 162. – 37 Vgl. Marion Berghahn: *German-Jewish Refugees in England.* London 1984, S. 84 f. – 38 Zum Wissenschaftstransfer und dem Problem der Indikatoren vgl. Klaus Fischer: »Vom Wissenschaftstransfer zur Kontextanalyse – oder: Wie schreibt man die Geschichte der Wissenschaftsemigration«. In: *Antisemitismus und jüdische Geschichte. Studien zu Ehren von Herbert A. Strauss.* Hg. von Rainer Erb et al. Berlin 1987,

S. 267–293. Zur Akkulturation vgl. Herbert A. Strauss: »Zur sozialen und organisatorischen Akkulturation deutsch-jüdischer Einwanderer der NS-Zeit in den USA«. In: Wolfgang Frühwald, Wolfgang Schieder (Hg.): *Leben im Exil. Probleme der Integration deutscher Flüchtlinge im Ausland 1933–1945.* Hamburg 1981, S. 235–259. Ebenso Marion Berghahn (wie Anm. 37), S. 9–20. – **39** Vgl. M.H. Kater: »Medizin und Mediziner im Dritten Reich. Eine Bestandsaufnahme.« In: Historische Zeitschrift 244 (1987), S. 344 ff. – **40** Eine Ausnahme ist der autobiographische Bericht des österreichischen Sozialmediziners Ludwig Popper über seine Arbeit als Militärarzt im »Chaco« Boliviens. Ludwig Popper: *Soziale Medizin – Eine Medizin von gestern? Persönliche Erinnerungen an ein verdrängtes Kapitel der Medizingeschichte und zur sozialen Dimension der Mediziner.* Hg. von Michael Hubenstorf, Paul Klein und Dietrich Milles. Bremen 1984. – **41** Vergleichszahlen aus: *Reichs-Medizinal-Kalender.* Teil II. 52. Jahrgang 1931, S. 484 ff. – **42** Rudolf Nissen (wie Anm. 1), S. 380. – **43** Vgl. Karl E. Rothschuh: »Ist das Kuhnsche Erklärungsmodell wissenschaftshistorischer Wandlungen mit Gewinn auf die Konzepte der Klinischen Medizin anwendbar?« In: *Die Struktur wissenschaftlicher Revolutionen und die Geschichte der Wissenschaften.* Symposion der Gesellschaft für Wissenschaftsgeschichte anläßlich ihres zehnjährigen Bestehens 8.–10. Mai 1975 in Münster. Hg. von Alwin Diemer. (= Studien zur Wissenschaftstheorie Bd. 10). Meisenheim am Glan 1977, S. 73–90. – **44** Eine paradigmatische Veränderung wäre das psychosomatische Krankheitskonzept. Leider bleibt es bis heute angesichts der de facto immer noch überwiegenden »Apparatemedizin« eher ein Lippenbekenntnis. Dennoch wäre der Anteil der Emigranten an der Entwicklung dieses Konzeptes untersuchenswert. – **45** Vgl. Julius Kleeberg: »Medizin und Mediziner – ein Ruhmesblatt der Fünften Alijah«. In: MB, Wochenzeitung des Irgun Olej Merkas Europa 51 (1983) Heft 34/35, S. 10. – **46** Vgl. H. Steinitz: » Der Einfluß der Einwanderung jüdischer Ärzte aus Deutschland auf die Entwicklung der Medizin in Palästina/Israel«. In: Die Medizinische Welt 36 (1985), S. 1054–1056. – **47** Ebd., S. 1055. – **48** Ebd. – **49** Ebd., S. 1056. – **50** Doron Niederland (wie Anm. 23), S. 184. – **51** Ebd., S. 149 f. – **52** Vgl Horst Widmann: *Exil und Bildungshilfe.* Bern, Frankfurt/M. 1973 und Fritz Neumark: *Zuflucht am Bosporus.* Frankfurt/M. 1980. – **53** F. Reimann: » Nachruf für Prof. Dr. Erich Frank.« In: Münch. Med. Wschr. 99 (1957), S. 893–894. – **54** Brief der Ehefrau Dr. Erna Eckstein-Schlossmann an Horst Widmann vom 25. 2. 69. Widmann Privatarchiv. – **55** Vgl. A. J. Sherman (wie Anm. 24), S. 32. – **56** Vgl. Gustav V.R. Born: »The Effect of the Scientific Environment in Britain on Refugee Scientists from Germany and Their Effects on Science in Britain«. In: Ber. z. Wiss. Gesch. 7 (1984), S. 129–143. – **57** Martin Gumpert: *Hölle im Paradies. Selbstdarstellung eines Arztes.* Stockholm 1939, S. 264 f. – **58** Vgl. Gerhard Baader (wie Anm. 4), S. 70 f. – **59** Ebd., S. 77 ff. – **60** Vgl. Käte Frankenthal (wie Anm. 4), S. 258 f. – **61** Gerhard Baader (wie Anm. 4), S. 81. – **62** Vgl. Hans-Joachim Dahms: »Verluste durch Emigration. Die Auswirkungen der nationalsozialistischen ›Säuberung‹ an der Universität Göttingen. Eine Fallstudie«. In: *Exilforschung.* Ein Internationales Jahrbuch. Bd. 4. München 1986, S. 177. – **63** Wie Anm. 54. – **64** Rudolf Nissen (wie Anm. 1), S. 366 ff.

Gottfried Niedhart

Gustav Mayers englische Jahre:
Zum Exil eines deutschen Juden und Historikers

Die Mitteilung war denkbar knapp. Mit ihr wurde der Empfänger aus seinem bisherigen Wirkungskreis ausgeschlossen. Was der Rektor der Berliner Universität, ohne seinen Kollegen Gustav Mayer persönlich anzureden, in dürrem Juristendeutsch mitzuteilen hatte, war die sofortige Beurlaubung vom Universitätsamt aufgrund des Gesetzes zur Wiederherstellung des Berufsbeamtentums. Das Gehalt sollte »bis auf weiteres in der bisherigen Weise« gezahlt werden.[1] Damit war für Gustav Mayer, den renommierten Verfasser einer zweibändigen Biographie über Friedrich Engels und zahlreicher Schriften zur deutschen Gesellschaftsgeschichte und Arbeiterbewegung[2], nicht nur die Zeit der außerplanmäßigen Professur in Berlin zu Ende gegangen. Es war ihm auch unmöglich, die eingegangene Verantwortung gegenüber den Studenten weiter zu übernehmen und beispielsweise das Gutachten für die im Frühjahr 1933 kurz vor dem Abschluß stehende Dissertation seines Schülers Ernst Engelberg zu schreiben; das übernahm schließlich Hermann Oncken[3], der bald selbst ein Verfemter des Regimes wurde. Oncken gehörte seit langer Zeit zu Mayers Gesprächs- und Korrespondenzpartnern, ebenso wie vor allem Friedrich Meinecke, mit dem Mayer nach der Entlassung ebenfalls verbunden blieb[4] und bis zu seinem Tod Kontakt halten konnte. War für den Gelehrten und Lehrer Gustav Mayer die Entlassung schmerzlich genug, so daß seine Tage »recht inhaltlos« dahingingen[5], so begann für ihn und seine Familie vor allem die bittere Erfahrung des gesellschaftlichen Ausgestoßenseins Gestalt anzunehmen. Der jüngere der beiden Söhne, Ulrich Philipp, promovierte noch im November 1933 in Heidelberg mit einer juristischen Dissertation und emigrierte dann nach Palästina. Für die Eltern und den psychisch kranken Sohn Peter, der zu Hause lebte, begann die Zeit des Exils endgültig 1937, als England der neue dauernde Aufenthaltsort wurde. Nach vagen Hoffnungen auf eine Professur in Basel und Sondierungsreisen im Frühjahr 1933 nach Frankreich und Belgien, wo er u.a. mit Albert Einstein zusammentraf, richtete sich bei Mayers »Umblick im Ausland«[6] die Aufmerksamkeit bald auf England. Teile der Familie, darunter auch Brüder Mayers, entschieden sich für Palästina. Doch begegnete Mayer dem zionistischen Experiment wegen der darin liegenden nationalistischen Implikationen mit großer Skepsis.[7]

Heimat wurde England für den 1871 geborenen Mayer nicht, und zwar nicht nur, weil es ein fremdes Land war, wo man sich nur unter großen Schwierigkeiten integrieren konnte[8], sondern vor allem, weil Mayer als deutscher Jude, der sich vom orthodoxen Judentum entfernt hatte, Zeit seines Lebens die Integration in die deutsche Gesellschaft gesucht hatte und nun ein orientierungslos »in die Welt Hinausgespülter« und »Heimatloser« war und blieb.[9] Schon als Jugendlicher hatte er die Schranken erfahren müssen, die eine Integration verhinderten. Seine Sehnsucht nach dem beständigen Brückenschlag zwischen Juden und Nichtjuden in Deutschland wurde im Ersten Weltkrieg zur Hoffnung. Bei aller Kritik am Wilhelminismus durchlebte Mayer den Krieg als national bewegenden und potentiell gemeinschaftsstiftenden Vorgang. »Ich habe gelitten als Jude, als Deutscher, als deutscher Jude«, schrieb er 1915 und ließ in der »gewaltigen Schicksalsstunde« des Krieges seine »alte Sehnsucht wieder mächtig« werden: »Aufzugehen in eine ganze Gemeinschaft, ganz im Gefühl eins mit ihr zu sein, von ihr anerkannt und beansprucht zu werden!« Zweifellos hoffte er auf das »neue Deutschland«, das »Deutschland nach dem Kriege«, wenn er dieses Deutschland auch hinter »dichten treibenden Nebeln« verhüllt sah.[10] Während der Weimarer Republik gaben sie den Blick auf eine unsichere, 1933 auf eine zunehmend grausige Wirklichkeit frei. Mayers Erwartung, mit dem »deutschen Menschen« identisch sein zu können[11], war endgültig zerstört. Heimatlose Einsamkeit, aufgehoben nur in den Bindungen der Familie, bestimmte dann die Exiljahre bis zu seinem Tod 1948. Was ihm blieb, war die grenzüberschreitende Wissenschaft, die in der westlich-liberalen Tradition und gegen die Spielarten der Diktatur in Europa stehende transnationale Gesellschaft der Wissenschaftler, die – so dürftig sie erscheinen mochte und tatsächlich auch oft war – Überlebensmöglichkeiten sowohl in materieller als auch intellektueller Hinsicht bot. Im folgenden soll vor allem auf diese beiden Aspekte Gewicht gelegt werden. Wie konnte mit Hilfe der vielfältigen internationalen Verästelungen, die der Wissenschaftsbetrieb und die aus ihm erwachsenen Organisationsformen und Kommunikationswege hervorgebracht hatten, überlebt werden? Dies anhand eines individuellen Falls zu beleuchten, erscheint durchaus legitim, auch wenn von ihm nicht ohne weiteres Aussagen von allgemeiner Gültigkeit abzuleiten sind.

Zu den materiellen Voraussetzungen, ohne die eine Auswanderung nach England nicht realisierbar gewesen wäre, gehörten nicht nur die finanziellen Mittel, sondern auch die Kontakte im Gastland. Von ihnen hingen die miteinander verzahnten Genehmigungen ab, die Mayer vom Unterrichtsministerium, von den Finanzbehörden und von der Devisenstelle in Berlin benötigte, wenn er zu längeren Forschungsaufenthalten in England beurlaubt werden oder wenn er gar auswandern wollte. Solche Genehmigungen waren wichtig, wollte Mayer nicht seine monatliche Pension von 253 Mark einbüßen, die ihm bis zum Kriegsausbruch – also auch noch nach der Auswanderung im Frühjahr 1937 – gezahlt wurde, allerdings nur auf ein deutsches Sperrkonto und damit nicht ins Ausland transferierbar.[12] Die deutschen Behörden verlangten eine Einladung von einer englischen Stelle, bevor sie überhaupt tätig wurden. Sie zu erreichen, war Mayers Ziel bei einem ersten Englandaufenthalt im Frühjahr 1934. Für die englische Seite war eine Einladung freilich mit dem Problem der Finanzierung verbunden. Mayer war Realist: »Auf gute Worte werde ich sicherlich stoßen, aber die Kassen werden – fürchte ich – leer sein.«[13] Es bleibt ein Ruhmesblatt der englischen Kollegen Mayers und englischer und amerikanischer Hilfsorganisationen, daß Mayer auch in aussichtslos erscheinender Lage immer wieder geholfen wurde. Benötigt wurden nach Mayers eigener Einschätzung jährlich knapp 500 Pfund Sterling, um die Familie unterhalten zu können. Nur einen Teil davon konnte er selbst aufbringen.

Für Mayers wissenschaftliche Reputation war es günstig, daß die Engels-Biographie, deren erster Band 1920 erschienen war, jetzt vollständig vorlag. Das Werk war seinem Autor gewissermaßen ins Exil vorausgegangen. Denn es konnte nur erscheinen, weil der niederländische Verlag Martinus Nijhoff die in Deutschland schon vollständig gedruckte, aber nach dem 30. Januar 1933 nicht mehr publizierbare Auflage vom Berliner Ullstein Verlag übernahm und selbst herausbrachte. Mayer traf in England mit verschiedenen Kollegen zusammen, darunter mit dem Politikwissenschaftler Harold Laski, den Sozial- und Wirtschaftshistorikern R.H. Tawney und G.D.H. Cole, dem auch publizistisch wirkenden Historiker G.P. Gooch, dem in der Tradition der *Fabian Society* stehenden Sozialwissenschaftler und Gründer der *London School of Economics and Political Sciences* (LSE) Sidney Webb, der 1929 als Baron Passfield in den Adelsstand erhoben worden war, dem Oxforder Gräzisten Gilbert Murray und nicht zuletzt auch mit L.G. Montefiore von der *Anglo-Jewish Association*. Für die materielle Zukunft zunächst entscheidend war Walter Adams, der Generalsekretär des *Academic Assistance Council (AAC)*, der ab 1937 *Society for the Protection of Science and Learning (SPSL)* hieß. Das Verhalten von Adams war »über alles Lob erhaben«: »Er hat für mich alles getan, was ihm möglich war.«[14] Dem AAC lagen Referenzen von Bernhard Groethuysen, mit dem Mayer befreundet war[15], von Friedrich Meinecke, der seit etwa zwei Jahrzehnten zu seinen akademischen Förderern gehört hatte, und von Otto Hintze vor, der Mayer als den »besten Kenner der Geschichte der Sozialdemokratie in Deutschland« bezeichnete und treffend hervorhob, daß Mayer »selbst nicht Sozialdemokrat, sondern Gelehrter, von liberal-sozialistischer und demokratischer Richtung« war.[16] Damit brachte Mayer gute Voraussetzungen mit, um im Umkreis der LSE auf Anerkennung und Aufnahmebereitschaft zu stoßen. In der Tat gewährte die LSE Mayer in Form eines *Honorary Research Fellowship* für die akademischen Jahre 1934/35 und 1935/36 Gastfreundschaft.[17] Hilfe bei der Wohnungssuche oder finanzielle Leistungen waren damit – von einer kurzfristigen Ausnahme abgesehen – nicht verbunden. Aber immerhin wurde Mayer mit einer wegen Bauarbeiten 1937/38 erfolgten Unterbrechung ein Raum im Gebäude der LSE zur Verfügung gestellt und das begehrte Dokument ausgestellt, das Mayer zur Begründung seiner Auslandsaufenthalte den Berliner Behörden vorlegen mußte. Es gelang Mayer auch, über private Kanäle und englische Bekannte vom Auswärtigen Amt eine den Auslandsaufenthalt befürwortende Stellungnahme zu erwirken.

Finanziert wurden die ersten Aufenthalte in England, bei denen es offenbar mehr um erste Orientierungen als um wissenschaftliche Arbeitsvorhaben ging, aus verschiedenen Quellen. Den bescheidenen Grund für ein Forschungsstipendium, das ab Oktober 1934 lief, legten private Spender. Gooch, Montefiore und Paul Oppenheim (Brüssel) stellten dem AAC für die nächsten beiden Jahre je 20 Pfund zur Verfügung, die in ein Stipendium für Mayer eingebracht werden sollten. Ferner bewilligte das *Academic Freedom Committee* der LSE einen Betrag, der ab Januar 1935 von Geldern aus der *Rockefeller Foundation* abgelöst wurde. Aus dieser Mischfinanzierung kam ein Jahresstipendium von 250 Pfund zusammen.[18]

So hilfreich Stipendien waren, ihr Nachteil war ihre prinzipiell begrenzte Laufzeit. Immer wieder mußte Mayer in der demütigen und für ihn sicherlich oft auch demütigenden Bittstellerpose um Verlängerung bitten oder auf neue Finanzierungsmöglichkeiten hoffen. Weder LSE noch AAC konnten eine Dauerförderung übernehmen. Eine feste Anstellung im englischen Universitätsbetrieb war bei Mayers Alter ausgeschlossen. Adams, der den Fall mit Vorrang behandelt wissen wollte, sah zeitweilig keinen Ausweg, was die dauernde Rückkehr Mayers nach Deutschland zur Folge gehabt hätte.[19] Im Dezember 1935 schien sich das endgültige Aus abzuzeichnen. Die *Rockefeller Foundation* wollte über das Jahr 1935/36 hinaus keine Mittel mehr bereitstellen. Die Rettung kam jedoch unerwartet im April 1936 von Harold Laski, der sich nicht nur in dieser dramatischen Phase für Mayer einsetzte und dem es gelang, für die nächsten drei Jahre je 1000 Dollar von der *Manhattan Research Foundation* in New York aufzutreiben: »Mayer is now safe...«[20]

Schon vor Sicherstellung dieser Finanzierung hatten Mayer und seine Frau im Winter 1935/36 den Entschluß gefaßt, Deutschland endgültig zu verlassen. Im Mai 1936 wurde das Haus in Berlin-Lankwitz verkauft, wo die Mayers ein gastfreies und ohne materielle Sorgen verlaufendes Leben geführt hatten. Jetzt war man vom Wohlwollen der Machthaber in Deutschland abhängig, ehe die Auswanderung tatsächlich erfolgen konnte; und dann vom Wohlwollen der englischen Behörden, die eine nicht befristete Aufenthaltsgenehmigung bewilligen mußten. In beiden Fällen waren englische Freunde, die LSE und die SPSL behilflich.

In Deutschland war die Frage der sogenannten Reichsfluchtsteuer zu klären, die durch beträchtlichen Grund- und Immobilienbesitz von Frau Mayer in die Höhe getrieben wurde. Nach Appellen von englischer Seite sicherte das Auswärtige Amt seine Unterstützung dafür zu, daß »alle zulässigen Erleichterungen« für die Übersiedlung nach London gewährt werden.[21] An Reichsfluchtsteuer waren schließlich 65.000 Mark zu zahlen. Sachwerte, die nach England mitgenommen werden konnten, waren die Wohnungseinrichtung, darunter der »gute deutsche Ofen«, der in manchem kalten und einsamen englischen Winter Wärme und etwas Geborgenheit bot[22], und Mayers umfangreiche Bibliothek, die er zwar an das eben erst gegründete *Internationale Institut für Sozialgeschichte (IISG)* in Amsterdam verkaufte, die er wegen seiner Verbindung zum Institut aber zu großen Teilen noch zur Verfügung behielt. Ab 1937 war Mayer mit Sitz in London Mitarbeiter des IISG.

Für die englischen Einwanderungsbehörden war diese berufliche Absicherung Mayers zwar nicht unwichtig. Wichtiger war jedoch, daß LSE und SPSL für Mayer eintraten, um die bei der Einreise am 20. April 1937 – dem »Geburtstag des ›Führers‹«, wie Mayer ironisch notierte[23] – auf nur vier Wochen begrenzte Aufenthaltsgenehmigung durch das *Home Office* in eine Genehmigung von unbegrenzter Dauer mit Arbeitserlaubnis in England umwandeln lassen zu können. Die LSE hatte Mayer als unbezahlten *Special Lecturer* für Geschichte berufen, dessen Aufgabe es sein sollte, postgraduierte Studenten von Fall zu Fall zu beraten und gelegentliche Vorträge zu sozialgeschichtlichen Themen zu halten.[24] Ausschlaggebend für die positive Entscheidung des Londoner Innenministeriums dürfte wohl die Mitteilung der SPSL gewesen sein, in ausreichendem Maß finanzielle Mittel für Mayers Familie bereitstellen zu wollen.[25]

Solche Bürgschaften waren auch für Wohnungsmakler unabdingbar. Für eine der »teuren und schlechten« Wohnungen in London mußte man 90 bis 100 Pfund Miete jährlich rechnen. Nach einigen Schwierigkeiten, eine »notdürftig geeignete und erschwingbare Wohnung zu finden«, gelang dies schließlich im Juni 1937. Damit war der »große Schritt gewagt«, in der Hoffnung, »daß wir uns allmählich unter den fremden Menschen und in dem fremden Land einleben werden.«[26] Mayer führte jetzt das Leben eines Privatgelehrten, der überwiegend mit seiner Tätigkeit für das IISG ausgelastet war. Dazu gehörte die Beantwortung von Anfragen, die nur in Londoner Bibliotheken zu erledigen waren, insbesondere umfangreiche Detailstudien zum Generalrat der I. Internationale; ferner die Mitarbeit an der Zeitschrift des Instituts[27] sowie der Ausbau von Beziehungen zu englischen Kollegen. Das Hauptprojekt war eine Quellensammlung zur politischen Arbeiterbewegung Großbritanniens nach dem Scheitern des Chartismus. Die Amsterdamer Institutsleitung, die dafür auch eine Sekretärin zur Verfügung stellte, hatte zunächst an eine sozialgeschichtliche Studie allgemeineren Zuschnitts und dann an eine Arbeit zum Chartismus gedacht. Doch lenkte Mayer mit sicherem Gespür die Aufmerksamkeit auf die Zeit nach der Jahrhundertmitte und zwar nicht auf die relativ viel behandelte Gewerkschaftsbewegung, sondern auf den politischen Zweig der britischen Arbeiterbewegung. In richtiger Einschätzung der Forschungslage machte Mayer deutlich, »daß wir die politische Betätigung der englischen Arbeiterklasse vom Ausgang der fünfziger bis etwa zum Ende der siebziger Jahre zum eigentlichen Thema machen müssen.« Es ging um die von der Forschung stark vernachlässigte Richtung der Arbeiterbewegung, die gegenüber der auf eine eigene politische Organisation verzichtenden Gewerkschaftsbewegung quantitativ nicht so sehr ins Gewicht fiel, die aber gelegentlich deutlich hervortrat und »in Fragen der inneren wie der äußeren Politik auf eine selbständige Betätigung der organisierten Arbeiterschaft hindrängte.«[28] Dabei handelte es sich vor allem um die Wahlrechtsreform in England, dann aber auch um die internationalen Aspekte wie die Entwicklung in den USA, in Polen und Italien sowie um die Einstellung zur I. Internationalen. Mayer sichtete eine Fülle publizistischer und auch unveröffentlichter Quellen und erstellte ein rund

1.500 Seiten umfassendes Manuskript. Er arbeitete sich damit in ein für ihn ganz neues Gebiet ein. Die Kehrseite der Medaille war, daß ihm für seine ureigenen Themen und Interessen, für Dinge, die das »eigene Selbst« in »Bewegung halten«, nicht mehr viel Zeit übrig blieb. Auch war das Verhältnis zu seinem Amsterdamer Arbeitgeber gelegentlich gespannt. »Doch rebus sic stantibus muß es mir Genüge tun, daß ich meine Familie damit über Wasser halte.«[29] Von 1937 bis zum deutschen Einmarsch in den Niederlanden erhielt Mayer ein Jahresgehalt von 2.400 holländischen Gulden. In Erwartung dieses festen Gehalts war es Mayer überhaupt erst möglich erschienen, »unsere Auswanderung aus Deutschland zu betreiben.«[30]

Eine Vortrags- oder gar Lehrtätigkeit an der LSE oder anderen Universitäten hat Mayer nicht ausgeübt. Er war zu alt und seine aktiven Sprechfähigkeiten waren zu wenig entwickelt, als daß dieser so deutsche Professor, der er nun einmal war, noch ins englische Universitätsleben wirklich hätte integriert werden können. Materiell litten die Mayers keine akute Not, aber sie lebten sehr einfach und bescheiden. Geld gaben sie nur für Wohnung und Nahrungsmittel aus, um die wenigen in Papieren angelegten Reserven nicht antasten zu müssen.[31] Dauernde Sorgen – nicht nur in menschlicher, sondern längerfristig auch in finanzieller Hinsicht – machte der unversorgte, bei den Eltern lebende Sohn Peter. Man mußte versuchen, »den Kopf oben zu behalten und Peter zu schützen, solange unsere Kräfte, die freilich nicht mehr die alten sind, noch reichen.«[32] Einen unschätzbaren Rückhalt bedeutete hierbei die Rückkehr des jüngeren Sohnes Ulrich, der sich im englischsprachigen Raum mit seinem zweiten Namen Philip zu nennen begann, aus Palästina kurz vor Kriegsausbruch. Die Kriegsjahre verbrachte Mayer überwiegend nicht in London, da die großen Bibliotheken, die er benutzte, geschlossen waren und die Dachwohnung in einem Haus ohne Keller wenig Sicherheit bot. Eine große Erleichterung war es, daß Mayer der Internierungswelle entging, mit der die britische Regierung 1940 in oft inhumaner Weise die deutschen Flüchtlinge erfaßte, möglicherweise wegen seines hohen Alters, vielleicht aber auch aufgrund von »Schutzbriefen« seitens der SPSL und der Labour Party.[33] Ende 1940 zog die Familie nach Malvern Wells in Worcestershire, 1943 dann nach Oxford, von wo im Mai 1946 aus Kostengründen[34] schließlich wieder nach London in ein Haus zurückgekehrt wurde, das die inzwischen mit den Mayers befreundete Malverner Wirtin preisgünstig zur Verfügung stellte.

Auf sparsame Haushaltsführung mußte geachtet werden. Die SPSL zahlte von 1945 bis zu Mayers Tod 1948 eine Jahresunterstützung von 250 Pfund. Auch wenn sie immer nur für die Dauer eines Quartals gewährt wurde, war sie doch eine regelmäßige Einnahme. Dies war um so beruhigender, als Mayer 1940 und 1944 in tiefe finanzielle Krisen gestürzt worden war. 1940 endeten nicht nur die Zahlungen aus Amsterdam, wo das IISG in die Hände der Deutschen fiel, sondern es lief auch das Stipendium der *Manhattan Research Foundation* aus. Zwar waren noch »einige Reserven« vorhanden, aber ohne Hilfe von außen drohte die Lage, in absehbarer Zeit »sehr schwierig« zu werden.[35] Hilfe kam jedoch wieder aus den USA und zwar diesmal durch seinen

Vetter Paul Gottschalk[36], der aufgrund seiner geschäftlichen Verbindungen als Antiquar mit vielen Universitätseinrichtungen in Kontakt war und der ein Stipendium der *Rockefeller Foundation* über 300 Pfund pro Jahr vermitteln konnte. Es sollte der Fertigstellung der Dokumentation zur Arbeiterbewegung dienen. Gottschalk erläuterte, daß es halbjährlich neu zu beantragen sei und fing in seinem Brief zugleich die Schwere und Unsicherheit des Emigrantenschicksals ein: »Ich halte es für fast sicher, daß Du dann abermals ein Stipendium in gleicher Höhe bekommst, denn, ich wiederhole, das Werk und sein Abschluß interessiert die Rockefeller Stiftung, nicht Du und Deine Familie.«[37] Bevor dann 1945 die erwähnten Zahlungen der SPSL einsetzten, fiel Mayer 1944 noch einmal in ein tiefes finanzielles Loch, als die Rockefeller-Mittel ausliefen. An Zinseinnahmen aus Kapitalvermögen standen der Familie jährlich 90 Pfund zur Verfügung.[38] Laski, der schon im Dezember 1943 Mayer seine Solidarität zusicherte[39], und dem Direktor der LSE, A.M. Carr-Saunders, war es schließlich zu verdanken, daß Mayer 200 Pfund erhielt, die von einem »generösen Freund« der LSE stammten.[40]

Der Krieg hatte nicht nur finanzielle Probleme mit sich gebracht. Ein schwerer Schicksalsschlag, an dessen Nachwirkungen Mayer bis zu seinem Tod litt, war der Tod Peters, der im März 1941 seinem Leben selbst ein Ende machte: »Seine zarte Seele hatte genug von dieser grausamen Welt.«[41] »Dem Andenken Peters« ist das letzte große Werk Mayers gewidmet, seine *Erinnerungen*, zu deren Niederschrift er 1943 von Tawney und Laski nachdrücklich ermutigt wurde und die er Ende 1945 abgeschlossen hatte. Er verstand sie als Beitrag zur deutschen Politik- und Kulturgeschichte zwischen 1890 und 1933, zur Geschichte der internationalen Arbeiterbewegung und zum »Problem des deutschen Judentums«. Als roter Faden zog sich durch diese Autobiographie der Bericht über Mayers so bitter enttäuschtes Verlangen, »in die deutsche Gemeinschaft restlos aufzugehen«.[42]

Mayers Memoiren erschienen ein Jahr nach seinem Tod.[43] In den letzten Jahren seines Lebens litt er an Herz- und Kreislaufbeschwerden und verließ immer seltener das Haus. Von gesellschaftlichen Kontakten waren er und seine Frau fast völlig abgeschnitten. Was an »Ansätzen zu persönlichen Beziehungen« vorhanden gewesen war, hatten die »langen Kriegsjahre weggespült«[44]. Eine Rückkehr nach Deutschland wurde indes zu keinem Zeitpunkt in Betracht gezogen, nicht nur aus gesundheitlichen Gründen. Was Mayer daran hinderte, sich in Deutschland noch einmal beheimatet zu fühlen[45], war der »breite Blutstrom«, »den ich so wenig noch einmal überschreiten könnte wie die Besucher des Hades den Styx, der sie in ihre Welt unrettbar bannte.« Diesen Satz schrieb er an Friedrich Meinecke, »dem fast einzigen Deutschen, dem ich mich noch nahe fühle.«[46] Gleichzeitig aber blieb ihm Meineckes Buch *Die deutsche Katastrophe* zu sehr an der Oberfläche, auch wenn er ein positives Gesamturteil abgab.[47] Seinen Schwager Karl Jaspers rief er zu mehr kritischer Selbstreflexion auf und verwahrte sich gegen den Begriff »Deutschtum«: »Warum gibt es denn kein Franzosentum und kein Engländertum? Wozu solche Worte wie Deutschheit, Deutschtum und das deutsche Wesen, an dem die Welt genesen sollte? Sind sie nicht Beiprodukte des schicksalhaften Prozesses, der die Deutschen von Patriotismus zum Nationalismus und schließlich zur Vergottung des Nationalismus geführt hat?«[48]

Deutschland kam als Heimat nicht mehr in Betracht. England aber war es nicht geworden: »Wir haben nur ganz, ganz wenig Engländer, die freundschaftlich zu uns stehen.«[49] Unter den Kollegen zählte Mayer Tawney[50] und Gooch dazu. Als »einzigen wirklichen Freund, den ich in diesem Land besitze«, nannte er einen Deutschen, den Arbeitsrechtler Otto Kahn-Freund, der an der LSE lehrte.[51] »Hilfsbereitschaft, Güte und Freundschaft«, die dankbar registriert wurden, bedeuteten noch nicht Integration. Letztlich bestimmend blieb das Gefühl der Fremdheit, nicht nur weil Mayer und seine Frau sich selbst fremd fühlten, sondern auch, »weil das englische Volk den Fremden so viel schwerer aufsaugt« als beispielsweise die amerikanische Gesellschaft dies tue. In die USA aber hätte Mayer nicht gehen wollen.[52] Er suchte 1941 auch um Naturalisierung in Großbritannien nach.[53] »Wir schätzten und schätzen«, so schrieb er im Dezember 1946, »den englischen Menschen mit seinem Takt und seiner großzügigen Duldsamkeit und müssen die Schattenseite dieser Qualität: seine Zurückhaltung gegenüber den Fremden in Kauf nehmen. Wir bewundern auch die beispiellose politische und soziale Erzogenheit (das Wort Disziplin hat einen nicht passenden militärischen Beigeschmack) der Engländer.«[54]

Die englische Bürgerkultur bot Mayer das, was der deutsche Staat ihm verwehrte: ein freies, wenn auch entbehrungsreiches Leben als Wissenschaftler. Sie nahm ihn aber nicht in sich auf und konnte es wohl auch nicht, weil Mayer selbst in fortgeschrittenem Alter die Anstrengung der Assimilation und Integration nicht wiederholen wollte, an die er seit seiner Jugend in Deutschland so viel enttäuschte Erwartungen geknüpft hatte. Als er nach England kam, war er in der Rolle des Außenseiters bereits geübt. So gesehen stellte das Exil keine neue Herausforderung dar. Sein Lebensgefühl, das er schon im Mai 1918 seinem Tagebuch anvertraut hatte, blieb als ein individuelles Element der Kontinuität auch in seinen englischen Jahren bestimmend: »Aus der Einsamkeit durch die Einsamkeit in die Einsamkeit.«[55]

---

1 Schreiben an Mayer 16.5.1933. Mayer Nachlaß. Der Nachlaß Gustav Mayers wurde mir von seinem in Oxford lebenden Sohn, Professor Philip Mayer, zugänglich gemacht. Dafür und für zahlreiche Gespräche und Mitteilungen bin ich zu großem Dank verpflichtet. – 2 Zum wissenschaftlichen Werk und zur akademischen Karriere Mayers informieren Hans-Ulrich Wehler: »Gustav Mayer«. In: Ders. (Hg.): *Deutsche Historiker*. Göttingen 1973, S. 228–240; Hans Schleier: »Zu Gustav Mayers Wirken und Geschichtsauffassung: Klassenkampf – Sozialreform – Revolution«. In: Horst Bartel u.a. (Hg.): *Evolution und Revolution in der Weltgeschichte. Ernst Engelberg zum 65. Geburtstag.* Bd. 1. Berlin 1976, S. 301–326; Bernd Faulenbach: »Gustav Mayer. Zwischen Historiker-Zunft und Arbeiterbewegung«. In: Marieluise Christadler (Hg.): *Die geteilte Utopie. Sozialisten in Frankreich und Deutschland. Biographische Vergleiche zur politischen Kultur.* Opladen 1985, S. 183–195; Gottfried Niedhart: »Deutsch-jüdische Neuhistoriker in der Weimarer Republik«. In: Walter Grab (Hg.): *Juden in der deutschen Wissenschaft* (= Jahrbuch des

Instituts für Deutsche Geschichte, Bd. 10). Tel Aviv 1986, S. 147–177. – **3** Mitteilung Ernst Engelbergs an den Vf. vom 13.2.1986. – **4** Mayer an seinen Schwager Karl Jaspers am 18.9.1933: »An die hiesige Universität erinnern mich nur noch gelegentliche Verabredungen mit Meinecke oder Stählin.« Jaspers NL (Deutsches Literaturarchiv Marbach). – **5** Mayer an seine Schwester Gertrud Jaspers am 22.9.1933. Ebd. – **6** Rückblickende Aufzeichnung Mayers aus dem Jahr 1937. Mayer NL. – **7** Auf Einstellungen und Einstellungswandel Mayers zu Judentum und Zionismus wird hier nicht weiter eingegangen. Durchgängig blieb aber seine Sorge, nationalistische Strömungen könnten im Zionismus die Oberhand gewinnen. Siehe etwa Mayer an seine Schwester am 2.1.1946. Jaspers NL. – **8** Generell zu England als Exilland Gerhard Hirschfeld (Hg.): *Exil in Großbritannien. Zur Emigration aus dem nationalsozialistischen Deutschland.* Stuttgart 1983; Gottfried Niedhart (Hg.): *Großbritannien als Gast- und Exilland für Deutsche im 19. und 20. Jahrhundert.* Bochum 1985; Marion Berghahn: *Continental Britons. German-Jewish Refugees from Nazi Germany.* Oxford 1987; Neue Gesellschaft für Bildende Kunst in Berlin: *Kunst im Exil in Großbritannien.* Berlin 1986. – **9** Mayer an Jaspers am 11. und 12.1.1946. Das Original dieses Briefs befindet sich im Besitz von Professor Renato de Rosa (Karlsruhe). – **10** Mayer an seine Frau am 4.2.1915. Mayer NL – **11** Siehe die fast naiv anmutenden Formulierungen in Mayers Memoiren. Gustav Mayer: *Erinnerungen. Vom Journalisten zum Historiker der deutschen Arbeiterbewegung.* München 1949, S. 35, 365. – **12** Im folgenden werden nicht alle Details im einzelnen nachgewiesen. Sie sind durchweg den Korrespondenzen Gustav Mayers entnommen. – **13** Mayer an Albert Einstein 17.4.1934. Einstein NL (Jewish National and University Library, Jerusalem: Arc. Ms. 4, 1576). – **14** Mayer an Einstein 7.2.1934. Einstein NL. – **15** Die wohl letzte Publikation Mayers zu dessen Lebzeiten war sein Nachruf »Zum Gedächtnis Bernhard Groethuysens«. In: Die Wandlung 2 (1947), S. 591–594. – **16** Gutachten Otto Hintzes vom 24.11.1933. SPSL-Archiv, Akte Gustav Mayer (Bodleian Library Oxford). – **17** Informationen über Mayers Verbindungen mit der LSE verdanke ich Dr. Christine Challis, Secretary des Direktors der LSE (Schreiben vom 30.9.1987). – **18** SPSL-Archiv. – **19** Adams an Robins am 19.7.1935 und Gooch am 30.12.1935. SPSL-Archiv. Den Hinweis auf diese Briefe aus dem noch weitgehend ungeordneten Bestand der SPSL verdanke ich Gerhard Hirschfeld. – **20** Laski an Adams am 22.4.1936. SPSL-Archiv. – **21** Dieckhoff (Auswärtiges Amt) an Gooch am 7.10.1936. SPSL-Archiv; Auswärtiges Amt an Mayer 28.10.1936. Mayer NL. – **22** Mayer an seine Schwester am 5.1.1947. Jaspers NL. – **23** Aufzeichnung vom Mai 1937. Mayer NL. – **24** William Beveridge, damals Direktor der LSE, an Mayer am 5.8.1936. Mayer NL. – **25** Adams an das Home Office am 1.5.1937. SPSL-Archiv. – **26** Briefe von Gustav Mayer und seiner Frau Flora vom April und Mai 1937. Mayer NL und Archiv des IISG Amsterdam. – **27** Gustav Mayer: »Zum Verständnis der politischen Aktion Lassalles«. In: International Review for Social History 3 (1938), S. 89 ff.; Ders.: »Letters of Karl Marx to Karl Blind«. In: ebd. 4 (1939), S. 153 ff. – **28** Mayer an Posthumus, den Direktor des IISG, am 27.11.1937. Mayer NL. – **29** Mayer an Martin Buber am 2.7.1939. Buber NL (Jewish National and University Library, Jerusalem: Arc. Ms. Var. 350/487); Mayer an seinen Sohn Ulrich am 17.8.1937. Mayer NL. – **30** Mayer an de Lieme (IISG) am 16.7.1936. Mayer NL. – **31** Offenbar war es gelungen, vor der Auswanderung etwa 2.000 Pfund ins Ausland zu bringen. Weiterhin wurde für etwa 1.000 Pfund die Bibliothek Mayers aus Berlin 1936 verkauft. Diese Gelder waren in Anleihen und Aktien angelegt, wie eine Aufstellung »Unser Vermögen« vom April 1939 (Mayer NL) zeigt. Ferner wurde Geld durch Mayers Cousin Paul Gottschalk verwaltet, einen Berliner Antiquar, der sein bedeutendes Geschäft nach 1933 nach Den Haag und später in die USA verlegte. Ferner lieh Mayer Gottschalk 1938 eine größere Summe, um Gottschalk die Auslösung von noch in Deutschland befindlichen Bücherbeständen zu ermöglichen. Mit Kriegsausbruch stellte Gottschalk alle Zinszahlungen an Mayer ein (und nach dem Krieg gab es Auseinandersetzungen über den Umfang von Gottschalks Verpflichtungen). – **32** Mayer an seine Schwester am 22.8.1939. Jaspers NL. – **33** Schreiben an Mayer von der SPSL am 3.7.1940 (SPSL-Archiv) und von William Gillies, dem Sekretär des International Department der Labour Party am 5.7.1940 (Mayer NL). – **34** Die Oxforder Drei-Zimmer-Wohnung hatte monatlich 15 Pfund gekostet. Durch die billigere Londoner Lösung »brauchen wir nicht von unserem kleinen Kapital zu nehmen«. Flora Mayer an Gertrud Jaspers am 7.11.1946. Jaspers NL. – **35** Mayer an SPSL am 21. und 29.5.1940. SPSL-Archiv. – **36** Siehe oben Anm. 31. – **37** Gottschalk an Mayer am 3.12.1940. Mayer NL. – **38** Angaben Mayers vom 27.7.1944. SPSL-Archiv. – **39** Laski an Mayer am 6.12.1943. Mayer NL. – **40** Carr-Saunders an SPSL am 1.8.1944. SPSL-Archiv. – **41** So Mayer rückblickend an Meinecke am 3.1.1946. Am 30.3.1946 ebenfalls an Meinecke: »Die Tragödie, die uns vor fünf Jahren unseren edlen Ältesten raubte, hat unverwischbare Spuren in meiner Seele zurückgelassen.« Meinecke NL (Geheimes Staatsarchiv Berlin: Rep. 92 Meinecke Nr. 26: Gustav Mayer-Briefe). – 42 Mayer an SPSL am 24.2.1946. SPSL-Archiv; Mayer an seine Schwester am 11.6.1945. Jaspers NL. – 43 Vgl. Anm. 11. – 44 Mayer an seine Schwester am 29.12.1946. Jaspers NL. – 45 Vgl. auch Mayer: *Erinnerungen* (wie Anm. 11), S. 372. – 46 Mayer an Meinecke am 3.1.1946. Meinecke NL. – 47 Mayer an seine Schwester am 22.10.1946. Jaspers NL. Eine Rezension veröffentlichte Mayer in: Contemporary Review 171 (1947), S. 59 f. – 48 Mayer an Jaspers am 12.1.1946 (wie Anm. 9). – 49 Mayer an seine Schwester am 29.12.1946. Jaspers NL. – 50 Tawney verfaßte auch einen Nachruf in der *Times* vom 4.3.1948. – 51 Mayer an seine Schwester am 13.6.1945. Jaspers NL. – 52 Briefe von Gustav und Flora Mayer am 28.1.1946, 10.2.1946, 29.12.1946. Jaspers NL. – 53 Den Antrag unterstützen zu wollen, sagten in Briefen an Mayer vom 28.2. und 17.3.1941 Tawney und A.J. Toynbee zu. Mayer NL. – 54 Mayer an seine Schwester am 29.12.1946. Jaspers NL. – 55 Tagebucheintrag vom 22.5.1918. Mayer NL.

Alfons Söllner

»The Philosopher not as King«
Herbert Marcuses politische Theorie in den vierziger und fünfziger Jahren

»Unter dem Einfluß des Terrors, der jetzt die Welt entsetzt und bedroht, zieht sich das Ideal in einer einzigen und zugleich allgemeinen Forderung zusammen. Angesichts der faschistischen Barbarei weiß jeder, was Freiheit bedeutet«.[1]

Sätze wie diese finden sich viele in den Schriften deutscher Hitler-Flüchtlinge zu Anfang der vierziger Jahre. Sie sind charakteristisch für die düstersten Jahre des 20. Jahrhunderts, nachdem Hitlers Truppen auch noch in die Sowjetunion eingefallen waren und es einen Augenblick schien, als werde der Wahn vom germanischen Weltreich tatsächlich Wirklichkeit. Die verzweifelte Entschlossenheit, die aus ihnen spricht, hätte für Marcuse, der seine philosophische Prägung bekanntlich von Heidegger erhielt, zehn Jahre früher als Ausdruck eines philosophischen Dezisionismus erscheinen können; 1941, als er sie in der letzten Nummer der *Zeitschrift für Sozialforschung* veröffentlichte, standen sie beinahe für das genaue Gegenteil: für die Bereitschaft, sich auf eine langwierige und widerständige Praxis einzulassen, ohne die die Erfolge des Nationalsozialismus nicht mehr rückgängig zu machen waren.

Der Anspruch, den marxistischen Gedanken der Vermittlung von Theorie und Praxis beim Wort zu nehmen, lag Marcuse zu keiner Zeit fern. In keinem seiner Werke aber wird das deutlicher als in *Reason and Revolution* aus dem gleichen Jahr, das sein erstes Buch in Amerika und sein zweites über Hegel war. Es ist als ganzes darauf gerichtet, die Unvereinbarkeit zwischen Hegels Philosophie und den Zwecken der Nationalsozialisten zu demonstrieren, und es führt den schlüssigen Beweis auf eine Weise, die den Abstand gegenüber seiner Weimarer Hegelinterpretation ebenso erkennen läßt wie die Absicht, einem amerikanischen Publikum vor Augen zu führen, was an antifaschistischem Potential in der deutschen Tradition steckt. Das Ergebnis ist ein verblüffender Einblick in die Ambivalenz eines politischen Denkens, das durch konkrete historische Interpretation seine fortschrittlichen Implikationen deutlicher hervortreten läßt als die gar nicht geleugneten autoritären Aspirationen. Ja, Marcuse geht so weit, es als genuinen Ausdruck des Liberalismus zu bezeichnen: »Hegels Lehre ist das Produkt des liberalistischen Zeitalters und drückt seine traditionellen Prinzipien aus.«[2]

Nicht weniger aber – und hier schlägt der Kontext des Instituts für Sozialforschung durch – zielt seine Rekonstruktion auf die Verdeutlichung des grundsätzlichen Bruches, den der Übergang von Hegel zu Marx philosophiegeschichtlich markiert: »Der letzte Höhepunkt der Philosophie ist zugleich ihre Abdankung. Ihrer ausschließlichen Beschäftigung mit dem Ideal entbunden, wird die Philosophie auch ihrer Opposition zur Wirklichkeit entbunden. Das bedeutet, daß sie aufhört, Philosophie zu sein. Es folgt daraus jedoch nicht, daß sich das Denken dann der bestehenden Ordnung zu unterwerfen hätte. Das kritische Denken hört nicht auf, sondern nimmt eine neue Form an. Die Anstrengungen der Vernunft gehen auf gesellschaftliche Theorie und gesellschaftliche Praxis über.«[3] Vielleicht ahnte Marcuse, als er das gemeinsame Programm des Horkheimer-Kreises in diesen Worten formulierte, noch nicht, welch wörtlichen Sinn sie alsbald für ihn selber annehmen sollten, doch kann man sie rückblickend als Zeugnis dafür lesen, wie unmittelbar gegenwartsbezogen diese Gruppe ihre philosophiegeschichtlichen Studien appliziert wissen wollte. Jedenfalls näherte die Ahnung sich der Gewißheit, als Marcuse im Vorwort vom März 1941 Hegel die Perspektive in den Mund legte, die wenig später für ihn verbindlich wurde: »Er wies dem amerikanischen rationalen Geiste eine entscheidende Rolle im Kampf um eine angemessene Lebensordnung zu und sprach von dem künftigen Sieg und der äußersten ›lebendigen Vernünftigkeit‹ der amerikanischen Nation«.[4]

Im folgenden soll eine These vertreten werden, die den Philosophiehistoriker ärgern und den Politikwissenschaftler verwundern wird: daß nämlich das Jahrzehnt zwischen 1942 und 1952, in dem Marcuse außer einer Rezension über Sartres *L'Etre et le Néant*[5] bekanntlich nichts veröffentlicht hat, zu seinen interessantesten Perioden gehört. In der Tat mußte die Philosophie abdanken und die Opposition zur Wirklichkeit eingezogen werden, als Marcuse im Frühjahr 1943 die Columbia-Residenz des Instituts für Sozialforschung verließ und sich in amerikanische Staatsdienste nach Washington begab. Der Schritt mag freiwillig erfolgt sein oder unter dem Zwang widriger Berufsmöglichkeiten, wie sie für die Emigrationssituation typisch waren – wichtig ist, daß er überhaupt getan wurde. Er steht für die Konsequenz einer philosophischen Radikalität, die im engeren Kreis der Frankfurter Schule ohne Beispiel war. Daß er gleichwohl auf eine ironische Konstellation hinauslief, hat niemand treffender zum Ausdruck gebracht als Hans J. Morgenthau, ebenfalls Hitler-Flüchtling und politischer Denker, der Marcuse auf einer Konferenz über *Germany and the Future of Europe* mit folgenden Worten einführte: »This is one of the cases when a philosopher has not become a king, but has perhaps achieved the even rarer accomplishment of becoming the Chief of the Central European Branch, Division of Research, of the Department of State. I don't know whether any philosopher ever had such a title«.[6]

Was seine subjektiven Erfahrungen in dieser Konstellation anbelangt, so dürfte es wohl aufschlußreich sein, daß Marcuse am Ende seines Lebens nicht mehr bereit war, sich seiner Jahre in Washington genauer zu erinnern[7] – wahrscheinlich erschienen ihm die psychischen Kosten zu hoch und die politischen Erträge dieser Lebensperiode nachträglich zu gering. Was jedoch die objektiven Voraussetzungen dafür betrifft, so kennzeichnen sie einen Ort der Zeitgeschichte, den auszuleuchten sich lohnt, weil sich hier eine exemplarische Episode des antifaschistischen Kampfes in Amerika abspielte. Bemerkenswert war freilich nicht sein unmittelbarer Erfolg, sondern eher das Gegenteil: die Erfahrung, daß Mittel und Ziele dieses Kampfes alsbald in einen wachsenden Widerspruch gerieten, daß sich die Emigration selbst als ein entscheidendes Hindernis erwies, um zu einer befriedigenden Vermittlung von Theorie und Praxis zu gelangen. Sie wurde dadurch ein Faktor, dessen Reflexion zumindest bei Marcuse an den Punkt zurückführte, den er hatte verlassen wollen: in die erneute und verstärkte Bemühung der Philosophie. Die Formulierung, so abstrakt gefaßt, klingt nach einem aporetischen Zirkelschluß und trifft in der Tat einen bestimmten Aspekt des politischen Exils. Und doch wurde gerade Marcuse zum Anschauungsbeispiel dafür, wie der Zirkel unter veränderten Bedingungen aufgesprengt werden, die »Kraft der Negation« (Hegel) von neuem in ihr Recht gesetzt werden konnte.

In Kürze seien die institutionellen und politischen Bedingungen zusammengefaßt, unter denen Marcuse seine Zeit in Washington – es handelte sich immerhin um ein ganzes Jahrzehnt – verbrachte: Mit dem aktiven Kriegseintritt Amerikas im Jahre 1942 stellte der soeben gegründete Geheimdienst, das Office of Strategic Services (OSS), genauer dessen Research & Analysis Branch, eine Gruppe von deutschen Emigranten ein. Es handelte sich neben Marcuse um zwei weitere Mitarbeiter aus Horkheimers Institut für Sozialforschung, um den Gewerkschaftsjuristen Franz L. Neumann, der soeben eine voluminöse Darstellung des Nationalsozialismus publiziert hatte[8], und um den Verfassungsrechtler Otto Kirchheimer. Dazu kamen der spätere Theoretiker der Internationalen Beziehungen John H. Herz, der Philosoph Hans Meyerhoff, der Historiker Felix Gilbert, die früheren preußischen Ministerialbeamten Oskar Weigert und Robert Eisenberg, die Österreicher Robert Neumann und Henry Kellermann sowie etliche andere freie Mitarbeiter.

Der Zweck, den die Amerikaner mit dieser Plazierung von ›enemy aliens‹, die sie damals noch teilweise waren, an einem immerhin sicherheitsempfindlichen Ort verfolgten, war klar: Die amerikanische Regierung brauchte Deutschlandexperten, um Situation und Ressourcen des Feindes einzuschätzen – und sie konnte dabei keinen besseren Griff tun als den nach Männern, in denen sich eine schroff antifaschistische Orientierung mit einer hohen Fachkompetenz über die Weimarer Verhältnisse und das Hitler-Regime zuverlässig verknüpften. Wichtig für das Verständnis dieses spezifischen Theorie-Praxis-Zusammenhangs ist, daß es sich dabei natürlich um ein abhängiges politisches Arbeitsverhältnis handelte, was aber nicht ausschloß, daß die Emigranten ihrerseits einen bestimmten Zweck mit ihrer Forschungs- und Beratungstätigkeit verfolgten. Für sie war es freilich ein vielfältig konditionierter, obgleich sie darauf hofften, mittels der Konstruktion und der wissenschaftlichen Begründung eines bestimmten Deutschlandbildes Einfluß zu nehmen auf die Politik, die Amerika gegenüber Deutschland verfolgen sollte, sobald das militärische Ziel, die Niederlage der Hitlertruppen, erreicht war.

Ich kann hier nicht darstellen, was sich aus dieser Konstellation, die man als politische Interessengemeinschaft mit Schlagseite bezeichnen könnte, im einzelnen entwickelte. Wie ich an anderer Stelle ausführlich dokumentiert und kommentiert habe[9], zeichnete sich in ihr die Entwicklungslinie ab, der die amerikanische Politik in den vierziger Jahren insgesamt folgte. Den einzelnen Abschnitten dieser Linie entsprach ein funktioneller Wandel in den Forschungs- und Beratungsaufgaben, denen die Emigrantengruppe nachzukommen hatte: Beim Kriegseintritt Amerikas standen zunächst noch am ehesten geheimdienstliche Aufgaben im engeren Sinne an, also Ausspähung und Bewertung der sozialen und politischen Kräfte und der Ressourcen im Hitler-Deutschland; mit dem absehbaren Ende der Kampfhandlungen traten Fragen des (negativen) Besetzungs- und Disziplinierungsprozesses in den Vordergrund, also die Planung der Besatzungsherrschaft; schließlich ging es – die Forschungsgruppe war Ende 1945 ins State Department umgesiedelt worden – um die teils konstruktive, teils kritische Begleitung des (positiven) Rekonstruktionsprozesses, der von Anfang an, mit großer Deutlichkeit aber seit 1947 auf die Wiedererrichtung einer kapitalistischen Demokratie in Westdeutschland zielte und die Teilung Deutschlands bekanntlich in Kauf nahm.

Damit ist die Konfliktlage angedeutet, in die die deutschen Emigranten nach anfänglicher Interessenidentität mit ihren Auftraggebern geraten mußten. Es war eine explizit politische, deren Ausmaße man erst begreift, wenn man bedenkt, daß zumindest das aus dem Institut für Sozialforschung stammende Führungstrio, also Neumann, Marcuse und Kirchheimer, auf einen demokratischen Sozialismus in Deutschland hinarbeiteten. Sie hatten einen dritten Weg zwischen Kommunismus und Kapitalismus im Kopf, der ihnen als die einzige sichere Garantie für eine zuverlässige Stabilisierung einer zukünftigen Demokratie in Deutschland erschien. Mit der Verkündigung der Truman-Doktrin und des Marshall-Planes im Frühjahr bzw. Sommer 1947 aber wurde die amerikanische Deutschlandpolitik zu einer europa- und schließlich einer weltpolitischen Strategie ausgeweitet, die auf die Eindämmung des Kommunismus auf der einen Seite und auf die Befestigung eines westlichen Bündnisses auf der andern Seite hinarbeitete: Kapitalistische Weltmarktsicherung und militärische Blockbildung traten in den Vordergrund.[10] Dementsprechend traten jetzt selbst die Fragen in den Hintergrund, die auch die weniger radikalen Mitarbeiter der Forschungsgruppe bewegten, also eine konsequent durchgeführte Entnazifizierung, eine effektive und in die Tiefe der politischen Kultur gehende demokratische Umerziehung und die Übergabe der zukünftigen Staatsgeschäfte an eine nazistisch unbelastete, demokratisch zuverlässige Beamtenschaft. Gemessen an diesen Zielen, die für die Emigrantengruppe eine Art Minimalbasis ihrer Kooperationsbereitschaft gewesen sein dürften, läßt sich als Resultat ihrer politischen Interventionsversuche in die amerikanische Politik nur Negatives konstatieren: Sie waren gescheitert.

Worin bestand nun die Tätigkeit Herbert Marcuses in diesem Kontext, und was war die spezifische Rolle, die er im Forschungsteam spielte? Zunächst steht fest, daß der Einfluß, den er auf den Theoriebildungs- und Diskussionsprozeß nahm, außerordentlich prägend war – Eugene N. Anderson, der erste amerikanische Direktor, nennt seinen Namen unmittelbar nach dem von Franz

Neumann, der der formelle Forschungsleiter wie der intellektuelle opinion leader der Gruppe war; dafür spricht weiter, daß Marcuse die Position Neumanns übernahm, als dieser 1947 aus dem State Department ausschied. Die Politikbereiche, auf die sich seine Arbeit konzentrierte, waren – nach eigener Auskunft wie der der Dokumente[11] – hauptsächlich zwei: einmal die Vorbereitung bzw. kritische Begleitung der Entnazifizierung in Deutschland, einschließlich der Erstellung von Listen besonders belasteter Personen; zum andern die Identifizierung und Erforschung derjenigen Gruppen, an die ein demokratischer Aufbau positiv anknüpfen konnte, worunter in erster Linie die Sozialdemokratie und die Gewerkschaften verstanden wurden. Dabei ist eine Einschränkung angebracht, die sich auf die Arbeitsweise der Research & Analysis Branch ebenso wie auf die Dokumentierbarkeit ihrer Produkte bezieht: Weil die Arbeitsweise eine kollektive war, also die Forschungsberichte zwar einzelnen Mitarbeitern anvertraut, dann aber in Teamwork erstellt wurden, lassen sich die einzelnen Expertisen nur sehr vermittelt individuellen Autoren zuordnen.[11a] Was indes auf den ersten Blick als ein Hindernis theoriebiographischer Erkenntnisinteressen erscheint, wirft andererseits, wie zu zeigen sein wird, ein interessantes Licht auf den kollektiven Lernprozeß, der auch für die individuelle Entwicklung Marcuses prägend wurde.

Die Entnazifizierungsexpertisen des OSS, an denen Marcuse federführend mitwirkte[12], sind aus mehreren Gründen bemerkenswert: Nicht nur dokumentieren sie die Eindeutigkeit und gleichzeitig den Konkretionsgrad einer Haltung, in der sich deutsche Antifaschisten und amerikanische Politiker bis 1945 einig waren, sie bezeugen auch den Planungsvorlauf, den das OSS nicht zuletzt aufgrund der hohen Fachkompetenz und der politischen Entschiedenheit der Emigranten für sich beanspruchen konnte. Was in ihnen aber vor allem zur Debatte stand, läßt sich erst durch eine theoretische Extrapolation genauer erfassen – sie wird dadurch nötig, aber auch möglich, daß in die Expertisen gesellschaftstheoretische Prämissen Eingang gefunden haben, die in den Texten selber nur indirekt zum Ausdruck kommen. Franz Neumann hatte seine Analyse des Nationalsozialismus bekanntlich auf eine modifizierte marxistische Theorie aufgebaut, derzufolge die planökonomischen Elemente in Deutschland zwar weit fortgeschritten, gleichwohl aber unter dem Diktat des Profitmotivs und damit des Privatkapitalismus verblieben waren; und er ergänzte diese ökonomische Strukturtheorie durch eine Theorie der totalitären Elitenherrschaft, die er 1944 folgendermaßen zusammenfaßte: »Eine kleine Gruppe mächtiger Industrie-, Finanz-, und Agrarmonopolisten verschmilzt mehr und mehr mit einer Gruppe von Parteihierarchen zu einem einzigen Block, der über die Mittel der Produktion wie über die Mittel der Gewalt verfügt.«[13]

Die Entnazifizierungspläne des OSS folgten bis in Nuancen hinein dieser herrschaftstheoretischen Vorlage: Bei der Bestimmung der Hauptbelasteten wird von der Parteihierarchie gleitend in die staatliche Herrschaftselite übergegangen, nicht weniger deutlich wird jedoch auch der Anteil der privaten Wirtschaftsführung hervorgehoben. Dieses Auswahlverfahren ist besonders aufschlußreich, wenn man es vergleicht mit demjenigen, das dann den tatsächlichen Entnazifizierungsverfahren zwischen 1945 und 1948 zugrunde lag. Während dieses auf Quantität ausging, was allein bis Mitte 1946 zur Erfassung von 1,5 Millionen Deutschen mittels der berüchtigten Fragebogen führte, hatte das OSS einen qualitativen, eben herrschaftstheoretisch begründeten Maßstab, der schon die Ausgangsziffer der zu erfassenden Personen so klein wie möglich hielt. Das allseits beklagte Scheitern der Entnazifizierungsmaßnahmen, die bürokratische Überlastung und das dadurch erzwungene Ausweichen in immer weitere Amnestien, die vorwiegend den stärker ›Belasteten‹ zugute kamen, nachdem die kleinen Parteigenossen bereits abgeurteilt waren – all das hätte man sich vermutlich durch die Verwendung der in der R & A Branch ausgearbeiteten Kriterien erspart. Symptomatisch ist, daß die Zahl der in den Entnazifizierungsverfahren insgesamt als ›belastet‹ eingestuften Personen etwa von der Größenordnung war, die das OSS für die Eingangsstufe veranschlagt hatte: ca. 200.000.[14]

Das »Fiasko der Entnazifizierung«, wie es ein Mitarbeiter der Central European Section nannte, steht in der deutschen Nachkriegsgeschichte wahrscheinlich für das größte Versäumnis des demokratischen Aufbaus. Inwiefern sie auf perverse Weise in das genaue Gegenteil dessen umschlagen konnte, was die Planer des OSS beabsichtigt hatten, ist der leitende Gedanke eines gleichsam rückblickenden Berichts von 1948.[15] Vor allem seit die Deutschen die Entnazifizierung in eigener Regie betrieben, war es ihnen gelungen, die von den Amerikanern gleichzeitig zu aufwendig und zu lasch konzipierte Demokratisierungsmaßnahme in eine Art Rehabilitierungsmaschine für mittlere und kleine Nazis umzufunktionieren; die Kontinuität, die auf diese Weise möglich wurde, sollte sich alsbald als große Belastung der künftigen Bundesrepublik erweisen. Übernommen wurden in die neue Demokratie nicht nur eine äußerst kompromittierte Wirtschaftselite, sondern vor allem auch große Teile der Bürokratie und der Richterschaft, die dem Nazi-Regime unauffällig, aber effektiv gedient hatten.

Um den Eindruck zu ermessen, den diese Entwicklung auf die Forschungsgruppe gemacht haben muß, braucht man nicht zu den eingangs zitierten Reflexionen über die Praxis der Philosophie zurückkehren. Es genügt auch, die Erinnerungen zu vergegenwärtigen, die John H. Herz, der liberal orientierte und sicherlich weit weniger radikal gesonnene Mitarbeiter der Central European Section, an sie geknüpft hat – sie lassen sich umstandslos auf Marcuse übertragen: »Sie müssen unterscheiden: Am Anfang waren wir doch irgendwie besessen von der Idee, etwas tun zu können. Es war doch eine Sache von weltgeschichtlicher Bedeutung, den Faschismus niederzuringen und die demokratischen Systeme zu verteidigen (...). Ich spürte die moralische Pflicht, gerade als Emigrant, der von Amerika aufgenommen worden war, etwas zu tun, um die Weltherrschaft des Faschismus zu verhindern. Natürlich wurde man dann, Schritt für Schritt, desillusioniert (...). Wir hatten ein Memorandum nach dem andern eingereicht – und die desk-Leute, also die Entscheidungsträger in den andern Abteilungen des State Department, haben sie einfach in den

Papierkorb geschmissen. Wir haben nie Reaktionen bekommen, hatten nie das Gefühl, daß überhaupt etwas zur Kenntnis genommen wurde von dem, was wir empfahlen oder wovor wir warnten. Die Linie, Deutschland so rasch wie möglich zum Bundesgenossen aufzubauen, hatte sich schon 1945 angedeutet, durchgesetzt hat sie sich dann 1946/47. Um die Erfahrungen nach 1945 zusammenzufassen: wir Emigranten waren alle so enttäuscht über unsere Einflußlosigkeit, über die Wirkungslosigkeit dessen, was wir jahrelang ausgearbeitet hatten, daß einer nach dem andern das Gefühl kriegte: hier haben wir nichts mehr zu suchen.«[16]

In resignativen Formulierungen wie diesen, in der Einsicht in die Vergeblichkeit, unter den Bedingungen weltpolitisch vermittelter Restauration zu einer konstruktiven prodemokratischen Praxis zu kommen, wird die Grundstimmung greifbar, die sich spätestens ab 1947 in der Forschungsabteilung des State Department breitgemacht hat. Und doch bezeichnet dies gerade für den philosophischen Kopf in ihr nur die halbe Wahrheit. Dies wird schon daran sichtbar, daß Marcuse noch ganze fünf weitere Jahre auf seinem Posten verblieb, während etwa Franz Neumann bereits 1947, John Herz 1948 und alsbald auch die meisten der anderen deutschen Emigranten in die universitäre Forschung und Lehre abwanderten. Wieder kann man es dahingestellt sein lassen, ob es sich um ein freiwilliges Ausharren handelte, oder ob nur kein attraktives anderes Angebot sich fand – wichtig ist alleine, d a ß Marcuse sich weiter in der Praxis der Politikberatung versuchte und welches ihre Intentionen waren. Um sie zu dokumentieren und gleichzeitig die für sie typischen strategischen Wandlungen zu bestimmen, kann man sich an den zweiten Arbeitsbereich halten, an dem Marcuse federführend mitwirkte. Verglichen mit den negativen Zielen der amerikanischen Besatzungspolitik, gemeinhin zusammengefaßt in den drei D's: Demilitarization, Denazification, Decentralization, wurde hier ein positiver Anknüpfungspunkt gesucht: die Identifikation und Unterstützung prodemokratischer politischer Gruppen in Deutschland.

Sieht man sich die einschlägigen Expertisen der Central European Section des OSS um 1945 an[17], so fällt zunächst auf, daß sich die Aufmerksamkeit fast ausschließlich auf das linke Parteienspektrum und auf die Gewerkschaften richtete. Es ging den deutschen Emigranten offensichtlich darum, die traditionellen, aus Weimar überkommenen Strukturen einerseits wiederaufzunehmen, sie andererseits aber in eine Richtung zu lenken, die nicht nur auf die Etablierung einer politischen Demokratie hinauslief, sondern den politischen Organisationen der Arbeiterbewegung eine Art Vorsprung in der Vertretung ihrer Interessen wie deren institutioneller Verankerung im zukünftigen Staatsgebilde sichern sollte. Mit dieser Vorstellung bewiesen die Planer des OSS einen deutlich parteilichen Blick auf die Reste der deutschen Arbeiterbewegung, von der sie übrigens realistischerweise nie geglaubt hatten, daß sie zu einer revolutionären Erhebung gegen Hitler in der Lage sein würde. Gleichzeitig gingen sie mit Bestimmtheit einen Schritt über die klassenneutrale Demokratietheorie westlichen Stils hinaus, der die Realpolitiker der USA ab 1947 zum Durchbruch verhalfen. Daß es ihnen in der Tat darum ging, einen *dritten*

Weg zwischen dem amerikanischen Demokratiemodell auf der einen Seite und einer strikt kommunistischen Politik (an deren Steuerung durch Moskau sie keinen Zweifel hegten) auf der andern Seite so lange wie möglich offenzuhalten, kann man daran erkennen, daß sie sich von jedem ideologischen Antikommunismus freizuhalten versuchten. Rechtsstaatlichkeit und politischer Pluralismus waren dabei lediglich die selbstverständlich vorausgesetzten Grundbedingungen, die zur Neutralisierung der nationalsozialistischen Machteliten unerläßlich waren, aber eine positive Entwicklung noch nicht hinreichend zu garantieren schienen.

Es geht in unserem Zusammenhang nicht um eine Auslotung der politischen Alternativen, die in Deutschland bzw. Europa – nach einem beispiellosen Zusammenbruch sämtlicher überkommenen Strukturen – denkbar gewesen wären, sondern darum, wie diese Umbruchssituation sich in den Köpfen deutscher Emigranten im amerikanischen Staatsdienst widerspiegelte. An dem intellektuellen Milieu, dem Herbert Marcuse sich zurechnete, fällt auf, wie beweglich, wie gleichzeitig realistisch u n d strategisch dies der Fall war. Ein Beispiel dafür und in hohem Maße signifikant für die Entwicklung von Marcuses politischem Denken ist die Veränderung der politischen Perspektive, die sich in der Einschätzung der Parteienentwicklung in Westdeutschland gegen Ende der vierziger Jahre ergab.[18] Hatten die Parteienstudien von 1945 noch darauf gesetzt, den Linksparteien und Gewerkschaften möglichst freie Hand beim Aufbau der deutschen Demokratie zu geben, so legten die entsprechenden Studien von 1948/49 geradezu die gegenteilige politische Schlußfolgerung nahe: Sie machen deutlich, wie sehr die Linkskräfte gegenüber den neu entstandenen bürgerlichen Gruppierungen bereits in die Defensive geraten sind, und sprechen die unmißverständliche Forderung aus, die Besatzungsmächte mögen sich auf keinen Fall zu früh aus Deutschland zurückziehen. Der Grund, den sie dafür angaben, war nicht so sehr die Furcht vor einer kommunistischen Machtübernahme, sondern das von den Rechtsparteien geschürte und durch die internationale Situation ermutigte Erwachen eines neuen deutschen Nationalismus, der alles zunichte zu machen drohe, was an demokratischer Konsolidierung bis dahin erreicht worden sei.

Es ist nicht leicht, in den Deutschlandexpertisen des OSS und später des State Department eine explizite und klar formulierte politische Theorie ausfindig zu machen – zu sehr handelt es sich um bloße Situationsberichte oder auch unmittelbar strategisch gemeinte Analysen. Doch will es scheinen, als ob die bloße Sicherung rechtsstaatlicher und formaldemokratischer Institutionen desto stärker in den Vordergrund trat, je mehr sich traditionelle Klassen- und Machtstrukturen in Westdeutschland wieder zu verfestigen schienen. Es ist diese defensive Perspektive – und nicht so sehr die eines offensiven demokratischen Sozialismus, die John Herz im Auge hat, wenn er den Minimalkonsens der Emigrantengruppe in der Erinnerung folgendermaßen umreißt: »Sie folgte einer liberaldemokratischen Perspektive und glaubte an die Möglichkeit, ein demokratisches Deutschland jenseits von Agrarisierung, aber auch jenseits des westlichen Kapitalismus schaffen zu können – ein Deutschland mit einer demokratischen Verfassung, die alle Optionen vorläufig offen lassen würde. Also zunächst kein Sozialismus, sondern lediglich Schaffung einer Basis, von der aus alles Weitere sich ergeben würde, möglicherweise auch ein demokratischer Sozialismus. Ich glaube, das war auch die Haltung des Trios, das Sie interessiert, von Neumann, Marcuse, Kirchheimer. Ich unterstreiche, daß sie eine sozialdemokratisch-reformistische, nicht so sehr eine marxistische Position vertraten, daß sie also eine im weiteren Sinne demokratische Verfassung in Deutschland intendierten, die zunächst all das abschaffen sollte, was als autoritäre, illiberale Tradition in Deutschland auf allen Ebenen wirksam gewesen war. Es war eine Haltung, mit der auch ich, als Nicht-Marxist, übereinstimmen konnte: es ging um eine Art angelsächsischer Demokratie, aus der dann, wenn die Bedingungen gegeben wären, eben auch sozialistische Maßnahmen entspringen könnten.«[19]

Herbert Marcuse als Protagonist einer angelsächsischen Demokratieauffassung bzw. eines sozialdemokratischen Reformismus? Widerspricht diese Einschätzung nicht allem, was wir von den politischen Aspirationen dieses radikalen Denkers aus Weimarer Zeiten wie später in der Hochphase der studentischen Protestbewegung zur Kenntnis genommen haben? War er nicht immer schon ein vehementer Kritiker jedes sozialdemokratischen Quietismus gewesen, ebenso wie er zum Vordenker der Studentenrevolte in den sechziger Jahren nur werden konnte, weil er dem amerikanischen Liberalismus die repressive Toleranz und überhaupt die Lähmung jeder radikalen Opposition vorzuhalten wußte?

Man wird solche Fragen einfach und affirmativ nur beantworten können, wenn man sich an das Bild hält, das von der Neuen Linken lange Zeit dogmatisiert wurde[20], das aber allein deswegen mit Skepsis zu betrachten ist, weil es von ihren Gegnern in verdächtiger Einmütigkeit, nur eben mit umgekehrter Bewertung übernommen wurde. Dieses Bild ist nicht zuletzt dadurch charakterisiert, daß es Marcuses mittlere Phase, diejenige, in der er das einzige Mal und über die Dauer eines ganzen Jahrzehnts einem institutionalisierten politischen Zusammenhang angehörte, schlicht ausblendet. Und doch dürfte man hier am ehesten fündig werden, wenn man sich um eine tatsächliche, historische und konkrete Auslotung des Zusammenhangs bemüht, den Marcuse auf allen Stufen seines theoretischen Schaffens als Maxime verfolgte: die Vermittlung von Theorie und Praxis. Sie gilt es auch zu studieren, wenn man sich für die Kontinuität eines Denkers interessiert, der in seinem Lebenswerk Impulse vereinigte, die widersprüchlicher kaum denkbar sind: deutscher Existentialismus und Psychoanalyse, hegelianisch-marxistische Tradition und später die Neue Sinnlichkeit der amerikanischen Hippies. Stand und Richtung von Marcuses politischem Denken in den vierziger Jahren sind möglicherweise geeignet, bisher übersehene, untergründige Züge seines Gesamtwerks ausfindig zu machen. Dabei darf man den Widerspruch zwischen offizieller Position und privater Überzeugung, zwischen Berufsrolle und individueller Authentizität nicht automatisch, wie es für eine biographische Form der Theoriegeschichte üblich ist, nach der einen, der subjektiven Seite hin auflösen.

Ein Dokument, das in der entgegengesetzten Richtung Aufschluß verspricht, ist ein Vortrag aus dem Jahre 1950, übrigens bislang das einzige Dokument, das unmittelbar Auskunft über Marcuses Deutschlandforschungen gibt.[21] Er spricht darin über die antidemokratischen Bewegungen in Deutschland vor einem Publikum hochkarätiger Deutschlandexperten, darunter nicht zufällig viele bereits naturalisierte Hitler-Flüchtlinge. Die These, die er vertritt, ist ebenso simpel wie zweideutig, weswegen sich an seine kurzen Ausführungen auch eine überaus lange und lebhafte Diskussion anschließt: Es gebe in Deutschland keine antidemokratischen Bewegungen, nicht nur weil sich jeder mit einem anti-nazistischen Mäntelchen behänge, sondern weil die deutsche Nachkriegsordnung als ganze ein höchst artifizielles Gebilde darstelle, eines, in dem die politischen Kräfte noch keinen genuinen Zusammenhang mit den sich abzeichnenden neu-alten sozialen Machtstrukturen erkennen lassen. Diese Diagnose, die wieder in die Aufforderung ausläuft, die Besatzungskontrollen auf keinen Fall zurückzuziehen, zeigt einmal, daß das erste konkrete Anschauungsbeispiel für Marcuses spätere Theorie der eindimensionalen Gesellschaft Westdeutschland war; sie zeigt aber ebenso deutlich, daß die analytische Prämisse, unter der sie gestellt wird, nichts anderes ist als die westliche Demokratietheorie – so wenn Marcuse zu Beginn seiner Ausführungen explizit definiert: »By democratic institutions, I mean democratic institutions in our Western sense, chiefly parliamentarism, representative government, civil rights, and free trade union organizations.«[22]

Scheinbar in eine ganz andere Richtung weisen die Erinnerungen von H. Stuart Hughes, der Marcuses amerikanischer Vorgesetzter zwischen 1946 und 1948 war und der sich in dieser Zeit zum Bewunderer und politischen Sympathisanten seiner Untergebenen entwickelte: »Er [Marcuse] hatte immer schon links von Franz Neumann gestanden. Wenn ich damals mehr über die deutsche Geschichte gewußt hätte, so hätte ich bemerkt, daß er bei Rosa Luxemburg anzuknüpfen versuchte. Später lachte er nur mehr über die amerikanische Politik, er war einfach nur herzlich zynisch. Er hatte das, was man einen buoyant pessimism nennen könnte. Ich erinnere mich an eine spätere Wahl, wo er sagte: es ist gleichgültig, wen du wählst, sie sind alle gleich. Aber was mich fasziniert hatte, war, daß Marcuse 1942 nach Washington gegangen war und nicht nach Kalifornien mit Adorno und Horkheimer. Herbert war älter als Franz – und doch schien er immer der jüngere von beiden. Franz war ein so außerordentlich starker und überzeugender Charakter, daß Herbert in seinem Schatten blieb – und tatsächlich kam er ja erst richtig heraus, als Franz tot war.«[23]

Wichtiger als der Hinweis auf eine sozialistische Tradition, die, wie im Falle Rosa Luxemburgs, die Errungenschaften von Liberalismus und Rechtsstaatlichkeit sehr wohl zu schätzen wußte, dürften die feinsinnigen Beobachtungen über das Verhältnis Marcuses zu Franz Neumann sein, das sich in ihrer gemeinsamen Zeit in Washington zur Freundschaft erst richtig entwickelte. Sie sind nicht nur psychologisch interessant, sondern verweisen darauf, daß in Franz Neumann eine Art von politischem Realitätsprinzip greifbar wird, ohne das ein utopischer Denker, der Marcuse sicherlich war, zu jener Konkretisierung der Utopie nicht in der Lage gewesen wäre, die ihn noch mehr auszeichnete. In den Arbeiten, die Franz Neumann bis zu seinem Tod im Jahre 1954 veröffentlichte, vollzieht sich nämlich ganz deutlich eine theoretische Entwicklung, die zwar nicht auf den amerikanischen Neoliberalismus, wohl aber auf eine bemerkenswerte Neubewertung und Hochschätzung liberaler Traditionen hinausläuft.[24] Und wir wissen auch, daß Marcuse, seitdem er 1952 nach New York übergesiedelt war, nicht nur in einem ständigen Diskussionskontext mit Neumann blieb, sondern zeitweise sogar mit ihm zusammenwohnte.

Man muß indes nicht das Risiko eingehen, eine persönliche Beziehung für die Deutung einer durchaus eigenständigen Theoriebiographie überzustrapazieren. Nimmt man nur die zehn Jahre, die Marcuse im amerikanischen Staatsdienst verbrachte, als das, was sie waren: als eine Wirklichkeit, die ihren eigenen Gesetzen folgte, so zeichnet sich gerade in ihrer Widersprüchlichkeit das Kontinuum ab, aus dem Marcuses Nachkriegsdenken hervorging. Voraussetzung dafür ist freilich, daß man den Gedanken der ›bestimmten Negation‹ beim Wort nimmt. Interessant ist schon die Tatsache, daß das 1955 publizierte *Eros and Civilization* in unmittelbarer Nachbarschaft zur politischen Praxis der vierziger Jahre entsteht – die Ideen dazu wurden das erste Mal 1950/51 in Vorlesungen an der Washington School of Psychiatry vorgetragen[25]; ebenso geht sein *Soviet Marxism* von 1957 auf Studien zurück, die Marcuse 1952/53, also im Anschluß an seine State Department-Zeit, vermutlich sogar direkt personell vermittelt am Russian Research Center der Columbia University anstellte – der Direktor dieses Instituts war William L. Langer, der seit 1942 die wissenschaftliche Abteilung des OSS aufgebaut hatte.[26] Die Kontinuität, um die es hier geht, ist schon in den Stichworten zu greifen, die seinem Vortrag von 1950 die charakteristische Gestalt geben: positiv die Demokratietheorie westlichen Stils, negativ die These von der Entstehung der manipulierten Gesellschaft. Für ein historisch reflektiertes Verständnis von Marcuses Nachkriegswerk wird vieles davon abhängen, den Zusammenhang zwischen beiden zu klären.

Aufschlußreich dafür ist zunächst das Nachwort zur zweiten Auflage von *Reason and Revolution*, das 1954 in unveränderter Form erschien. Marcuse weist dort darauf hin, daß die Niederlage des Faschismus die totalitären Tendenzen nicht beendet hat, daß sie vielmehr, in je verschiedener Form und Intensität, im kapitalistischen Westen wie im staatssozialistischen Osten anhalten. Was er in der Sprache der hegel-marxistischen Tradition dagegenzusetzen versucht, »die Macht der Negativität«, ist nach seiner Diagnose deswegen in die Defensive geraten, weil der empirische Garant dieser Negation in den Vergesellschaftungsprozeß integriert worden ist; d.h. nicht nur die Arbeiterklasse, sondern jede Art von systemtranszendierender Opposition sei zum Verstummen gekommen. Dies, so Marcuses Schlußfolgerung, transformiert rückwirkend das kritische Denken selber: Die Philosophie, die dem Ruf der Praxis gefolgt war, »erscheint wieder als Utopie«[27]. Übersetzt man diese prätentiösen Worte versuchsweise zurück in das institutionell reflektierte

Denken, das Marcuse in den vierziger Jahren praktiziert hatte, so zeigt sich als ausschlaggebendes gedankliches Scharnier der Gegenwartsdiagnose – als Vermittlung im Hegelschen Sinn – das Bedauern darüber, daß die demokratischen Institutionen nicht mehr ermöglichen, wozu sie nach westlicher Demokratieauffassung einmal geschaffen wurden: die offene Austragung gesellschaftlicher Konflikte.

Dieser Gedankengang erhält zusätzliches Gewicht, wenn man ihn mit dem Grundanliegen des Sowjetbuches zu verknüpfen sucht, das schon deswegen bemerkenswert ist, weil es die einzige fundierte Auseinandersetzung mit dem ›realen Sozialismus‹ geblieben ist, die die Frankfurter Schule überhaupt hervorgebracht hat. Zwar wäre nichts verfehlter als die Annahme, Marcuse kritisiere den verstaatlichten und bürokratisierten Sozialismus auf der normativen Folie der westlichen Demokratietheorie – schließlich verwendet er seine ganze methodische Energie auf die *immanente* Kritik des Sowjetmarxismus; doch ist der damit verbundene Begriff der »technischen Rationalität«, dessen Wirkung für ihn deswegen so durchschlagend wie irrational ist, weil er im realen Sozialismus von der Ideologie zur Praxis geworden ist, also etwa die staatliche Wirtschaftsplanung anleitet[28], gar nicht anders definierbar denn als Perversion jenes Vernunft- und Humanitätsversprechens, das Liberalismus wie klassischer Marxismus ursprünglich gleichermaßen an demokratischer Freiheit und Rechtsstaatlichkeit festgemacht hatten.

Marcuse war sich bewußt, daß das Verfahren immanenter und, wie mit Bestimmtheit hinzusetzen ist, historischer Kritik nicht nur den Nerv der realsozialistischen Identität berührt, sondern ein ebenso empfindliches Tabu der westlichen Welt aufdecken mußte, die mittlerweile in die heiße Phase des Kalten Krieges eingetreten war. Es ist nicht das geringste Verdienst von Marcuses Sowjetbuch, daß es – gleichsam im Umkehrschluß – darauf aufmerksam machte, daß der hysterische Antikommunismus der fünfziger Jahre ein ausschlaggebender Faktor war, der die Ära des New Deal beendete und Amerikas Weg in die eindimensionale Gesellschaft besiegelte. Was historisch eine deutliche Reminiszenz an zentrale Gedanken der vierziger Jahre war, beruhte logisch auf der Aufrechterhaltung von Rationalitätspostulaten, die ihm wenn nicht in den politischen, so doch in den wissenschaftlichen Institutionen der westlichen Welt noch immer gegeben schienen. Ganz in diesem Sinne kann man jedenfalls die Befriedigung interpretieren, mit der Marcuse 1961, im Vorwort zur zweiten Auflage des Sowjetbuches, feststellte, »daß ich bei dem Versuch, mich von der Propaganda des Kalten Krieges freizumachen und eine relativ objektive Analyse zu bieten, die auf einer begründeten Interpretation historischer Entwicklung beruht, einigen Erfolg hatte.«[29]

Schon sehr viel schwieriger ist es, die Kontinuitätslinien aus den vierziger Jahren zu jenem Werk aufzusuchen, das auf eine bemerkenswerte Weise gleichzeitig Marcuses spekulativstes und realistischstes Buch werden sollte. Ich muß mich hier darauf beschränken, diese Paradoxie zu erläutern. *Eros and Civilization* ist bekanntlich der theoretisch höchst ambitionierte Versuch, das politische Erklärungs- und Handlungspotential der Freudschen Psychoanalyse dadurch freizusetzen, daß gerade ihre problematischsten Prämissen, die Annahme eines Todestriebes als Komplement der Libidotheorie und die Geschichtsspekulation von Urhorde und Vatermord, aufgegriffen und fortentwickelt werden. Möglich scheint dies für Marcuse dadurch, daß der psychische Konflikt zwischen Lust- und Realitätsprinzip in eine historische Dimension, in die Entfaltung der Leistungsgesellschaft gleichsam eingeschrieben wird: Diese entfesselt eine gesteigerte Glückserwartung bei den Massen, die sie durch die Rückbindung an den individuellen Konsum wieder systemkonform einzubinden weiß; dieser Vorgang der ›repressiven Entsublimierung‹ sei aber gleichzeitig der lebende Beweis für ein latentes systemsprengendes Protestpotential.[30] Man mag solche theoretische Herleitung akzeptieren oder nicht – sicher ist, daß Marcuse damit eine objektive Tendenz der westlichen Industriegesellschaften aufspürte, deren Feststellung dem Amerika der fünfziger Jahre nicht so sehr inadäquat als vielmehr um ein gutes Jahrzehnt voraus war. Es ist offensichtlich, daß 1955 schwerlich eine genauere Beschreibung der spezifischen Entstehungsbedingungen und eine Prognose jener politischen Dynamik denkbar waren, die die antiautoritären und promiskuitären Zentren der Studentenrevolte in Berkeley, Paris oder Berlin später tatsächlich an den Tag legen sollten.

Für unseren Kontext ist es aufschlußreich, den Begriff der ›Großen Verweigerung‹, der in *Eros and Civilization* das erste Mal formuliert ist[31], auf die philosophische Kategorie der ›Negation‹ zurückzubeziehen und dabei den konkreten institutionellen Sinn noch einmal zu vergegenwärtigen, der ihr im Hegelbuch von 1941 beigegeben wurde. Nicht nur, daß sich die Protagonisten der Studentenbewegung, sozial und schichtenspezifisch gesehen, aus der gebildeten Mittelschicht rekrutierten – von der ethnischen Komponente, die sie in Amerika zusätzlich zeigte, sei hier einmal abgesehen –, klar ist vielmehr auch, daß ihre temporären Erfolgsbedingungen nicht nur ökonomischer, sondern auch dezidiert politischer Natur waren: Die Protestbewegung konnte sich nur in jenen Gesellschaften entfalten, in denen freiheitliche und rechtsstaatliche politische Strukturen einen hinreichend großen Freiraum gesichert hielten; und sie wurde in dem Maße und genau dort zu einem kulturpolitischen Fanal, wo sie den traditionellen Gedanken liberaler Freizügigkeit in neue libertäre Praxis umzudeuten verstand. In genau diesem Sinne läßt sich sagen, daß das Programm der ›Großen Verweigerung‹, das sicherlich etwas unerhört Neues in die Geschichte der westlichen Demokratie einführte, diese doch auch voraussetzte.

Marcuse eröffnete die Reihe seiner Nachkriegsschriften mit einem Programm, das alle Anzeichen der Resignation an sich trug, nämlich der Rücknahme der Gesellschaftstheorie in die Philosophie. Doch sollte sich rasch erweisen, daß gerade darin der Auftakt zu neuer historischer Praxis steckte: der Rückzug in die Utopie schlug um in einen neuen politischen Optimismus. Wenn irgendetwas den Reiz von Marcuses philosophischer Entwicklung seit den fünfziger Jahren ausmacht, dann ist es das eigenartige Oszillieren zwischen einem extremen Geschichtspessimismus und einem ebenso extremen Optimismus, einer Art Urvertrauen in utopische Veränderungsmöglichkeiten. Darin steckt weniger ein Geheimnis als vielmehr das Aushalten einer Spannung, die in den vierziger Jahren ihre größte Annäherung an eine praktische Auflösung erfahren hatte. Dieses Jahrzehnt steht somit für ein Element in Marcuses Biographie, dessen kontinuierliche Präsenz später wieder verdeckt wurde. Es handelt sich um eine durchaus positive Einstellung zu den bürgerlichen Ordnungsidealen, deren rechtsstaatliche und demokratische Institutionalisierung für ihn eine flexible Freiheitsgarantie darstellt, sofern ihr ursprünglich liberaler Sinn festgehalten wird: In reaktionären Zeiten bieten sie Schutz vor dem autoritären Staat, und in experimentierfreudigen Zeiten stellen sie dem Veränderungswillen nichts in den Weg. So wird man selbst in Marcuses schärfsten gegenwartskritischen Schriften, etwa in seiner Abrechnung mit den westlichen Demokratien im *Eindimensionalen Menschen*, vergeblich nach Stellen suchen, die sich verächtlich oder auch nur gleichgültig zu den Errungenschaften der amerikanischen bzw. französischen Revolution äußern würden. Und in seinem letzten Buch, das nicht zufällig die Kontinuität von Klassik und Moderne, die *Permanenz der Kunst* zum Thema hat, deutet sich gar eine Wendung an, die man, wäre der Ausdruck in neokonservativen Zeiten nicht mißverständlich, als Rückkehr zu bürgerlichen Traditionen bezeichnen könnte.[32]

Der Aufsatz entstand im Rahmen eines von der VW-Stiftung geförderten Forschungsprojektes »Wissenschaftstransfer durch Emigration«.

1 »Einige gesellschaftliche Folgen moderner Technologie«. In: Herbert Marcuse: *Schriften*. Bd. 3. Frankfurt/M. 1979, S. 314. – 2 Herbert Marcuse: *Vernunft und Revolution*. Neuwied 1972. S. 187. – 3 Ebd., S. 36. – 4 Ebd., S. 11/12. – 5 »Existentialismus«. In: Herbert Marcuse: *Kultur und Gesellschaft* 2. Frankfurt/M. 1985. S. 49 ff. – 6 Norman Wait Harris Memorial Foundation: *Proceedings of the 26. Institute: Germany and the Future of Europe*. University of Chicago 1950. S. 174. – 7 Ich habe zweimal – im Herbst 1978 in La Jolla/Californien und im Sommer 1979 in Starnberg – versucht, mit Herbert Marcuse in ein Gespräch über seine Zeit in Washington zu kommen, doch er winkte nur gutmütig ab. – 8 Franz L. Neumann: *Behemoth*. New York 1942, 2. Aufl. 1944. Deutsch: Frankfurt/M. 1976. – 9 Alfons Söllner: *Zur Archäologie der Demokratie in Deutschland. Analysen von politischen Emigranten im amerikanischen Staatsdienst*. 2 Bde. Frankfurt/M. 1986. – 10 Vgl. dazu John Gimbel: *Amerikanische Besatzungspolitik in Deutschland*. Frankfurt/M. 1971, S. 13; Thomas S. Paterson: *Soviet-American Confrontation*. Baltimore, London 1973, S. 235 ff. – 11 Jürgen Habermas u.a.: *Gespräche mit Herbert Marcuse*. Frankfurt/M. 1978, S. 20/21; Söllner: *Archäologie der Demokratie in Deutschland* (wie Anm. 9) Bd. 2, S. 12. – 11a Differenzierend jetzt Barry M. Katz: »The Criticism of Arms: The Frankfurt School Goes to War.« In: Journal of Modern History, 59 (1987), S. 439–478. – 12 Ebd., Bd. 1, S. 153 ff. – 13 Neumann: *Behemoth* (wie Anm. 8), S. 661. – 14 Vgl. Conrad F. Latour, Thilo Vogelsang: *Okkupation und Wiederaufbau*. Stuttgart 1973, S. 144. – 15 Söllner: *Archäologie der*

Demokratie in Deutschland (wie Anm. 9), Bd. 2, S. 217 ff. – **16** Ebd., S. 43–45. – **17** Ebd., Bd. 1, S. 203 ff., Bd. 2, S. 121 ff. – **18** Ebd., Bd. 2, S. 251 ff. – **19** Ebd., S. 37. – **20** So noch zuletzt bei Detlev Claussen (Hg.): *Spuren der Befreiung – Herbert Marcuse.* Neuwied 1981. – **21** *Germany and the Future of Europe.* (wie Anm. 6), S. 174 ff. – **22** Ebd., S. 174. – **23** Söllner: *Archäologie der Demokratie in Deutschland* (wie Anm. 9), Bd. 2, S. 56/57. – **24** Vgl. z.B. sein »Zum Begriff der politischen Freiheit«, in: Franz L. Neumann: *Demokratischer und autoritärer Staat.* Frankfurt/M. 1967, S. 100 ff.: zum Spätwerk Neumanns ist informativ: Rainer Erd (Hg.):*Reformismus und Resignation. Gespräche über Franz Neumann*. Frankfurt/M. 1985, S. 183 ff. – **25** Herbert Marcuse: *Triebstruktur und Gesellschaft.* In: Ders.: *Schriften* Bd. 5. Frankfurt/M. 1979, S. 9. – **26** Herbert Marcuse: *Die Gesellschaftslehre des sowjetischen Marxismus.* Neuwied 1974, S. 7. – **27** Marcuse: *Vernunft und Revolution* (wie Anm. 2), S. 374. – **28** Marcuse: *Die Gesellschaftslehre des sowjetischen Marxismus* (wie Anm. 26), S. 82 ff., 226 ff. – **29** Ebd., S. 9. – **30** Marcuse: *Triebstruktur und Gesellschaft* (wie Anm. 25), S. 27 ff., 115 ff. – **31** Ebd., S. 201. – **32** Herbert Marcuse: *Die Permanenz der Kunst.* München 1977.

Dieter Haselbach

Staat und Markt
Zur intellektuellen Biographie Wilhelm Röpkes

I

Unter den während des Nationalsozialismus emigrierten deutschen Sozialwissenschaftlern nimmt der Ökonom Wilhelm Röpke (1899–1966) eine Sonderstellung ein, war seine Emigration doch weder durch ›rassische‹ Verfolgung erzwungen, noch war Röpke gefährdet, weil er der wissenschaftlichen und politischen Linken angehört hätte. Vielmehr ist Röpke jener kleinen Gruppe von exilierten Wissenschaftlern zuzurechnen, die aufgrund ihrer liberalen Einstellung nach 1933 mit den neuen Machthabern in Konflikt gerieten.

Es ist nicht das Exil im engeren Sinne, das eine Auseinandersetzung mit Röpke heute lohnend macht, sondern die Tatsache, daß er nach dem Krieg einer der herausragenden Vertreter eines liberalen Konservatismus in Deutschland war. Im Kontext exilwissenschaftlicher Forschung wäre die Frage, inwieweit die »liberale« Emigration einen eigenständigen Typus wissenschaftlicher Emigration aus dem nationalsozialistischen Deutschland darstellte oder ob sich das Schicksal der liberalen Exilanten nicht vielmehr aus kontingenten, im Persönlichen liegenden Lebensumständen erklärt, sicher von Interesse. Im Fall Röpke läßt sich – ohne ihn politisch diskreditieren zu wollen – die These vertreten, daß sein Exil in erster Linie »persönlich« bedingt war, begründet etwa in seinem subjektiv unbeirrbaren Anti-Nationalsozialismus und auch in seinem Mut zur öffentlichen Äußerung, wo Fachkollegen und Gesinnungsgenossen sich längst in Schweigen gehüllt hatten.[1]

Die folgenden Ausführungen thematisieren einige zentrale theoretische Motive, die Röpke – geprägt von der Erfahrung in der Weimarer Republik und der Wirtschaftskrise nach 1929 – in Auseinandersetzung mit der »Konservativen Revolution« profilierte und die auf eigentümliche Weise liberale und konservative Elemente synthetisierten. Schon diese Position der späten zwanziger und frühen dreißiger Jahre bereitet einmal seine spätere Haltung gegenüber dem Nationalsozialismus vor, und sie enthält andererseits in ihrem Kern bereits das Programm des »Ordoliberalismus«[2], der nach dem Zweiten Weltkrieg zur dominierenden wirtschaftspolitischen Ideologie in der Bundesrepublik Deutschland werden sollte. Es geht darum zu zeigen, daß seine Versuche der theoretischen Bewältigung der aktuellen Wirtschaftskrise und der mit kapitalistischer Modernisierung einhergehenden gesellschaftlichen Verwerfungen den vormals liberalen Modernisten letztlich zu einem Konservatismus konvertieren ließen, der wissenschaftlich und politisch Gefahr lief, von dem der kritisierten »konservativen Revolution« immer weniger unterscheidbar zu werden. Für diesen wissenschaftstheoretischen Prozeß ist die Emigrationserfahrung Röpkes nur von akzidentieller Bedeutung, sieht man einmal von der Schweiz ab, deren von ihm idealisierte politische Verhältnisse lediglich eine nachträgliche Bestätigung für Teile seines gesellschaftspolitischen Ideals lieferten.

II

Zunächst aber einige Bemerkungen zur intellektuellen Biographie Röpkes. Nach seinem Abitur, kurzem Kriegsdienst 1917/18 und einigen Semestern an den Universitäten von Göttingen und Tübingen war Röpke ab 1919/20 an der Universität Marburg eingeschrieben. Sein akademischer Lehrer, Walter Troeltsch, ein Staatswissenschaftler, der in seiner intellektuellen Orientierung der historischen Schule der Nationalökonomie[3] und politisch dem linken Liberalismus zuzurechnen ist[4], war alles andere als ein Verfechter der reinen marktwirtschaftlichen Lehre; vielmehr teilte er mit den Kathedersozialisten ein ausgeprägtes sozialpolitisches Engagement und zog in Marburg vor allem solche Studenten an, die als Anhänger der neuen demokratischen und republikanischen Ordnung sich dem radikalen Traditionalismus der korporierten Mehrheit der Studenten entgegenstellten. Auch für Röpke waren es – wie er später erinnerte[5] – »politische Neigungen ›linker‹ Art«, die seine Affinität zu Troeltsch und auch sein studentisch-politisches Engagement bestimmten.
1921 schloß Röpke sein Studium mit einer Dissertation über den Kalibergbau ab. Schon ein Jahr später folgte die Habilitation, ein Text, der mit seiner konjunkturtheoretischen Problemstellung zeigte, daß Röpke den Anschluß an die aktuellen Diskussionen seines Faches gefunden hatte.[6] 1922/23 wurde der junge Privatdozent für ein Jahr in eine wissenschaftliche Kommission beim Auswärtigen Amt zum Studium des Reparationsproblems berufen. Kurz nach dem Ende dieses ersten Ausflugs in die Politikberatung folgte er 1924 – als der jüngste Hochschullehrer der Republik – einem Ruf auf eine a.o. Professur nach Jena. Nach einjährigem Zwischenspiel als Ordinarius in Graz 1928/29 kehrte Röpke zum Sommersemester 1929 als ordentlicher Professor nach Marburg zurück.

Nicht nur als von der Regierung berufener Sachverständiger, sondern auch als Hochschullehrer verband Röpke die wissenschaftliche Arbeit mit publizistisch-politischen Aktivitäten. Vor allem in diesen politisch gerichteten Arbeiten trat er als nationalökonomischer Modernist auf, der sich vor dem Hintergrund des sogenannten Kriegssozialismus im Ersten Weltkrieg der Liberalisierung der Volkswirtschaft verschrieben hatte, dem die Stärkung von Markt und Wirtschaft und der technische Fortschritt als ultima ratio von Wirtschaftspolitik galten. Von zivilisationskritischer Skepsis, wie sie das spätere Werk Röpkes so stark prägen sollte, ist hier noch nichts zu bemerken.

Nach 1929 geriet Röpke mit seinen wirtschaftspolitischen Vorschlägen immer weiter in das Fahrwasser liberaler Orthodoxie. Seine Vorschläge zur Bewältigung der wirtschaftlichen Krise liefen in erster Linie darauf hinaus, die Kräfte der Selbstregulierung zu stärken und in jedem Fall auf dauernde wirtschaftliche Eingriffe des Staates zu verzichten. Mehr Sorgen als die wirtschaftliche Situation selbst machten ihm allerdings die psychischen, die intellektuellen und die politischen Begleiterscheinungen der Krise, machte ihm der um sich greifende Pessimismus, der grassierende nationalökonomische Irrationalismus, die Destabilisierung und Delegitimierung der politischen Verhältnisse. Die Stabilisierung des gesellschaftlichen und politischen Systems wurde für Röpke zunehmend Thema, wurde zur Voraussetzung für die Überwindung auch der wirtschaftlichen Depression.

Mit dem Abflauen der Wirtschaftskrise wuchs auch Röpkes politischer Optimismus wieder; noch Anfang 1933, mithin in den letzten Tagen der Weimarer Republik, hielt er den Irrationalismus und Radikalismus linker wie rechter Provenienz für politisch (wieder) eingrenzbar.[7] Die Ereignisse Ende Januar 1933 widerlegten diese Zuversicht und markierten auch für ihn persönlich einen tiefen Einschnitt. Kurz nach der Machtergreifung der Regierung Hitler fand Röpke seinen Namen wegen »liberaler Gesinnung« auf einer der ersten Listen, die das Gesetz zur »Wiederherstellung des Berufsbeamtentums« vorbereiteten. Er wurde aus seinem Marburger Professorenamt zunächst beurlaubt, im September 1933 dann in den vorläufigen Ruhestand versetzt. Seine langjährige publizistische Fehde mit dem »Tat-Kreis«, seine Polemiken gegen jede Form von »nationaler« Wirtschaftspolitik, ein 1930 veröffentlichter Wahlaufruf gegen die NSDAP[8] waren Grund genug, um die fehlende Sympathie der neuen Machthaber zu erklären. Aber auch in den ersten Monaten des Jahres 1933 hatte Röpke aus seiner Gegnerschaft zum Nationalsozialismus keinen Hehl gemacht.[9] Dies ist bemerkenswert, da solche Kompromißlosigkeit auf konservativer wie auf liberaler Seite durchaus nicht selbstverständlich war. Trotzdem versuchten die Nationalsozialisten, mit einem zwischen Erpressung und Rehabilitationsversprechen gehaltenen Angebot sich des Wohlverhaltens Röpkes zu versichern: den Vorschlag von Vertretern des SS, ihrer Organisation beizutreten, lehnte Röpke aber ebenso ab[10] wie gute Ratschläge aus dem Freundeskreis, zumindest ein Minimum an politischer Kompromißbereitschaft zu demonstrieren.[11] Die Ablehnung des »Friedensangebots« der SS war dann auch der unmittelbare Anlaß, der einen weiteren Verbleib Röpkes in Deutschland ausschloß.

Im Herbst 1933 emigrierte der 34jährige – nach kurzen Zwischenaufenthalten in der Schweiz und in Holland[12] – in die Türkei.[13] Mit einer Stellenzusage der Universität Istanbul, die zumindest die Weiterbeschäftigung als Hochschullehrer sicherte, bot das türkische Exil vergleichsweise günstige Bedingungen – obwohl es für den deutschen Professor mit seiner starken Affinität zur west-/mitteleuropäischen Kultur ein großes Maß an kultureller Entfremdung mit sich brachte und enorme Sprachschwierigkeiten[14] bedeutete. Die Jahre in der Türkei waren aber eine Zeit, in der er – dem Druck der Tagespolitik entzogen – den langen Atem fand, um die großen kulturkritisch-soziologischen Werke, die nach 1942 dann in Genf veröffentlicht wurden[15], zu konzipieren. Als positiver Kontext erwies sich die kleine Kolonie deutscher Wissenschaftler, erwies sich vor allem die Zusammenarbeit und der ständige Austausch mit Alexander Rüstow, der in Istanbul an seiner »Ortsbestimmung der Gegenwart« arbeitete.[16]

Lange ging Röpke auch in Istanbul noch davon aus, daß das nationalsozialistische Regime zusammenbrechen, daß die Emigration nur ein Intermezzo bleiben werde.[17] Gleichwohl begann er schon früh nach Alternativen zum türkischen Exil zu suchen; 1937 öffneten ihm seine internationalen Kontakte dann den Weg zu einer Professur für Internationale Wirtschaftsfragen am »Institut Universitaire des Hautes Etudes Internationales« in Genf, die mit einem von der Rockefeller Foundation finanzierten Forschungsauftrag zum Strukturwandel der Weltwirtschaft verbunden war.[18] In Genf lebte und lehrte Röpke, unterbrochen durch Verpflichtungen als Gastprofessor in der Bundesrepublik nach 1949, bis zu seinem Tod 1966. Die Schweiz wurde ihm vom Exil zur Wahlheimat, ja sie galt Röpke bald als ein vorbildliches Staatswesen nach seinem ordnungstheoretischen, ordoliberalen Muster. Mehr noch, ihr sprach Röpke eine »historische Mission« zu. In erstaunlicher Nähe zur Tradition deutscher intellektueller Mandarine, die seit Ende des 19. Jahrhunderts wiederholt am deutschen Wesen die Welt genesen lassen wollten, übertrug er diese missionarische Aufgabe auf die Schweiz, als er etwa 1941 erklärte, daß sie »wie ein von der Vorsehung bestimmter idealer Standort« sei, von dem aus »die Zukunft Europas« erarbeitet werden könne. Später, in den fünfziger Jahren, ist Röpke dazu eher verharmlosend vorgeworfen worden, sein politisches und wissenschaftliches Denken habe einer zunehmenden »Verschweizerung« unterlegen.[19]

Daß Röpke nach dem Krieg nicht in die Bundesrepublik übersiedelte, obwohl ihm von mehreren Universitäten Angebote gemacht wurden, läßt vermuten, daß auch ein der damaligen Regierung und Regierungspolitik so nahe stehender Wissenschaftler wie Röpke persönlich mit Ressentiments konfrontiert war, wie sie Emigranten in der Republik generell entgegengebracht wurden. Die Erfahrung, als Gegner des Nationalsozialismus den Ruch des »vaterlandslosen Gesellen« und »Verräters« zu tragen, blieb auch Röpke nicht erspart[20] und ließ ihn die Entwicklung der Bundesrepublik Deutschland nunmehr aus der Distanz begleiten.[21]

III

Was charakterisiert nun Röpkes wissenschaftlich-politische Position, was war der Inhalt der Kritik, mit der er sich bei den nationalsozialistischen Machthabern so gründlich unbeliebt gemacht hatte? Im Zentrum seiner publizistischen Offensiven zu Ende der Weimarer Republik stand die Auseinandersetzung mit dem »Tat«-Kreis, für Röpke ein Popularisator der ökonomischen und politischen Theorien des kleinbürgerlichen Irrationalismus und des »Deutschen

Sozialismus«, wie er später auch von den Nationalsozialisten propagiert wurde. Röpkes Kritik setzte an den in »nationalen Kreisen« verbreiteten wirtschaftspolitischen Vorstellungen an: Mit Verve wandte sich der erklärte Freihändler gegen die hier besonders populäre Idee, daß die Krise aus eigener Kraft, durch »Autarkie«[22], durch eine Abschottung der »deutschen Wirtschaft« und mit Hilfe eines mittel- und südosteuropäischen »Großraumes«[23] vom Weltmarkt zu überwinden sei.

Das Markenzeichen der *Tat* war – und hierin traf sie sich mit der NSDAP – ein akzentuierter Antiliberalismus. Schon hellsichtigen Zeitgenossen[24] aber war klar gewesen, daß die antiliberale und antikapitalistische Rhetorik der *Tat* keine Annäherung an sozialistische Positionen bedeutete. Vielmehr drückte sich in der *Tat* die spezifische Krisenerfahrung und -verarbeitung der alten und neuen Mittelschichten aus, blieb die eifrig verwandte marxistische Terminologie demgegenüber nur leere Worthülse. So war es Eigenart des »nationalen« im Unterschied zum proletarischen Sozialismus, nicht das »Privateigentum an den Produktionsmitteln« zu kritisieren, sondern lediglich das große Kapital zu attackieren, während das kleine Eigentum auch im »deutschen Sozialismus« erhalten bleiben sollte. Handwerklich-kleinbetrieblicher Traditionalismus und mittelständischer Patriarchalismus können als die gesellschaftspolitischen Traumbilder jenes »nationalen Sozialismus« gelten. Die vom »Tat-Kreis« projizierte Idylle einer durch »einfachen Warentausch« nivellierten und durch die Idee des Volkes formierten und geeinten Mittelstandsgesellschaft, die alle Machtstrukturen des 20. Jahrhunderts und alle ökonomische Dynamik seit dem 19. Jahrhundert negierte, reflektierte die Überzeugung, daß nicht der Kapitalismus an sich eine Fehlentwicklung sei, sondern nur seine »Vermachtung« durch das große (und in der kleinbürgerlichen Vorstellungswelt meist: »jüdische«) Kapital.

Sieht man von der Oberfläche des Antiliberalismus der *Tat* einmal ab, so lassen sich eine ganze Reihe von Gemeinsamkeiten mit liberalen Positionen, wie sie von Röpke vertreten wurden, konstatieren: auch Röpkes liberales Programm war radikal nur in seinem Antimonopolismus, auch seine Wahrnehmung der Wirklichkeit kapitalistischer Gesellschaft war vorbegrifflich durch eine Perspektive präformiert, in der Marktwirtschaft als eine gesellschaftliche Idylle von Kleineigentümern erschien. Gleichwohl erkannte Röpke in jener fremden Rhetorik der *Tat* seine eigene Vorstellungswelt nicht wieder.

Auch wenn man die politischen Optionen focussiert, die von der *Tat* zur Bewältigung der Krise favorisiert wurden, finden sich zwischen ihren »antiliberalen« und den »liberalen« Überlegungen Röpkes durchaus Affinitäten. Röpke wie die *Tat* sahen politischen Handlungsbedarf dort, wo der Staat nicht (oder – in der konservativen Optik – nicht mehr) das ideelle Allgemeine der bürgerlichen Gesellschaft darstellt, sondern sich als eine von wirtschaftlichen Mächten abhängig gewordene Institution dem gesellschaftlichen »Pluralismus« eingeordnet hat. Röpke hatte schon 1923 vom Liberalismus ein Bekenntnis zur staatlichen Macht verlangt, hatte gefordert, der Liberalismus solle sich »an die Spitze eines Kampfes stellen, bei dem ihn der Unverstand auf der

Gegenseite suchen würde: des Kampfes für den Staatsgedanken.«[25] Da nur im Staat die Orientierung am gesellschaftlichen »Gemeinwohl« sichergestellt sei, dürfe auch der Liberalismus keine Sonderinteressen verfechten, sondern müsse »sich stets auf das Ganze (...) richten (...)«[26], und eben dieses »Ganze« sei der Staat.

Dem »starken Staat« sind in Röpkes Konzeption drei Aufgaben zugewiesen, um das »Gemeinwohl« zu reinstitutionalisieren. Erstens hat er sich, gegen die mancherlei gesellschaftlichen »Interessenten«, auf die Seite einer – nur sehr unscharf skizzierten – übergeordneten gesellschaftlichen »Vernunft« zu stellen, dies durchaus in Analogie zu den programmatischen Überlegungen der »konservativen Revolution«. Diskrepanzen lassen sich erst dort markieren, wo »Vernunft« von Röpke reduktionistisch mit staatlicher Garantie der Wirtschaftsfreiheit gleichgesetzt wird, wo er dieses Prinzip per se als »staats- und gesellschaftserhaltend, das heißt konservativ im besten Sinne« hypostasiert.[27] Der »starke Staat« – als das Kernstück von Röpkes politischem Programm – wird zum Garanten gesellschaftlicher Selbstregulierung, und dies in tiefgreifender Revision des liberalen Modells.

Der »starke Staat« hat zweitens dafür Sorge zu tragen, daß die Legitimität jener Wirtschaftsfreiheit gesichert bleibt. Krisen von der Art der Weltwirtschaftskrise galten Röpke nicht so sehr als dem Wirtschaftssystem immanente Prozesse, sondern wesentlich als Folge der Kleingläubigkeit der Wirtschaftssubjekte. Der Staat hat bei Röpke nun nicht nur die ständige psychologisch-weltanschauliche Formierung der Bevölkerung zu leisten (man mag sich hier an die »Seelenpflege« des Wirtschaftsministers Erhard nach 1948 erinnert fühlen), er muß darüber hinaus auch alles tun, um den »circulus vitiosus«[28] akuter Krisen zu brechen, der – so Röpke – darin besteht, daß der Vertrauensverlust der Institution Markt Ursache ihrer Disfunktion ist. Denn »Markt« kann für Röpke nur funktionieren, wenn die Gesellschaftsmitglieder fest und unerschütterlich an ihn glauben. Dem »Markt« wächst hier eine strategische Rolle zu, die der des Sorelschen sozialen »Mythos« ähnlich scheint. Auch die strukturellen Parallelen zum »revolutionären« Konservatismus drängen sich auf, vergegenwärtigt man sich etwa die in der *Tat* beschworenen Mythen von »Volk« und »Raum«. War auch der Mythos der *Tat* – so ein zeitgenössischer Kommentar Siegfried Kracauers[29] – weniger »Mythos« als »Ethos«, markierte eher die Gesinnung der Proselyten dieses Kreises als eine Klammer, die Gesellschaft insgesamt ideologisch zusammenhält[30], so konnte doch die *Tat* und konnten die Rechts-Oppositionellen in Weimar noch darauf hoffen, daß sich ihr Mythos vom »Volk« durch den Erfolg der »Bewegung« nachträglich historisch rechtfertigen werde.[31] Röpke dagegen mit seiner Hoffnung, daß schon der Glaube den Markt funktionsfähig mache, mußte auf solche anheimelnde Wärme von »Bewegung« verzichten, konnte nur auf jene bläßlich-entfremdete liberale »Vernunft« setzen. Insgesamt blieb Röpke wie auch den »revolutionären Konservativen« der Zwischenkriegszeit nur eines: die entschlossene weltanschauliche »Entscheidung«, die Dezision, von der man hoffte, daß sie, einmal getroffen, sich auch rechtfertigen würde.

Die dritte Funktion des Staates bei Röpke bezieht sich auf die Stukturen der Gesellschaft selbst. Röpke ortet die letzten Ursachen akuter Krisen in den kulturellen Veränderungen moderner Wirtschaftsgesellschaften und zielt damit zum einen auf die wirtschaftlichen, sozialen und kulturellen Entwicklungen, die sich zur Existenzgefährdung des Mittelstandes summieren[32], zum anderen aber – in kulturkritischer Perspektive – auf die Entwertung des Metaphysischen überhaupt, auf den Verlust des religiösen Haltes menschlicher Existenz, den »Verlust der Mitte«[33], auf das Verschwinden überlieferter sozialer Institutionen von der Familie bis zur gemeinschaftlichen Solidarität. Nach solcher Art Krisendiagnose formuliert Röpke seinen dritten staatstheoretischen Imperativ: der Staat habe die Gesellschaft zu »ordnen«, sie gegen den Druck ökonomischer Modernisierung zu schützen. Im Unterschied zur auf die Legitimitätssicherung marktwirtschaftlicher Verhältnisse gerichteten Seelenmassage müsse der »starke Staat« nun allerdings in die Strukturen des Sozialen selbst eingreifen, um Gesellschaft als Ganzes zu formieren – dies der eigentliche Kernpunkt ordoliberaler Strategie. Der Markt wird nicht mehr, wie noch im klassischen Liberalismus, als Institution gesellschaftlicher Selbstregulierung konzipiert, sondern ist integraler Bestandteil staatlich veranstalteter Gesellschaftspolitik.

IV

Es war die politische und mehr noch die wirtschaftspolitische Instabilität der Weimarer Republik, die den Liberalen Röpke zum Konservativen werden ließ. Mit seinem Staatskonzept, das die herrschaftliche, die autoritäre Komponente des Staates forcierte und das auch vor den Kerninstitutionen der Republik nicht halt machte, war er faktisch Teil der konservativen Rechten in Weimar. Seine Kritik der »konservativen Revolution« bedeutete nicht so sehr Widerstand gegen antidemokratischen Autoritarismus, vielmehr reflektierte sie eine im konservativen Lager ausgetragene Konkurrenz um die Bestimmung der adäquaten Mischung von Modernisierung und Machtsicherung. Daß er trotzdem als Gegner der »konservativen Revolution« und des Nationalsozialismus auftrat, fand – sieht man von Differenzen in den wirtschaftspolitischen Konzepten einmal ab – Grund und Ausdruck in der bürgerlichen Abscheu vor der Masse und der Politik der Straße, im Plädoyer für die Rückbesinnung auf christlich-abendländische Werte, in der Polemik gegen den völkischen Irrationalismus. Es war sein – seit Anfang der dreißiger Jahre immer dominanter werdender – kulturkritischer Zugriff, der zwischen ihm und dem plebejisch-gewalttätigen Gestus der »konservativen Revolution« einen Graben aufriß, ihn zum erklärten Gegner einer Politik machte, die auf Emotionalisierung und Masse setzte.

Von Anfang 1933 datiert ein Aufsatz, den Röpke für den *Deutschen Volkswirt* verfaßte und mit dem er einen mehr geschichtsphilosophischen Zugriff auf jene Kulturkrise der Moderne zur Diskussion stellte.[34] In dieser Arbeit sind bereits alle Motive versammelt, die später in den umfangreichen Werken zur konservativen Gesellschafts- und Kulturkritik ausgebreitet werden sollten. Gegen das zeitgenössische Grundgefühl, das sich im Bild der »Epochenwende«, des Endes der bürgerlich-liberalen Welt ausdrückte, setzt Röpke hier darauf, der »Erschütterung der seelisch-politischen Grundlagen des mitteleuropäischen Wirtschaftssystems« Einhalt zu gebieten.[35]

Die Grundlagen dafür seien auf der einen Seite die Kräfte der Freiheit, der Vernunft, der Humanität, kurz: der »Liberalismus«. Dieser meint hier keineswegs eine weltanschauliche Bewegung der Neuzeit, sondern vielmehr ein »kulturelles Kraftzentrum«, das seit zwei Jahrtausenden »in allen Blüteperioden abendländischer Kultur wirksam gewesen« sei.[36] In Konflikt dazu stehe auf der anderen Seite der »Illiberalismus«, eine unheilvolle Verbindung von »Servilismus«, »Nationalismus«, »Irrationalismus« und »Brutalismus«.[37] »Illiberalismus« und »Liberalismus« beziehen sich somit nicht auf historische Bewegungen und Ereignisse, sondern stellen bei Röpke eine quasi anthropologische Grunddichotomie dar, auf die Geschichte insgesamt zurückgeführt werden soll. Bezeichnet der »Illiberalismus« den vorgeschichtlichen und -kulturellen Untergrund, so steht »Liberalismus« für »Geschichte« schlechthin. Aus der Perspektive dieser Begrifflichkeit erscheint die Gegenwart als ein Kapitel jener ewigen Auseinandersetzung von »Zivilismus« bzw. »Okzidentalismus«[38] und »Barbarei«, also gerade nicht als eine »Epochenwende«.

Nur an einem Punkt sieht Röpke eine neue Qualität in den sozialen Auseinandersetzungen der Gegenwart. Der Angriff auf die abendländische Zivilisation sei »zugleich eine Rebellion der Massen«. Diese Massen, als eine neue politische Kraft des 20. Jahrhunderts, stünden »im Begriff, den Garten der europäischen Kultur zu zertrampeln«. Mit seinem Begriff von »Masse« wie mit der Beurteilung der sozialen Folgen des Aufkommens von Massen in der modernen Gesellschaft stützt sich Röpke wesentlich auf Ortega y Gasset.[39] Mit Ortegas Ansatz teilt Röpkes Masse-Konzept die Zweideutigkeit, daß nämlich die sich im Phänomen der »Masse« manifestierende Krise zum einen als Variation jenes alten Konfliktes von Kultur und Barbarei aufgefaßt und zum anderen als historisch neue Situation interpretiert werden müsse. Für Ortega wie für Röpke gilt so einerseits, daß die politischen Bewegungen der Gegenwart ihre historische und politische Dignität in der großen menschheitsgeschichtlichen Perspektive verlieren, daß ihre Kritik an der modernen Barbarei in der Klage über den Rückfall in die Barbarei im Allgemeinen aufgeht.[40] Andererseits aber halten beide Autoren auch die These aufrecht, daß jene neue Barbarei der »Masse« nicht nur primitives Pendant, sondern auch und gerade letzte Konsequenz abendländischer Kultur und Zivilisation ist.[41] So verschwindet die Strukturkrise der bürgerlichen Gesellschaft im universalgeschichtlichen Szenario und es erscheint die Krise als Resultat eines ethischen Verfallsprozesses, der dem historischen »Erfolg« der »liberalen« Gesellschaft und Kultur geschuldet ist.

Röpkes Interpretation der kulturellen Krise der Moderne bewegt sich so im Spannungsverhältnis einer universalgeschichtlichen und einer soziologischen Version. Dem entsprechen zwei strategische Optionen zur Bekämpfung des

»Aufstands der Massen«: bleibt der universalgeschichtlichen Version kaum mehr als jene »Gelassenheit«, der noch eine wirkliche »Epochenwende« als Wiederkehr des Immergleichen erscheinen müßte, so reagiert die soziologische Version auf den »Erfolg« der liberalen Epoche, auf die Zersetzung der essentiellen Wertestruktur mit einer Offensive, die das soziologisch zu rekonstruieren sucht, was der naturwüchsige gesellschaftliche Prozeß zerstört hat.[42]

Die Analyse des »Aufstands der Massen« führt Röpke somit zu Ergebnissen, die mit seinen politischen Forderungen durchaus in Einklang stehen. Auf der einen Seite steht der Versuch, durch Erhaltung oder Rekonstruktion vormoderner Bewußtseinsinhalte und Institutionen jene soziale Zerrüttung aufzuhalten oder gar aufzuheben, die Röpke mit Ortega y Gasset als paradoxes Resultat des »Erfolges« der bürgerlich-liberalen Gesellschaft begreift.[43] Auf der anderen Seite – und hier bleibt Röpke liberaler Modernist – ist es Ziel dieser konservativen Strategie, die Gesellschaft für die durch marktwirtschaftliche Dynamik vermittelte ständige Modernisierung offen zu halten, sie zur Moderne zu befähigen. Die Idee von der »Freiheit« des einzelnen, die im klassischen Liberalismus mit der Marktfreiheit untrennbar verknüpft war, spielt bei Röpke nur noch dort eine Rolle, wo er gegen den »Kollektivismus« und gegen die »Masse« polemisiert.[44] Ist die Freiheit des einzelnen konstitutiv für den Markt, so verlangt dessen Erhaltung bei Röpke immer massivere Einschränkungen dieser Freiheit. Röpke war ein Konservativer wider Willen, hatte doch seine Revision des Wirtschaftsliberalismus den alleinigen Zweck, ihn zu sichern.

V

Ist der Markt somit der neuralgische Punkt, in dem sich einerseits die bürgerliche Freiheitsverheißung realisiert[45], von dem andererseits aber ihre historische Gefährdung ausgeht, so ist der »Staat« die strategische Schlüsselstelle von Röpkes »liberalem Revisionismus«. Er ist die Instanz zur Sicherung der um den Markt organisierten Gesellschaft vor sich selbst. Der in den dreißiger Jahren von Röpke reklamierte Unterschied zwischen seiner »freiheitlichen« und der antiliberalen Position der »konservativen Revolution« hebt sich in dieser Aufgabenzuweisung an den Staat auf. Zur Sicherung des institutionellen Gefüges der liberalen Gesellschaft bedarf Röpke der »Politik«[46] im Sinne Carl Schmitts; zur Sicherung der herrschenden wirtschaftlichen Verhältnisse sucht er Zuflucht beim Projekt der Formierung von Gesellschaft durch den Staat, dessen wesentliche Legitimitätsressource darin liegt, daß er in einem innen- wie außenpolitischen Krieg der Ideologien zwischen »Freund« und »Feind« unterscheidet. War der Gegner für Röpke 1933 der kleinbürgerliche Nationalismus und der Nationalsozialismus, so war es nach dem Krieg der »Kommunismus«, gegen den er sich mit quasireligiöser Inbrunst wandte.[47]

Beide Feindbilder sind durch die theoretische Klammer einer Totalitarismustheorie zusammengehalten, der alles pauschal als »totalitär« gilt, was der unbeschränkten wirtschaftlichen Freiheit des einzelnen widerspricht. Röpke wurde so nach dem Zweiten Weltkrieg zu einem der profiliertesten deutschsprachigen Vordenker des »Kalten Krieges«.[48] Der Antikommunismus war der Ersatzmythos, der – wenn auch nicht positiv, sondern über die Feind-Projektion – einen Ansatzpunkt zur Formierung des gesellschaftlichen Bewußtseins bot.

Trotzdem blieb die Stellung Röpkes zur Wirtschafts- und Gesellschaftspolitik des »CDU-Staates« Bundesrepublik seit den fünfziger Jahren ambivalent. Mit der wirtschaftspolitischen Grundorientierung des Ministers Ludwig Erhard zwar zunächst unbedingt einverstanden[49], begann er bald damit, die machtstaatliche und gesellschaftspolitische Flankierung der »sozialen« Marktwirtschaft einzuklagen. Zielte dies in der Frage staatlicher Macht darauf, jenen dezisionistischen und antipluralistischen »Mut zur Politik« zu entwickeln, so hatte Röpke gesellschaftspolitisch Initiativen *Jenseits von Angebot und Nachfrage*[50] im Blick, Maßnahmen, die der Gefahr weiterer »Vermassung« und gesellschaftlicher Desintegration durch »Markt« gegensteuern sollten. Ab Mitte der fünfziger Jahre finden sich dann immer häufiger Äußerungen Röpkes, in denen er auf die Kosten des Fortschritts verweist und dagegen ein Programm einer »Einbettung« von Marktwirtschaft in eine »höhere Gesamtordnung« setzt. Diese Arbeiten machten ihn zuletzt zum konservativen Mahner wider die forcierte Modernisierung der bundesrepublikanischen Gesellschaft, zu einem frühen Vertreter jenes romantischen Konzeptes einer sozialen und »ökologischen Marktwirtschaft« nach der Devise »small is beautiful«[51] – ein nicht nur angesichts der machtpolitischen Realitäten aussichtsloser Entwurf.

---

1 Betrachtet man das Schicksal etwa der Mitglieder der sogenannten Freiburger Schule, so zeigt sich, daß sie mehrheitlich nach 1933 in Deutschland blieben, wenn auch einige von ihnen – nach anfänglichen Loyalitätsbekundungen gegenüber den neuen Machthabern – am Rande in konservativen Widerstandskreisen mitarbeiteten. Vgl. zu letzterem die Arbeit von Blumenberg-Lampe 1973. – 2 Die Zeitschrift ORDO, das theoretische Organ der Freiburger Schule, erschien ab 1948. Vgl. zum Ordoliberalismus als konservativ-liberalem wirtschaftspolitischem Programm einführend Dürr 1954 und Heuß 1987. – 3 Vgl. Braeuer 1977. – 4 Als Vertreter der Professorenschaft wurde Troeltsch 1918 in den – kurzlebigen – Marburger Arbeiter- und Soldatenrat entsandt (vgl. Bensch 1977, S. 198); nach 1919 war er Mitglied des Stadtparlaments für die Deutsche Demokratische Partei. – 5 Röpke 1963, S. 2. – 6 Vgl. zur Nationalökonomie in der Zwischenkriegszeit zusammenfassend Krohn 1981; zu Röpke besonders S. 119 ff. – 7 »Es wäre vermessen, zu behaupten, daß jede Lebensgefahr bereits überstanden wäre, aber das Entscheidende ist, daß es inzwischen noch weit vermessener geworden ist, die Unentrinnbarkeit des Endes zu behaupten.« (Röpke 1933, S. 437); – »Das Fieber wäre überstanden.«(Ebd., S. 439). – 8 Dokumentiert in Röpke 1959, S. 86. – 9 Dies gilt zum Beispiel für die Grabrede, die Röpke als Dekan der Wirtschaftswissenschaftlichen Fakultät in Marburg am 27.2.1933 für seinen akademischen Lehrer Walter Troeltsch gehalten hatte, sie wurde von den neuen Machthabern »als ein scharfer Angriff gegen den Nationalsozialismus« empfunden. Vgl. Hoppmann 1968, S. 6 f. – 10 Vgl. hierzu die eigene Schilderung Röpkes (1965). – 11 Vgl. Neumark 1980a, S. 8 f. – 12 Vgl. Hunold 1964, S. 335 und Hoppmann 1968, S. 6 f. – 13 Über die Türkei als Exilland deutscher Wissenschaftler liegen inzwischen eine ganze Reihe Untersuchungen vor: Vgl. Widmann (1973) sowie zwei Arbeiten von Fritz Neumark (1980 und 1980a), der selbst bis in die fünfziger Jahre in Istanbul lehrte. Klaus Detlev Grothusen (1987) gab eine interessante

Quellenpublikation heraus: den 1939 an das Erziehungsministerium in Berlin erstatteten »Bericht des Oberregierungsrates Dr.rer.pol. Herbert Scurla (...)«, der die Kolonie der Türkei-Emigranten unter NS-offiziellen politischen und »rassischen« Gesichtspunkten kategorisiert. Röpke war allerdings zu diesem Zeitpunkt schon nicht mehr in der Türkei. Anläßlich eines Besuches in der Türkei enthüllte am 30. Mai 1986 Bundespräsident Richard von Weizsäcker in der Universität Istanbul eine Gedenktafel für die deutschen Emigranten; vgl. v. Weizsäcker 1986. – 14 Die türkische Regierung verpflichtete die angestellten ausländischen Professoren, die türkische Sprache in angemessener Zeit zu lernen und Lehrbücher ihres Faches in Türkisch herauszubringen (vgl. Neumark 1980, S. 20). Zur Bedeutung von Sprache und Sprachproblemen gerade für sozialwissenschaftliche Emigranten siehe auch König 1987, S. 305 ff. und 319. – 15 Als Röpkes Hauptwerk gelten drei Arbeiten von weniger wirtschaftstheoretischem als kulturkritischem Inhalt: *Die Gesellschaftskrisis der Gegenwart* (1979, zuerst 1942), *Civitas Humana* (1944), *Internationale Ordnung* (1945); alle Werke hatten mehrere Auflagen und sind inzwischen in einer sechsbändigen Werkausgabe Röpkes (Bern 1979) wieder greifbar. – 16 Einen Eindruck dieser sehr dichten Kommunikation vermitteln noch Röpkes Genfer Briefe an den Kollegen und ordoliberalen Gesinnungsgenossen, der bis nach dem Kriegsende in Istanbul blieb (Röpke 1976, passim.). Vgl. auch Röpke 1944, S. 30. – 17 »In diesem Optimismus, der noch zur Zeit des Röhm-Putsches 1934 sehr ausgeprägt war, wurde er leider auf lange Zeit hinaus enttäuscht.« (Neumark 1980, S. 73). – 18 Vgl. den Forschungsbericht, Röpke 1942. – 19 Vgl. dazu einen Brief an Rüstow vom 7. August 1941 (Röpke 1976, S. 4 und von Eynern 1959, S. 853). Wie sehr die idealisierte Schweiz zum Demonstrationsobjekt eines »real existierendem Ordoliberalismus« wurde, zeigt die folgende auf die Schweiz gemünzte Passage aus der *Gesellschaftskrisis der Gegenwart*: »Was nun aber am meisten Hoffnung gibt, und die schwächlichen Einwände derjenigen, die unser Programm für eine verstiegene Utopie halten, am schlagendsten widerlegt, ist der Umstand, daß es unter den geistig und wirtschaftlich führenden Ländern des euroamerikanischen Kulturkreises ja tatsächlich Länder gibt, in denen das meiste dessen, was wir für dringend geboten halten, bereits in mehr oder weniger vollkommener Weise vorhanden ist und eine geradezu herausfordernde Gesundheit bewiesen hat.« (Röpke 1979, S. 46). – 20 In diesem Zusammenhang bemerkenswert ist eine Äußerung Ludwig Erhards, der 1967 auf einer Gedenkfeier für Röpke eben jene Ressentiments dokumentierte: »Der zu einer glänzenden akademischen Laufbahn Berufene hat nach einem mutigen Bekenntnis für die Ideale der Freiheit und der Menschenwürde und angesichts der Ungewißheit seines beruflichen Lebens und seiner materiellen Existenz Deutschland verlassen, nicht um von draußen her gegen sein Vaterland – denn er ist immer Deutscher geblieben – zu kämpfen oder es gar zu bespeien, sondern um für seine Landsleute vorauszudenken und darüber hinaus der ganzen übrigen Welt zu offenbaren, welches das Schicksal eines Volkes ist, das sich – unter welchen Vorzeichen auch immer – bewußt oder unbewußt dem Kollektivismus und der Unfreiheit hinzugeben bereit ist.« (Erhard 1968, S. 11 f.). – 21 Vgl. in diesem Zusammenhang auch Röpke 1964. – 22 Dazu Röpkes Kampfschrift *Weltwirtschaft – eine Notwendigkeit der deutschen Wirtschaft* von 1932: Das Programm der »Autarkie« werde – so Röpke – aus einer irrationalistischen Zeitstimmung heraus mit »einer Anmaßung und mit einer sprachlichen und geistigen Zuchtlosigkeit (...) vertreten, die in der deutschen Geschichte unerhört sind. (...) Eine hysterische Wiederholung derselben unbewiesenen und unbeweisbaren Wendungen und Forderungen erstickt jede Diskussion und vernebelt den klaren Sinn der Menschen, während die Stimme der Vernunft tief im Kurse steht.« (S. 8) Vgl. zum folgenden auch die 1931 unter dem Pseudonym »Ulrich Unfried« in der *Frankfurter Zeitung* veröffentlichte Polemik gegen die *Tat* und namentlich gegen ihren wirtschaftspolitischen Redakteur Ferdinand Friedrich Zimmermann, der unter dem Pseudonym »Ferdinand Fried« schrieb (Röpke 1959, S. 87 ff.). – 23 Es ist zweifellos Röpkes Verdienst, nachdrücklich auf den imperialistischen Kern jener Vorstellung von »Großraum« hingewiesen zu haben, vgl. Röpke 1959, S. 99 f. – 24 Vgl. zum Beispiel Baumann 1933 oder die Arbeiten Siegfried Kracauers (1974 und 1977). – 25 Röpke 1959, S. 44. – 26 Ebd., S. 45. Röpke stellt sich mit dieser Formulierung auf den Boden der konservativen Pluralismuskritik in Weimar. – 27 Ebd., S. 45. – 28 Röpke 1959, S. 89. – 29 Vgl. Kracauer 1977, S. 85 ff. – 30 Für Kracauer ist dies die Einbruchstelle von bürgerlichem Denken und Individualismus in die vermeintlich post-bürgerliche »Tat-Ideologie«; ebd., S. 96. – 31 Zur Figur der »Selbstrealisierung« der konservativen Revolution in »Volk« und »Führer« vgl. die Argumentation in Hans Freyers *Revolution von Rechts* (1931). Das »Volk« als

Subjekt der »Revolution von rechts« entsteht und formiert sich erst im Prozeß dieser »Revolution«. Deswegen nennt Freyer das »Volk« das »aktive Nichts in der Dialektik der Gegenwart«, die »reine Stoßkraft«. Es ist – so Freyer – von diesem »Volk« nicht zu sagen, wie es sich konstituiert, was seine politische Form ist. »Das revolutionäre Prinzip, das einem Zeitalter innewohnt, ist seinem Wesen nach keine Struktur, keine Ordnung, kein Aufbau, sondern es ist reine Kraft, reiner Aufbruch, reiner Prozeß.« (S. 53) Da es für Freyer keine externen Kriterien für diesen Sprung in die Selbstrealisierung gibt, sondern diese sich immer nur in der Bewegung selbst finden, wird die Teilnahme an der Bewegung zu einer Frage des Glaubens. Immerhin konzediert Freyer, daß die Selbstrealisierung der »Revolution von rechts« auch scheitern kann: Gelinge die »revolutionäre Einswerdung von Volk und Staat« nicht, so sei »statt Geschichte ein Schwindel geschehen, und der Betrogene (...) ist wie immer, diesmal aber wahrscheinlich endgültig, das Volk.« (S. 64) – 32 Hier verweist Röpke immer wieder auf die Hyperinflation in den ersten Jahren der Weimarer Republik. – 33 Sedlmayr 1948. – 34 Der Text geht auf einen Vortrag zurück, den Röpke vor dem um die Jahreswende 1932/33 gegründeten liberalen »Bund für wirtschaftliche und politische Bildung« in Frankfurt hielt. Die Publikation wurde von den neuen Machthabern verboten. Erst 1962 wurde die Arbeit zugänglich (Röpke 1962, S. 105–124). – 35 Gegen die weitverbreitete Rede von der »Epochenwende«, setzte Röpke auf eine »semantische Strategie«: »Je weniger wir von den Dingen hören, die nach ›Epochenwende‹ klingen, je weniger wir auch nur den Anschein erwecken, als brauchten wir ein neues Kreditsystem, einen neuen Staat, eine neue Gesellschaft, eine neue Währung, eine neue Philosophie und eine neue Nationalökonomie, um so besser ist es.« (Röpke 1933a, S. 13) Gelassenheit wird zu einer politischen Grundtugend, wo der angekratzten Legitimität der Wirtschaftsordnung argumentativ nicht aufgeholfen werden kann. – 36 Röpke 1962, S. 110. – 37 Ebd., S. 120 ff. Pompöse Negativkataloge sind Stilprinzip in Röpkes kulturkritischen Arbeiten. – 38 Ebd., S. 110. – 39 Ortega y Gasset 1947. – 40 »Der Massenmensch unserer Zeit ist in der Tat ein Primitiver, der durch die Kulissen auf die alte Szene der Zivilisation geschlüpft ist.« (Ebd., S. 54). – 41 »Die europäische Zivilisation – ich wiederhole es immer wieder – hat zwangsläufig zum Aufstand der Massen geführt.« (Ebd., S. 83). – 42 Ortega y Gasset propagierte eine neue ideologische Integrationsformel; die zerstörte alte, elitär-herrschaftliche Wertewelt müsse – aus der Einsicht in die Mechanismen des Wertverfalls heraus – ersetzt werden. Ortegas Formel hierfür heißt »Europa«. In ihr synthetisiert sich ein geschichtlicher Sinn, mit dessen Hilfe die Motivationskrise, als die Ortega gesellschaftlichen Strukturwandel interpretiert, revidiert werden soll. »Die Europäer können nur leben, wenn sie in eine große gemeinsame Aufgabe hineingestellt sind. Fehlt diese, so werden sie gewöhnlich und schlapp; die Seele geht ihnen aus den Fugen.« (Ebd., S. 121) Mit einer »europäischen Supernation« entstehe zudem ein Binnenmarkt, der die Konkurrenz mit den neuen Mächten USA und Sowjetunion bestehen könne. – Auch bei Ortega findet sich die Triade von Mythos, Bewegung und Sinn. – 43 »Eben die Vollkommenheit der Organisation, die das 19. Jahrhundert gewissen Lebensordnungen gegeben hat, ist Ursache davon, daß die Massen, denen sie zugute kommt, sie nicht als die Organisation, sondern als Natur betrachten. So läßt sich der absurde Seelenzustand, den sie verraten, zugleich erklären und beschreiben: nichts beschäftigt sie so sehr wie ihr Wohlbefinden, und zugleich arbeiten sie den Ursachen dieses Wohlbefindens entgegen.« (Ebd., S. 38) – Vgl. die parallele Stelle bei Röpke 1962, S. 106 f. – 44 »Kein Konservativer kann den Liberalen in der Überzeugung übertreffen, daß die Masse niemals aufbauen, sondern nur zerstören kann und daß die Tyrannis der Masse die ärgste von allen ist, weil es ihrem Wesen entspricht, für die Individualität auch nicht einen Funken des Verständnisses aufzubringen. Wenn der Liberalismus daher die Demokratie fordert, so nur unter der Voraussetzung, daß sie mit Begrenzungen und Sicherungen ausgestattet wird, die dafür sorgen, daß der Liberalismus nicht von der Demokratie verschlungen wird.« (Röpke, ebd., S. 124). – 45 »(...) Wirtschaftsfreiheit – genauer gesagt, die Konkurrenz – (ist) in der Tat die conditio sine qua non unserer kranken Gesellschaft (...). Die Wahrung der Marktfreiheit und der Konkurrenz ist schlechterdings zur Schicksalsfrage der nichtkollektivistischen Welt geworden, und wenn sie an dieser Aufgabe scheitert, ist alles andere umsonst.« (Röpke 1979, S. 290). – 46 »Wenn wir (...) der rücksichtslosen Ausbeutung des Staates durch die Interessenhaufen absagen, so schaffen wir damit überhaupt erst die Voraussetzungen für einen vertrauenswürdigen Staat und ein sauberes öffentliches Leben. Andererseits aber setzt diese selbe Absage einen wirklich starken Staat voraus, eine Regierung, die den Mut hat zu regieren.« (Ebd., S. 310). –

47 Aus den vielen Belegen hier nur eine Formulierung: »Können wir, wenn der Kommunismus siegt, noch als Menschen weiterleben? Das ist viel wichtiger als die Frage, ob wir als Säugetiere weiterleben können (...)« (Röpke 1962, S. 251). »Kommunismus« wird von Röpke durchgängig mit dem Herrschaftssystem der stalinistischen Sowjetunion identifiziert, das erklärt aber die Intransingenz seines Antikommunismus nur zum Teil. – 48 Vgl. hier auch seine in mehreren Auflagen erschienene *Deutsche Frage* (Röpke 1946, die erste Auflage erschien 1945), in der Röpke sich frühzeitig für eine strikte Westbindung einsetzt und bereit ist, für dieses Ziel die Teilung Deutschlands in Kauf zu nehmen. – 49 Dazu das Gutachten *Ist die deutsche Wirtschaftspolitik richtig?*, das Röpke 1950 für die Bundesregierung anfertigte und in dem er sich völlig hinter Erhard stellte (Röpke 1950). Zur Geschichte dieses Dokumentes vgl. Laitenberger 1986, S. 97 und Koerfer 1987, S. 502. Das Röpke-Gutachten war von Adenauer in Auftrag gegeben worden mit dem Hintergedanken, politische Munition gegen den Wirtschaftsminister und seine umstrittene Politik in die Hand zu bekommen. War dies das Ziel Adenauers, so war er bemerkenswert ungeschickt bei der Wahl des Gutachters, galt Röpke doch allgemein als führendes Mitglied jener Schule der Nationalökonomie, auf die Erhard sich in seinen wirtschaftspolitischen Aktivitäten berief. Alfred Grosser kommentierte die Vergabe des Gutachtens an Röpke mit spitzer Feder: »Als die Bundesregierung sich auf eine im Ausland angesehene Kapazität berufen wollte, um auf die Kritiken an ihrer Wirtschaftspolitik zu antworten, wandte sie sich an Professor Röpke und war erfreut, daß der Genfer neoliberale Professor seinen eigenen Neoliberalismus anerkannte.« (Grosser 1960, S. 189). Röpke selbst meinte 1961, daß seine Antwort auf die Frage: »Ist die deutsche Wirtschaftspolitik richtig? inzwischen »(...) mehr auf ein Nein als auf ein Ja hinauslaufen müßte.« (Röpke 1961, S. 50) und führte u.a. die Finanz- und Steuerpolitik insgesamt, die wirtschaftlichen Konzentrationsprozesse, die große Macht der Gewerkschaften und das »Wuchern« des Wohlfahrtsstaates an (ebd., S. 50 f.). – 50 So der programmatische Titel eines Buches von 1958 (Röpke 1961). – 51 »Nichts ist .. einer .. gesunden und dem Menschen gemäßen Gesamtordnung abträglicher als zwei Dinge: Masse und Konzentration. Selbstverantwortung und Eigenständigkeit der einzelnen im Gleichgewicht mit der Gemeinschaft, nachbarschaftliche Gesinnung und echter Bürgersinn – das alles setzt voraus, daß die Kollektiva, in denen wir leben, das menschliche Maß nicht überschreiten. (...) Um so zwingender, wenn auch um so verzweifelter ist gleichzeitig die Therapie geworden, die die Krankheit erfordert: die Therapie der Dezentralisation, der ›Wiederverwurzelung‹, der ›Entmassung‹ und der ›Entproletarisierung‹« (ebd., S. 23 f.).

Literatur:
Baumann, Kurt (1933): »Autarkie und Planwirtschaft«. In: *Zeitschrift für Sozialforschung* 2, S. 79–103.
Bensch, Udo (1977): »StuKoMa – oder die unrühmliche Rolle der Marburger Korporationen in den politischen Auseinandersetzungen zu Beginn der Weimarer Republik«. In: Universität und demokratische Bewegung. Hg. von Dieter Kramer und Christine Vanja. (Schriftenreihe für Sozialgeschichte und Arbeiterbewegung 5). Marburg, S. 187–212.
Blumenberg-Lampe, Christine (1973): *Das wirtschaftliche Programm der »Freiburger Kreise«. Entwurf einer freiheitlich-sozialen Nachkriegswirtschaft. Nationalökonomen gegen den Nationalsozialismus.* Berlin.
Braeuer, Walter (1977): »Walter Troeltsch (1866–1933)«. In: *Marburger Gelehrte in der ersten Hälfte des 20. Jahrhunderts.* Hg. von Ingeborg Schnack. Marburg, S. 553–568.
Dürr, Ernst-Wolfram Friedrich (1954): *Wesen und Ziele des Ordoliberalismus.* Winterthur.
Erhard, Ludwig (1968): »Gedenkrede«. In: *In Memoriam Wilhelm Röpke.* Marburg, S. 9–21.
Eynern, Margarete von (1959): »Wilhelm Röpke«. In: NPL 4, Sp. 841–856.
Freyer, Hans (1931): *Revolution von rechts.* Jena.
Grosser, Alfred (1960): *Die Bonner Demokratie. Deutschland von draußen gesehen.* Düsseldorf.
Heuß, Ernst (1986): »Ordoliberalismus«. In: *Liberalismus im Kreuzfeuer. Thesen und Gegenthesen zu den Grundlagen der Wirtschaftspolitik.* Hg. von Hans G. Nutzinger. Frankfurt/M., S. 25–40.
Hoppmann, Erich (1968): »Ansprache des Dekans«. In: *In Memoriam Wilhelm Röpke.* Marburg, S. 5–8.
Hunold, Albert (1964): »Ein Leben im Kampf um Freiheit und Würde des Menschen«. In: Wilhelm Röpke, Wort und Wirkung. Ludwigsburg, S. 329–354.

Koerfer, Daniel (1987): *Kampf ums Kanzleramt. Erhard und Adenauer.* Stuttgart.
König, René (1987): *Soziologie in Deutschland. Begründer, Verfechter, Verächter.* München.
Kracauer, Siegfried (1974): *Die Angestellten. Aus dem neuesten Deutschland,* 2. Aufl., Frankfurt/M.
Kracauer, Siegfried (1977): *Das Ornament der Masse. Essays,* Nachwort von Karsten Witte. Frankfurt/M.
Krohn, Claus-Dieter (1981): *Wirtschaftstheorien als politische Interessen. Die akademische Nationalökonomie in Deutschland 1918–1933.* Frankfurt/M.
Laitenberger, Volkhard (1986): *Ludwig Erhard. Der Nationalökonom als Politiker,* Vorwort von Helmut Kohl. Göttingen–Zürich.
Neumark, Fritz (1980): *Zuflucht am Bosporus. Deutsche Gelehrte, Politiker und Künstler in der Emigration 1933–1953.* Frankfurt/M.
Ders., (1980a): »Erinnerungen an Wilhelm Röpke«. In: *Wilhelm Röpke. Beiträge zu seinem Leben und Werk (Ludwig-Erhard-Stiftung, Symposion IV).* Stuttgart, S. 7–21.
Ortega y Gasset, José (1947): *Der Aufstand der Massen.* Stuttgart.
Röpke, Wilhelm (1932): *Weltwirtschaft – eine Notwendigkeit der deutschen Wirtschaft.* Tübingen.
Ders., (1933): »Autarkie – ein abgenutztes Schlagwort«. In: *Der Deutsche Volkswirt* vom 6.1.1933.
Ders., (1933a): »Schundgeld?« In: *Tage-Buch* 14, 7.1., S. 11–13.
Ders., (1942): *International Economic Disintegration.* London.
Ders., (1944): *Civitas Humana. Grundfragen der Gesellschafts- und Wirtschaftsreform.* Erlenbach–Zürich.
Ders., (1945): *Internationale Ordnung.* Erlenbach–Zürich.
Ders., (1946): *Die deutsche Frage,* 2. Aufl. Erlenbach–Zürich.
Ders., (1950): *Ist die deutsche Wirtschaftspolitik richtig?* Stuttgart.
Ders., (1959): *Gegen die Brandung.* Hg. von Albert Hunold. Erlenbach–Zürich.
Ders., (1961): *Jenseits von Angebot und Nachfrage,* 3. Aufl. Erlenbach–Zürich.
Ders., (1962): *Wirrnis und Wahrheit.* Erlenbach–Zürich.
Ders., (1963): »Marburger Studentenjahre«. In: *alma mater philippina,* Wintersemester 1963/64, S. 1–4.
Ders., (1964): [Beitrag] in: *Ich lebe nicht in der Bundesrepublik.* Hg. von Hermann Kesten. München, S. 140–144.
Ders., (1965): »Marburger Dozenten- und Professorenjahre 1922–1933«. In: *alma mater philippina,* Wintersemester 1965/66, S. 18–23.
Ders., (1976): *Briefe 1934–1966. Der innere Kompaß.* Hg. von Eva Röpke. Erlenbach–Zürich.
Ders., (1979): *Die Gesellschaftskrisis der Gegenwart.* 6. Aufl. (Ausgewählte Werke 2). Bern.
Rüstow, Alexander (1963): »Die staatspolitischen Voraussetzungen des wirtschaftspolitischen Liberalismus«. In: Ders., *Rede und Antwort.* Ludwigsburg.
Schmitt, Carl (1940): *Positionen und Begriffe im Kampf mit Weimar – Genf – Versailles 1923–1939.* Hamburg.
Der Scurla-Bericht (1987). *Bericht des Oberregierungsrates Dr.rer.pol. Herbert Scurla von der Auslandsabteilung des Reichserziehungsministeriums in Berlin über seine Dienstreise nach Ankara und Istanbul vom 11.–25. Mai 1939: »Die Tätigkeit deutscher Hochschullehrer an türkischen Hochschulen«.* Hg. von Klaus Detlev Grothusen. Frankfurt/M.
Sedlmayr, Hans (1948): *Verlust der Mitte. Die bildende Kunst des 19. und 20. Jahrhunderts als Symbol der Zeit.* Salzburg.
Weizsäcker, Richard von (1986): »Ansprache vor der Enthüllung einer Gedenktafel für deutsche Emigranten in der Universität Istanbul«. In: Ders.: *Reden und Interviews 2. 1. Juli 1985 – 30. Juni 1986.* Bonn.
Widmann, Horst (1973): *Exil und Bildungshilfe. Die deutschsprachige akademische Emigration in die Türkei nach 1933.* Bern, Frankfurt/M.

Christian Pross

Die Gutachterfehde – Emigrantenärzte in der Wiedergutmachung

Anläßlich eines Besuchs von Bundeskanzler Adenauer in New York im Februar 1960 protestierten polnische Juden, die die Konzentrationslager überlebt hatten, gegen die »Ferndiagnosen feindlicher Ärztebürokraten« in den deutschen Entschädigungsämtern. Sie forderten, daß keine Ärzte mit Gutachten betraut werden dürften, die einer nationalsozialistischen Organisation angehört und infolgedessen ein Interesse daran hätten, »die Folgen der Verfolgung möglichst .. verwischen.« Vielmehr dürften nur solche Ärzte eingesetzt werden, die »ein menschliches und sympathisches Ohr für die Leiden der Verfolgten« besäßen.[1] Anlaß waren die häufig negativen Gutachten, die deutsche Amtsärzte und ärztliche Sachverständige vor Gericht in der Beurteilung von gesundheitlichen Verfolgungsschäden erstatteten. Die Durchführungsverordnungen zum Bundesentschädigungsgesetz bevollmächtigten die Ämter mit der Auswahl der ärztlichen Gutachter. Kam es zu einer gerichtlichen Auseinandersetzung um die Anerkennung des Gesundheitsschadens bzw. um die Höhe der Rente, hatte der Verfolgte anders als im Versorgungswesen nicht das Recht, einen Arzt seines Vertrauens zum Gutachter zu wählen.

Der überwiegende Teil der Verfolgten lebte und lebt im Ausland. Die deutschen Entschädigungsämter verlangten ausführliche, nach den Kriterien der deutschen Versicherungsmedizin erstellte Gutachten. Am besten geeignet für diese Aufgabe schienen die deutschen Emigrantenärzte, da sie der deutschen Sprache mächtig und mit diesen Kriterien vertrauter waren als die einheimischen Ärzte. Die deutschen Botschaften und Konsulate, die über gute Beziehungen zu Emigrantenkreisen verfügten, wählten die ihnen qualifiziert erscheinenden Ärzte als Vertrauensärzte aus. Von den insgesamt 75 im Jahr 1963 für das bundesdeutsche Generalkonsulat in New York tätigen Vertrauensärzten kamen fast alle aus dem Kreis der Verfolgten, vorwiegend waren es deutsche Emigranten, aber auch solche aus ost- und südosteuropäischen Ländern.[2] Darauf bedacht, das ruinierte Ansehen Deutschlands in der Welt wiederherzustellen, nahm das Auswärtige Amt eine wiedergutmachungsfreundlichere Haltung ein als das Bundesfinanzministerium und die unter Landeshoheit stehenden Entschädigungsämter. So kam es um die Ernennung der Vertrauensärzte wiederholt zu Kompetenzstreitigkeiten. Ein Urteil des Bundesgerichtshofes von 1965 setzte dem ein Ende und bestätigte die Zuständigkeit der deutschen Auslandsvertretungen.[3]

Die Stellung der Emigrantenärzte in diesem Kräftefeld wird erst vor dem geschichtlichen Hintergrund verständlich. Obwohl nach außen hin Markenzeichen eines sühnewilligen Deutschland, war die Wiedergutmachung von Anbeginn Gegenstand heftiger innenpolitischer Kontroversen. Eine einflußreiche Allianz aus Altnazis, ehemaligen Ariseuren und dem rechten Flügel in Adenauers Regierungskoalition, vertreten durch Bundesfinanzminister Fritz Schäffer (CSU), suchte die Wiedergutmachung mit allen Mitteln zu sabotieren. Adenauer, politisch weitsichtiger als sein Finanzminister, erkannte, daß es ohne Wiedergutmachung keinen raschen wirtschaftlichen Wiederaufbau Westdeutschlands geben würde. Im Überleitungsvertrag von 1952 machten die Alliierten eine baldige und großzügige Regelung der Entschädigungsfrage zur Vorbedingung für die Aufhebung des Besatzungsstatuts und die Wiedererlangung der Souveränität. Die sühnewilligen Kräfte um den CDU-Abgeordneten Franz Böhm, den SPD-Abgeordneten Adolf Arndt, den Staatsbeauftragten für Wiedergutmachung des Landes Baden-Württemberg, Rechtsanwalt Otto Küster, und einige andere waren hoffnungslos in der Minderheit. Ohne den Druck der Alliierten, insbesondere des amerikanischen Hohen Kommissars John McCloy, und ohne den Druck jüdischer Organisationen im Ausland, die in der »Conference on Jewish Material Claims against Germany« zusammengeschlossen waren, hätte Deutschland nicht mehr als ein paar Almosen an die Opfer gezahlt.[4] Bevor die Bundesrepublik an die Verfolgten dachte – das erste bundeseinheitliche Entschädigungsgesetz wurde 1953 verabschiedet – stellte sie 1951 erst einmal die Beamten des Dritten Reiches wieder in den Staatsdienst ein oder gewährte ihnen stattliche Pensionen.[5] Schon die heftigen Auseinandersetzungen um den Wiedergutmachungsvertrag mit Israel im Jahr 1952 zeigten, daß die Bundesrepublik nicht freiwillig oder aufgrund einer moralischen Verpflichtung zahlte.[6]

Die Stimmung in Emigrantenkreisen gegenüber Deutschland war so von berechtigtem Mißtrauen geprägt, und auch die Emigrantenärzte standen ihrer neuen Aufgabe zwiespältig gegenüber. Hatte man sie vor kurzem noch mit Schimpf und Schande außer Landes gejagt, bat man sie jetzt, sich wieder in den Dienst des deutschen Staates zu stellen und den angerichteten Schaden reparieren zu helfen. Als die deutsche Botschaft in Paris den ehemaligen Berliner Internisten Siegesmund Kaplan, der im besetzten Frankreich im Untergrund überlebt hatte, bat, als Vertrauensarzt zu fungieren, fragte er empört, »was gibt es da wiedergutzumachen?«[7] Letztendlich verpflichtete das seelische und körperliche Elend der Verfolgten die Emigrantenärzte dazu, sich auf eine Zusammenarbeit mit den deutschen Behörden einzulassen. Boten doch die Entschädigungsrenten und die Übernahme von Heilbehandlungskosten Aussicht auf eine Linderung der beträchtlichen materiellen Not bei vielen der Betroffenen.

Die deutschen Ämter und deren Gutachter – mit Ausnahme des in Gesundheitsschadenssachen relativ großzügig verfahrenden Berliner Amtes – sahen ihre Aufgabe in erster Linie darin, die Interessen des Fiskus zu wahren, d.h. vermeintlich unberechtigte Rentenansprüche abzuwehren. Minutiös überprüften sie jeden Antrag auf seine Glaubwürdigkeit, auf Widersprüche und Übertreibungen. In Wirklichkeit übertrieben die Antragsteller ihre Beschwerden kaum, eher neigten sie dazu, aus Scham und Furcht vor einem Wiederaufleben des erlittenen Traumas ihre Angstzustände und Depressionen vor dem Arzt zu verschweigen oder herunterzuspielen. Nach einer Untersuchung des Heidelberger Psychiaters Walter von Baeyer waren bei Verfolgten so gut wie keine »Rentenneurosen« zu finden.[8]

Die Emigrantenärzte fanden sich nun absurderweise in die Rolle gedrängt, ihre Untersuchungsergebnisse gegenüber den deutschen Behörden verteidigen zu müssen. Sie hatten die meiste Erfahrung mit den Krankheitsbildern der Verfolgten. Sie waren oft von allen Verfahrensbeteiligten die einzigen, die den Verfolgten je leibhaftig zu Gesicht bekommen hatten, dennoch wurden ihre Gutachten von den Prüfärzten der Entschädigungsämter häufig zurückgewiesen. Die stereotypen Einwände der deutschen Ärzte lauteten in der Regel, es handele sich ausschließlich um ein »anlagebedingtes«, d.h. in der Erbmasse verankertes Leiden, das Gutachten stütze sich zu sehr auf die subjektiven Angaben des Patienten und es fehle ein »objektiver Befund« oder es fehle im Falle eines psychischen oder organischen Spätschadens der Nachweis von »Brückensymptomen«. Der Begriff anlagebedingt diente der Verleugnung der äußeren Ursachen des Leidens, er bedeutete außerdem ein Rekurrieren auf die nationalsozialistische Erblehre, die den Erbfaktoren die entscheidende Bedeutung bei der Entstehung von Krankheiten beimaß. Die Geringschätzung der subjektiven Angaben des Patienten kam ebenfalls einer Verleugnung gleich, den Schilderungen der Schrecken des Lagers und der Alpträume, die ihn seither heimsuchten, war im Zweifelsfall kein Glauben zu schenken. Verlaß war angeblich nur auf den objektiven Befund, d.h. eindeutige körperliche Erscheinungen wie eine von Erfrierungen oder Mißhandlungen verstümmelte Gliedmaße. Mit der Frage nach Brückensymptomen versuchten die Behördenärzte, die Anerkennung von Spätschäden zu verhindern. Es war in zahlreichen wissenschaftlichen Untersuchungen nachgewiesen worden, daß ein durch die Lagerhaft verursachtes Leiden häufig erst nach einer symptomfreien Latenzperiode von Jahren bis Jahrzehnten zum Ausbruch kam.[9] Als Brückensymptome galten Krankheitsanzeichen, die bereits während der Latenzperiode auftraten. Ein Nachweis war aber kaum beizubringen, da die Behandlungsunterlagen von Ärzten und Krankenhäusern aus der unmittelbaren Nachkriegszeit, insbesondere die der Krankenstationen in den DP-Lagern, meist keine verläßlichen Angaben enthielten oder nicht mehr auffindbar waren.[10]

War das Erstgutachten eines Vertrauensarztes abgelehnt worden, war der Verfolgte gezwungen, vor Gericht zu gehen. Die Entschädigungskammer beim Landgericht zog dann einen neuen ärztlichen Sachverständigen hinzu und gegebenenfalls wurde eine Untersuchung durch mehrere Fachärzte verlangt. Häufig wurden deutsche Fachärzte und Universitätskliniken herangezogen, die, ohne den Verfolgten je gesehen zu haben und auch ohne über besondere Kenntnisse auf diesem Gebiet zu verfügen, sich allein nach Aktenlage ein Urteil bildeten, ein sogenanntes »Aktengutachten« erstatteten. Fiel dieses negativ aus und schloß sich das Gericht dem an, mußte der Betroffene in die Berufung beim Oberlandesgericht gehen und die gesamte Begutachtung wurde von neuem aufgerollt. Überdurchschnittlich viele Verfahren gingen bis vor den Bundesgerichtshof.[11] Infolge dieser Prozeßflut waren die Gutachter hoffnungslos überlastet. Die Erstattung von Gutachten durch deutsche Universitätskliniken dauerte im Jahr 1966 im Schnitt sechs Monate bis ein Jahr.[12] Ende der fünfziger Jahre waren die Pariser Vertrauensärzte mit ca. 5.000 Gutachten im Rückstand. Die Gerichte warteten bis zu zwei Jahre auf den Eingang der Gutachten aus Paris.[13]

Wie es auf jener Protestversammlung in New York zum Ausdruck kam, erwarteten die Verfolgten insbesondere von den Emigrantenärzten, daß diese anders als die »feindlichen Ärztebürokraten« in Deutschland ein offenes Ohr für ihre Leiden hätten. Obwohl einige von ihnen ein solch offenes Ohr wohl hatten, waren ihnen durch die Bestimmungen des Gesetzes und durch die Spruchpraxis der deutschen Entschädigungsämter und Gerichte Grenzen gesetzt. Feststellen mußte der Gutachter die »verfolgungsbedingte Minderung der Erwerbsfähigkeit«. Diese wurde in Prozent ausgedrückt und nach den allgemein gültigen Anhaltspunkten für die Begutachtung im Versorgungswesen errechnet. Für den Verlust eines Armes oder Erblindung eines Auges waren die Prozentsätze klar festgelegt, im Falle einer chronischen Depression hingegen wurde die Erwerbsminderung relativ willkürlich geschätzt.[14] Rentenberechtigt wurde ein Verfolgter laut Gesetz erst bei einer Minderung der Erwerbsfähigkeit von 25 % und mehr. In der Beurteilung von psychischen Verfolgungsschäden aber hielt die deutsche Psychiatrie an ihrer althergebrachten Lehrmeinung fest, daß die Belastungs- und Regenerationsfähigkeit der menschlichen Seele unbegrenzt sei.[15] Deshalb wurden psychische Schäden in den ersten Jahren nach Verabschiedung des Bundesentschädigungsgesetzes kaum anerkannt. Erst nach einem Grundsatzurteil des Bundesgerichtshofs im Jahr 1960, das die Neurose eines KZ-Überlebenden für entschädigungswürdig erklärte, änderte sich die Spruchpraxis der Gerichte. Dieses Urteil war den Gutachten und Veröffentlichungen einiger aufgeschlossener deutscher Psychiater wie Kurt Kolle/München, Ulrich Venzlaff/Göttingen und Walter von Baeyer/Heidelberg zu verdanken.[16] Weiterhin wurden jedoch, wie der Münchener Psychiater Paul Matussek in einer umfangreichen Studie nachwies, für psychische Spätschäden von Verfolgten durchweg zu niedrige Prozentsätze bemessen.[17] Wollte der Vertrauensarzt erreichen, daß das Entschädigungsamt oder Gericht sein Gutachten akzeptierte, mußte er häufig wider besseres Wissen die Minderung der Erwerbsfähigkeit niedriger ansetzen als es den wirklichen Gegebenheiten entsprach. Der New Yorker Vertrauensarzt William G. Niederland etwa praktizierte eine derartige Selbstbeschränkung, indem er auch bei schweren psychischen Störungen nie mehr als 40 % Minderung der Erwerbsfähigkeit attestierte, da sonst mit einer Ablehnung seitens der deutschen Behörden zu rechnen war.[18] Das Gesetz forderte, daß der Gutachter unparteiisch und unvoreingenommen sei. Erkannte ein Arzt zu häufig einen Verfolgungsschaden an, wurde er von den Ämtern als parteilicher

Gutachter angegriffen, und es kam vor, daß ihm das Mandat entzogen wurde.[19] Der Generalkonsul in New York, Dr. Ulrich von Rhamm, beschwichtigte Kritiker der Begutachtungspraxis mit dem Argument, daß es nicht Aufgabe der Vertrauensärzte sei, für die Verfolgten ein »Schmerzensgeld« zu erwirken, und daß sie innerhalb der ihnen gesetzten »objektiven Grenzen« auch »gelegentlich ablehnend votieren müssen«.[20]

Insbesondere um die Bewertung psychischer Spätschäden nach Verfolgung entwickelte sich, wie es der New Yorker Psychoanalytiker Kurt R. Eissler ausdrückte, eine »heimliche Gutachterfehde« zwischen deutschen Amtsärzten und den Emigrantenärzten.[21] Diese Fehde deutete sich schon unmittelbar nach Verabschiedung des Bundesentschädigungsgesetzes an, indem die Repräsentanten der deutschen Ärzteschaft der ersten internationalen Konferenz über die gesundheitlichen Folgen von KZ-Haft in Kopenhagen im Jahr 1954 fernblieben.[22] Dasselbe gilt für die folgenden Konferenzen in Brüssel 1955 und Moskau 1957. Sie wurden von der Internationalen Föderation der Widerstandskämpfer (FIR) organisiert, welche in der Bundesrepublik als kommunistisch infiltriert galt. Das genügte in den Jahren des kalten Krieges, um solche Konferenzen zu meiden. Die meisten in Kopenhagen, Brüssel und Moskau vertretenen Ärzte, darunter der französische Psychiater Eugene Minkowski, der französische Internist Louis Fichez und der dänische Neurologe Paul Thygesen, kamen selber aus dem Kreis der Verfolgten und bemühten sich, in ihren Ländern anhand der neu gewonnenen wissenschaftlichen Erkenntnisse über die spezifischen Gesundheitsschäden von KZ-Überlebenden eine angemessene Versorgung und Berentung jener durchzusetzen. In Deutschland ignorierte man ihre Arbeiten, die sie zum Teil schon kurz nach Kriegsende veröffentlicht hatten.[23] Erst Ende der fünfziger Jahre wurden diese von einigen aufgeschlossenen deutschen Psychiatern wie Venzlaff und von Baeyer aufgegriffen. Als von Baeyer 1961 auf der Wanderversammlung südwestdeutscher Psychiater und Neurologen in Baden-Baden die herrschende Lehrmeinung von der unbegrenzten Belastbarkeit der menschlichen Seele für überholt erklärte und für eine Anerkennung psychischer Schäden bei Verfolgten plädierte, erntete er vom Ordinarius für forensische Psychiatrie und Kriminologie an der Universität Homburg/Saar, Hermann Witter, sogleich herbe Kritik. Jener bezeichnete die Gutachterfälle aus der von Baeyerschen Klinik als »künstlerische Entwürfe mit einem sehr breiten Einsatz subjektiver Deutungen«, die die Gefahr in sich trügen, den »Schutzwall gegen ungerechtfertigte neurotische Ansprüche zum Einsturz zu bringen.«[24]

Nachdem es auf individueller Ebene und informell bereits seit 1958 Kontakte zwischen Vertrauensärzten und Behördenärzten gegeben hatte[25], kam erst neun Jahre später auf Betreiben des Kölner Internisten Hans-Joachim Herberg und des Ministerialrats im Bundesgesundheitsministerium, Helmut Paul, der erste größere internationale Kongreß auf deutschem Boden zustande.[26] Herberg und Paul, die 1963 die erste umfassende Anthologie über psychische Spätschäden veröffentlicht hatten[27], wurden von Vertretern der Entschädigungsämter ebenfalls heftig angefeindet. Helmut Lotz, der Leiter des ärztlichen Dienstes der Landesrentenbehörde Nordrhein-Westfalen, diffamierte in einer Rezension die Herausgeber und Autoren als »sogenannte Spezialärzte« und beanstandete, daß sie die Kritik ausländischer Ärzte am deutschen Entschädigungsverfahren auf der Moskauer Konferenz von 1957 übernommen hätten, z.B. die des Dänen Hoffmeyer, »dem Wissenschaftler eines kleinen Landes, das noch nie vor derartigen Aufgaben stand«, oder die der Russen, bei denen »Erscheinungen nationalen Gedankenguts in Erscheinung« träten.[28] In Lotz' Sprachregelung spiegelt sich die offen feindselige Einstellung maßgeblicher deutscher Amtsärzte gegenüber den ausländischen Gutachtern, insbesondere denen aus den ehemals von Hitlers Wehrmacht besetzten Gebieten; Lotz selbst war jahrelang aktives Mitglied der NSDAP gewesen.[29] Die Landesrentenbehörde Nordrhein-Westfalen, die überwiegend für im Ausland lebende Verfolgte zuständig ist, war und ist eine der größten Entschädigungsbehörden und Lotz als ihr ärztlicher Leiter beeinflußte mit seiner Stellungnahme auch die Begutachtungspraxis seiner Kollegen in anderen Ämtern.[30]

In den USA gehörten die Emigrantenärzte und psychoanalytisch orientierten Psychiater William G. Niederland und Kurt R. Eissler zu den schärfsten Kritikern der deutschen Begutachtungspraxis. Eissler warf seinen deutschen Kollegen vor, die Tatsache zu verleugnen oder zu bagatellisieren, daß KZ-Häftlinge vielfach die Mißhandlung und Ermordung ihrer nächsten Angehörigen und Kinder mit ansehen mußten. Provokativ fragte er: »Die Ermordung von wievielen seiner Kinder muß ein Mensch symptomfrei ertragen können, um eine normale Konstitution zu haben?«, und er forderte, daß die Opfer eine Entschädigung erhalten müßten für die Aufregungen und Erniedrigungen, die sie im Zuge des Wiedergutmachungsverfahrens erlitten hätten. Es sei fatal, wenn deutsche Gutachter so häufig mit dem Einwand, das Leiden sei anlagebedingt, Entschädigungsansprüche abwehrten, seien doch die Verfolgten gerade aufgrund ihrer angeblichen Anlage, nämlich ihrer Rasse, verfolgt und in ihrer Gesundheit geschädigt worden.[31] Niederland sprach gar vom »Seelenmord«, den die Schrecken des Konzentrationslagers verursacht hätten und der durch die verleugnende Haltung deutscher Gutachter sowie die endlose Dauer des Verfahrens noch einmal begangen werde.[32] Ironisch bezeichnete er die Medizinalräte in den Entschädigungsämtern als »Ablehnungsräte«[33] und meinte die Ursache ihrer Haltung darin zu sehen, daß die meisten von ihnen ehemalige Nazis seien.[34] Ein Blick in die Biographien und Karrieren vieler amtlicher Gutachter bestätigt Niederlands Behauptung. Dies allein kann jedoch deren Verhalten nicht erklären.

Zur Verdeutlichung seien einige Verfahren geschildert, die für tausende ähnlicher in den Akten der Vertrauensärzte, Gerichte und Anwaltskanzleien festgehaltener Wiedergutmachungsprozesse stehen.[35] Im ersten Fall handelt es sich um einen 1931 geborenen und in einer westfälischen Kleinstadt als einziges Kind jüdischer Eltern aufgewachsenen Mann. Im Alter von fünf Jahren wurde er wegen seiner jüdischen Herkunft aus dem Kindergarten ausgewiesen und in den folgenden Jahren in der Schule häufig angepöbelt und bedroht. Während der Reichskristallnacht drangen SA-Horden in das elterliche Ladengeschäft und in die darüber gelegene Wohnung ein, zerschlugen das Mobiliar und warfen es auf die Straße. Den Vater führten sie vor den Augen des siebenjährigen Sohnes in ein Konzentrationslager ab, aus dem er nach zwei Monaten schwer verletzt und als seelisch gebrochener Mann zurückkehrte. 1939 gelang es den Eltern, den Jungen auf einen der damals nach England gehenden Kindertransporte zu bringen. Er wurde dort von einer hilfsbereiten Familie aufgenommen, die berichtete, er sei als ein »Bündel der Angst« bei ihnen angekommen. Bald wurde er zu einem Sorgenkind und fiel durch seine Scheu und Zurückgezogenheit auf. Nach dem Krieg holten ihn amerikanische Verwandte nach New York, von denen er erstmalig erfuhr, daß seine Eltern im KZ umgekommen waren. Er reagierte darauf mit einer Art seelischen Erstarrt- und Betäubtseins, wurde mißtrauisch gegenüber seinen Verwandten, denn er glaubte nicht an den Tod seiner Eltern, und sprach kein Wort mehr mit ihnen. Seine Schul- und Berufsausbildung scheiterte und er meldete sich im Alter von 18 Jahren als Freiwilliger zur Armee. Eines Tages nach Dienstschluß begegnete er auf der Straße einer Gruppe von ihm gefährlich erscheinenden Männern, die ihn an die Horde erinnerten, die das elterliche Heim in Westfalen überfallen und seinen Vater fortgeschleppt hatte. Bei ihrem Anblick verlor er plötzlich die Nerven, begann loszubrüllen und mit Steinen um sich zu werfen, bis ihn eine Polizeistreife aufgriff und ins nächstgelegene Krankenhaus brachte. Die Ärzte hielten ihn für geisteskrank und er wurde aus dem Militärdienst entlassen. 1962, nachdem er einen Antrag auf Wiedergutmachung gestellt hatte, untersuchte ihn William G. Niederland im Auftrag des bundesdeutschen Generalkonsulats und stellte eine verfolgungsbedingte Geistesstörung fest. Helmuth Lotz, der erwähnte Leiter des ärztlichen Dienstes der Landesrentenbehörde Nordrhein-Westfalen, meinte hingegen in einer gutachterlichen Stellungnahme, es handle sich bei dem Antragsteller um eine »eigengesetzliche« Entwicklungsstörung, die mit der Verfolgung nichts zu tun habe, sondern anlagegemäß entstanden sei. Die Trennung des seinerzeit achtjährigen Jungen von seinen Eltern mit der Verschiffung nach England zu ihm wildfremden Leuten deutete Lotz als idyllischen Aufenthalt bei nahen Verwandten um. Als Niederland in einem erneuten Gutachten diese Verdrehung der Tatsachen richtigstellte und Lotz' Thesen widerlegte, bezichtigte Lotz ihn der »persönlichen Verunglimpfung«. Der Antragsteller war gezwungen, sich dem aufreibenden Weg durch die Gerichtsinstanzen mit einer Kette von weiteren Gutachten und Gegengutachten zu unterziehen. Erst nach einem 15 Jahre dauernden Rechtsstreit wurde ihm eine Entschädigungsrente zuerkannt.[36]

Ein strenggläubiger, nach dem Krieg in die USA ausgewanderter Jude, der mehrere Jahre KZ-Haft und Arbeitslager, in denen seine Ehefrau, eines seiner Kinder und seine Eltern umgebracht wurden, überlebt hatte, erhängte sich 25 Jahre nach Kriegsende an der Feuerleiter der Synagoge seiner Gemeinde. Eine chronisch-reaktive Depression war ihm zu Lebzeiten als Verfolgungsleiden anerkannt worden, jedoch wurde seinen Angehörigen eine Hinterbliebenenrente verwehrt, da der vom Oberlandesgericht München beauftragte Sachverständige Prof. Dr. Frick keinen Zusammenhang zwischen Verfolgungsleiden und Selbstmord sah. Frick argumentierte, daß der Betreffende seinen Angehörigen gegenüber nie Selbstmordgedanken geäußert habe, offenbar hätten ihn aus unbekannten Gründen »ganz plötzlich Suizidgedanken überfallen«. Suizidalität gehöre nicht zum Syndrom der psychoreaktiven, verfolgungsbedingten Krankheitserscheinungen, außerdem seien seit der Befreiung 25 Jahre vergangen und es sei die Regel, daß nach einer derartigen Zeitspanne sich das verfolgungsbedingte Krankheitsbild stabilisiert habe. Niederland, der vom Rechtsvertreter der Hinterbliebenen um eine gutachterliche Stellungnahme gebeten worden war, konnte nachweisen, daß der Verstorbene sich nicht ohne Grund das Leben genommen hatte. Der Tag, an dem er sich in der Synagoge erhängt hatte, war nämlich der letzte Tag des jüdischen Pessachfestes gewesen, an dem traditionell der Verstorbenen gedacht wird, insbesondere der in den Lagern Umgekommenen. Unter Vertrauensärzten, die auch im eigenen Patientenkreis ständig mit Verfolgten zu tun hatten, war es bekannt, daß an jenem Tag insbesondere die strenggläubigen Überlebenden häufig unter besonders starken Depressionen litten. Wie Niederland herausfand, hatte der Verstorbene bereits Jahre zuvor einem anderen Gutachter gegenüber keinen Lebenswillen mehr geäußert und seinem Rabbiner häufig von Todesvorstellungen erzählt. Außerdem war er am Tag vor jenem Ereignis ohnmächtig zusammengebrochen und in ein Krankenhaus eingeliefert worden, wo man seinen Zustand nicht erkannte. Der Zusammenhang zwischen der Krankengeschichte und dem Ort sowie dem Zeitpunkt des Selbstmords überzeugte das Gericht, und die Hinterbliebenen bekamen eine Rente.[37]

Eine in Berlin geborene Jüdin, die ab ihrem 16. Lebensjahr Zwangsarbeit verrichten mußte, anschließend bis Kriegsende in den Konzentrationslagern Theresienstadt, Auschwitz und Mauthausen inhaftiert war und außer einem Vetter alle ihre Angehörigen verlor, stellte wegen Depressionen und heftiger Angstzustände einen Antrag auf Entschädigung. Aufgrund eines Gutachtens des New Yorker Vertrauensarztes und Psychiaters Prof. Hans Strauss lehnte der Regierungspräsident von Hannover ihren Antrag ab. Strauss hatte einen verfolgungsunabhängigen reaktiven Spannungszustand diagnostiziert, der mit bestimmten »Persönlichkeitszügen« einhergehe. Gegen ein Verfolgungsleiden spreche auch, daß sie sich an nichts erinnere und auch »nicht nervös« sei. Niederland hingegen deutete in einem Gutachten aus dem Jahr 1964 die Erinnerungslücken der Patientin als Ausdruck einer im Lager und durch den Tod der Angehörigen, insbesondere ihrer Zwillingsschwester, erlittenen seelischen Traumatisierung. In einer längeren psychischen Exploration fand er typische Zeichen des Überlebendensyndroms: Schuldgefühle gegenüber dem umgekommenen Vater (die sogenannte Überlebensschuld) sowie plötzliche anfallartige panische Angstzustände in öffentlichen Gebäuden, beim Läuten des Telefons oder der Türklingel und bei nächtlichen Geräuschen, die sie als das Pfeifen von Zügen, die Menschen in die Lager beförderten, wahrnahm. Niederland kritisierte an Strauss' Gutachten vor allem die oberflächliche Anamnese, in der er der Tatsache, daß die Betreffende bereits im jugendlichen Alter der Verfolgung ausgesetzt war, keine Bedeutung beimaß. Aus der

Literatur sei jedoch bekannt, daß Kinder und Jugendliche besonders empfindlich auf Verfolgungsereignisse reagierten. Man müsse deshalb bei Strauss ein »hohes Maß von persönlicher Abgestumpftheit voraussetzen«.[38]

Diese bitteren Töne haben eine Vorgeschichte. Hans Strauss, Emigrant und Psychiater alter Schule aus der Universität Frankfurt, gehörte zu den ersten amerikanischen Autoren, die das Überlebendensyndrom beschrieben. In einer 1957 in der deutschen Fachzeitschrift *Nervenarzt* zusammen mit von Baeyer und anderen veröffentlichten Artikelreihe prägte er den richtungsweisenden Begriff der entschädigungspflichtigen »Entwurzelungsdepression« von Verfolgten, die ihre Heimat und ihre Angehörigen verloren hatten. In der Praxis handelte er jedoch ganz anders, als man es aufgrund seiner Veröffentlichung erwarten würde. Häufig erstattete er ablehnende Gutachten mit dem Argument, daß es sich um eine verfolgungsunabhängige »Hysterie« oder um Anpassungsstörungen der Nachkriegszeit handele. In einer 1961 veröffentlichten Arbeit legte er seine neue Auffassung fest und behauptete auf einer Diskussionsveranstaltung mit Vertrauensärzten und emigrierten Juristen in New York, daß nach seinen eigenen Untersuchungen weniger als die Hälfte der durch das KZ gegangenen Verfolgten an einer entschädigungspflichtigen Neurose litten. Bei den Älteren sei eine gewisse »Selbstsuggestion« nicht zu übersehen. Dafür erntete er von Niederland heftige Kritik. Als Strauss beteuerte, er hege keine Vorurteile zu Ungunsten der Verfolgten, er sei »Deutschland nicht verpflichtet«, denn er sei schließlich auch Verfolgter, hielt ihm ein Kollege entgegen, die Verständnislosigkeit mancher deutscher Emigrantenärzte gegenüber den Verfolgten habe ihre historischen Gründe in der verschiedenen Mentalität deutscher Juden und Ostjuden, die noch nicht verschwunden sei.[39]

Die restriktive Haltung eines renommierten Psychiaters und ausländischen Vertrauensarztes wie Strauss diente den Entschädigungsämtern in der Folgezeit als Grundlage für die Ablehnung vieler Entschädigungsansprüche. Mehrfach mußten die von Strauss aufgrund seiner Standarddiagnose »Hysterie« abgelehnten ehemaligen KZ-Häftlinge bis vor den Bundesgerichtshof gehen, um Recht zu bekommen.[40] 1963 unterzeichneten fünf New Yorker Vertrauensärzte, unter ihnen Niederland und Eissler, eine Eingabe, in der sie die Strausschen Gutachten an einem Fallbeispiel kritisierten.[41] Das half jedoch nichts, elf Jahre später gab Strauss unvermindert Anlaß zu Beschwerden, diesmal von seiten der Verfolgten selbst. In einem Brief an das Generalkonsulat in New York vom 21. Dezember 1974 protestierten 17 von Strauss begutachtete Antragsteller, er sei »jüdischen Flüchtlingen gegenüber feindselig eingestellt« und sie fühlten sich von ihm bei den Untersuchungen »derartig grob und ungehörig behandelt, daß es mehr einem ›Peiniger‹ im Konzentrationslager als dem eines wohlmeinenden ärztlichen Sachverständigen entsprach.«[42]

Das Beispiel von Prof. Hans Strauss lehrt, daß der Gutachterstreit nicht allein im Spannungsfeld von »Emigrantenärzte versus deutsche Amtsärzte« oder »Verfolgtenärzte gegen ehemalige Naziärzte« gesehen werden kann.

Eine entscheidende Rolle spielte die nicht nur in Deutschland herrschende psychiatrische Lehrmeinung von der unbegrenzten Belastbarkeit der menschlichen Seele (Strauss berief sich in einer Rechtfertigungsschrift auf den orthodoxen deutschen Prof. Ernst Kretschmer[43]). Ferner drängten die Eigenheiten des Entschädigungsverfahrens den Gutachter mehr oder minder unbewußt in eine Loyalitätshaltung gegenüber dem deutschen Staat. Diese Haltung wurde dadurch gefördert, daß die Entschädigungsämter im Turnus ihre Amtsärzte zu den deutschen Auslandsvertretungen abordneten, wo sie direkt vor Ort die vertrauensärztlichen Gutachten prüften und in strittigen Fällen persönlich mit den Vertrauensärzten Rücksprache hielten.[44] Ein weiterer Grund für die widersprüchliche Haltung vieler Gutachter lag in der Bedrohlichkeit, den Abgründen der Innenwelt desjenigen, der das Lager überlebt hatte. Der Arzt begab sich in dieser Begegnung auf ein Terrain, auf dem das erlernte Handwerkszeug der medizinischen Anamnese- und Befunderhebung und insbesondere die herkömmliche psychiatrische Begriffswelt versagten. Wer nicht selbst im KZ gewesen war, konnte sich schwer in die Welt seines Patienten einfühlen. Unbewußte Abwehrreaktionen auch gutwilliger Ärzte waren die Folge.[45] Auch sprachliche Barrieren erschwerten die Kommunikation zwischen Gutachter und Verfolgten. Viele Verfolgte waren erst in den späten fünfziger Jahren aus Osteuropa ausgewandert. Sie sprachen weder deutsch noch englisch, sondern jiddisch, und konnten deshalb ihre Beschwerden dem allein deutsch- oder englischsprachigen Arzt nicht verständlich machen. Der New Yorker Vertrauensarzt Dr. Joachim Luwisch, in Galizien geboren, sprach im Unterschied zu vielen seiner Kollegen fließend jiddisch und galt deshalb unter den aus Osteuropa stammenden New Yorker Juden als Rettungsanker.[46] Beeinflußt wurde die Begutachtungspraxis auch durch die von den deutschen Behörden gezahlten Honorare. Für manche Arztpraxis bedeuteten sie eine wichtige zusätzliche Einnahmequelle, die man durch eine Konfrontation mit den deutschen Behörden nicht unnötig gefährden wollte.[47] Es gab Ärzte, die mit fließbandartig erstellten Gutachten ein Vermögen ansammelten. In Paris häuften sich Fälle, in denen Ärzte im Austausch gegen Aufgelder oder gewisse Dienstleistungen anerkennende Gutachten verfaßten, so daß ein von den dortigen Vertrauensärzten gegründeter Kontrollausschuß sich gezwungen sah, gegen die schwarzen Schafe in den eigenen Reihen disziplinarisch vorzugehen.[48] Insgesamt bildeten solche Vorkommnisse unter den Vertrauensärzten jedoch die Ausnahme von der Regel.

Die Geschichte des von Niederland begutachteten Juden, der sich am Totengedenktag des Pessachfestes das Leben nahm, zeigt, daß die Emigrantenärzte für eine kompetente und gerechte Beurteilung der Hintergründe eines Verfolgungsleidens unentbehrlich waren. Sie hatten eine weitaus intimere Kenntnis der Lebensbedingungen, Eigenarten und besonderen Nöte der Überlebenden, die kein deutscher Arzt im gleichen Maße haben konnte. Einige von ihnen arbeiteten eng mit der Rechtshilfeorganisation der Verfolgten, der United Restitution Organization (URO), und der Wochenzeitung der deutschen Juden in den USA, dem *Aufbau*, zusammen. Die URO sammelte die richtungsweisenden Gutachten und neuesten Gerichtsurteile, die im *Aufbau* sowie in der Fachzeitschrift *Rechtsprechung zum Wiedergutmachungsrecht* publiziert und kommentiert wurden. Aus diesem weit gespannten Informations- und Kommunikationsnetz, das die Kenntnisse über Gesundheitsschäden und Probleme der Begutachtung vertiefte und verbreiterte, gingen auch entscheidende Verbesserungsvorschläge für die Gesetzgebung hervor. Im Sommer 1962 luden die Emigrantenorganisationen eine deutsche Ärztegruppe nach New York ein und diskutierten mit ihnen die Einführung einer pauschalen Anerkennung von Gesundheitsschäden für ehemalige KZ-Häftlinge. Anschließend veröffentlichen sie ihre Vorschläge im *Aufbau*[49], und es ist anzunehmen, daß unter anderem diese Diskussion zur Einführung der sogenannten »KZ-Vermutung« (Paragraph 31, Abs. 2, BEG-Schlußgesetz) in die dritte Novelle des Bundesentschädigungsgesetzes beigetragen hat. Diese Bestimmung besagte, daß man im Falle einer vom Arzt festgestellten 25%igen Erwerbsminderung bei einem Verfolgten, der mindestens ein Jahr im KZ gewesen war, zu seinen Gunsten vermutete, daß diese Erwerbsminderung verfolgungsbedingt sei. Einen weiteren Nachweis, daß das Leiden durch die Verfolgung verursacht war, brauchte der Gutachter nicht zu führen, es genügte die Feststellung der mindestens 25%igen Erwerbsminderung ganz gleich welcher Ursache. Diese Beweiserleichterung ersparte den KZ-Überlebenden einen großen Teil der Strapazen vorangegangener Verfahren, wenn sie auch nicht den weitergehenden Vorstellungen der Verfolgtenverbände entsprach, die eine Ausdehnung der »KZ-Vermutung« auch auf KZ-Haft unter einem Jahr sowie auf den Aufenthalt in einem Ghetto und das Überleben in der Illegalität gefordert hatten.[50]

Viele Emigrantenärzte machten die Begutachtung und Behandlung von Verfolgten (die nach dem Gesetz niemals in einer Hand liegen durften![51]) zu ihrer Lebensaufgabe. Die Konfrontation mit dem Elend der Patienten und die Auseinandersetzungen mit den deutschen Ärzten und Behörden erforderten starke Nerven. Niederland legte deshalb 1973 auf eigenen Wunsch sein Mandat als Vertrauensarzt nieder und begutachtete seither nur noch in Ausnahmefällen.[52] Durch seine zahlreichen Veröffentlichungen, insbesondere zwei zusammen mit Henry Krystal herausgegebene Anthologien zum Thema des massiven psychischen Traumas, in denen er das Überlebendensyndrom vom psychoanalytischen Standpunkt aus definierte, leistete er einen wesentlichen Beitrag zur Revision der herrschenden psychiatrischen Lehrmeinung.[53] Andere arbeiteten im Stillen, ohne viel Aufhebens um ihre Person zu machen. Der Pariser Vertrauensarzt S. Pierre Kaplan begutachtete in den zweieinhalb Jahrzehnten seines Mandats etwa 700 Verfolgte, darunter die Opfer von medizinischen Experimenten in den Konzentrationslagern.[54] Der New Yorker Psychiater und Psychoanalytiker Joachim Luwisch, der 1934 aus Deutschland auswandern mußte, arbeitet seit 1961 bis heute als Vertrauensarzt des bundesdeutschen Generalkonsulats und hatte in diesem Zeitraum mehr als 6.000 Fälle zu bearbeiten. Daneben behandelte und behandelt er zahlreiche Überlebende psychotherapeutisch in seiner Praxis. Auch er bekam die Abwehrfront der deutschen Kollegen zu spüren, die erst nach den Veröffentlichungen von Baeyers und Venzlaffs zu bröckeln begann.[55]

Die Bundesrepublik kann den Emigrantenärzten dankbar sein, daß sie sich dieser schweren Aufgabe gestellt haben. Ohne ihre Kooperation hätte die Wiedergutmachung nicht funktioniert. Die aufgeschlossenen Emigrantenärzte, die kleine Gruppe sühnewilliger Ärzte in Deutschland und die mit ihnen verbundenen Verfolgtenorganisationen fungierten in gewisser Weise als Puffer zwischen der widerwilligen und engherzigen deutschen Entschädigungsbürokratie und den Verfolgten. Für jene erkämpften sie, was im gesetzlichen Rahmen möglich und gegenüber den Ämtern durchsetzbar war. Die Bürokratie zwangen sie in jahre- bis jahrzehntelangen Gerichtsverfahren dazu, den eigentlichen Auftrag des Gesetzes zu erfüllen, welcher darin bestand, das geschundene Recht wiederaufzurichten und das Leid der Opfer zu lindern. Wären die Verfolgten dieser Bürokratie schutzlos ausgeliefert gewesen, wäre die Wiedergutmachung ganz zur Farce und zu einer »zweiten Verfolgung« verkommen. Die Emigrantenärzte halfen somit das Ansehen der Bundesrepublik im westlichen Ausland wiederherzustellen. Das Auswärtige Amt wußte dies zu würdigen, indem es ihnen verschiedene Ehrungen zuteil werden ließ. Das Bundesfinanzministerium hingegen, die oberste Behörde in Wiedergutmachungsangelegenheiten, hielt es nicht für nötig, in der von ihm herausgegebenen regierungsoffiziellen Chronik der Wiedergutmachung die Emigrantenärzte zu Wort kommen zu lassen. In diesem fünfbändigen Monumentalwerk haben, von einer Ausnahme abgesehen, ausschließlich Ministerialbeamte, Richter und Vertreter der Entschädigungsämter den Inhalt und die Geschichte der Wiedergutmachung festgeschrieben.[56] Ein Beitrag des aus Berlin emigrierten Internisten und Gutachters in Tel Aviv, Prof. Hermann Steinitz, wurde nicht aufgenommen. Aus dem Manuskript strichen die Herausgeber im Kapitel »Deutsche Amtsärzte und amtlich beauftragte Gutachter« zunächst den Satz: »Ich habe Gutachten gelesen, die fast an das Klima der NS-Zeit erinnern.«[57] Aber offenbar auch ohne diesen Satz war das ansonsten in seiner Kritik sehr vorsichtig gehaltene Manuskript für das Ministerium nicht akzeptabel. Die Fehde, von der Kurt Eissler sprach, dauert bis heute.

Ich danke S. Pierre Kaplan, Joachim Luwisch, William G. Niederland und Hermann Steinitz, die mir für diese Arbeit wertvolle Hinweise gegeben und Material zur Verfügung gestellt haben. – 1 Bundesarchiv Koblenz B 126/9862, Berichte des Generalkonsulats der Bundesrepublik Deutschland in New York vom 4.3. und 22.4.1960 betreffend die »Organisation der Opfer des Nationalsozialismus, die glauben durch unrichtige ärztliche Beurteilung um ihre Entschädigung gebracht zu sein«. – 2 »Das Deutsche Generalkonsulat in New York und die Wiedergutmachung. Ein Interview mit dem Leiter des Rechts- und Konsular-Referates, Konsul Dr. Ulrich von Rhamm«. In: Aufbau, 22. März 1963, S. 27. – 3 Urteil des Bundesgerichtshofes vom 14. Mai 1965, Az. IV Z/B 189/65. Zitiert bei: Herman Muller: »Auswahl der ärztlichen Sachverständigen«. In: Aufbau, 25. Juni 1965, S. 28. – 4 Kurt R. Grossmann: *Die Ehrenschuld*. Frankfurt/M. 1967. –

5 Siehe Artikel 131 Grundgesetz. – 6 Siehe dazu: Grossmann: *Ehrenschuld*. (wie Anm. 4); Franz Böhm: *Freiheit und Ordnung in der Marktwirtschaft*. Baden-Baden 1980. S. 613 ff.; Kai von Jena: »Versöhnung mit Israel? Die deutsch-israelischen Verhandlungen bis zum Wiedergutmachungsabkommen von 1952«. In: Vierteljahreshefte für Zeitgeschichte 34 (1986), S. 457–480. – 7 Mündliche Mitteilung von S. Pierre Kaplan, Paris, vom 28. 1. 1985. – 8 Walter von Baeyer, Heinz Häfner, Karl Peter Kisker: *Psychiatrie der Verfolgten*. Berlin 1964. S. 119; als Rentenneurose bezeichnet man eine Neurose, deren Inhalt darin besteht, Beschwerden und Krankheitssymptome zum Zweck der Erlangung einer Rente zu zeigen. – 9 Hans-Joachim Herberg (Hg.): *Spätschäden nach Extrembelastungen*. Herford 1971; H.J. Herberg und Helmut Paul (Hg.): *Psychische Spätschäden nach politischer Verfolgung*. Basel 1963. – 10 DP-Lager hießen die unmittelbar nach dem Krieg in den Westzonen errichteten Auffanglager für »displaced persons«, wie die heimatlosen vorwiegend aus Osteuropa stammenden Überlebenden der Konzentrationslager bezeichnet wurden; Samuel Gringauz: »Zum Problem der Brückensymptome«. In: Aufbau, 5. Juni 1964, S. 30. – 11 Im Jahr 1966 war jede 8. Sache, die an die Zivilsenate des Bundesgerichtshofes ging, eine Entschädigungssache. Siehe: Otto Küster: *Erfahrungen in der deutschen Wiedergutmachung*. Tübingen 1967. S. 12; Die hohe Anzahl von Gerichtsverfahren spiegelte sich auch in der amtlichen Statistik. Siehe: Abwicklung der Verfahren vor den Entschädigungsgerichten in der Zeit vom 1.10.1953 bis zum 17.9.1965. In: Privatarchiv von Helene Jacobs, ehemalige Sachbearbeiterin des Entschädigungsamtes in Berlin. – 12 Robert M.W. Kempner: »Bearbeitung von Gesundheitsschäden und Heilkosten«. In: Aufbau, 8. April 1966. – 13 Protokoll einer Besprechung des Pariser Ärzteausschusses mit Obermedizinalrat Prof. Dr. Trüb, Dr. Hand von der Landesrentenbehörde Düsseldorf, Oberregierungsrat Gross vom Innenministerium Nordrhein-Westfalen und Legationsrat Wagner vom Auswärtigen Amt (ohne Datum). In: Privatarchiv von S. Pierre Kaplan, Paris. – 14 Der Bundesminister für Arbeit und Sozialordnung (Hg.): *Anhaltspunkte für die ärztliche Gutachtertätigkeit im Versorgungswesen*. Bonn 1973; *Anhaltspunkte für die ärztliche Gutachtertätigkeit im Rahmen des Bundesentschädigungsgestzes* vom Bayerischen Staatsministerium der Finanzen. München 1967. – 15 Karl Bonhoeffer: »Beurteilung, Begutachtung und Rechtsprechung bei der sogenannten Unfallneurose«. In: Deutsche Medizinische Wochenschrift 52 (1926), S. 179; E. Stier: *Über die sogenannten Unfallneurosen*. Leipzig 1926. – 16 Urteil des Bundesgerichtshofes vom 18.5.1960. In: Rechtsprechung zum Wiedergutmachungsrecht 11 (1960), S. 453. – 17 Paul Matussek: *Die Konzentrationslagerhaft und ihre Folgen*. Berlin 1971. – 18 Persönliche Mitteilung von William G. Niederland, Englewood, N.J., vom 27.8.1987. – 19 Siehe den Fall des Heidelberger Internisten Heinrich Huebschmann, des Berliner Neurologen Max Burger und des Kölner Internisten Hans-Joachim Herberg. Dargestellt in: C. Pross: *Wiedergutmachung – Der Kleinkrieg gegen die Opfer*. Weinheim 1988. – 20 Wie Anm. 2. – 21 Kurt R. Eissler: »Die Ermordung von wievielen seiner Kinder muß ein Mensch symptomfrei ertragen können, um eine normale Konstitution zu haben?« In: Psyche 17 (1963), S. 241. – 22 Die Ergebnisse der Konferenz sind veröffentlicht in: Max Michel: *Gesundheitsschäden durch Verfolgung und Gefangenschaft und ihre Spätfolgen*. Frankfurt/M. 1955. – 23 Siehe z.B.: Eugene Minkowski: »L'anesthesie affective«. In: Annales Med.-psychol. 104 (1946), S. 80. – 24 Hermann Witter: »Erlebnisbedingte Schädigung nach Verfolgung«. In: Nervenarzt 33 (1962), S. 509. – 25 Am 26. und 27. August 1958 trafen sich Ärzte aus allen Entschädigungsämtern in Berlin erstmals mit Vertrauensärzten aus den USA und anderen Ländern, unter diesen der New Yorker Vertrauensärzte Prof. Hans Strauss und Dr. Fritz Riesenfeld, zu einem Gedankenaustausch. Auf dieser vom damaligen Leiter des ärztlichen Dienstes des Entschädigungsamtes Berlin, Dr. Rudolf Omansen, initiierten Konferenz wurde angeregt, dem jeweiligen deutschen Generalkonsulat einen Amtsarzt aus Deutschland zur Seite zu stellen, der die eingehenden vertrauensärztlichen Gutachten an Ort und Stelle überprüft und damit das Verfahren abkürzt. Siehe: »Konferenz der Entschädigungs-Ärzte«. In: Aufbau, 8.8.1958 und 14.11.1958, in der Beilage »Die Wiedergutmachung«. – 26 Die Vorträge dieses Kongresses sind veröffentlicht in: *Die Beurteilung von Gesundheitsschäden nach Gefangenschaft und Verfolgung*. Herford 1967. – 27 Hans-Joachim Herberg, Helmut Paul (Hg.): *Psychische Spätschäden nach politischer Verfolgung*. Basel 1963. – 28 Helmuth Lotz: »»Psychische Spätschäden nach politischer Verfolgung«. Eine Stellungnahme zu dem Buch von H. Paul und H.J. Herberg.« In: Rechtsprechung zum Wiedergutmachungsrecht 15 (1964), S. 349 f. – 29 Siehe Akte Helmuth Lotz im Berlin Document Center. – 30 Lotz trug seine Angriffe gegen das Buch von

Paul und Herberg auf der medizinischen Hauptkonferenz der Obersten Entschädigungsbehörden am 13.5.1964 vor. Im Protokoll der Konferenz heißt es, die in Lotz' Referat begründete weitgehende Ablehnung des Buches werde von den Teilnehmern in vollem Umfange geteilt. Siehe: Protokoll der Medizinischen Hauptkonferenz der Obersten Entschädigungsbehörden am 13.5.1964. TO-Punkt 4, S. 5, Anlage 4. – 31 Eissler: »Die Ermordung von wievielen seiner Kinder muß ein Mensch symptomfrei ertragen können, um eine normale Konstitution zu haben?« (wie Anm. 21), S. 279. – 32 William G. Niederland: *Folgen der Verfolgung: Das Überlebendensyndrom. Seelenmord.* Frankfurt/M. 1980. – 33 Persönliche Mitteilung von William G. Niederland, Englewood, N.J., vom 27.8.1987. – 34 »Unfähig, eine Sprache zu finden«. Interview mit W.G. Niederland in: Die Tageszeitung, 3.8.1985. – 35 Die Entschädigungsämter weigern sich durchweg, ihre Archive für die Forschung zu öffnen. – 36 W.G. Niederland: »Das Schicksal eines Kindes«. In: Aufbau, 15.12.1978; das Originalgutachten ist im Archiv der United Restitution Organization, Frankfurt/M. im Aktenbestand »Gutachten Nerven« zu finden. – 37 Gutachten von Prof. William G. Niederland im Fall Joel P. vom 18.5.1976. William Niederland Collection, Leo-Baeck-Institut, New York. – 38 Gutachten von Prof. William G. Niederland im Fall Liselotte J. vom 15.4.1964. Ebd. – 39 Hans Strauss: »Besonderheiten der nichtpsychotischen seelischen Störungen bei Opfern der nationalsozialistischen Verfolgung und ihre Bedeutung bei der Begutachtung«. In: Nervenarzt 28 (1957), S. 344–350; ders.: »Psychiatric Disturbances in Victims of Racial Persecution«. In: Proceedings of the Third World Congress of Psychiatry. Montreal 1961; »Ärzte und Verfolgte«. In: Aufbau, 26.5.1961, S. 29–30. – 40 Klaus D. Hoppe: »The Aftermath of Nazi Persecution reflected in recent psychiatric Literature«. In: Henry Krystal und W.G. Niederland (Hg.): *Psychic Traumatization.* Boston 1971, S. 172 f.; Samuel Gringauz: »Neueste Entwicklung auf dem Gebiete der Entschädigung für Gesundheitsschäden«. In: Aufbau, 4.12.1964, S. 29; ders.: »Nochmals ›Hysterie oder Depression‹«. In: Aufbau, 7.4.1967. – 41 Archiv der United Restitution Organization, Frankfurt/M., Aktenbestand »Gutachten Nerven 1.4.1955 bis 30.11. 1963«. – 42 Von 17 Verfolgten unterzeichneter Brief an Herrn Harald Graf von Posadowski-Wehner, Generalkonsul der Deutschen Bundesrepublik in New York vom 21. Dezember 1974. In: William G. Niederland Collection, Library of Congress, Washington. – 43 Als die Vertrauensärzte in New York ihre Arbeit aufnahmen, seien von den deutschen Ämtern Merkblätter verschickt worden, in denen Kretschmers Ausführungen über die unbegrenzte Belastbarkeit der menschlichen Seele und die Unzulässigkeit der Entschädigung von Neurosen zitiert wurden: »Die Neurosen in der Wiedergutmachung. Eine Erwiderung von Dr. Hans Strauss«. In: Aufbau, 18.4.1958, S. 18. – 44 »Schnelleres Verfahren für Wiedergutmachung von Gesundheitsschäden«. In: Aufbau, 7.10.1960, S. 11; »Die Beschleunigung der Erledigung von Gesundheitsschäden-Anträgen.« In: Aufbau, 14.10.1960. – 45 Der nach dem Krieg in die USA ausgewanderte Psychiater Klaus D. Hoppe hat als einer von wenigen diese Seite der Arzt-Patient-Beziehung in der Wiedergutmachung beschrieben. Siehe: Klaus D. Hoppe: »The Emotional Reactions of Psychiatrists when Confronting Holocaust Survivors of Persecution«. In: J. Lindon (Hg.): Psychoanalytic Forum. Vol.III. New York 1969, S. 187; siehe ebenfalls: Antoni Kepinski: »Das sogenannte ›KZ-Syndrom‹. Versuch einer Synthese«. In: *Die Auschwitzhefte. Texte der polnischen Zeitschrift »Przeglad Lekarski« über historische, psychische und medizinische Aspekte des Lebens und Sterbens in Auschwitz.* Bd. II. Weinheim 1987. – 46 Persönliche Mitteilung von Joachim Luwisch vom 18.1.1988. – 47 In Vertrauensarztkreisen wußte man, daß manche Praxen fast ausschließlich von der Wiedergutmachung lebten. Persönliche Mitteilung von William G. Niederland, Englewood, vom 27.8.1987. – 48 Privatarchiv von S. Pierre Kaplan, Paris, Aktenordner »Verschiedenes«. – 49 Kurt R. Grossmann: »Minimum-Anerkennung für Maximum-Leiden«. In: Aufbau, 17.8.1962, S. 29. – 50 Grossmann: *Die Ehrenschuld* (wie Anm. 4),S. 139; Ernst Feaux de la Croix und Helmut Rumpf: »Der Werdegang des Entschädigungsrechts«.In: *Die Wiedergutmachung nationalsozialistischen Unrechts durch die Bundesrepublik Deutschland.* Hg. vom Bundesminister der Finanzen in Zusammenarbeit mit Walter Schwarz. Band III. München 1985, S. 108. – 51 Wegen des Gebots der Unparteilichkeit durfte der Vertrauensarzt keinen begutachten, der bei ihm als Patient in Behandlung stand. Er konnte lediglich ein Privatgutachten erstatten, das jedoch bei den Behörden und Gerichten als »Parteigutachten« kaum Gewicht hatte. – 52 Persönliche Mitteilung von William G. Niederland, Englewood, N.J., vom 27.8.1987. – 53 Henry Krystal (Hg.): *Massive Psychic Trauma.* New York 1968; ders. und William G. Niederland (Hg.): *Psychic Traumatization.* Boston 1971. –

54 Privatarchiv von S. Pierre Kaplan, Paris. – **55** Schriftliche Mitteilung von Joachim Luwisch, New York, vom 28.10.1987; eine entscheidende Rolle spielte die Anthologie von Hans-Joachim Herberg und Helmut Paul (Hg.): *Psychische Spätschäden nach politischer Verfolgung*. Basel 1963, in der Beiträge Venzlaffs und von Baeyers enthalten waren, sowie das Buch von Baeyers und seiner Mitarbeiter: Walter von Baeyer, Heinz Häfner, Karl Peter Kisker: *Psychiatrie der Verfolgten*. Berlin 1964. – **56** *Die Wiedergutmachung nationalsozialistischen Unrechts durch die Bundesrepublik Deutschland*. Hg. vom Bundesminister der Finanzen in Zusammenarbeit mit Walter Schwarz. 5 Bde. München 1974, 1981, 1981, 1983, 1985. – **57** Hermann Steinitz: »Wiedergutmachung aus der Sicht eines ärztlichen Gutachters in Israel«. Unveröffentlichtes Manuskript; schriftliche Mitteilung von Hermann Steinitz, Tel Aviv, vom 12.5.1985.

Hans Speier

Nicht die Auswanderung, sondern der Triumph Hitlers war die wichtige Erfahrung

Autobiographische Notizen eines Soziologen

I Eltern und Kindheit

Viele Ereignisse aus meiner Kindheit sind mir gegenwärtig, aber ich muß mich auf Gelesenes stützen, um zu erinnern, was sich in meiner Jugend in Berlin, in Deutschland und der Welt ereignet hat. Ich kann mir nicht eigentlich vorstellen, daß mein Geburtsjahr in die Zeit des russisch-japanischen Krieges fiel. Selbst an den ersten Weltkrieg habe ich nur vage Erinnerungen, die sich unmittelbar auf mich beziehen. Es war die Zeit des Purismus, in der man sich befleißigte, Fremdwörter aus der Umgangssprache auszumerzen. Für Kinder war der Krieg die Zeit der Extrablätter, die von Straßenhändlern ausgerufen wurden. Eines Tages hörte ich beim Spiel, daß ein englisches Schiff versenkt worden war. Ich lief nach Hause, um meiner Mutter die Neuigkeit atemlos mitzuteilen. Sie gab mir einen Bonbon als Belohnung. Merkwürdigerweise erschien mir dies damals schon seltsam und unangebracht; deshalb habe ich es wohl auch behalten.

Im Sommer ging ich barfuß in die Schule, und im Winter trug ich Schuhe mit Holzsohlen. Außer Kohlrüben gab es nicht viel zu essen, aber das beunruhigte nur meine Eltern, nicht mich. Ich fand es seltsam, daß mein Vater die Brotscheiben auf die Briefwaage legte, bevor er sie an meine Mutter, mich und sich selber verteilte. Ein paar Jahre später wurde ich als hungerndes Kind von der Stadt Berlin nach Ostpreußen aufs Land geschickt. In Sturm und Sonne entdeckte ich dort plötzlich, daß ich lebte und ein Teil der Natur war. Dies war mir wichtiger als der bald darauf folgende politische Umsturz in Deutschland.

Meine Mutter, eine geborene »Person«, entstammte einer ursprünglich schwedischen Familie aus Anklam in Pommern. Als Lutheranerin hatte sie stark antikatholische Vorurteile. So glaubte sie, daß Katholiken Knechte des Priesters seien, und schrieb mir ins Stammbuch, »Sei niemands Herr und niemands Knecht.« Von meinem Vater erinnere ich noch die ständige Angewohnheit, jeden Brotlaib vor dem Anschnitt dreimal mit dem Messer zu bekreuzen. Soviel ich weiß, war er ein gebürtiger Berliner. Da seine Mutter frühzeitig verwitwete und er sie durch Arbeit unterstützen mußte, hatte er die Schule im Alter von 15 Jahren verlassen. Er war gescheit und rührig, lernte Englisch und arbeitete sich im Lauf der Zeit zu einer angesehenen Stellung empor. Schließlich wurde er Direktor einer Lebensversicherungsgesellschaft.

Ich wurde 1905 in Berlin geboren. In der Mietwohnung meiner Eltern standen noch Kachelöfen; im Ersten Weltkrieg wurde nur das kleine Speisezimmer geheizt. Die Küche hatte keinen Ofen, während des Krieges baute mein Vater eine Kochkiste, um Gas zu sparen. Der Balkon, den man vom Eßzimmer aus betreten konnte, war so klein, daß allenfalls ein winziger Tisch und zwei Stühle auf ihm Platz hatten. Der dritte Stuhl stand bereits im Zimmer, und wenn ich als Kind auf ihm saß, sah ich nur Geranien und über ihnen durch das Laub eines Baumes den Himmel.

Außerhalb der Schule hörte ich Gesang zuerst bei unseren Nachbarn, mit denen meine Eltern befreundet waren. Sie hießen Schlesinger. Leo Schlesinger, der Vertreter einer Schuhfabrik, war ein Bruder des berühmten Dirigenten Bruno Walter. Onkel Leo sang Balladen von Löwe und Lieder von Schubert in seiner Mußezeit, seine Frau begleitete ihn auf dem Klavier. Von seiner alten Mutter bekam ich den ersten Klavierunterricht. Sie duldete keine Unaufmerksamkeit und bestand unerbittlich auf regelmäßigem Üben.

Meine Eltern begünstigten diese musikalische Ausbildung, während sie meine literarischen Neigungen kaum beachteten. Auch mein Interesse an bildender Kunst danke ich nicht ihnen, sondern meinem Schulfreund Kurt Roesch, der ein Meisterschüler von Karl Hofer wurde. Auch er, ein Calvinist, wanderte wie ich im Jahre 1933 als Vertreter »artfremder« Kunst nach Amerika aus, wo wir bis zu seinem Tode im Jahre 1984 gute Freunde blieben.

II Schulzeit

Das Helmholtz Realgymnasium in Berlin-Friedenau, das ich, die Vorschule nicht mit eingerechnet, neun Jahre lang besucht habe, war nicht nur politisch reaktionär. Der Direktor nannte die Primaner sein »erstes Batallion Garde«, und Schüler, die einen Kameraden wegen irgendeiner Missetat bei den Lehrern anschwärzten, wurden *belohnt*; die höchste Auszeichnung dafür bestand in der Verleihung der »Helmholtz-Nadel«, einer Art Schulorden.

Im Alter von fünfzehn Jahren schockierte ich meine Eltern und Lehrer durch den plötzlichen Entschluß, mich nicht konfirmieren zu lassen. Ich hätte die ganze Welt gegen mich gehabt, wenn nicht der lutherische Pfarrer mir zur Hilfe gekommen wäre. Er verhörte mich peinlich und akzeptierte dann, daß die von andern Schülern offen geäußerten Erwartungen von Konfirmationsgeschenken die bevorstehende Zeremonie in meinen Augen entwertet hatten. Außerdem verstand er vielleicht meine Rebellion als ein Zeichen uneingestandener Ehrfurcht. Er besuchte sogar meine Eltern, um ihnen zu sagen, man solle meine Gewissensentscheidung nicht rückgängig machen. Meine Eltern folgten seinem Rat, aber einige Mütter von Mitschülern kamen in die Schule, um empört die Löschung der Mitgliedschaft ihrer Söhne in Vereinen anzudrohen, denen ich angehörte. Um diese Zeit wurde ich einmal von einem Lehrer so heftig ins Gesicht geschlagen, daß mein Vater noch abends die Spuren der Züchtigung bemerkte. Er ersuchte den Lehrer heimlich um Mäßigung, aber dieser zeigte mir den Brief meines Vaters – ich hätte mich wohl ausweinen müssen? – und diese Demütigung war noch schlimmer als die Strafe.

Nach dem Ende des Ersten Weltkrieges und dem Zusammenbruch der Monarchie erschien mir die Schule noch reaktionärer als zuvor. Der Kapp-Putsch erfüllte fast alle Lehrer mit Stolz und Hoffnung auf die Wiederherstellung der alten Ordnung. Auch die meisten Schüler, meist Söhne von mittleren Beamten und Angestellten, waren nationalistisch. Ich besuchte dagegen Versammlungen über Schulreform und las in meinen letzten Schuljahren Ibsen und Wedekind, Gerhart Hauptmann und Ernst Toller, Georg Forster, Georg Büchner und neue russische Literatur. Bereits auf der Schule wandte ich mich gegen die Dolchstoß-Legende und Worte wie »Kriegsschuldlüge«, »Novemberverbrecher«, »Versailler Diktat« – Schlagwörter, die damals rasch populär wurden. Noch heute empört es mich zu lesen, was etwa der ungefähr gleichaltrige Klaus Mehnert in seiner Autobiographie berichtet: Er habe ein Exemplar des schmachvollen Versailler Diktats mit einem Dolch an seinem Bettpfosten befestigt (im Alter von etwa 14 Jahren!); aber in seinem Buch schweigt er über die Ermordung Erzbergers und Rathenaus! Gumbels' Schrift über die Fememorde scheint Mehnert nie gelesen zu haben.

Nach der Reifeprüfung im Januar 1923 hoffte ich auf ein Universitätsstudium, aber mein Vater erklärte, ich müsse zunächst einen praktischen Beruf erlernen; die Inflation hatte ihn sichtlich verstört. So trat ich ohne Murren, inneren Trost bei Hölderlin suchend, als Lehrling in ein Bankhaus ein und bediente zunächst auf der Berliner Börse das Telephon für die Firma. Es war sehr langweilig. Ein Jahr lang hatte ich lediglich Zeit, mittags eine einstündige Vorlesung an der Universität zu hören. Nachdem aber die Mark stabilisiert und die Bank, wie auch viele andere Privatbanken nach der Währungskontraktion unter Geschäftsaufsicht gestellt worden war, wurde ich glücklicherweise entlassen. Um einer ähnlichen neuen Beschäftigung zu entgehen, gab ich jetzt Primanern Nachhilfeunterricht in Mathematik. Dies verschaffte mir das nötige Einkommen und ließ mir den Vormittag zum Studium frei. Erst im Jahre 1925 gelang es mir, mit Hilfe eines älteren Freundes meinen Vater dazu zu bewegen, mich in Heidelberg voll studieren zu lassen.

III Heidelberg 1925–1928

Als Hauptfächer studierte ich Soziologie und Nationalökonomie, Philosophie und Geschichte im Nebenfach. Bereits 1928 legte ich mit einer Arbeit über »Die Geschichtsphilosophie Lassalles« das Doktorexamen mit *summa cum laude* ab. Zwar habe ich überwiegend bei dem Nationalökonomen Emil Lederer in Heidelberg studiert und war bereits als Student wie auch später – 1932/33 – in Berlin dessen Assistent[1], dennoch stand ich anfänglich besonders unter dem Einfluß des Soziologen Karl Mannheim, bei dem ich der erste Doktorand war.

Die Studenten in Heidelberg lebten in der Regel in fachlich voneinander getrennten Kreisen, deren Grenzen nur gelegentlich, z.B. infolge von politischen Überzeugungen oder Liebschaften, überschritten wurden. Ich fand Beziehungen zu Studenten der Medizin, weil ich mich auf einem Faschingsball in ein Mädchen namens Lisa verliebt hatte, die Medizin studierte und mich bald mit andern Kommilitonen bekannt machte; 1929 heirateten wir in Berlin, zur Zeit ihrer Spezialausbildung als Kinderärztin.

Politisch wichtiger als die Trennung der Studenten nach Studiengebieten war die der hermetisch voneinander abgeschlossenen Welten von Couleur und Zivil, nicht unähnlich dem Unterschied zwischen Uniform und Zivil im Kaiserreich. Alle meine Freunde fanden wie ich die Corpsstudenten lächerlich, ohne das Verlangen zu spüren, durch nähere Bekanntschaft die Gültigkeit dieses Vorurteils nachzuprüfen. Meine damalige Militanz veranlaßte mich, Professor Gustav Radbruch, den früheren sozialdemokratischen Justizminister, aufzusuchen, um ihm im Namen der sozialistischen Studenten mitzuteilen, daß eine geplante Bismarck-Feier der Universität unterbleiben müsse, da der Reichsgründer für das Sozialistengesetz gegen die Arbeiter und für den Kulturkampf mit den Katholiken verantwortlich gewesen sei. Radbruch schrieb diesen Eifer wohl meiner Jugend zu und suchte mich zu beschwichtigen.

Es gab einen Kreis von Studenten, die Lederer und Mannheim bewunderten und sich ihnen geistig verpflichtet fühlten. Sie hatten mit den Schülern anderer Soziologen, wie Carl Brinkmann oder sogar Alfred Weber, nur wenig gemein. Immerhin besuchte ich ein Brinkmann-Seminar, in dem ich Talcott Parsons kennenlernte, der damals in Heidelberg studierte. Aus dem Kreise um Mannheim und Lederer standen mir besonders nah: Gerhard Münzner, der später eine bedeutende politische Karriere in Israel machte; dann der im Jahre 1978 verstorbene Hans Gerth, der sich als Emigrant in Amerika um Max Weber große Verdienste erwarb; ferner Svend Riemer, mein alter Schulkamerad aus Berlin, der bis zu seinem Tode an der Universität von Kalifornien in Los Angeles lehrte; schließlich mehrere aus Budapest stammende Soziologen und Ökonomen und Ruth Ludwig, geb. Neuberg, die ich bis heute noch oft in Zürich besuche. Ich kannte auch Norbert Elias, der Mannheims Assistent in Frankfurt wurde und im Exil zu hohem internationalen Ansehen gelangt ist. Es fällt mir erst heute beim Schreiben dieser Zeilen auf, daß ohne Ausnahme *alle* Studenten, die mir in den zwanziger Jahren in Heidelberg nahestanden, gleich mir nach Hitlers Machtübernahme emigriert sind.

Von den Soziologen anderer Universitäten, wie Hans Freyer und Leopold von Wiese, hielt ich wenig, während natürlich Max Weber allgemein als einsamer Meister galt und emsig gelesen wurde. Vom Kreis der Jaspers-Schüler erinnere ich von damals u.a. Dolf Sternberger und Hannah Arendt. Wie sie besuchte ich das Seminar von Jaspers, da ich mich in Hegels Philosophie und den Schriften der Junghegelianer auskennen mußte, um meine Dissertation schreiben zu können. Jaspers persönlich zog mich weniger an; er war sehr reserviert und erschien mir zu »professoral«. Gleichwohl habe ich ihn bei meinem ersten Deutschlandaufenthalt im Oktober 1945 in Heidelberg besucht[2] und noch in den sechziger Jahren einen kritischen Aufsatz über die Entwicklung seiner politischen Ansichten geschrieben.³

IV   Berlin 1929–1933

Noch vor meiner Doktorprüfung empfahl mich Lederer an seinen alten Studienfreund Rudolf Hilferding. Dem Minister, der später von den Nazis ermordet wurde, verdankte ich meine erste Anstellung als Redakteur für Sozialwissenschaften im Buchverlag von Ullstein in Berlin. Diesen Wechsel von der Universität zu einem Leben als Angestellter empfand ich durchaus nicht als Eintritt in die Unfreiheit, denn meine Haltung zum akademischen Dasein war zwiespältig. Anfangs hatte mich die Universität zunächst mit Bangen und dann auch mit Bewunderung erfüllt, aber bald wurde ich skeptisch, als ich sah, wie sich das Leben vieler Assistenten und Privatdozenten in unwürdiger Abhängigkeit von Bürokraten und Honoratioren abzuspielen schien. Erst mit wachsender Erfahrung wurde mir klar, daß Intellektuelle in allen Berufen unfrei, unterdrück- und korrumpierbar sein können, ob als Syndici oder Marktforscher, als Berater von Wirtschaftsunternehmen oder eines Staatsministers, als kirchliche Würdenträger oder akademische Lehrer, ob in bürokratisierten Hierarchien oder bei freien Trägern. Mein Bild akademischer Tätigkeit war auch von dem Traum beeinflußt, ein freier Schriftsteller zu werden. In Berlin fuhr ich fort, gelegentlich Gedichte und Novellen zu schreiben, und ich habe noch mehrere Jahre nach meinem Doktorat vergeblich versucht, einen Roman zu beenden. In seiner Autobiographie hat mich Alvin Johnson, der Direktor der New School for Social Research in New York, sogar noch 1952 als einen »Soziologen mit leidenschaftlichen literarischen Interessen«⁴ bezeichnet.

Als ich nach Berlin zurückkehrte, glaubte ich, daß Sozialwissenschaftler weniger vom Leben verstehen als Künstler oder Schriftsteller. Ich bin auch heute noch der Ansicht, daß man von bedeutenden Romanciers zuweilen mehr über das Leben erfahren und mehr Menschenkenntnis erwerben könne als aus soziologischen oder psychologischen Monographien und Textbüchern.

Im Jahre 1929 begann ich verschiedene Aufsätze für die von Hilferding und, während seiner Abwesenheit im Ministeramt, von Albert Salomon herausgegebene *Gesellschaft* wie auch für andere Zeitschriften zu schreiben. Auch die *Zeitschrift für Sozialforschung* des Frankfurter Instituts veröffentlichte viele meiner Buchbesprechungen. Besonders stolz war ich darauf, daß Thomas Mann in einem hochherzigen Brief einen Aufsatz lobte, in dem ich seine politischen Ansichten recht scharf angegriffen hatte. Wenn möglich, war meine Freude noch größer, als im Jahre 1932 *Die Neue Rundschau*, damals die führende literarische Zeitschrift, einen meiner Essays publizierte.

In Berlin hatte ich zunächst ebensoviel Umgang mit Literaten, Künstlern, Musikern und, dank meiner Frau, mit Medizinern wie mit Sozialwissenschaftlern. Dies änderte sich erst etwas mit Beginn meiner Tätigkeit an der Deutschen Hochschule für Politik, an der ich 1931 als Dozent für Soziologie zu unterrichten begann, und dann auch infolge meiner Mitarbeit in der Arbeiterbildung der Sozialdemokratischen Partei. Ich hatte die Gelegenheit, junge Arbeiter und Arbeitslose kennenzulernen und über ihre Vorstellungen, Sorgen und Wünsche mehr zu erfahren als in Büchern stand. Zur Vorbereitung eines Seminars über Arbeitslosigkeit begleitete ich mehrere Wochen lang einen Sozialarbeiter auf Besuchen bei arbeitslosen Familien in Berlin. Dies hatte meine Frau vermittelt, die inzwischen Fürsorgeärztin im Bezirk Wedding geworden war.

Es schien mir jetzt, daß Karl Mannheim in seinen wissenssoziologischen Forschungen das wirkliche Leben allzu sehr vernachläßigt und nur Geschriebenes studiert hatte. Später, als sein Buch *Ideologie und Utopie* übersetzt in Amerika veröffentlicht wurde, schrieb ich mit wahrhaft unseliger Mühe eine lange grundsätzliche Kritik. Ich sagte – und bin noch immer der Ansicht –, daß Mannheims Soziologie des Wissens mehr eine Soziologie des Meinens ist. Im Jahre 1937, als diese Kritik erschien, hatte ich mit Bewunderung Leo Strauss' Buch über Hobbes gelesen und dies beeinflußte auch meine Kritik an Mannheim. Strauss hatte ich 1929 in Berlin kennengelernt, aber erst in den Vereinigten Staaten befreundeten wir uns als Kollegen an der New School, obwohl Mirjam, seine Frau, und Lisa schon seit ihrer gemeinsamen Schulzeit in Erfurt enge Kontakte hatten. Was Mannheim anbetrifft, so bin ich froh, daß ich ihn vor seinem frühen Tode noch einmal in London im Jahre 1945 wiedergesehen habe. Noch im Jahre 1970 habe ich eine Vorlesung über ihn gehalten und für den Österreichischen Rundfunk einen Vortrag über seine Wissenssoziologie geschrieben, die Mannheims Mangel an empirischer Soziologie, seine von Alfred Weber entlehnte Auffassung über die Intellektuellen und die von ihnen angeblich herstellbare Synthese von Teilwahrheiten kritisierten.

In den Berliner Jahren von 1928 bis 1933 beschäftigte ich mich jedoch nicht nur mit Wissenssoziologie und den politischen Aufgaben der Intellektuellen, sondern in zunehmendem Maße auch mit der Struktur der deutschen Gesellschaft. Daraus entstand ein Buch-Manuskript über die Angestellten, ihre wirtschaftliche Lage, ihre Lebensweise, Organisationen und politischen Vorstellungen. Das Buch war 1932 bereits angezeigt, aber Anfang 1933 weigerte sich der Verleger auf Anraten eines eilig bestallten nationalsozialistischen Gutachters, es zu veröffentlichen. Einige Kapitel erschienen 1937 als hektographierte Ausgabe in englischer Übersetzung für ein Büro der New Deal Administration, aber als Ganzes sah es in Deutsch das Licht der Öffentlichkeit, überarbeitet und erweitert, erst vierzig Jahre später und in Englisch sogar erst 1986.

Seit 1929 war die Arbeitslosigkeit in Deutschland bei sinkenden Reallöhnen in einem heute kaum vorstellbaren Maß gewachsen. Im Januar 1933 zählte man über 6 Millionen Arbeitslose und etwa 3 Millionen Kurzarbeiter, während die Zahl der Beschäftigten (Mitglieder der Krankenkassen) weniger als 11,5 Millionen betrug. In den letzten Jahren der Weimarer Republik lösten die Regierungen einander in rascher Folge ab, und ihre konzeptionslosen Maßnahmen stützten sich mehr und mehr auf schnell erlassene Notverordnungen. Die Privatarmeen – SA, Rotfront, der Stahlhelm oder das Reichsbanner – waren auf der Straße sichtbarer als die Polizei. Jede dieser Organisationen hatte ihre charakteristische »Uniform«, eigene Flaggen, Helden, Schlagwörter und Lieder.

Ich begann die politische Gefahr des Nationalsozialismus erst 1931 sehr ernst zu nehmen, als die sogenannte Harzburger Front gegründet wurde. Eine Koalitionsregierung mit Hitler als Reichskanzler schien mir nun nicht mehr ganz ausgeschlossen zu sein. Der Sog in den Abgrund wurde immer reißender. Von der putschartigen Absetzung der preußischen Regierung durch von Papen erfuhr ich in einer Abend-Vorlesung in der Hochschule für Politik. In der Annahme, der Generalstreik werde dem Staatsstreich auf dem Fuße folgen, erwartete ich, daß das Licht im Hörsaal augenblicklich erlöschen würde. Aber alles blieb hell.

Am Abend des 30. Januar 1933 sah ich in Berlin den Fackelzug der SA in der Innenstadt vom oberen Deck eines Autobusses. Nun setzte in Deutschland die Periode verstärkter politischer Illusionen ein. Viele Beobachter glaubten, daß Hitler von den Reaktionären in seiner Regierung gezähmt oder beherrscht werden würde – eine Ansicht, die auch von Kommunisten geteilt wurde. Viele Juden und andere Deutsche nahmen an, daß Hitlers Antisemitismus nicht mehr wichtig sei, nachdem er seinen propagandistischen Zwecken auf dem Wege zur Macht gedient hatte.

Erst nach meiner Studentenzeit hatte ich *Mein Kampf* und andere Nazi-Schriften gelesen. Am meisten entsetzte mich Hitlers Loyalitäts-Telegramm im August 1932 an fünf zum Tode verurteilte (und später begnadigte) SA-Männer, die in dem schlesischen Dorf Potempa einen Kommunisten nachts aus dem Bett gezerrt und in Gegenwart seiner Mutter zu Tode getrampelt hatten. Es war mir unverständlich, daß kurz darauf Hindenburg einen solchen Mann zum Reichskanzler ernennen konnte, daß dieser Mann Mitarbeiter außerhalb seiner Partei gefunden hatte und daß Millionen Deutsche ihre Stimme für ihn abgaben.

Bald nach der Machtübergabe an Hitler wurde die Deutsche Hochschule für Politik geschlossen und vom Propagandaministerium übernommen. Ich verlor meine Stellung, und meine Frau wurde als Jüdin von der Stadt Berlin entlassen. Ein Angebot, in Belgien zu arbeiten, lehnte ich ab, weil Belgien zu nah bei Deutschland lag, denn ich hielt es von Anfang an für wahrscheinlich, daß Hitler Europa in einen Krieg stürzen würde. Den auf ökonomische Erwägungen gestützten Voraussagen einer nur kurzfristigen Diktatur schenkte ich keinen Glauben, weil ich der Ansicht war, daß Ökonomen Phänomene der Macht nicht recht verstanden und Machtwillen oft unterschätzten, da sie ihn sozusagen für unerlaubt hielten.

V New York 1933–1942

Im August 1933 lernte ich in London Alvin Johnson von der New School for Social Research kennen, einer während des Ersten Weltkrieges gegründeten Schule für Erwachsenenbildung. Als im April die ersten Listen der von den Nazis entlassenen deutschen Hochschullehrer veröffentlicht wurden, bemühte sich Johnson, eine Universität-im-Exil der Schule anzugliedern, um deutschen Gelehrten die Möglichkeit zu geben, Lehre und Forschung unter freiheitlichen Bedingungen fortzusetzen. Es gelang ihm, zunächst die Mittel zur Unterstützung von wenigstens zehn Gelehrten aufzubringen. In London beriet er mit Emil Lederer, den er auf einer früheren Reise in Deutschland kennen- und schätzengelernt hatte, die Zusammensetzung einer solchen Fakultät. Einige der vertriebenen Professoren, die sich bereits in England befanden, zogen es vor, dort zu bleiben, andere vorgesehene Mitglieder der neuen Fakultät waren jedoch im Sommer 1933 noch in Deutschland. Lederer hatte mich deshalb gebeten, nach London zu kommen, um gewappnet mit den Anstellungsverträgen ins Dritte Reich zurückzukehren und den Kontakt mit den ahnungslos Ausgewählten herzustellen. Noch vor meiner Rückreise aus London sagte mir Johnson, er hoffe, auch ich sei bereit, an der Universität-im-Exil mitzumachen. Ich sagte natürlich mit Freuden zu und wurde das jüngste Mitglied der Gruppe. Im September, zwei Wochen nach der Geburt meiner Tochter, fuhr ich auf einem deutschen Schiff nach Amerika; meine Frau kam mit dem Kind erst Anfang Oktober nach, als die Vorlesungen der Exil-Universität schon begonnen hatten. In der ersten Fakultätssitzung wurden Lederer zum Dekan und ich zum Sekretär der Fakultät gewählt.

Meine wissenschaftlichen Interessen entwickelten sich fortan unter dem Einfluß der jüngsten Erfahrungen, deren wichtigste nicht die Auswanderung, sondern der Triumpf Hitlers war. Er erschien mir als die radikale Entbürgerlichung des Lebens, eine Entwicklung, die im neunzehnten Jahrhundert von einzelnen zivilisationsmüden Dichtern, Denkern oder Malern eingeleitet, dann etwa von Richard Wagner mit den Nibelungen für Erholungszwecke kultfähig gemacht worden war, um später auch noch von so unterschiedlichen Strömungen wie dem Dadaismus oder dem »heroischen« Realismus Ernst Jüngers auf exzentrische Weise während des Ersten Weltkriegs und danach zelebriert zu werden.

Hitler hielt ich für einen pathologischen Fall; aber warum hatte dieser Mensch so viele fanatische Anhänger? Bei meinen Studien über die deutsche Sozialstruktur war ich auf einige relevante Fakten gestoßen: die in Deutschland herkömmliche Popularität von Anti-Parlamentarismus, Anti-Semitismus und Hurra-Patriotismus, ja auch von Anti-Feminismus; dazu die traditionelle Verachtung der Arbeiter als »vaterlandslose Gesellen«, ein weitverbreiteter Bildungsdünkel bei immer weiter anwachsender Halbbildung und eine im Bürgertum ebenso weit verbreitete Unkenntnis des Lebens der unteren Schichten. Alle diese intellektuellen Strömungen, die der Aufnahme des Nationalsozialismus Vorschub geleistet hatten, fand ich besonders scharf ausgeprägt im sogenannten neuen Mittelstand, insbesondere bei den Angestellten, die in dem höchst erfolgreichen Deutschnationalen Handlungsgehilfen-Verband (DHV) organisiert waren. Ferner gab es im Bürgertum eine Prädisposition für den Nazismus, die man wohl am besten als aggressive Kaffrigkeit bezeichnen kann. So hatte ich bei meinen Recherchen zum Beispiel die Rede eines Geheimen Kommerzienrats gefunden, die dieser als Mitglied des Preußischen Abgeordnetenhauses 1913 (!) über die moderne Kunst anläßlich einer Ausstellung gehalten hatte. Empört hatte er dabei Reproduktionen von Franz Marc-Bildern herumgereicht und dann das Kultusministerium dringend gebeten, »der *krankhaften* Kunst keine Förderung angedeihen zu lassen (bravo!), d.h. insbesondere keine Ankäufe für Museen (Heiterkeit). Denn, meine Herren, wir haben es hier mit einer Richtung zu tun, die von meinem Laienstandpunkt aus eine *Entartung* bedeutet, eins der Symptome dieser *krankhaften* Zeit.«⁵ Von den 443 Abgeordneten erhob sich keiner zum Widerspruch.

Was die Auswanderung betraf, so dachte ich, wie andere Emigranten, über den Einfluß dieser Erfahrung auf die geistige Arbeit nach. Zum vierten Jahrestag der Graduate Faculty hielt ich über dieses Thema einen Vortrag, in dem ich mich mit den Chancen auseinandersetzte, die die Emigration für die Erweiterung des eigenen intellektuellen Horizonts bot. Dabei verwies ich auf viele historische Präzedenzfälle und zitierte Hugo Grotius »Wenn mein Land ohne mich auskommen kann, ich kann ohne es auskommen.« Es war mir nicht leicht gefallen, Deutschland, meine moralisch besudelte Heimat, zu verlassen, denn meine Eltern machten mir große Sorgen: Sie waren beide schwer krank und gelähmt. Ich hatte keine Geschwister, die sich ihrer hätten annehmen können. Dem Arzt, der meinen Vater behandelte und sowohl meine Eltern als auch mich gut kannte, schilderte ich meinen inneren Konflikt und bat ihn um Rat. Er sagte mir ernsthaft und ruhig, daß in einer solchen Lage der Frau und dem erwarteten Kind mehr Rücksicht und Fürsorge gebührten als den Eltern. Oft habe ich mich später gefragt, wie mein Leben wohl verlaufen wäre, wenn ich im Jahre 1933 unverheiratet gewesen wäre. Wahrscheinlich wäre ich in Deutschland geblieben, meiner Eltern wegen. Kurz darauf sind meine Eltern in Berlin gestorben, glücklicherweise vor Ausbruch des Krieges. Meinen Vater habe ich noch einmal auf ein paar Tage besucht nach dem Tode meiner Mutter im Jahre 1936. Er saß im Rollstuhl, unfähig zu schreiben oder zu sprechen. Eine Krankenschwester pflegte ihn. Sie hat ihn bewogen, sein Testament zu ihren Gunsten zu ändern. Nach seinem Tode ersah ich aus dem Dokument, daß er in Gegenwart der Schwester und zweier Rechtsanwälte dieser Änderung durch Senken der Augenlider zugestimmt hatte.

Noch in Deutschland hatten mich Tocquevilles und Max Webers Ausführungen über Ehre und soziale Geltung beeindruckt. Soziale Geltungsansprüche und -gewährungen hielt ich für den Schlüssel zum Verständnis der deutschen Gesellschaft. In Amerika dachte ich darüber weiter nach und schrieb dazu einen theoretischen Aufsatz über *Honor and Social Structure*. Außerdem las ich in dieser Zeit viele kriegsgeschichtliche Bücher und Schriften über Militarismus, der als Adaption militärischer Werte durch Zivilisten ja ein besonders charakteristisches Phänomen der modernen deutschen Gesellschaft vor Hitler war.

Vermutlich war ich der erste Sozialwissenschaftler in den Vereinigten Staaten, der – vor Ausbruch des Zweiten Weltkriegs – eine akademische Vorlesung über die Soziologie des Krieges anzeigte. Damals wollte ich eine größere Studie über dieses Thema schreiben, aber es blieb bei einigen Vorarbeiten: Abhandlungen über die sozialen Typen des Kriegs, Klassenschichtung und Krieg, die Militärverfassung im 18. Jahrhundert, Ludendorff und der »totale Krieg«, die sogenannte »fünfte Kolonne« und ihre historischen Vorläufer, Landkarten als Propagandawaffen und einiges andere mehr. Kurz nachdem der britische Premierminister Chamberlain 1938 aus München nach London mit der Botschaft »Peace in Our Time« zurückgekehrt war, entschied ich mich für *War in Our Time* als Titel eines Symposiums, dessen Ergebnisse ich mit Alfred Kähler 1939 als Buch herausgab. Es enthielt Abhandlungen von Mitgliedern der Fakultät. Ich schrieb die Einleitung und den Beitrag über »Morals and Propaganda.«

Studien über Propaganda und Reklame wurden in Amerika seit dem Ersten Weltkrieg betrieben, insbesondere unter dem Einfluß von Harold D. Lasswell, den ich 1935 in Chicago kennenlernte. Bald darauf erschienen auch Paul Lazarsfelds Marktforschungen, ferner viele Arbeiten über Methoden und Techniken der politischen Meinungsumfragen. Das Anschwellen dieser Literatur war kein reiner Segen für die Sozialwissenschaften. Gewisse analytische Methoden wurden verfeinert, aber die Fragestellungen wurden flacher. Das Interesse an der Gesamtstruktur der modernen Gesellschaft und an dem Schicksal des Menschen in ihr verblaßte. Die Kunst der *Konversation*, verstanden als ein zivilisierter Zugang zum geistigen Leben, verkümmerte in dem Maße, in dem die Methoden des *Interviews* verbessert wurden. In meinen eigenen Überlegungen ging ich davon aus, daß politische Propaganda ein sekundäres Phänomen ist, während Tatsachen oder Maßnahmen die primären Phänomene bleiben, deren Existenz keine Propaganda auf die Dauer leugnen oder auf den Kopf stellen kann. Sie kann lediglich berichten oder verschweigen, bewerten, interpretieren, beschönigen oder bagatellisieren. Die Bezugspunkte und Grenzen außenpolitischer Propaganda werden von Diplomatie und Politik gesetzt, und im Kriege vor allem von militärischen Ereignissen. Gegen Stalingrad wuchs selbst Goebbels später kein propagandistisches Kraut, und in Friedenszeiten wäre er ohne Hitler nichts als eine Art Postminister in einem Land ohne Briefschreiber gewesen. Mit Massenpropaganda, so war meine These, ließen sich Kriege ebensowenig gewinnen wie mit Luftangriffen auf Zivilisten.

Etwa ein Jahr nach Ausbruch des Zweiten Weltkriegs in Europa machte ich die Bekanntschaft von Ernst Kris, einem Wiener Kunsthistoriker und Psychoanalytiker. Er war 1938 zunächst nach London emigriert und tauchte erst 1940 in New York auf. Nach Kriegsausbruch hörte die BBC die deutschen Rundfunksendungen ab; diese »Abhörberichte« wurden an verschiedene Regierungsstellen verteilt. Kris kam in die Vereinigten Staaten mit der Zusage der BBC, diese damals noch vertraulichen Berichte zu Studienzwecken auszuwerten. Er schlug mir vor, die Rockefeller Stiftung um Unterstützung eines gemeinsamen von ihm und mir zu leitenden Forschungsprojekts über totalitäre Kommunikation zu bitten. Wir erhielten die Zusage, da die Stiftung die große Chance sah, jüngere amerikanische Sozialwissenschaftler durch Mitarbeit an diesem Projekt zu Spezialisten auszubilden. Bei einem etwaigen Eintritt der Vereinigten Staaten in den Krieg würden diese Spezialisten über nützliche Kenntnisse und Erfahrungen in der Analyse von Kriegspropaganda verfügen. Wir erhielten die Mittel, einige Assistenten und Studenten als Mitarbeiter zu beschäftigen. Es gab damals in Amerika wohl keine bessere Möglichkeit als dieses Forschungsprojekt, um die Nazimentalität genau kennenzulernen, gleichzeitig neue Methoden der Propaganda-Analyse zu erproben, die über Harold D. Lasswells Verfahren hinausgingen, Einsichten in den Zusammenhang zwischen Politik, Kriegsführung und Propaganda zu gewinnen und die organisatorischen Voraussetzungen einer zentralen Meinungssteuerung zu erhellen. Niedergelegt haben wir die Ergebnisse des Projekts in einer Reihe von Abhandlungen und 1944 abschließend in einem Buch über *German Radio Propaganda*.

VI Washington 1942-1947

Kurz nach Hitlers Kriegserklärung an die Vereinigten Staaten erhielt ich ein Angebot von der Federal Communications Commission (FCC) in Washington, in der analytischen Abteilung ihres Foreign Broadcast Intelligence Service mitzuarbeiten. Zunächst wurde ich Leiter der deutschen Sektion und später der gesamten Abteilung. Kris blieb als Psychoanalytiker in New York, weil er noch nicht *citizen* geworden war und damit kein Regierungsamt übernehmen konnte, aber einige unserer Mitarbeiter kamen mit nach Washington. In der analytischen Abteilung wurden wöchentliche Berichte über die Propaganda vieler Staaten geschrieben. Diese regelmäßigen Veröffentlichungen wurden durch Sonderberichte über sogenannte »schwarze«, d.h. getarnte Rundfunkstationen, Führer-Reden und andere Themen ergänzt. Die Arbeit in der FCC war anstrengend, aber wir wurden belohnt durch sehr genaue Kenntnis des Gegenstandes, mit dem wir uns beschäftigten. Außerdem hatten wir Kontakt mit vielen besonders begabten Soziologen, Politologen, Psychologen und Anthropologen. Manche meiner Kollegen – Alexander L. George, Henry J. Kellermann und Nathan Leites – wurden lebenslange Freunde, auch Edward A. Shils stand mir damals als Mitarbeiter in der FCC nahe.

Im Jahre 1944 veränderte sich meine Tätigkeit. Fortan arbeitete ich in der Europa-Abteilung des Amtes für Kriegsinformation (OWI), die von Wallace Carroll, einem angesehenen Journalisten, geleitet wurde.[6] Da ich für die Direktiven der Sendungen nach Deutschland verantwortlich war, hatte ich engen Kontakt mit den Spezialisten im State Department, den Vertretern des War Department im OWI und mit einigen Engländern, die zu

Liaison-Zwecken in Washington stationiert waren, besonders mit Geoffrey Gorer.

Diese Arbeit gab mir Gelegenheit, den Zusammenhang von Diplomatie, Kriegsführung und Propaganda zu beobachten. Verständlicherweise gab es hitzige Diskussionen im Büro wie im ganzen Lande über das Kriegsziel der bedingungslosen Kapitulation. Wir wußten, daß Goebbels diese auf der Konferenz von Casablanca Anfang 1943 erhobene Forderung dazu benutzte, den Kampfgeist seiner Landsleute anzustacheln. Mir fiel es nicht schwer, die bedingungslose Kapitulation der Feinde als Kriegsziel zu akzeptieren. Ich verstand die Proklamation von Casablanca als eine Bemühung, die Hoffnung auf Befreiung in den von den Deutschen besetzten und ausgebeuteten Ländern wachzuhalten und zu stärken. Gleichzeitig hielt ich die schroffe Forderung für einen rhetorischen Beitrag zur Kriegsführung in einer Zeit, in der Hunderttausende von Russen im Kampf gegen die Wehrmacht fielen, während noch anderthalb Jahre bis zur Eröffnung der zweiten Front im Westen vergehen sollten. Schließlich diente die Erklärung von Casablanca vielleicht dazu, Stalin zu versichern, daß die Westmächte keinen Sonderfrieden schließen würden, und ihn gleichzeitig von seiner merkwürdigen Erklärung vom 6. November 1942 abzubringen, wonach es nicht nur »unmöglich«, sondern auch »unratsam« wäre, die organisierte militärische Macht Deutschlands zu zerstören.[7] Solche Erklärung schloß ja ihrerseits die Möglichkeit eines russisch-deutschen Sonderfriedens nicht aus. Stalin wiederholte sie nach Casablanca auch nicht mehr, zumal jetzt die gefangenen deutschen Offiziere des im Sommer 1943 gegründeten Nationalkomitees Freies Deutschland diese Art von Propaganda verbreiteten.

Nach Ende des Krieges übernahm das State Department die Verantwortung für die amerikanische Informationspolitik im Ausland, und im September 1945 kehrte ich zum ersten Mal für zwei Monate nach Europa zurück, um im Auftrag des State Department persönlichen Kontakt zu der General Robert McClure unterstellten Informationsabteilung der amerikanischen Militärregierung herzustellen. Auf dieser Reise lernte ich William Benton kennen, der damals gerade zum Assistant Secretary für Informationspolitik im State Department ernannt worden war. Zufällig war er in Bad Homburg aufgehalten worden, während die erste Unterredung in General McClures Hauptquartier stattfand. Danach hatte er ein Kabel nach Washington gesandt, in dem er meine Kenntnis der Lage in Deutschland über alle vernünftigen Maße pries. Man bot mir daraufhin telegraphisch eine Stellung im Planungsstab des State Department an. Ich nahm dieses Angebot jedoch nicht an, sondern verlängerte meinen Urlaub von der New School, um unter Benton der geschäftsführende Leiter der Abteilung für Besetzte Gebiete zu werden. Im Jahre 1946 reiste ich mit dem nominellen Leiter der Abteilung und zwei Ingenieuren nach Europa, um den technisch und politisch besten Standort für eine europäische Funkstation zu ermitteln, die die »Stimme Amerikas« nach dem Osten weitergeben sollte. Nach Beratungen in London, Paris und Luxemburg schlugen wir München vor. General Clay wünschte zwar nicht, daß das State Department seine Kompetenzen schmälerte und von »seiner« Besatzungszone aus gegen »unsere Verbündeten« irgend etwas unternähme, doch er setzte sich nicht durch.

Bevor ich mich meinem ersten Wiedersehen mit Deutschland zuwende, möchte ich mich noch zu einem anderen Thema äußern. Viele amerikanische Regierungsämter bemühten sich nach Pearl Harbor um die Mitarbeit der deutschen Anti-Nazis, die nach 1933 in Amerika eine Zuflucht gefunden hatten, inzwischen Staatsbürger geworden waren und nützliche Sachkenntnisse besaßen. Trotzdem erwartete ich, im Staatsdienst gelegentlich auf Mißtrauen oder mindestens auf Zurückhaltung zu stoßen. Aber mir sind aus meiner deutschen Herkunft nur einmal Schwierigkeiten erwachsen, und dies nach dem Kriegsende in Europa. Obwohl nicht ich, sondern General Lucius Clay diesen Vorfall mit einem offen geäußerten Zweifel heraufbeschwor, daß ich als geborener Deutscher amerikanische Interessen vertreten könne, war er marginal.[8]

In diesem Zusammenhang erinnere ich mich noch an zwei andere Erlebnisse, denen symptomatische Bedeutung zukommt. Gegen Ende der Kriegshandlungen in Europa mußte die Tätigkeit der Besatzungsbehörden auch auf dem Gebiet der öffentlichen Kulturpolitik vorbereitet werden. Dabei tauchte die Frage auf, was für Musik der deutsche Rundfunk verbreiten sollte, denn die benötigten Schallplatten mußten ja rechtzeitig zur Verfügung stehen. Geoffrey Gorer schlug vor, nicht nur Militärmusik und Nazi-Lieder zu verbieten, sondern auch deutsche klassische Musik. Die Deutschen hätten genug Bach und Beethoven gehört; sie sollten sich nun einmal Purcell anhören, Tschaikowski und Sibelius. Ich dachte, wenn er wenigstens Purcell, Monteverdi und Rameau gesagt hätte, und verbarg nicht meinen Ärger.

Viel schlimmer als dieser absurde Vorfall war eine Rede in Washington, die ein leitender Beamter des OWI Anfang 1945 nach seiner Rückkehr von einer Reise nach Deutschland hielt. Er war in Aachen gewesen und schilderte die Zerstörung der Stadt, um mit den Worten zu schließen: »Angesichts solcher Verwüstung wünscht man sich, alle deutschen Städte in diesem Zustand zu sehen.« Es war ein Zivilist, der so sprach. Vielleicht hätte ich in Rechnung stellen sollen, daß sein Haßausbruch nach der letzten deutschen Offensive in den Ardennen erfolgte, wo mehr amerikanische Soldaten gefallen sind als später in Vietnam. Womöglich hatte der Sprecher auch einen Sohn oder Bruder im Krieg verloren. Aber daran dachte ich damals nicht, ich schauderte vor der Macht Hitlers über das Gemüt dieses Mannes und vor der Maßlosigkeit seines Rachedurstes.

Nach Beendigung meiner Tätigkeit in Washington im Jahre 1947 veröffentlichte ich eine Studie über die psychologische Kriegsführung, in der ich meine durch Studium und Praxis erworbenen Kenntnisse systematisch zusammenfaßte. Über dieses Thema hielt ich auch eine Reihe von Vorträgen in der Diplomatenschule des State Department und in verschiedenen Militärakademien.

VII Wiedersehen mit Deutschland

Seit 1945 bin ich fast in jedem Jahr längere Zeit in Europa gewesen, übrigens ohne je den Wunsch zu haben, meinen ständigen Wohnsitz nach Europa zurückzuverlegen.

In den ersten Jahren nach dem Krieg war Deutschland nicht nur physisch verwüstet; die betäubenden Eindrücke des dumpfen Elends und der Zerstörungen auf den ersten Reisen 1945 und 1946 versuchte ich in Briefen an meine Frau festzuhalten.[9] Auch die soziale Ordnung wankte, und die sittliche Verwilderung infolge von Naziherrschaft, Krieg und Besatzung beschränkte sich nicht auf die Deutschen. Ich dachte damals oft an Grimmelshausens Schilderungen der Grausamkeiten, welche die Bauern an den Marodeuren und diese an den Bauern im Dreißigjährigen Krieg verübt hatten. Trotz der Ankunft der trostlosen Massen von aus dem Osten vertriebenen Deutschen war es diesmal vielleicht nicht so schlimm wie damals. Aber unter Hitlers Herrschaft war es entsetzlicher gewesen als zur Zeit Gustav Adolfs und Wallensteins.

Als ich im September 1945 nach Deutschland kam, waren gerade die ersten amtlichen amerikanischen Berichte über die Konzentrationslager erschienen. In Frankfurt wohnte ich der probeweisen öffentlichen Vorführung des Dokumentarfilms *Die Todesmühlen* bei, und leitete danach, im Hinterzimmer einer Gastwirtschaft, eine Diskussion mit Deutschen, die die Militärregierung in das Kino eingeladen hatte. Danach habe ich niemals mehr einen Deutschen gefragt, ob er oder ein Mitglied seiner Familie ein Nazi gewesen sei. Anfangs fürchtete ich, angelogen zu werden oder eine ausweichende oder gar zynische Antwort zu erhalten. Ich glaubte damals, daß die Deutschen nach den Morden an Juden, Zigeunern, politisch Andersdenkenden, Bibelforschern, Kranken und Fremden aller Art, von Männern und Frauen, Kindern und greisen Menschen, niemals wieder ein ruhiges Leben führen könnten. Gleichzeitig bemerkte ich, daß diejenigen Deutschen, die sich schuldig fühlten, keine fanatischen Nazis gewesen waren, und daß umgekehrt diese am allerwenigsten ihre politische und moralische Vergangenheit bereuten. Überdies war das den Deutschen auf den Nägeln brennende Elend so groß und die Fähigkeit, ruhig nachzudenken, so selten, daß es nur enttäuschend war, mit Deutschen über ihre Vergangenheit zu sprechen. Es gab z.B. sehr bald die sogenannten »inneren Emigranten«, die sich damit brüsteten, als Anti-Nazis nicht ausgewandert zu sein. Frank Thiess begründete dies 1945 damit, daß er seine »kranke Mutter«, damit meinte er Deutschland, nicht verlassen wollte, um sich »die deutsche Tragödie von den Logen oder Orchestersitzen des Auslands anzusehen.«[10] Auch Arnold Bergstraesser, der erst im Jahre 1937 in die Vereinigten Staaten eingewandert war, hat 1942 über die im Dritten Reich verbliebenen Intellektuellen geschrieben: »Ihre Schwierigkeiten waren unvergleichlich grösser als die eines Flüchtlings, der bereits die entgegenkommende Gastfreundschaft eines freien Landes genoss.«[11] Bergstraesser hatte während seiner fünf Jahre in Amerika offenbar keinen Emigranten treffen wollen, der Mühsal und Not ertragen mußte.

Im Jahre 1945, wie auch bei späteren Besuchen, erkundigte sich außer Rudolf Bultmann niemand in Deutschland danach, wie es diesem oder jenem früheren Freund oder Bekannten nach der Emigration ergangen sei. Bultmann fragte mich 1945 in Marburg nach Leo Strauss. Karl Jaspers aber erwähnte weder Emil Lederer, einen seiner früheren Kollegen, noch irgendeinen anderen emigrierten deutschen Akademiker. Vielleicht war er schon informiert oder vielleicht war Ende 1945 noch nicht der rechte Zeitpunkt für unbefangene Freundlichkeit.

Später nahmen sich Deutsche oft viel Zeit, ausführlich von ihrem elenden Leben unter Hitler zu erzählen. Sie waren so sehr mit ihren eigenen Erlebnissen beschäftigt, daß ihnen das Leben ihrer Zuhörer nebensächlich vorkam. Noch sehr viel später, in den siebziger Jahren – ich hatte inzwischen nach dem Tode meiner ersten Frau wieder geheiratet – unterbrach bei einer solchen Gelegenheit meine Frau den endlosen Monolog einer alten Freundin mit der Bemerkung: »Wir wissen, es ist Dir schlecht gegangen, aber Du lebst ...« Sie fuhr nicht fort: »Meinen Bruder und meinen Vater haben die Nazis umgebracht und ich habe zwei Jahre im Gefängnis gesessen«, denn all das wußte die redselige Freundin. Sie war gegen Ende des Krieges in Berlin ausgebombt und später östlich von Berlin von einem Russen vergewaltigt worden. Dies war uns bekannt, aber sie hatte sich noch niemals danach erkundigt, was zwischen 1933 und 1945 oder 1972 in unserem Leben vorgefallen war. Unsere Gegenwart verband sie nur mit unserer früheren Vergangenheit vor 1933, die sie kannte. Vielleicht vergaß sie aus Verlegenheit, nach späteren Ereignissen zu fragen, und die Redseligkeit über das eigene elende Leben bot wenigstens ihr eine Zuflucht aus ihrer Verwirrung.

Kurz nach dem Kriege war ich mit der amerikanischen Deutschlandpolitik nicht in allen Punkten einverstanden. Die These von der Kollektivschuld der Deutschen hielt ich für falsch und bedauerlich, nicht nur weil sie besonders bei denjenigen Deutschen wirkte, die am wenigsten für den moralischen Zusammenbruch des Volkes verantwortlich waren, sondern auch weil sie jedem Bürger der siegreichen Mächte eine moralische Überlegenheit zuschrieb, die er sich vielleicht unter den Zwängen eines totalitären Regimes nicht bewahrt hätte. Aus ähnlichen Gründen war ich ein Gegner der »Umerziehung«, welche die Amerikaner zu Hütern und Lehrern politischer Gesittung zu machen schien, abgesehen davon, daß man erwachsenen Menschen diese Gesittung nicht lehren kann wie Kindern das Lesen und Schreiben. Noch während ich im State Department tätig war, schrieb ich darüber eine entsprechende Abhandlung.

Außerdem war ich in den ersten Jahren der Besatzungszeit darüber enttäuscht, daß die amerikanische Politik der »nicht-kommunistischen Linken« in Deutschland so wenig politische Unterstützung angedeihen ließ. Die christlich-demokratische Richtung stand den Behörden viel näher. Dies beunruhigte mich aus mehreren Gründen. Einmal fürchtete ich in den ersten Nachkriegsjahren, daß nach der zu erwartenden wirtschaftlichen Erholung der deutsche Nationalismus wieder aufleben werde, und Widerstand gegen derartige Bestrebungen erwartete ich von den Sozialisten. Zweitens standen mir die Sozialdemokraten aus Tradition näher als die CDU/CSU und drittens beeindruckte mich, daß jene unter den Nazis mehr Widerstand geleistet und mehr gelitten hatten als diese. In der Tat war noch in den fünfziger Jahren der Prozentsatz der sozialdemokratischen Bundestagsabgeordneten, die von den Nazis verhaftet oder beruflich geschädigt worden waren, sehr viel höher als der entsprechende Prozentsatz bei den Christlichen Demokraten.[12]

1947 schied ich aus dem Staatsdienst aus, um auf ein Jahr an die New School zurückzukehren. Bis 1952 war ich allerdings noch als »Berater« gelegentlich für das State Department tätig. So reiste ich im Jahre 1950 mit Wallace Carroll nach Europa und verfaßte mit ihm gemeinsam für John J. McCloy, den ersten amerikanischen Botschafter in Bonn, ein Gutachten über die Behandlung des kommunistischen Teils von Deutschland in der amerikanischen Politik und Propaganda.[13]

Die Graduate Faculty der New School erschien mir 1947 im Vergleich mit Washington schläfrig, beinahe provinziell und jedenfalls merkwürdig emigrantenhaft. Einige der alten Freunde in der Fakultät waren inzwischen gestorben oder hatten einen anderen Wirkungskreis gefunden. So nahm ich im Jahre 1948 das Angebot an, eine sozialwissenschaftliche Abteilung bei der Rand Corporation einzurichten.

VIII   Santa Monica, Kalifornien 1948–1969

Rand – eine Abkürzung von Research and Development – war ein gemeinnütziges Unternehmen, das sich mit Fragen der nationalen Sicherheit und mit anderen Problemen befaßte, deren Lösung im öffentlichen Interesse lag. Rand war kurz nach dem Ende des Krieges von General H.H. Arnold, dem Befehlshaber der amerikanischen Luftwaffe, als Forschungsinstitut gegründet worden, um einige der qualifizierten Wissenschaftler, die zuvor am »war effort« mitgearbeitet hatten, bei den Nachkriegsplanungen weiter zu beschäftigen; es wurde zunächst ausschließlich aus öffentlichen Mitteln unterstützt. Anfangs hatte Rand nur drei Abteilungen: Mathematik, Nukleare Physik und Technologie, aber schon im Jahre 1948 wurden zwei neue Abteilungen – Ökonomie und Sozialwissenschaften – angegliedert. Der Vorbildung nach vertraten die Mitglieder meiner Abteilung verschiedene Disziplinen: Geschichte, Psychologie, Philosophie, Anthropologie, Staatswissenschaft, Statistik. Fast jedes Mitglied hatte überdies spezielle Sachkenntnisse ein bestimmtes Land betreffend. Die Anzahl der Sprachen, welche die Mitglieder der Abteilung lesen, sprechen und schreiben konnten, war größer als die Zahl der Personen. In der Auswahl des Personals und der Entwicklung des sozialwissenschaftlichen Forschungsprogramms ließ man mir freie Hand. Anfangs legte ich großen Wert darauf, daß jeder Mitarbeiter irgendwann einmal in einem Regierungsamt tätig gewesen war, denn ich fürchtete die Weltfremdheit und Überheblichkeit von Akademikern, die Washington nicht aus eigener Erfahrung kannten.

In der Hauptsache befaßten wir uns mit den Zusammenhängen von Außenpolitik und militärischer Macht. Besonderen Wert legten wir darauf, nicht nur die politischen Institutionen und militärischen Doktrinen, sondern auch die ausländischen Führungsschichten aufgrund persönlicher Kontakte so genau wie möglich zu kennen. In verbündeten Ländern standen wir in regem Gedankenaustausch mit Politikern, Beamten, Militärs, Wissenschaftlern, Journalisten und Vertretern der Wirtschaft. Ausländische Bekannte wurden ebenfalls eingeladen, Rand zu besuchen, sie hielten Vorträge und diskutierten mit uns. Ich selber habe die Besuche vieler deutscher Bundestagsabgeordneter, Diplomaten und Wissenschaftler veranlaßt; auch Regierungsmitglieder und hohe geistliche Würdenträger kamen nach Santa Monica in Kalifornien, dem Hauptsitz von Rand.

Aus den Forschungen ist eine große Zahl von publizierten Studien hervorgegangen, die sich insbesondere mit den diplomatischen und militärstrategischen Problemen des Ost-West-Konflikts, dem atlantischen Bündnis, der sowjetischen Außenpolitik und Strategie etc. beschäftigten. Der Kontakt mit Universitäten war eng. Er betraf nicht nur die akademischen Lehrer, gelegentlich boten wir Studenten eine Stellung mit der Zusage an, daß sie eine Untersuchung beenden könnten, an der Rand interessiert war und die dann verabredungsgemäß einer Universität als Doktorarbeit unterbreitet wurde. Ferner stellte Rand ausgewählten Fakultäten Studienbeihilfen zur völlig freien Verfügung; einige Jahre lang erhielt die Freie Universität in Berlin als einzige ausländische Universität eine solche Beihilfe.

Nur wenige Mathematiker, Physiker oder Ingenieure in Rand hatten maßvolle Ansichten über den Beitrag, den Sozialwissenschaftler zur Arbeit an Fragen der nationalen Sicherheit leisten könnten. Entweder glaubten sie an die Allmacht der Sozialwissenschaftler und erwarteten, daß diese Luftschlösser errichten könnten so wie man Brücken baut, oder sie waren der ebenso unangemessenen Ansicht, daß Sozialwissenschaftler überhaupt keine Wissenschaft betrieben und daher die Lösung politischer Probleme genausogut Astrologen, Scharlatanen oder Dichtern überlassen werden könnte. Selten traf man auf die Ansicht, daß es vielleicht möglich sei, die »Wissenschaftlichkeit« der Sozialwissenschaften zu steigern, aber eine solche Verbesserung wurde dann gewöhnlich weniger von einer exakteren Tatsachenforschung, sondern von einer Vereinfachung der Fragen und gesteigerter Mathematisierung der methodischen Verfahren erwartet. Diese und andere Vorurteile stellten gelegentlich hohe Anforderungen an mein begrenztes Geschick im Umgang mit den Kollegen.

Teilweise trug das Leben in Rand futuristische Züge. Das äußerte sich unter anderm darin, daß viele gescheite Leute glaubten, die Zukunft planen und »machen« zu können; man sprach sogar von »Zukünften« – Zukunft im Plural. Wenig blieb dem Zufall überlassen. Zufall galt als Störung, nicht als Element des menschlichen Zusammenlebens. Im Gespräch mit einem Mathematiker erwähnte ich einmal, Napoleon habe bei der Auswahl seiner Generale Wert darauf gelegt, daß in wichtigen Augenblicken ihres Lebens das »Glück« sie begünstigt habe. Den Ausdruck völliger Verständnislosigkeit im Gesicht meines Kollegen werde ich nie vergessen.

Rand ist politisch angegriffen worden – von links wie von rechts – wegen angeblicher Kriegshetze und wegen angeblich defaitistischer Ansichten. Später, während des Krieges in Vietnam, kam es zu der sensationellen Insubordination Daniel Ellsbergs, der als Angestellter bei Rand ein umfangreiches Geheimdokument der *New York Times* zur Verfügung stellte, um gegen den Krieg Front zu machen. Nicht lange vor diesem Zwischenfall war Ellsberg Mitglied einer Gruppe gewesen, die Rand zur Arbeit für Verteidigungsminister McNamara zur Verfügung gestellt hatte. Die Mißachtung der Vorschriften über Geheimhaltung und der darauf folgende öffentliche Skandal führten zum Rücktritt des Präsidenten von Rand und zu jahrelanger Beaufsichtigung der Organisation durch Offiziere, die nach Santa Monica abkommandiert wurden.

Natürlich konnte Rand keine Kommunisten beschäftigen. Um den Mitarbeitern Zugang zu geheimen Dokumenten zu gewähren, mußte ihre Vergangenheit vor der Anstellung geprüft werden. Ich mußte länger als es sonst üblich war auf die sogenannte »Q-Clearance« warten, die für den Zugang zu nuklearen Dokumenten und Einrichtungen nötig war. Die Verzögerung erklärte sich daraus, daß meine Frau und ich die Frau meines früheren New School-Kollegen Gerhard Colm persönlich kannten. Hannah Colm, eine Psychologin, hatte einen Scheck in Höhe von zehn Dollar an einen kooperativen Buchladen in Washington ausgestellt, ohne zu wissen, daß dieser Laden im Verdacht der Verbreitung kommunistischer Propaganda stand. Dieser kuriose Vorgang fand schon in der Zeit der Hysterie Senator Joseph McCarthys statt, der die kommunistische Gefahr unter den Betten Amerikas suchte. Selbst eine sozialdemokratische Vergangenheit konnte da womöglich zu Schwierigkeiten führen; man bat mich, eine genaue Darstellung meines politischen Vorlebens zu verfassen und sie bei Rand zu hinterlegen.

Im Laufe der mehr als zwanzig Jahre, die ich bei Rand beschäftigt war – übrigens ohne schriftlichen Kontrakt –, hielt ich nicht nur an verschiedenen Universitäten, sondern auch in der Air Academy, dem Air War College und anderen militärischen Hochschulen Vorträge über Themen meines Arbeitsgebiets. Außer den höheren Kommandostellen in den Vereinigten Staaten besuchte ich die Stäbe der amerikanischen Streitkräfte in Europa, insbesondere in Paris, Wiesbaden und Heidelberg. Denn in meinen eigenen Arbeiten beschäftigte ich mich viel, wenn auch nicht ausschließlich, mit der NATO und der amerikanischen Deutschlandpolitik. Auf meinen Reisen traf ich auch deutsche Politiker aller Parteien, Professoren, Wirtschaftsführer, Verleger und Journalisten deutscher und anderer Nationalität, ferner viele höhere Offiziere, die im Weltkrieg eine wichtige Rolle gespielt hatten oder bei der Wiederaufrüstung Deutschlands nach 1950 in irgendeiner Form mitwirkten – aktiv, beratend oder als Kritiker und Gegner.

Auf die Besuche bei früheren Offizieren bereitete ich mich besonders sorgfältig vor. Ich las Memoiren, Tagebücher, Aufzeichnungen und auch die rasch anschwellende Literatur über den Weltkrieg. Im Laufe der Zeit lernte ich nicht nur viel über die Ansichten der ehemaligen militärischen Oberschicht Deutschlands, zu der ich früher keinen Zugang gehabt hatte, sondern auch über ihre Sitten und ihr Ethos. In Deutschland war nach dem Krieg der Zugang zu höheren Chargen in der ehemaligen Wehrmacht leicht, weil sie infolge von Niederlage, Kriegsverbrecherprozessen und Ende der NS-Herrschaft deklassiert waren und Kontakt mit amerikanischen Besuchern, die nicht kenntnislos und nicht nur neugierig waren, ihre angegriffene Selbstachtung stärkte.

Rand ermöglichte es mir zweimal, nach jeweils siebenjähriger Tätigkeit ein Jahr lang ohne administrative Pflichten zu arbeiten. 1956/57 beendete ich als Fellow des Center for Advanced Study in the Behavioral Sciences in Stanford ein Buch über die deutsche Wiederaufrüstung und gab gemeinsam mit W. Phillips Davison die Protokolle eines Symposiums über die politischen Ansichten der zivilen westdeutschen Führungsschichten heraus (*West German Leadership and Foreign Policy*, 1957). Das Jahr 1964 verbrachte ich in New York als Senior Fellow des Council on Foreign Relations, wo ich mich wiederum mit der amerikanischen Deutschlandpolitik beschäftigte; aber nur einige Kapitel eines neuen Buches sind in Form von Aufsätzen erschienen.

Außer mit Deutschland und der NATO beschäftigte ich mich in meinen eigenen Arbeiten bei Rand mit den Techniken der nuklearen Erpressung und mit der Entwicklung eines politischen »Spiels«, d.h. der Simulation internationaler Konflikte. In diesen Spielen, um die sich mein Kollege Herbert Goldhamer besondere Verdienste erwarb, simulierten die Teilnehmer die Regierungen von Ländern, die in einen angenommenen Konflikt verstrickt waren, und trafen die Regierungsentscheidungen. Rand war eine Organisation wie dazu geschaffen, solche Planspiele zu entwickeln, denn es verfügte über zahlreiche Spezialisten auf mehreren wissenschaftlichen, militärischen und technischen Gebieten, und in der sozialwissenschaftlichen Abteilung waren gute Sachkenntnisse über viele Länder vorhanden. Diese Arbeit wurde bald in Washington bekannt, und wir wurden gebeten, Beamte aus dem State Department und Offiziere aus dem Pentagon als Beobachter zuzulassen. Wir willigten unter der Bedingung ein, daß die Besucher aktiv an der Übung teilnahmen. Auch an mehreren Universitäten wurde die bei Rand entwickelte Technik im Unterricht erprobt.[14]

IX Amherst, Massachusetts 1969–1973 und Hartsdale, New York seit 1973

Im Jahre 1970 hätte ich bei Rand die Altersgrenze erreicht, aber um meine Freiheit zu bewahren, gab ich den Posten ein Jahr früher auf. Schon in früheren Jahren hatten mehrere Universitäten angefragt, ob ich meine akademische Laufbahn wiederaufnehmen wollte, ja eine angesehene Hochschule hatte sich erkundigt, ob Rand willens sei, die gesamte sozialwissenschaftliche Abteilung nach dort abzugeben. Ich hatte jedoch alle Angebote von akademischen und auch administrativen Posten abgelehnt, einschließlich einer Position bei der Ford Foundation, wo ich 1950 Rowan Gaither, den späteren Präsidenten der

Stiftung, über die Eröffnung eines sozialwissenschaftlichen Programms beraten hatte.[15]

Das Angebot, das ich im Jahre 1969 von der Universität von Massachusetts erhielt, nahm ich jedoch mit Freuden an. Da ich als Robert M. McIver Professor in Sociology and Political Science zwei Fakultäten angehörte, brauchte ich mich nicht auf einen engen Fachbereich zu beschränken. Und Amherst, ein kleiner Ort in dem reizvollen Tal des Connecticut River gelegen, war nur wenige Autostunden von dem schönen, alten Bauernhaus in New Hampshire entfernt, das ich im Jahre 1936 erworben und in dem ich viele Sommermonate verbracht hatte. (Es wurde vierzig Jahre später ausgeraubt und von den Räubern, die ihre Spuren verwischen wollten, durch Feuer vernichtet.)

Während der langen Jahre bei Rand konnte ich meinen literarischen Interessen nur an den Wochenenden nachgehen und hatte nur wenige Kollegen, die diese Neigungen teilten. Seit den fünfziger Jahren beschäftigte ich mich in meiner Mußezeit mit Grimmelshausen, der als Zeitgenosse die Zustände während des Dreißigjährigen Krieges in mehreren Romanen geschildert hatte. Daraus entstand später für die Leo-Strauss-Festschrift eine Abhandlung über Grimmelshausens letzte Novelle, die das *Wunderbarliche Vogelnest Teil II* abschließt. Diese Novelle übersetzte ich unter dem Titel *The False Messiah* zusammen mit der *Landstörtzerin Courasche*. Ihnen stellte ich eine lange Einleitung voran, in der ich meine Vermutung vom blasphemischen Doppelsinn bei Grimmelshausen darlegte.[16] Ich hoffte nun an der Universität von Massachusetts, die eine hoch angesehene Fakultät in Germanistik hatte, häufiger Gelegenheit zu literaturgeschichtlichen Kontakten zu finden. Aber die an vielen Hochschulen übliche Departmentalisierung des geistigen Lebens beschränkte solchen Austausch auf gelegentliche Cocktail-Parties. Ich war erstaunt, daß in Amherst fast niemand über seine Arbeit oder Arbeitspläne sprach, und fand es nach den Erfahrungen bei Rand irritierend, wie unterentwickelt interdisziplinäres Forschen an der Universität war.

Auch Amherst verließ ich, bevor ich die dort höhere Altersgrenze von 70 Jahren erreichte. Ich verlegte meinen Wohnsitz nach Hartsdale in die Nähe von New York. Ein Jahr nach dem Umzug veranstaltete die Universität zu meinen Ehren eine internationale Konferenz über das Thema »Intellectuals, Knowledge and the Public Arena«.[17] Ich sprach dort über Agonien und Triumphe im Leben von Intellektuellen. Die tiefste Erniedrigung von geistig Schaffenden sei vielleicht nicht die Folge tyrannischer Nötigung, die eigene Überzeugung zu verleugnen: gute Schriftsteller seien diesem Zwang immer wieder dadurch ausgewichen, daß sie zwischen den Zeilen zu schreiben lernten. Die größte Schmach liege vielmehr in der pervertierten Auslegung von Ideen, die die Autoren wissentlich fehlinterpretierten. Als Schulbeispiel verwies ich auf Maurice Jolys *Dialogue aux Enfers entre Montesquieu et Machiavel*, ein Buch, das der Autor im Jahre 1864 gegen die Herrschaft und Regierungspraktiken Napoleons III in kaum verschlüsselter Form veröffentlicht hatte. Später diente es russischen Fälschern als Quelle für die antisemitischen Protokolle der

Weisen von Zion, die in alle Sprachen übersetzt zur Bibel des Fanatismus wurden. Die Ansichten, die Joly Machiavelli zugeschrieben hatte und mit denen er Napoleon III brandmarken wollte, waren von den Fälschern nun angeblich konspirierenden Juden in den Mund gelegt worden.

In den nächsten Jahren arbeitete ich an verschiedenen Projekten. Ich schrieb auf Deutsch ein kleines Werk über *Witz und Politik*, die Erweiterung eines Vortrages, den ich an der Universität Freiburg i. B. gehalten hatte. Ich überarbeitete mein frühes Buch über die Angestellten, das im Jahre 1977 endlich – nach 45 Jahren - in Deutschland erschien und übersetzte es später für die amerikanische Ausgabe von 1986. Außerdem schrieb ich verschiedene Beiträge für die von Harold D. Lasswell, Max Lerner und mir herausgegebenen drei Bände *Propaganda and Communication in World History*. Schließlich verfaßte ich *From the Ashes of Disgrace*, ein Buch über meine Eindrücke und Gespräche in Deutschland während der ersten Nachkriegsjahre. Im Jahre 1976 war ich noch einmal Gastprofessor für Soziologie an meiner alten Universität, der Graduate Faculty der New School, und hielt im gleichen Jahr den einleitenden Vortrag über *Die Aussichten des Friedens* auf einer internationalen Tagung in Bad Godesberg zu Ehren von Bundespräsident Gustav Heinemann. In dieser Zeit schrieb ich auch noch einen biographischen Essay über meinen alten Lehrer Emil Lederer. Schon 1940 hatte ich nach seinem vorzeitigen Tod sein Buch *State of the Masses. The Threat of the Classless Society* postum aus dem Manuskript herausgegeben. Zu Ehren von Lederers hundertjährigem Geburtstag veranstalteten die Universität Heidelberg im Dezember 1982 und die New School for Social Research im Jahre 1983 Gedenkfeiern, auf denen ich ebenfalls über den alten Lehrer sprach.

X Nachwort

Wenn ich heute über mein Leben nachdenke, dann erscheint mir zwar nicht der Nationalsozialismus, wohl aber meine Emigration als recht unwichtig. Das beruht vermutlich auf dem glücklichen Umstand, daß ich bei meiner Ankunft in Amerika jung war und am Beginn meiner beruflichen Laufbahn stand. Ich hatte keine Veranlassung, Verlorenes zu betrauern. Ich vermißte auch nicht das Gewohnte, da mich das Ungewohnte in Amerika fesselte und ich sogleich eine voll ausfüllende Aufgabe gefunden hatte.

Zudem konnte ich durch meine kleinen Kinder viele Erfahrungen machen, die in ihrer Schulzeit auch zu meiner »Amerikanisierung« beitrugen – ein Vorteil, den ältere Emigranten nicht haben. Meine noch in Berlin geborene Tochter Sybil war nicht einmal zwei Monate alt, als sie in New York eintraf. Später, in ihren ersten Schuljahren, brachte ich sie im Auto morgens zur Schule, um ihr die Überquerung einer breiten Hauptstraße zu ersparen. Oft war die Zeit sehr knapp. Einmal bemerkte Sybil, daß ich aus diesem Grunde unruhig war. Sie sagte nur: »Ist nicht schlimm, ich sag der Lehrerin, daß ich zu lange geschlafen habe.« Plötzlich bemerkte ich meine tiefsitzende Angst vor Lehrern, obwohl ich längst ein erwachsener Amerikaner war. Seitdem habe ich nur selten Anzeichen eines Emigrantenbewußtseins an mir bemerkt, manchmal in Sachen des Geschmacks und gelegentlich, wenn Deutsche mir gewisse Fragen stellten und ich sie nicht so beantwortet habe wie ich es womöglich als Deutscher getan hätte. Ein Beispiel: vor einigen Jahren erkundigte sich eine gebildete Deutsche bei mir, wen ich mir denn bei meiner Tätigkeit in Washington während des Weltkrieges als Sieger gewünscht hätte, die Deutschen oder die Amerikaner? Glücklicherweise belastet der Eindruck solcher Fragen nicht die Verehrung von Deutschen der Vergangenheit, die mir teuer sind.

Mein Sohn Steven wurde als Amerikaner 1939 geboren. Er spricht heute kein Wort Deutsch. Seine Frau und er haben zwei adoptierte Kinder; der natürliche Vater des älteren Kindes ist ein Chinese und das jüngere stammt von koreanischen Eltern. Als ich vor ein paar Jahren vergeblich versuchte, in Berlin etwas über die Herkunft meines Vaters zu erfahren, fragte mich Steven, weshalb mich das interessiere. Ich antwortete lachend, daß ich möglicherweise jüdischer Abstammung sei. Darauf entgegnete er: »Ich wußte garnicht, daß Du von den Nazis doch beeinflußt worden bist.«

Für die Vorarbeit zu diesem Essay bin ich Frau Ursula Ludz, München, zu besonderem Dank verpflichtet. Auf Anregung von Professor M. Rainer Lepsius veranstaltete sie im Oktober 1982 eine Reihe von Interviews in meinem Haus in Hartsdale, N.Y. Ich versuchte, ihre Fragen zu einer intellektuellen Biographie zu beantworten. Diese auf Tonband aufgenommenen Unterhaltungen wurden von Ursula Ludz in ein umfangreiches schriftliches Dokument umgewandelt. Diese autobiographischen Notizen unterscheiden sich allerdings von dem ursprünglichen Manuskript in Form und Inhalt.

1 Hans Speier: »Emil Lederer. Leben und Werk«. In: Emil Lederer: *Kapitalismus, Klassenstruktur und Probleme der Demokratie in Deutschland 1910–1940*. Ausgewählte Aufsätze mit einem Beitrag von Hans Speier und einer Bibliographie von Bernd Uhlmannsiek, hg. von Jürgen Kocka. Göttingen 1974, S. 253–272. – 2 In einem Brief aus Deutschland an Lisa Speier, meine verstorbene Frau, habe ich meinen Besuch bei Jaspers im Oktober 1945 beschrieben. Hans Speier: *From the Ashes of Disgrace: A Journal from Germany 1945–1955*. Amherst 1981, S. 35–40. – 3 Hans Speier: »Karl Jaspers on the Future of Germany«. In: *Bulletin of the Atomic Scientists*. Dezember 1963, S. 23 ff. – 4 Alvin Johnson: *Pioneer's Progress*. New York 1952, S. 343. – 5 Zitiert von Jürgen Klaus. In: Katalog *Entartete Kunst – Bildersturm vor 25 Jahren*. Haus der Kunst, München, 25. Oktober bis 16. Dezember 1962. – 6 Vgl. dazu Wallace Carroll: *Persuade or Perish*. New York 1948. – 7 Stalin machte diese Bemerkung am 6. November 1942. Vgl. *Soviet War Documents*. Embassy of the USSR. Washington D.C., Information Bulletin. Special Supplement. 31. Dezember 1943, S. 41. – 8 Vgl. Hans Speier: *From the Ashes of Disgrace* (wie Anm. 2), S. 3–4. – 9 Ebd., S. 17–73. – 10 Frank Thiess in *Frankfurter Rundschau*, 25. August 1945 (Nachdruck aus *Hessische Post*.) – 11 Zitiert von Claus-Dieter Krohn: »Der Fall Bergstraesser in Amerika«. In: *Exilforschung. Ein internationales Jahrbuch*. Band 4. München 1986, S. 266. – 12 Hans Speier: *German Rearmament and Atomic War*. Evanston, Ill. 1957, S. 30 ff. – 13 Vgl. Speier: *From the Ashes of Disgrace* (wie Anm. 2), S. 90–106. – 14 Vgl. Herbert Goldhamer und Hans Speier: »Some Observations on Political Gaming«. In: Hans Speier: *Force and Folly*. Cambridge, Mass. – London 1969, S. 163 ff. – 15 Vgl. Arnold Thackray: »CASBS: Notes toward a History«. In: *Center for Advanced Study in the Behavioral Sciences. Annual Report 1984*, S. 59–71. – 16 H.J.C. Grimmelshausen: *Courage, The Adventures and The False Messiah*. Translation and Introduction by Hans Speier. Princeton 1964. – 17 Das Buch von Charles H. Page: *50 Years in the Sociological Enterprise*. Amherst 1982 enthält eine Darstellung dieser Konferenz auf S. 254 ff.

Dieter Schiller

Der Pariser Schutzverband deutscher Schriftsteller (Société allemande des gens de lettre, siège Paris)
Eine antifaschistische Kulturorganisation im Exil

Im September des Jahres 1933 erhält die Deutsche Botschaft in Paris eine Anfrage, ob es zutreffe, daß ein »Schutzverband deutscher Schriftsteller – Ausland« mit dem Sitz in Paris gegründet worden sei. Die Frage kommt aus Berlin, vom gleichgeschalteten Schutzverband[1], der am 11. März unter Führung von Hanns Heinz Ewers durch die Arbeitsgemeinschaft nationaler Schriftsteller im Handstreich erobert worden war. Man will von Berlin aus gerichtlich vorgehen gegen einen solchen Verband, und zwar kurioserweise wegen Verletzung des Namensrechtes, ist in dem Brief zu lesen. Daß der Vorstand des zur Naziorganisation gewordenen Schutzverbandes schon längst – am 31.7.1933 – beschlossen hatte, korporativ zu der neu geschaffenen Naziorganisation »Reichsverband Deutscher Schriftsteller« überzutreten, gibt dem Vorgang eine gewisse Würze.[2]

Nun spricht es nicht für die Informiertheit der deutschen Diplomaten, wenn sie noch im gleichen Monat antworten müssen, von einer Neugründung sei ihnen »nichts bekannt«. Sie hätten schon in der dritten Nummer der antifaschistischen Zeitung *Der Gegen-Angriff* vom 1.6.1933 lesen können, daß wenige Tage zuvor von einigen aus Deutschland vertriebenen Schriftstellern »das vorbereitende Komitee eines (in Kürze zu bildenden) Schutzverbandes Deutscher Schriftsteller – Ausland« gebildet worden war. Alle Vertreter des »wahren, vom 3. Reich verfolgten, deutschen Schrifttums« wurden aufgefordert, sich anzuschließen.[3] Heft 11 der Münzenberg-Zeitschrift *Unsere Zeit* vom 15.7.1933 berichtet ausführlich über die Konstituierung des »Schutzverbandes deutscher Schriftsteller im Ausland« auf Initiative einer Reihe von Schriftstellern, die aus dem gleichgeschalteten deutschen Schutzverband ausgeschlossen und aus Deutschland vertrieben worden waren. Absicht sei, »für alle Angehörigen des deutschen Schrifttums, die auf Grund freiheitlicher und fortschrittlicher Anschauungen nicht mit dem Hitlerfaschismus paktiert haben, eine repräsentative gewerkschaftliche Vertretung zu schaffen.« Es folgen die wichtigsten Programmpunkte: Vertretung der Rechte gegenüber den Vertragsbrüchen deutscher Verleger und den Rechtsbrüchen deutscher Behörden, Vertretungen der Rechte gegenüber ausländischen Verlegern und Verbindungen mit ausländischen Berufsorganisationen, Beratung in Berufsfragen, insbesondere was Publikationsmöglichkeiten angeht. Darüber hinaus seien Vortrags- und Aussprachabende geplant. Als wesentliche Aufgabe wird schließlich noch »das tätige Eintreten für die in Deutschland gebliebenen, vom deutschen Faschismus verfolgten, verhafteten und mißhandelten Kollegen« hervorgehoben.[4]

Auch die Themen der ersten Veranstaltungen des Schutzverbandes in Paris hätten die Herren der Botschaft aus diesem Bericht entnehmen können und sogar, was sie noch im Oktober in einer Zusammenfassung der Ergebnisse ihrer eifrigen Recherchen schmerzlich vermissen sollten, die Namen der Vorsitzenden. Es sind Rudolf Leonhard und Alfred Kurella. Beide waren keine Flüchtlinge im eigentlichen Sinne des Wortes. Leonhard lebte seit 1927 vorwiegend in Paris; Berlin besuchte er, wenn es die Arbeit an der Bühne oder beim Film verlangte. Kurella war seit 1932 als Generalsekretär des »Internationalen Komitees zum Kampf gegen den Krieg« in Frankreich tätig und leitete als Chefredakteur die Zeitschrift *Monde*. Parteilos war der eine, Literat und Individualist, aber seit dem Ende des Ersten Weltkrieges von sozialistischkommunistischen Überzeugungen geleitet. Der andere war ein bekannter und führender Funktionär der Arbeiterbewegung, in der revolutionären Literaturbewegung ein Kritiker und Theoretiker von Rang.

Der streng vertrauliche Bericht der Deutschen Botschaft vom Oktober 1933 weiß von beiden nichts. Nur ein Name taucht im Bericht auf, mit dem jedoch die Botschaft nichts Rechtes anfangen kann: David Luschnat. Die Berliner Adressaten vom Reichsverband Deutscher Schriftsteller kannten ihn allerdings. Denn Luschnat war bis zum März 1933 Schriftführer in der Berliner Opposition des Schutzverbandes Deutscher Schriftsteller gewesen. In dieser Opposition gegen den Vorstand hatten sich seit 1931 in Berlin demokratische, linksbürgerliche und kommunistische Autoren gegen Kulturreaktion, imperialistische Kriegsvorbereitung und Faschisierung in der Weimarer Republik vereinigt. Noch am 20. Februar 1933 war Carl von Ossietzky in einer Mitgliederversammlung aufgetreten, um über die Aufgaben des Schriftstellers angesichts der neuen Terrorherrschaft und Kriegsgefahr zu referieren. Anschließend wollten Georg Lukács, Andor Gabor und David Luschnat ihn überzeugen – vergeblich, wie man weiß –, daß er das Land verlassen müsse. In der Reichstagsbrandnacht wurde Ossietzky verhaftet. Das gleiche Schicksal drohte wenige Wochen später auch Luschnat. Ende März oder Anfang April ging er ins Exil, zunächst nach Amsterdam, dann nach Paris. Ein Kommunist – wie der Bericht vermutet – war er freilich nicht, sondern ein Linksintellektueller, dessen sozialistische Überzeugungen auf einer anarchistischen Grundlage beruhten. Zu den Neugründern des SDS im Ausland hat er nachweislich gehört, denn seine Adresse wurde schon in der ersten ausführlichen Pressemitteilung in *Unsere Zeit* als Anlaufstelle für Interessenten genannt. Der Aufruf zum Beitritt trägt die Unterschrift Luschnats, der dann bis zum Juni 1934 als Sekretär und Schriftführer des Schutzverbandes in Paris wirkte.

So fragwürdig der Botschaftsbericht insgesamt sein mag, so wichtig ist er für die Bestimmung der näheren Umstände der Verbandsgründung in Paris. Denn er enthält das – meines Wissens – früheste Dokument des Pariser Schutzverbandes, ein Telegramm an die Leitung des PEN-Kongresses, welcher vom 25.

bis 28. Mai 1933 in Ragusa stattfand. Dieser Kongreß ist denkwürdig geworden durch die leidenschaftliche Anklagerede Ernst Tollers gegen die faschistischen Bücherverbrennungen und die Verfolgungen antifaschistischer Schriftsteller in Hitler-Deutschland. Die Nazidelegation hatte diese Rede zu verhindern gesucht und verließ, als sich das als vergeblich erwies, die Konferenz. In einem Bericht nach Berlin schreibt einer ihrer offiziellen Vertreter: »Die ganze Atmosphäre war derart durch die Bücherverbrennung vergiftet und außerdem durch den Haß auf unsere jetzige Regierungsform vernebelt, daß es wirklich ganz außerordentlich schwer war, auch nur die einigermaßen Vernünftigen zu einem milderen und gerechteren Urteil über Deutschland zu bewegen. Dieses Urteil wurde jedoch sofort wieder umgestoßen, sowie (sic!) Toller redete oder Telegramme der ›Emigranten‹ ankamen und die Judenfrage (...) aufs Tapet kamen.«[5] Die so bezeugte Wirkung antifaschistischer Proteste schließt auch das vom Vorstand und Organisationsbüro des »Schutzverbandes Deutscher Schriftsteller – Ausland« abgeschickte Telgramm ein, in dem festgestellt wird: »Die in Ragusa vertretene Leitung des deutschen PEN-Klub ist unter dem Druck uniformierter SA-Leute (Nichtschriftsteller) eingesetzt worden. Sie hat in keiner Weise Befugnis, im Namen des deutschen Schrifttums aufzutreten... Der Schutzverband Deutscher Schriftsteller Ausland als nunmehr einzige legitime Vertretung des deutschen Schrifttums ersucht die in Ragusa anwesenden Vertreter des PEN-Klubs, ihren Landesorganisationen von diesem Sachverhalt Kenntnis zu geben.«[6] Der Text belegt, daß der Zusammenschluß antifaschistischer Autoren in Paris zwischen dem 10. und dem 25. Mai 1933 erfolgt sein muß. Er war eine unmittelbare Reaktion auf die am 4. Mai 1933 in einer Hauptversammlung des gleichgeschalteten SDS in Berlin vorgenommene offizielle »Reinigung« des Verbandes von Kommunisten und von der – wie es im Nazijargon hieß – »jüdisch-demokratischen Clique«. Die faschistische Bücherverbrennung am 10. Mai setzte ein weltweites Zeichen für die Bedrohung der fortschrittlichen und humanistischen Kultur. Daß man »keinesfalls einem von Goebbels beherrschten Verband das Recht zugestehen (könne), die deutsche Literatur vor der Welt zu vertreten«, war Ausgangspunkt der Initiative in Paris.[7]

Freilich muß es unter den Gründern doch beträchtliche Zweifel daran gegeben haben, ob der Name der alten, seit 1908 existierenden Schriftsteller-Organisation SDS mit ihrer programmatischen Neutralität in politischen Dingen der neuen Vereinigung angemessen sei. Denn die Zeitschrift *Der Gegen-Angriff* vom 1. Juli veröffentlicht eine Zuschrift, in der es heißt, dem unter dem Vorsitz von Rudolf Leonhard gebildeten SDS-Ausland gehören »Kämpfer wie Kisch, Kurella, Kantorowicz, Holitscher« an, die Gewähr dafür bieten, daß die neue Organisation »nicht nur ein SDS sein, sondern sich darüber hinaus zu einem antifaschistischen Kampfbund« entwickeln werde, der »alle antifaschistischen Strömungen sammeln und vereinigen« kann.[8]

Die erste, die vorbereitende Phase in der Geschichte des Schutzverbandes im Exil ging mit der konstituierenden Versammlung am 30. Oktober 1933 zu Ende. Ein Statut wurde angenommen, das die »Gewerkschaft Deutscher

Schriftsteller« bestimmte als »(...) die Berufsvertretung derjenigen deutschen Schriftsteller in Deutschland und im Ausland, welche sich der Unterdrueckung und Verfolgung des freien Schrifttums durch den Faschismus nicht unterwerfen und die Herrschaft des Faschismus in Deutschland bekaempfen.«[9] Davon ausgehend nahm die »Sektion Frankreich« ein »Programm zum Aufbau einer Gesamtorganisation der nicht-gleichgeschalteten deutschen Schriftsteller« an. Sie beauftragte weiterhin den gewählten Vorstand »mit der sofortigen Einleitung einer Hilfsaktion für die verfolgten und eingekerkerten Kollegen in Deutschland« sowie »für die notleidenden Schriftsteller in Deutschland und in der Emigration.«[10]

Mit diesen Beschlüssen wurde eine Orientierung des neuen Verbandes bestätigt, die schon in der ersten Mitgliederversammlung der Ortsgruppe Paris in der ersten Junihälfte erkennbar geworden war. Der Vorsitzende Rudolf Leonhard hatte hier erklärt, daß der Pariser Schutzverband die Opposition der Schriftsteller gegen den Naziverband im gesamten Ausland organisieren werde. Denn »die Opposition, und allein die Opposition, sei berechtigt, das deutsche Schrifttum zu vertreten.«[11] Es sei hier vorweggenommen, daß sich im Laufe der Arbeit in den folgenden Jahren weitere Zentren des Schutzverbandes im Exil bildeten. So nennt Bruno Frei in seinem Bericht über fünf Jahre Tätigkeit des SDS aus dem Jahre 1938 Gruppen in Brüssel, New York und Kopenhagen. Natürlich war auch die Arbeit des Schutzverbandes in Prag ein Ausweis seiner internationalen Dimension.[12] Doch die Pariser Gruppe blieb der Kern, das Zentrum des Verbandes und sie wurde auch als die repräsentative Vertretung von vielen Mitgliedern in anderen Asylländern anerkannt – beispielsweise von Brecht und Arnold Zweig. Aber eine funktionierende einheitliche Organisation kam im Gesamtbereich des Exils niemals zustande. Im Jahre 1935 wollte der damals als Generalsekretär des Pariser SDS fungierende Alfred Kantorowicz den Sekretär der deutschen PEN-Gruppe im Exil, Rudolf Olden, veranlassen, eine Gruppe des SDS in London zu bilden. Er schickte sogar Mitgliedskarten und Informationsmaterialien, verbunden mit der Aufforderung, Tellersammlungen für die Unterstützung in Hitler-Deutschland gefangener und mißhandelter Kollegen zu veranstalten. Doch der Angesprochene winkte recht nachdrücklich ab. Er sehe nicht ein, schrieb er zurück, inwiefern »die Gründung und der Betrieb einer englischen Sektion des SDS von Nutzen sein könnte.« Er sei mit der Tätigkeit fürs »Sekretariat des deutschen PEN-Klubs« voll ausgelastet.[13] Offensichtlich hatte für ihn die Arbeit innerhalb dieser internationalen Schriftstellerorganisation mehr Aussicht auf Erfolg.

Hier deutet sich ein Problem an, das für die Verbandstätigkeit, zumindest in den ersten Jahren, eine große Rolle spielte. Es ist die Frage nach der realistischen Bestimmung der Aufgaben einer Berufsorganisation der Schriftsteller im Exil. In der erwähnten ersten Mitgliederversammlung vom Juni 1933 hatte Klaus Mann seinen bekannten Brief an Gottfried Benn verlesen, der diesen zu seiner skandalösen Rundfunkrede gegen die Emigranten veranlaßte. Der den »Kasematten von Spandau« entkommene Egon Erwin Kisch trug anschließend seine vehemente Gegenpolemik vor, seinen offenen Brief an Benn: »Literatur und Emigration«.[14] Damit war ein öffentlich-politisches Engagement des Verbandes vorgegeben, das in den folgenden Jahren bestimmend blieb. Diese Haltung wurde bekräftigt in der ersten öffentlichen Veranstaltung des Pariser SDS mit Gästen im Oktober 1933 unter dem Thema: »Selbstausbürgerung?«. Das Fragezeichen weist auf eine Grundentscheidung: Sollte der Verband sich auf spezifische Aspekte einer Berufsvertretung der Schriftsteller beschränken oder nicht. Daß dieser Abend einen programmatischen Charakter trug, betonte der Präsident des Verbandes, Rudolf Leonhard, noch im Jahre 1938 nachdrücklich. Referenten waren Ludwig Marcuse, Prof. E.J. Gumbel und Alfred Kurella. Im Veranstaltungsbericht des *Gegen-Angriff* vom 22. Oktober 1933 heißt es: »Marcuse stellte die Grundforderung der theoretischen Vertiefung des weiteren Kampfes gegen den Faschismus und seiner ›Ideologien‹. Gumbel akzentuierte die Notwendigkeit des politischen Kampfes. Kurella faßt beide Referate zu einer ausführlichen, sehr tief eindringenden politischen Analyse zusammen. Als notwendig wurde gesehen: das Gesicht weiterhin nach Deutschland gerichtet zu halten und mit allen Mitteln des Schriftstellers an der Befreiung Deutschlands von der nationalsozialistischen Barbarei zu kämpfen.«[15]

Der Bericht spricht von 150 deutschen Schriftstellern, die zu dieser Veranstaltung gekommen waren und der Grundtendenz der Referate zustimmten. Doch unbestritten war und blieb eine solche Grundtendenz nicht. In der »Einheitsorganisation«, die der Verband nach den Worten des Vorsitzenden Rudolf Leonhard von Anfang an war, arbeiteten »Schriftsteller aller antinationalsozialistischen Richtungen (...) kollegial und kameradschaftlich«[16] zusammen. Das schloß grundsätzliche Meinungsverschiedenheiten nicht aus. Ein Beispiel dafür ist eine Interpellation, die Ernst Leonard – im Vorstand bis März 1937 als Sekretär und Kassierer tätig – auf einer Vorstandssitzung im Herbst 1934 einbrachte. Darin heißt es unumwunden, die politische Aufgabe des Verbandes könne einzig und allein darin bestehen, allen Kollegen, die in Lebensgefahr sind, zu helfen. Für einen Verband, der ohne Machtmittel ist, ohne publizistische Möglichkeit oder die Möglichkeit, die Einfuhr nazistischer Bücher zu unterbinden, sei es nicht sinnvoll, allgemein den »Kampf gegen den Nationalsozialismus« zu propagieren. Das betrachtet er als eine »heroische Pose«, auf die man – sei es auch schwer – verzichten müsse. Den Schutzverband »in Reden, Sendschreiben und Resolutionen mit dem Kampf gegen den Faschismus in Verbindung (zu) bringen«, hält er für »eine kapitale Dummheit« oder, wenn der französische Faschismus eingeschlossen sei, bedeute es sogar eine den Emigranten verbotene »Einmischung in die Innenpolitik« Frankreichs.

Ernst Leonard verletzte zweifellos den grundlegenden Konsens des Verbandes, wenn er sehr zugespitzt den Versuch einer »Einigung der literarischen Kräfte auf einen programmatischen Nenner« als »Ersatzbefriedigung gestörter Eitelkeiten« ansah. Es ging ihm um nicht mehr und nicht weniger als darum, der Schutzverband solle sich nicht »als ein politischer Verband« betätigen.

Nach seiner Meinung sei der SDS keine politische Vereinigung, obwohl er reges Interesse an politischen und sozialen Entwicklungen zeige. Nun sind manche von Ernst Leonards kritischen Einwürfen durchaus bedenkenswert. Mit dem Verdikt, der Verband habe »unter Ausschluß der französischen Öffentlichkeit so etwas wie marxistische Inzucht« betrieben, sprach er sicher auch die Meinung anderer Kollegen, einschließlich marxistischer, aus. Und es war nicht falsch, wenn er als Sekretär und Verbandskassierer nüchtern feststellt, es müsse nun eine Hauptaufgabe werden, Geld hereinzubekommen. Nur dann könne der Verband praktisch wirken – bei der Unterstützung in Not befindlicher Kollegen vor allem.

Freilich wurden solche bedenkenswerten Einwände von ihm auf eine höchst prekäre Weise zu einer Polemik gegen die Auffassung vom Schutzverband als einem »Kampfbund« aufgebauscht. »Doktrinäre Marxisten« sieht Ernst Leonard in »überwiegender Zahl«[17] am Werk, und er läßt keine Gelegenheit aus, sich mit ihnen anzulegen. Ein rückschauender Betrachter aus heutiger Sicht muß freilich feststellen: Weder waren die Marxisten in der Überzahl, noch waren sie so doktrinär, daß sie Ernst Leonard den Platz im Vorstand streitig gemacht hätten, solange er sich für den Verband und für die Volksfront, für die Verteidigung der spanischen Republik, engagierte. Erst während der heftigen Auseinandersetzung des Jahres 1937 verließ er selbst den Schutzverband und schloß sich der – kaum wirksam gewordenen – Gegenorganisation »Bund Freie Presse und Literatur« an, die Leopold Schwarzschild vom *Neuen Tage-Buch* organisiert hatte. Geleitet wurde sie von dem bekannten Publizisten und Hitler-Biographen Konrad Heiden.

Doch zurück zur Frage nach den Aufgaben des Schutzverbandes. Er war angetreten als »Gewerkschaft der Schriftsteller« in Deutschland und im Ausland, welche das Hitlerregime bekämpften. Im Sinne solcher gewerkschaftlicher Interessenvertretung war es, wenn Botho Laserstein im Juni 1933 über das Thema »Sind unsere Verträge mitverbrannt?«[18] sprach und dabei juristische Fragen erörterte. Es ging darum, daß in Deutschland verbrannte und verbotene Bücher bei Neuauflagen im Ausland nicht den gleichgeschalteten Verlegern Tantiemen einbringen dürften. Bald stellte es sich jedoch heraus, daß dies für die Masse der vertriebenen Autoren keine finanziell bedeutsame Rolle spielte. Wichtiger war da schon ein Vortragsabend unter der Leitung von Henri Barbusse. Hier sprach der französische Schriftsteller und Philosoph Paul Nizan über die Publikationsmöglichkeiten, die »sich emigrierten Schriftstellern in Frankreich bieten«[19]. Doch schon in einem Aufsatz vom Sommer 1936 mußte Rudolf Leonhard feststellen, der Schutzverband im Exil könne »gewerkschaftliche Arbeit kaum leisten«. Die wirtschaftliche Lage der emigrierten Schriftsteller – schreibt er – lasse es »zu Fällen, in denen beruflicher Schutz im gewerkschaftlichen Sinne nötig würde, gar nicht kommen.« Ja mehr noch: Die Verengung des Marktes, die Publikationsschwierigkeiten und sogar die Produktionsschwierigkeiten seien so groß, daß es »(...) nicht einmal zu wirtschaftlichen Differenzen kommt.«[20] Möglich seien bestenfalls Bemühungen um die Unterstützung durch französische Kollegen bei Aufenthaltsbewilligungen und ähnlichen Fällen. Und wiederum zwei Jahre später, anläßlich des Verbandsjubiläums im Herbst 1938 – der 30. Jahrestag der Gründung des alten SDS und der 5. Jahrestag der Gründung des neuen fielen auf dieses Jahr – faßte Rudolf Leonhard seine Einsichten und Erfahrungen zusammen. »Um es in einem Satz zu sagen« – schrieb er – »der Schutzverband ist weniger Interessen- als Kampfverband. Natürlich hat er die Wahrnehmung der Interessen seiner Mitglieder in den engen Grenzen seiner Möglichkeiten nicht aufgegeben; sind es weniger wirtschaftliche, so sind es umsomehr administrative: Papierbeschaffung, Erwirkung von Aufenthaltserlaubnissen, Legitimationen. Aber es ist keine Frage: Mit der Verengung seiner Tätigkeit ist seine Wirkung größer und tiefer, ja weiter geworden; ging er, als er in Berlin residierte, nur die Schriftsteller selbst an, so hat er heute eine nicht unbeträchtliche Bedeutung auch für die Leser, die an der Literatur Interessierten, das Publikum. In aller Bescheidenheit – und wenn es sein muß auch ohne Bescheidenheit – können seine Mitglieder sagen: er ist eines der Kraftzentren der deutschen Emigration geworden, eine Stelle des Zusammenfindens und Zusammenhaltens, und mancher wäre der Sache der Emigration und der Sache Deutschlands verloren gegangen ohne die Abende des Schutzverbandes (...).«[21]

Man mag sagen, hier werde aus einer Not eine Tugend gemacht. Tatsächlich war es die »durch die Emigration bedingte Veränderung der Kampfsituation«, die zu einer Suche nach veränderten »Arbeitsmethoden der Organisation« zwang. Was Rudolf Leonhard rückblickend beschrieben hat, ist eine Ausrichtung der Arbeit des Pariser Schutzverbandes, wie sie sich im Laufe des Jahres 1934 durchsetzte. Als David Luschnat nach seinem freiwilligen Ausscheiden aus dem Vorstand meinte, der noch unter seinem Vorsitz zum ersten Vorsitzenden des Verbandes gewählte Rudolf Leonhard sei eben kein politischer Flüchtling und solle die Situation politischer Flüchtlinge erst zu begreifen versuchen[22], charakterisierte er damit nur – bei aller Entschiedenheit seines antifaschistischen Plädoyers – seine Bindung an das überholte Modell einer beruflichen Interessenvertretung. Und noch weiter ging Ernst Leonard, der die Wahrung der Autonomie des Verbandes gewährleistet sehen wollte, indem er ihn als außer-politische Plattform für eine Gemeinschaft im Grunde politischer Menschen beschrieb.[23] Wenn er attraktive Veranstaltungen für die Öffentlichkeit des Gastlandes forderte, dann unter dem Gesichtspunkt der Sammlung von notwendigen Mitteln für Hilfsaktionen. Freilich mußte er Ende 1936 selbst feststellen, daß seine Hoffnungen illusionär waren. Eine Buchmesse des Schutzverbandes zu Weihnachten 1936 sollte – mit Hilfe verbilligter Bücher antifaschistischer Verlage – die Mittel erbringen, um notleidenden deutschen Schriftstellern zu helfen. Bestenfalls war der Erfolg moralisch, finanziell schloß die Aktion mit einem beträchtlichen Fehlbetrag ab.[24]

Der zweite Abschnitt der Geschichte des Schutzverbandes in Paris reicht von der offiziellen Gründung am 30. Oktober 1933 bis zur ersten Hauptversammlung im Januar 1935. Daß zunächst Bemühungen für die in Nazideutschland gefangenen Schriftstellerkollegen im Vordergrund der Arbeit standen, liegt nahe. Noch im November 1933 wurde eine Pressekonferenz des Schutzverbandes in Paris veranstaltet, die die Öffentlichkeit über das Schicksal Carl von Ossietzkys, den aufrechten Kämpfer gegen den Militarismus, von Hermann Duncker, den Kommentator von Marx und Engels, von Erich Mühsam, Willi Bredel und Kurt Hiller in den Gefängnissen und Konzentrationslagern Hitlers informierte.[25] Es folgte ein Autorenabend, dessen Einnahmen dem Hilfswerk für deutsche Schriftsteller zugute kamen. Anna Seghers, Egon Erwin Kisch und Theodor Plivier lasen aus unveröffentlichten Werken.[26] Dann wurden Texte der eingekerkerten Mühsam, Ossietzky, Neukrantz und Bredel sowie des ermordeten Theodor Lessing vorgetragen. Neben solche Autorenabende traten nun auch andere Veranstaltungstypen. Kundgebungen für die Befreiung Ludwig Renns, Carl von Ossietzkys und Erich Mühsams sind zu nennen und vor allem die Gedächtnisfeier für Mühsam nach seiner Ermordung im Konzentrationslager. Auf der Veranstaltungsfeier für Mühsam sprachen Kisch, Seghers, Anselm Ruest und der Anarchist Augustin Souchy, der auch eine heftige Kontroverse auslöste, wie zeitgenössische Berichte mitteilen.[27] Eine öffentliche Kundgebung, die weit über den Rahmen des Schutzverbandes hinausgriff, war schließlich die Eröffnung der Deutschen Freiheitsbibliothek am ersten Jahrestag der Bücherverbrennung.[28] Solche Kundgebungen zum 10. Mai wurden fortan jährlich durchgeführt.

Als vielleicht wichtigster Veranstaltungstyp wurde ebenfalls im Jahre 1934 der Diskussionsabend entwickelt. Die hier zur Debatte gestellten Themen reichten von der Bestimmung des Verhältnisses zum Reichsverband Deutscher Schriftsteller bis zur bisherigen Auseinandersetzung der Emigrationsliteratur mit dem Dritten Reich Hitlers. Diese Gegenstände standen offenbar im Zusammenhang mit einer recht spektakulären Aktion des Schutzverbandes im Exil. Er hatte mit dem Titel der im Nazireich erscheinenden Zeitschrift *Der Schriftsteller* und in der für diese Zeitschrift gewohnten Aufmachung ein Mitteilungsblatt ins Reich geschickt, mit dem die Schriftsteller in Deutschland zum Widerstand aufgerüttelt oder zumindest über das Wirken der antifaschistischen Autoren im Exil informiert werden sollten. Darin wurde über die Gedenkkundgebung für Mühsam berichtet und ein offener Brief von Bodo Uhse an einen ihm bekannten Nazijournalisten veröffentlicht. Eine ausführliche Chronik der Arbeit des SDS und anderer antifaschistischer Kulturorganisationen ist in dem vom Verbandspräsidenten Rudolf Leonhard redigierten Blatt enthalten. Der vielleicht wichtigste Zug dieser illegal nach Deutschland versandten Schrift aber ist die Beteiligung Heinrich Manns, der sich auf diese Weise als erster der prominenten bürgerlichen Autoren für den Schutzverband engagierte. Polemisch greift er die Gesinnungslosigkeit der Schriftsteller in Deutschland an, die zu allem schweigen und damit mitschuldig werden »an der Entrechtung der Vertriebenen, den Martern der Gefangenen, und andererseits an der Erhöhung Unwürdiger.«[29] Ob eine solch schroffe Argumentation geeignet war, Freunde und Verbündete im Lande zu gewinnen, mag dahingestellt sein. Aber es war eine klare Solidarisierung mit den organisierten Antifaschisten im Exil. Und das bedeutete etwas in einer Zeit, als nicht wenige der weltbekannten Autoren sich dazu nicht entschließen konnten und eher zur

Distanzierung vom »Emigrantengeist« geneigt waren. Wir wissen das von Thomas Mann und Stefan Zweig, von René Schickele und Annette Kolb. Hier zeigt sich, daß der berechtigte Anspruch des Schutzverbandes in Paris, einzige legitime Vertretung des deutschen Schrifttums zu sein, nicht so verstanden werden darf, als ob er auch schon alle antifaschistischen und hitlerfeindlichen Autoren und literarischen Institutionen tatsächlich in sich vereint hätte. Es war schon viel, daß er Schritt für Schritt sich die Aufgabe stellte, ein solches Ziel zu erreichen. Und viel war es ebenfalls, daß im Lauf des Jahres 1934 und vor allem in den folgenden beiden Jahren die Bereitschaft, mit und in der Arbeit des Schutzverbandes wirksam zu werden, auch bei den prominenten Autoren merklich wuchs.

Sicher, wenn René Schickele sich vom kombattanten Teil der Emigration entschieden distanziert, der – wie er meint – aus »alljüdischen Eiferern« und »(mehr oder minder überzeugten) Bolschewiken« bestehe, wenn er auf der Übersichtskarte der deutschen Emigration, außer seinen Freunden in Südfrankreich, England und in der Schweiz, nur einen »fürchterlichen (journalistischen) Rest«[30] in Paris wahrnimmt, meinte er nicht zuletzt die Leute vom SDS. Walter Hasenclevers autobiographischer Roman *Die Rechtlosen* von 1940 spricht vom Pariser SDS als dem »Redeklub eines bedeutungslosen Grüppchens«. Er bezeichnet seinen langjährigen Freund Rudolf Leonhard als einen, der die »politische Toga« umgeworfen habe, um die Literatur politischen Verbindlichkeiten zu unterwerfen.[31]

Aber das ist nur die eine Seite. Auf der andern steht die Tatsache, daß schon in der zweiten, dem Befreiungskampf des spanischen Volkes gewidmeten Nummer der Zeitschrift des SDS *Der deutsche Schriftsteller* vom Juli 1937 ein Bekenntnis Thomas Manns für Spanien abgedruckt ist.[32] Ein Jahr später schließlich, zum Jubiläum des SDS im November 1938, gehörten nicht nur Heinrich und Thomas Mann zu den Gratulanten, sondern auch Stefan Zweig, Franz Werfel, Joseph Roth, Hermann Kesten und andere.[33] Die Grundlagen für eine solche Entwicklung wurden offenbar schon im Jahr 1934 gelegt. Von der Reise durch die Exilzentren im Herbst dieses Jahres berichtet Johannes R. Becher – Vertreter der Internationalen Vereinigung revolutionärer Schriftsteller – seinen Freunden nach Moskau, daß Heinrich Mann und Lion Feuchtwanger »mit größtmöglicher Eile« in den Vorstand des Pariser Schutzverbandes einbezogen werden müßten.[34] Das geschah schon in der Hauptversammlung vom 28.1.1935, wo – einem Bericht des *Pariser Tageblatts* zufolge – beide zu Vorsitzenden des Schutzverbandes gewählt wurden. Wenige Tage später informiert eine Notiz, Rudolf Leonhard bleibe weiter der mit der Geschäftsführung des Verbandes beauftragte Repräsentant.[35] In den folgenden Jahren werden Heinrich Mann als Ehrenpräsident, Leonhard als Erster Vorsitzender oder Präsident bezeichnet.

Für die weitere Verbandsarbeit sind zwei wesentliche Ereignisse von Bedeutung. Zum einen war die Arbeit des Schutzverbandes im zweiten Halbjahr 1934 fast ganz durch die bevorstehende Saarabstimmung geprägt. Bechers Eindruck war, die Arbeit in Paris sei im November »(...) durch die Saar-Ereignisse außerordentlich geschwächt (...), da alle Kräfte dorthin geworfen wurden.«[36] Eine Reihe von Autoren hatte sich im September 1934 dem Aufruf an die Saarbevölkerung »Deutsche sprechen zu euch!«[37] angeschlossen und war ausgebürgert worden. Einige besonders aktive Mitglieder waren selbst ins Saarland gefahren, vor allem der revolutionäre Sprechdichter Erich Weinert, der Saarländer Gustav Regler, der nicht nur mit seinem Saar-Roman *Im Kreuzfeuer*, sondern auch als Publizist und Versammlungsredner wirkte, Alexander Abusch, der als Redakteur und Parteiarbeiter tätig war, Theodor Balk, der seinen Reportage- und Interview-Band *Hier spricht die Saar* schrieb, und schließlich der Arbeiterschriftsteller und Bergmann Hans Marchwitza, der zu seinen Kumpels ging. Max Schröder – der Leiter der Deutschen Freiheitsbibliothek – organisierte mit Unterstützung des Schutzverbandes in Saarbrücken eine Ausstellung. Am 4. Januar 1935 schließlich veranstaltete der Schutzverband in der Pariser Mutualité eine Saarkundgebung mit Theodor Balk. Der Redner war hoffnungsvoll – wie viele Antifaschisten damals. Weinerts Gedichte wurden gelesen und ein Aufruf Heinrich Manns an das Saarvolk vorgetragen.[38]

Die Abstimmungsergebnisse lösten für viele einen Schock aus. Nun war klar, daß mit raschen Veränderungen nicht gerechnet werden konnte. Umdenken war nötig, auch literarisches.

Anstöße dazu hatte bereits der Moskauer Schriftstellerkongreß vom August 1934 gegeben. Die Parole vom sozialistischen Realismus wurde – wie das nicht anders sein konnte – mit viel Zustimmung und ebensoviel Skepsis, jedenfalls aber mit Aufmerksamkeit aufgenommen. Sah man doch vor allem das Ende der Gruppenkämpfe und eine Anerkennung schöpferischer Vielfalt damit verknüpft. Praktisch wichtiger erschien für viele westliche Schriftsteller jedoch das neue Verhältnis von Autor und Leser in der Sowjetunion, das von deutschen Teilnehmern von Weiskopf bis Klaus Mann hervorgehoben worden war. Als entscheidend aber erwies sich vor allem andern die Erkenntnis, daß neue Grundsätze zum Verhältnis revolutionärer und bürgerlich-humanistischer Literatur sowie generell zum kulturellen Erbe aufgestellt worden waren. Sie verbreiterten die Grundlagen für ein antifaschistisches Bündnis beträchtlich.

Johannes R. Becher hatte unmittelbar nach dem Kongreß seine Reise in die westlichen Exilländer angetreten, um die Tragfähigkeit der kulturpolitischen Orientierung im literarisch-politischen Alltag zu erproben. Im Dezember 1934 kam es zu einer großen, von hunderten von Zuhörern besuchten Veranstaltung des Schutzverbandes in Paris über den Kongreß der Sowjetschriftsteller. Hier stellte Anna Seghers den Antrag, einen internationalen Kongreß der Schriftsteller einzuberufen. Damit ging es freilich schon längst nicht mehr um eine isolierte Initiative des Schutzverbandes.

Klaus Mann – sein Text wurde vorgetragen, weil er wegen Paßschwierigkeiten nicht anwesend sein konnte –, André Malraux und Ilja Ehrenburg zielten in ihren Vorträgen auf die Vorbereitung des Internationalen Schriftstellerkongresses zur Verteidigung der Kultur. Ehrenburg forderte – dem Bericht der

Deutschen Volkszeitung zufolge – dazu auf, allen willigen Helfern am Aufbau einer neuen Zeit die Hände entgegenzustrecken und sie nicht um ihrer bürgerlichen Herkunft willen zurückzustoßen. »Wir haben ihnen ihre bürgerliche Herkunft nicht zu verzeihen, sondern wir haben sie zu respektieren«, sagte er.[39] Wie weit sich in dieser Frage zu der Zeit die Haltung selbst der kommunistisch geführten Presseorgane unterschied, zeigt die Wiedergabe des gleichen Gedankens im Bericht der Zeitung *Der Gegen-Angriff* vom 19.12.1934. Hier heißt es, Ehrenburg »betonte, daß die Gewinnung der linksbürgerlichen Schriftsteller für den Kampf gegen den Faschismus keine vorübergehende strategisch-taktische Aufgabe ist, sondern im Rahmen der großen Einheitsaktion gegen den Faschismus eine wichtige Voraussetzung zur Gewinnung des Kleinbürgertums.« Der Unterschied des Vokabulars ist frappierend. Zugleich aber wird ein Gedanke Ehrenburgs zitiert, der von weiterreichender Bedeutung ist. Ehrenburg – so heißt es im Bericht – habe die politische Schlußfolgerung weitergeführt zu der Forderung, es »sei Aufgabe, die Schriftsteller als Schriftsteller zu gewinnen, d.h. in ihrem Produktionsprozeß zu beeinflussen.«[40]

Die Hauptversammlung des SDS am 28. Januar 1935 ging eben dieser Frage nach. In einer Rede über die Aufgaben und Perspektiven der nichtgleichgeschalteten deutschen Schriftsteller betonte Kantorowicz – damals einer der engsten Mitarbeiter Johannes R. Bechers in Paris – das Selbstverständnis des Verbandes als »Kampforganisation«. Aber er tat das nun mit dem Blick auf den Kongreß, den die deutschen Delegierten – wie er erklärt – ohne offizielle Legitimation durch ein Volk oder einen Staat oder eine Gesellschaft besuchen müssen. Um also das deutsche Schrifttum verbindlich repräsentieren zu können – schlußfolgert er –, hätten die antifaschistischen Schriftsteller sich selber zu legitimieren, und zwar nicht allein durch den Kampf und die Entscheidung gegen den Faschismus, sondern »durch das literarische Werk der Emigration«. Dies war ein neuer Konsens. Der Redner formuliert freilich gleichsam einschränkend, Darstellung und Kritik der heutigen Wirklichkeit in der Literatur müsse notwendig Kampfansage an die Machthaber des Faschismus sein, und deshalb sei antifaschistische Literatur ebenso notwendig als »Kampfliteratur« und »Angriffssignal«. Das sind starke Worte, die sicher nicht bei allen Freunden des SDS positiven Widerhall finden konnten. Dennoch: seine strikte Konzentration auf die literarische Produktion wird durch die Ankündigung unterstrichen, im Frühjahr sollten die neuen Werke von Brecht, Seghers, Ottwalt, Graf, Bredel und Heinrich Mann analysiert werden, um positiv bestimmen zu können, »worin der Unterschied zwischen der bürgerlichen Literatur vor 1933 und der Literatur nach 1933 besteht.«[41] Diskussions- und Autorenabende dieser Art wurden tatsächlich bereits vor der Hauptversammlung angekündigt. Beispielsweise sollte unter der Leitung von Kantorowicz schon am 18. Januar 1935 der erste Abend eines Vortragszyklus über die Literatur der Gegenwart stattfinden. Behandelt werden sollten Oskar Maria Graf, Klaus Mann und ihre Werke sowie die Polemik über Emigrantenliteratur im *Neuen Tage-Buch*.[42] Die Verbandschronik über fünf Jahre SDS nennt dann allerdings Bodo Uhse als einleitenden Redner des Diskussionsabends.

Daß die geplante weitere Reihe offenkundig in der angekündigten Form nicht zustande kam, deutet – wie man vermuten darf – darauf hin, daß eine Kontroverse um Brechts *Dreigroschenroman* auf die Gefahren solcher kritisch-analytischer Veranstaltungen aufmerksam gemacht hatte. Kantorowicz hatte nämlich – als einer der führenden Leute im Schutzverband – über Brechts Roman geschrieben, er entspreche nicht den Forderungen des Realismus und sei ein idealistisches Buch.[43] Verständlicherweise mußte Brecht das angesichts der neuen Formel vom sozialistischen Realismus als Versuch seiner Ausgrenzung aus der revolutionären Literatur betrachten und er protestierte entschieden. Am 25. Februar fand dann ein Ausspracheabend über den *Dreigroschenroman* im Rahmen des Zyklus »Literatur und Gegenwart« statt.[44] Weitere Abende des Zyklus sind bisher nicht zu belegen. Anzunehmen ist, daß sich anläßlich dieser Veranstaltung des SDS Bodo Uhse und Paul Haland zu Wort meldeten, um Brecht als einen Dichter des Proletariats und einen Prosaautor zu würdigen, der ein den klassischen Leistungen ebenbürtiges Werk geschaffen habe und dem die materialistische Betrachtung der Welt zur Methode geworden sei. Jedenfalls sind ihre kritischen Entgegnungen auf Kantorowicz im Aprilheft von *Unsere Zeit* im Druck erschienen.[45] Diese Entgegnungen waren Teil der Vorbereitungen des SDS auf den Pariser Kongreß zur Verteidigung der Kultur, und sie wurden ergänzt durch eine demonstrative Geste, die mehr war als nur eine Geste. Als nämlich im Mai 1935 der SDS Paris eine Feier zu Egon Erwin Kischs 50. Geburtstag veranstaltete – mit Reden französischer und deutscher Autoren – wurde Brechts Schrift *Fünf Schwierigkeiten beim Schreiben der Wahrheit* an die Teilnehmer verteilt.[46] Das war eine Programmschrift der antifaschistischen Literatur, welche die weiteste Zustimmung finden konnte, mehr Übereinstimmung sogar als Brechts Rede auf dem Kongreß selbst. Mit dem Jahresbeginn 1935 hatten außerdem die »Montagsabende« des SDS in Paris eine neue Qualität im Zusammenspiel von durchdachter Konzeption und Improvisation gewonnen. Die Kontinuität dieser Veranstaltungen ist ein wichtiges Ergebnis des dritten Abschnitts der Geschichte des Schutzverbandes in Paris, der etwa bis zum Oktober 1937 reicht.

Der Pressebericht über einen Erich-Weinert-Abend am 1.6.1935 beginnt mit der bezeichnenden Wendung: »Die treue Emigrantengemeinde, die sich der ›Schutzverband Deutscher Schriftsteller‹ und die ›Deutsche Freiheitsbibliothek‹ erobert haben, füllte wieder den Saal der ›Societé pour l'Encouragement d l'Industrie nationale‹ um Erich Weinert zu lauschen.« Sicher ist hier der behäbig kulturbeflissene Ton des bürgerlichen Lokalreporters nicht zu überhören und erzeugte in seiner Unangemessenheit wahrscheinlich schon damals einen komischen Effekt. Dennoch wird gerade in dieser Formulierung erkennbar, daß tatsächlich eine Tradition des SDS geschaffen worden war. Der Schutzverband der Schriftsteller war zu einer Kulturinstitution der Pariser Emigration geworden. Der Berichterstatter stellt in nostalgischer Wendung Bezüge zum Berliner Kulturleben der zwanziger Jahre her: »Vielen wird eine Erinnerung aufgestiegen sein an längst vergangene Zeiten, da Weinert in der verräucherten Bude des ›Kü-Ka‹ (Künstler-Kaffee) zwischen dem Romanischen und dem Eden stand und seine Ironien vom Stapel ließ. Die Politik war damals nur eines der Motive, die Weinert anklingen ließ. Das hat sich gründlich geändert und aus dem Kabarettdichter ist ein Kämpfer geworden (...).«[47] Diese Passage deutet auf eine Publikumsstruktur der Pariser Emigranten, die leicht übersehen wird. Den sozialistischen Intellektuellen brauchte man diese Entwicklung Weinerts eigentlich nicht zu erklären, und zu verklären schon gar nicht. Die Zeitung spricht offenbar ein bürgerliches Publikum an, das die Töne kämpfender Kunst keineswegs gewohnt war, sondern sie vielleicht in der Emigration das erste Mal zu verstehen begann. Wenig später berichtet das gleiche Blatt in ähnlichem Stil auch von einem Ernst Busch-Abend des SDS Paris und der Deutschen Freiheitsbibliothek. Bis auf den letzten Platz sei der Saal gefüllt gewesen, eine Welle der Sympathie haben den stimmlich indisponierten Sänger – »Barrikaden-Tauber« nennt ihn der Bericht – zu ungewöhnlicher Ausdruckskraft und revolutionärem Schwung mitgerissen. Der Bericht schließt mit der Bemerkung, es sei einer der seltenen Abende gewesen, an denen »die Emigration ein Bild der Einheit und Geschlossenheit zeigte, das sie sonst leider vermissen läßt.«[48]

Mit Recht stellt Bruno Frei – seit 1937 einer der Sekretäre des Schutzverbandes – in einer kurzen Darstellung der Geschichte des Verbandes im Jahr 1938 fest, das Kulturinteresse habe sich als stärkstes Band der sonst vielfach der Zersplitterung verfallenden Emigration erwiesen. Die Vortragstätigkeit vor allem habe den Zusammenhalt der antifaschistischen Deutschen selbst zu einer Zeit ermöglicht, als Schwierigkeiten die politische Zusammenarbeit bestimmten.[49] Solche Schwierigkeiten entstanden früh, noch in der Zeit der ersten Erfolge der Volksfrontbemühungen. Das waren politische Affären wie der Streit der bürgerlichen Redakteure Georg Bernhard und Leopold Schwarzschild (Sommer 1936), wie die erbitterte Konfrontation, die André Gides Rußland-Buch Anfang 1937 auslöste, aber auch Zuspitzungen innerhalb der Volksfrontanhänger, die schließlich Mitte 1937 die Arbeit des »Ausschusses zur Vorbereitung einer deutschen Volksfront« lahmlegten.

Freilich gab es auch Schwierigkeiten ganz anderer Art, die leicht unterschätzt werden. Da ist zum einen die Teilnahme einer großen Gruppe der aktivsten Mitglieder am Spanienkrieg, die um die Jahreswende 1936/37 für mehr als ein Jahr die Reihen in Paris lichtete. Im gleichen Jahr legten ferner einige leitende Mitglieder ihr Amt nieder oder verzichteten auf eine Wiederwahl, weil sie die politische Tätigkeit des Verbandes nicht mehr gutheißen oder mittragen mochten. Und zum dritten ist auch der Erste Vorsitzende, Rudolf Leonhard, auf dem Höhepunkt der Verbandstätigkeit gezwungen, Paris zu verlassen. Der Vielbeschäftigte, aber selten gut honorierte ist in schlimmsten Geldnöten, er kann im Januar 1936 seine Miete nicht mehr zahlen. Ein groß angekündigter Kursus über deutsche Literatur in französischer Sprache findet keine Zuhörer. Resigniert schreibt er nach Monaten der Abwesenheit aus Hyères im Oktober 1936 an Maximilian Scheer: »(...) ich kann nicht nach Paris zurückkommen und bleibe den Winter über hier. Ich habe keine Wohnung in Paris und keine Existenzmöglichkeit. Der Abschied – denn das ist es natürlich – aus dem aktiven Leben fällt mir immerhin schwer (...).«⁵⁰ Dennoch muß ergänzt werden, was der Bericht des Vorstands an die Generalversammlung des SDS (vom 8.3.1937) über den abwesenden Leonhard zu sagen weiß: »Ich kann Ihnen verraten, daß seit dem Tag seiner Abreise kaum ein Tag vergangen ist, an dem ich nicht einen Brief von ihm bekommen habe, in dem er mit Vorschlägen und Anregungen (...) an unseren Angelegenheiten teilnahm.«⁵¹ Zur regelmäßigen aktiven Teilnahme an der Verbandsarbeit in Paris konnte Leonhard erst 1938 zurückkehren, im Jahr des kurzen, aber intensiven Aufschwungs. Leider ist die Besetzung der ehrenamtlichen Funktionen im Vorstand des Schutzverbandes in den einzelnen Wahlperioden nur sehr lückenhaft überliefert. Zur Illustration der Situation von 1937 sei nur erwähnt, daß im März 1937 die Konstituierung des Vorstandes in Abwesenheit beider Vorsitzenden (Leonhard und Kisch) stattfand. Wegen ihrer ständigen Abwesenheit sind ständige Vertretungen nötig und es kommt zu einem System der Vertretung der Vertreter – denn jeder, der einspringt (Wolf Franck, Bruno Frei, Manès Sperber und Max Schröder) ist ja voll mit andern Aufgaben und womöglich mit bescheidenem Broterwerb befaßt.

Gemessen an diesem latenten Krisenzustand ist die Leistung in diesen beiden Jahren erstaunlich. Neben Kundgebungen zur Bücherverbrennung, den Gedächtnisfeiern für Barbusse, Tucholsky und Gorki, Diskussionsabenden über faschistische Kriegsliteratur und Nazikultur, neben Feiern zum Gedächtnis Victor Hugos und Heinrich Heines und den gewohnten Autorenlesungen und Diskussionsabenden ist offenkundig versucht worden, auf lange Sicht hin konzipierte Themenbereiche zu gestalten. Daß diese Vorstöße vielfach im Ansatz steckenblieben, ist wahr. Die Schwerpunkte der Arbeit änderten sich allzu rasch aufgrund äußerer Zwänge. Aber es verdient festgehalten zu werden, daß 1935 eine Serie von Abenden zu den umstrittenen und strittigen Beiträgen auf dem Internationalen Schriftstellerkongreß (A. Huxley, E.M. Forster, Robert Musil, Max Brod und Ernst Bloch) stattfand. Eine zweite, vielleicht noch wichtigere Aktivität liegt in dem Versuch, trotz beträchtlicher Verständigungsschwierigkeiten und kontroverser Wertungen über die damals noch kaum rezipierten ästhetisch-theoretischen Konzepte von Carl Einstein und Walter Benjamin öffentlich zu sprechen. Dazu wurden Diskussionsabende über »Kunst als kollektiver Gebrauchsgegenstand« und »Die Kunst im Zeitalter der technischen Reproduzierbarkeit« vorbereitet; die letztere sogar – wie Rudolf Leonhard berichtet – durch die Bildung einer Arbeitsgemeinschaft.⁵² Über den Verlauf des Gesprächs über Einstein ist nichts bekannt. Die Problematik von Benjamins Versuch, seine Arbeiten an die Öffentlichkeit und zum Druck zu bringen, hat er in einem Brief recht sarkastisch formuliert. Nutzen – schreibt er – habe nur die Vorbereitung gebracht. Mit seiner Vermutung dürfte er wohl recht haben, daß die Parteimitglieder unter den Zuhörern schweigen, weil sie »(...) ihren so wohl eingespielten belletristischen Betrieb (...) gefährdet« gesehen hätten.⁵³ Das vorgetragene Konzept Benjamins stand den gesellschaftspolitischen Bemühungen des SDS durchaus quer. Daß dennoch versucht wurde, auch solche kontroversen Thesen zu behandeln, Kontakt zu finden und alle antifaschistischen Kräfte zu Wort kommen zu lassen, reflektierte Benjamin seltsamerweise nicht.

Zum dritten fällt auf, daß systematische Anstrengungen gemacht wurden, ein damals heftig diskutiertes Thema der »linken Belletristik« zu klären: das Problem des historischen Romans. Gustav Regler sprach über Heinrich Manns *Henri Quatre* und Feuchtwangers *Die Söhne* – nicht zufällig, denn er selber arbeitete an seinem Bauernkriegsroman *Die Saat*. Und es war ein großer Gewinn für die Verbandsarbeit, daß es gelang, Alfred Döblin zu einem Vortrag *Der historische Roman und wir* zu gewinnen, der an einem zweiten Abend diskutiert und später in der Zeitschrift *Das Wort* gedruckt wurde.[54] Dieses Thema wurde weitergeführt in einer großen Diskussion »Der historische Stoff als Waffe im Kampf um die deutsche Freiheit«, die im November 1938 unter Beteiligung von Lion Feuchtwanger, Hermann Kesten, Kurt Kersten, Gustav Regler, Alfred Döblin und Friedrich Wolf stattfand.[55] Diese Veranstaltung im Rahmen der Jubiläumsfeierlichkeiten zum 30. Jahrestag des SDS und des 5. Jahrestags seiner Neugründung im Exil war die einzige Konferenz zu speziellen Schaffensfragen, die in der Exilzeit so divergierende Autoren zusammenführte. Sie gehört schon zur letzten Phase der Verbandsarbeit.

Diese Phase beginnt mit der Generalversammlung am 18. Oktober 1937 im Café Mephisto. In dieser Generalversammlung ging es um Sein oder Nichtsein des Schutzverbandes. Der bekannte Brief Brechts und eine ähnliche Zuschrift Arnold Zweigs belegen es.[56] Zu berichten war in ihr über die durchaus erfolgreiche Arbeit des Verbandes während der Pariser Weltausstellung in der Ausstellung »Das deutsche Buch in Paris 1837–1937«.[57] Aber die mit dieser Ausstellung verbundenen Veranstaltungen zeigen deutlich eine weniger ausgeprägte Zielstrebigkeit als in den beiden vorangehenden Jahren. Stärker als in den vorausgehenden Veranstaltungsreihen waren polemische Situationen zu berücksichtigen und Angebote derjenigen zu nutzen, die für die Einheit der Organisation wirkten. Ganz offensichtlich waren nicht nur die Kräfte, sondern auch die Mittel des Verbandes überbeansprucht worden. Immerhin: die Buchausstellung – sie wurde auch in der französischen Presse beachtet – bot den durch politische und persönliche Kontroversen auseinanderstrebenden Kräften der Emigration eine Art von öffentlicher Plattform auf einem nicht so direkt tagespolitischen Boden. So konnte die Oktober-Tagung der Generalversammlung einen Ausgangspunkt für die letzten Aufschwünge der Verbandsarbeit schaffen. Bekannt sind die beiden Aufführungen von Brecht-Stücken unter dem Patronat des SDS Paris im Jahre 1937 und 1938: *99 %* (Furcht und Elend des Dritten Reiches) und *Die Gewehre der Frau Carrar*. Weniger bekannt ist die wohl größte Kraftleistung des Schutzverbandes aus Anlaß seines Jubiläums, die »Deutsche Kulturwoche« im November 1938 in Paris. Sie vereinigte eine ganze Serie von Veranstaltungen: von der Verleihung des Heine-Preises des SDS an zwei junge Autoren – Elisabeth Karr und Henryk Keisch – über die erwähnte Debatte zum historischen Roman bis hin zu einer Kunstausstellung des im gleichen Jahr gegründeten »Freien Künstlerbundes 1938«. Abschluß der Woche war eine große französisch-deutsche Kundgebung.[58]

Das alles ist recht eindrucksvoll. Aber der Zeitpunkt weist schon auf die Problematik hin, die heute leicht übersehen wird. Die Kulturwoche war ursprünglich für den Oktober geplant gewesen, den Monat der Verbandsgründung 1933. Doch das war der Monat von München. Als ich etwa zwanzig Zeitgenossen, alles aktive Antifaschisten, die damals in Paris lebten, vor einigen Jahren befragte, konnte nicht ein einziger von ihnen sich an das Ereignis der Kulturwoche erinnern – der eine oder andere an die Heine-Preisverleihung oder die französisch-deutsche Kundgebung, mehr nicht. Natürlich schmälert das nicht die Leistung von damals, aber es rückt die Proportionen gerade. Den Verrat von München und den Zusammenbruch des republikanischen Spanien vor Augen, in Erwartung des kommenden Weltkrieges, wurden die Emigranten, ob aktive Antifaschisten oder nicht, von Kulturereignissen und Kundgebungen nicht mehr so nachhaltig beeindruckt. Die Kulturarbeit wurde weitergeführt, mit Geschick, mit Engagement, zuweilen auch im Gefühl verzweifelter Aussichtslosigkeit. Sie wurde gemacht, weil sie gemacht werden mußte, um nicht aufzugeben, um nichts unterlassen zu haben – oder weil anderes nicht mehr getan werden konnte. Ich habe in meinem Buch *Exil in Frankreich* darüber mit Bewunderung geschrieben. Aber Ilja Ehrenburg hatte nicht unrecht, als er in seinen Erinnerungen notierte, eine neue Epoche habe begonnen. »(...) eine Epoche nicht der Bücher, sondern der Bomben.«[59]

Selbst in den letzten Monaten vor dem Krieg ging die Verbandsarbeit regelmäßig weiter, wurden noch Pläne geschmiedet für eine Beteiligung an der bevorstehenden New Yorker Weltausstellung mit einem deutschen Freiheitspavillon. Auch die würdige Feier des 150. Jahrestages der Französischen Revolution wurde mit viel politischem Scharfsinn und wissenschaftlicher Gründlichkeit betrieben, die am 12. Juni 1939 stattfand und vom Deutschen Kulturkartell Paris veranstaltet wurde. Alle Kräfte der deutschen Emigration waren aufgeboten: das Kulturkartell vereinigte sämtliche Berufsvereinigungen und Kulturinstitutionen der emigrierten Deutschen in Paris. Der Deutsche Volkschor sang, Beethoven wurde gespielt, die Szene *Robespierres Testament* von R. Rolland aufgeführt. Eugen Spiro, Maler und Präsident des Kulturkartells, und Prof. Albert Bayet sprachen auf der Feier. Heinrich Mann hielt eine Rede über »Die französische Revolution und Deutschland« und Kisch berichtete über »Die französische Revolution und ihre Verleumder«.[60]

Die Veranstaltung war die letzte größere Aktion des Verbandes vor dem Beginn des Zweiten Weltkrieges. Das letzte Wort des Schutzverbandes – eine Erklärung mit der Unterschrift des Vorsitzenden Rudolf Leonhard – erschien in der französischen Zeitung *Le Temps* vom 30. August 1939. Sie bekräftigte den Willen der Verbandsmitglieder, den antihitlerischen Kampf mit allen Mitteln und Kräften fortzusetzen und »heute wie immer mit denen zu kämpfen, (...) die für die Freiheit kämpfen, für die Demokratie, welche Bedingungen des Lebens, der Literatur und für die Freiheit Deutschlands sind.«[61] Dann kam der Krieg und es kam das Verbot.

Vortrag im Centre Culturel de la République Démocratique Allemande, Paris am 23. Februar 1984. Ich danke dem Zentralen Staatsarchiv Potsdam für die freundliche Unterstützung meiner Arbeit.

1 ZStA Potsdam, Film Nr. 15/91. – 2 Ernst Fischer: »Der Schutzverband deutscher Schriftsteller«. In: *Archiv der Geschichte des deutschen Buchwesens*. Bd. 21. Lieferung 1–3. Frankfurt/M. 1980, S. 635. – 3 *Gegen-Angriff*, 1. Jg., Nr. 3, 1.6.1933. – 4 *Unsere Zeit*, 6. Jg., Heft 11, 15.7.1933, S. 48. – 5 Josef Wulf: *Literatur und Dichtung im Dritten Reich. Eine Dokumentation*. Gütersloh 1963, S. 73. – 6 ZStA Potsdam, Film Nr. 15/91. – 7 *Das Wort*, 3. Jg. (1938), H. 12, S. 62. – 8 *Gegen-Angriff*, 1. Jg., Nr. 5, 1.7.1933. – 9 ZStA Potsdam, Nachlaß Ernst Leonhard, Nr. 13, Bl. 2. – 10 *Gegen-Angriff*, 1. Jg., Nr. 17, 12.11.1933. – 11 *Die Aktion*, 1. Jg., Nr. 7, 15.6.1933, S. 3. – 12 *Internationale Literatur*, 8. Jg. (1938), H. 10, S. 143. – 13 *Der deutsche PEN-Club im Exil 1933 – 1948. Eine Ausstellung der Deutschen Bibliothek Frankfurt/Main*. Frankfurt/M. 1980, S. 187. – 14 *Die Aktion*, 1. Jg., Nr. 7, 15.6.1933, S. 3. – 15 *Gegen-Angriff*, 1. Jg., Nr. 14, 22.10.1933. – 16 *Informationen von Emigranten für Emigranten*, Sondernummer zum 19./20.6.1936. Paris. – 17 ZStA Potsdam, Nachlaß Ernst Leonard, Nr. 13, Bl. 15. – 18 *Die Aktion*, 1. Jg., Nr. 7, 15.6.1933, S. 3. – 19 *Der Schriftsteller. Zeitschrift des Schutzverbandes Deutscher Schriftsteller*, 22. Jg. (Aug. 1934), H. 3, S. 2. – 20 *Informationen von Emigranten für Emigranten* (wie Anm. 16). – 21 *Neue Weltbühne*, 5. Jg., Nr. 46, 17.11.1938. – 22 ZStA Potsdam, Nachlaß A. Ruest, Nr. 1, Bl. 112. – 23 ZStA Potsdam, Nachlaß E. Leonard, Nr. 13, Bl. 23–26. – 24 ZStA Potsdam, Nachlaß E. Leonard, Nr. 1, Bl. 6–8. – 25 *Gegen-Angriff*, 1. Jg., Nr. 19, 26.11.1933. – 26 *Gegen-Angriff*, 1. Jg., Nr. 22, 17.12.1933. – 27 *Pariser Tageblatt*, 1. Jg., Nr. 225, 25.7.1934. – 28 *Pariser Tageblatt*, 1. Jg., Nr. 150, 11.5.1934. – 29 *Der Schriftsteller. Zeitschrift des Schutzverbandes Deutscher Schriftsteller*, 22. Jg. (Aug. 1934), H. 3, S. 1/2. – 30 René Schickele: *Werke in drei Bänden*. Bd. 3. Köln/Berlin 1959, S. 1200, 1207. – 31 Walter Hasenclever: *Gedichte, Dramen, Prosa*. Hg. von Kurt Pinthus. Reinbek 1963, S. 439. - 32 *Der deutsche Schriftsteller. Zeitschrift des Schutzverbandes Deutscher Schriftsteller*. Sonderheft Spanien, Juli 1937, S. 1/2. – 33 *Der deutsche Schriftsteller. Zeitschrift des Schutzverbandes Deutscher Schriftsteller*. Sonderheft zum Jubiläum des SDS, November 1938. – 34 *Zur Tradition der sozialistischen Literatur in Deutschland. Eine Auswahl von Dokumenten*. Berlin, Weimar 1967, S. 684. – 35 *Pariser Tageblatt*, 2. Jg., Nr. 414, 30.1.1935; *Pariser Tageblatt*, 2. Jg., Nr. 417, 2.2.1935. – 36 *Zur Tradition der sozialistischen Literatur in Deutschland*, (wie Anm. 34), S. 681. – 37 *Gegen-Angriff*, 2. Jg., Nr. 37, 23.9.1934. – 38 *Pariser Tageblatt*, 2. Jg., Nr. 391, 7.1.1935; vgl. *Weimarer Beiträge*. Heft 1/1985, S. 41–65. – 39 *Deutsche Volkszeitung*, 1. Jg., Nr. 51, 27.12.1937. – 40 *Gegen-Angriff*, 2. Jg., Nr. 51/52, 19.12.1934. – 41 *Gegen-Angriff*, 3. Jg., Nr. 10, 8.3.1935. – 42 *Pariser Tageblatt*, 2. Jg., Nr. 401, 17.1.1935. – 43 *Unsere Zeit*, 7. Jg., H. 12, 12.12.1934, S. 61/62. – 44 *Pariser Tageblatt*, 2. Jg., Nr. 439, 24.2.1935. – 45 *Unsere Zeit*, 8. Jg., April 1935, S. 241–245. – 46 *Heute und morgen. Wochenschrift für Politik, Wirtschaft und Kultur*, Hg. von Wolf Franck, Sèvres, Nr. 39, 25.2.1935, S. 242–245. – 47 *Pariser Tageblatt*, 2. Jg., Nr. 539, 4.6.1935. – 48 *Pariser Tageblatt*, 2. Jg. Nr. 566, 1.7.1935. – 49 *Internationale Literatur*, 8. Jg. (1938), H. 10, S. 143/144. – 50 Maximilian Scheer: *So war es in Paris*. Berlin ²1972, S. 217. – 51 ZStA Potsdam, Nachlaß E. Leonard, Nr. 13, Bl. 46. – 52 *Neue Weltbühne*, 5. Jg., Nr. 46, 17.11.1938. – 53 Walter Benjamin: *Briefe 1 und 2*. Hg. und m. Anmerk. vers. von Gershom Scholem u. Theodor W. Adorno. Frankfurt/M. 1978, S. 715/716. – 54 *Das Wort*, 1. Jg. (1936) H. 4, S. 56–71. – 55 *Deutsche Volkszeitung*, 3. Jg., 20.11.1938; *Das Wort*, 3. Jg. (1939), H. 2, S. 137. – 56 *Deutsche Volkszeitung*, 2. Jg., Nr. 43, 24.10.1937. – 57 Scheer: *So war es in Paris* (wie Anm. 50), S. 173/174. – 58 *Das Wort*, 3. Jg. (1939), H. 2, S. 134/135. – 59 Ilja Ehrenburg: *Menschen, Jahre, Leben. Memoiren*. Bd. 2. Berlin 1978, S. 327. – 60 *Deutsche Volkszeitung*, 4. Jg., Nr. 25, 18.6.1939. – 61 *Le Temps*, Nr. 28474, 30.8.1938.

Erich Kleinschmidt

Schreibpositionen
Ästhetikdebatten im Exil zwischen Selbstbehauptung und Verweigerung

I

Angesichts der existentiell tief eingreifenden Zäsur, die unabhängig von den einzelnen schreibbiographischen Voraussetzungen für alle Schriftsteller der Gang ins Exil 1933 bedeutete, stellt sich jenseits aller spezifischen Theorien über den Zusammenhang von Kunst und Leben die Frage, welche Reaktionen und Überlegungen zu einer ›Ästhetik des Exils‹ literaturgeschichtlich festzustellen sind. Die Gegebenheiten und Herausforderungen, die eine erzwungene Emigration zwangsläufig mit sich brachte, legen die Vermutung nahe, es müsse umfangreichere Debatten gegeben haben, wie im Exil neuartig zu schreiben sei oder ob gewohnte Schreibweisen unverändert festgehalten werden sollten. Angesichts einer durchaus heterogenen Gemeinschaft der emigrierten Schriftsteller ist keine einheitliche Antwort darauf zu erwarten gewesen, wie das erlittene Exil ästhetisch zu reflektieren sei, aber es gilt zumindest das Spektrum und seine jeweiligen Bedingungen auszuleuchten, die in den Diskursen um eine ästhetische Standortbestimmung der Exilliteratur artikuliert wurden.

Daß das Exil von den davon Betroffenen intellektuell zwar überwiegend als Herausforderung und – mit den Worten Blochs – als »Hoffnung der Wirklichkeit«[1] begriffen wurde, machen viele Äußerungen der Autoren zumindest formell deutlich. Daß sich »die Prüfungen des Exils (...) in strenge Wohltaten« einer künstlerischen Neubewährung verwandeln sollten[2], liest sich schon eher als plakatives Wunschdenken denn als ein faktisch realisierter Prozeß in der Exilliteratur. Eine kritische Betrachtung im Rückblick läßt zwar stark das Bild einer kulturpolitisch bestimmten Selbstbehauptung der emigrierten Autoren in den Vordergrund treten, doch bleiben demgegenüber die Belege für eine ästhetisch neu bestimmte Dimension und Funktion vom Schreiben im Exil vergleichsweise verschwommen in ihrem Aussagegehalt.

Wenn das Primat einer »sittliche(n) Verantwortung in den Kunstwerken«[3] der Exilierten proklamiert und dadurch die Abgrenzung von der Literatur des Dritten Reiches zu leisten versucht wurde, so kommt hier kein ästhetischer Anspruch zur Geltung. Die Standortbestimmung der Exilliteratur bleibt einer moralischen Modalität verhaftet, die allenfalls Inhalte, nicht aber die produktiven Vermittlungsformen künstlerischer Art berücksichtigt. Das Bewußtsein von der politisch bedingten Vertreibung aus Deutschland findet seine Entsprechung in einer ästhetischen Funktionsbestimmung, die sich stark einem pragmatischen Wirkungswillen unterwirft, der Literatur eine politische oder zumindest ethische Aufgabe zuzuweisen. Überlegungen, im Exil ›anders‹ zu schreiben, ordnen sich so weniger Intentionen nach einer innovativen Ästhetik unter, sondern sind vom Anspruch bestimmt, die ›richtigen‹ Traditionen Deutschlands fortzuführen und die moralische Überlegenheit der Exilliteratur gegenüber der depravierten reichsdeutschen Literatur zu behaupten.

Die Notwendigkeit, mit ihrer künstlerischen Kontinuität in der Emigration zu brechen, stellte sich zumal für die etablierten Autoren kaum, wenn sie sich auch von dem »literarischen Gemeinschaftsleben«[4] Deutschlands abgrenzen mußten, das doch vor dem Exil ihr Schreiben mitbestimmte. Die Projektionsidee vom Dichter als dem gesellschaftlich genuin stets Exilierten[5] bot eine attraktive, ja sogar legitimatorische Begründung dafür, die eigene Schreibpraxis im Exil nicht grundsätzlich in Frage zu stellen. Die Tatsache der Emigration erschien als äußerer Vollzug einer ohnehin schon für den Dichter gegebenen Situation, im eigenen, deutschen Kulturraum eine produktiv isolierte Existenz zu führen.

Der politisch links engagierte Autorenflügel aus der Schlußphase der Weimarer Republik huldigte zwar solchen Überzeugungen nicht, pflegte aber in Fragen der Schreibästhetik auch ein konservatives Verhalten, da die literaturtheoretischen Positionen im Exil nicht revidiert wurden. Insofern zeichnet sich trotz ganz unterschiedlicher Ausgangspositionen in Fragen der jeweils favorisierten Schreibweisen doch eine gemeinsame Beharrungsmentalität ab, die in der Anfangsphase des Exils zwar angesichts seines schockartigen Beginns verständlich erscheint, die aber bei der zunehmenden Einsicht in die längere Dauer des Emigrationsschicksals zumindest auffällig, wenn nicht befremdend wirkt. Das Exil wurde als ästhetische Herausforderung von den Betroffenen nur sehr bedingt aufgenommen.

Für die unklare Situation kennzeichnend ist die Auseinandersetzung im linken Exillager mit der Ästhetik der literarischen Moderne, wie sie innerhalb der sogenannten »Expressionismusdebatte«, aber auch darüber hinaus greifbar wird. Für Werner Ilberg stellte sich angesichts der Emigration zwar hinsichtlich des Expressionismus die künstlerische Überzeugung ein, daß damals »das Alte aufgelöst werden mußte, weil es auflösungsbedürftig war«[6], während er im Gegensatz dazu die gegenwärtige Situation viel passiver erkannte: »Es fehlt der Stil, der uns (sc. die emigrierten Autoren), unsere Zeit, unser Wollen so ausdrückte, daß wir von einem eigenen Stil reden könnten. Es fehlt der zwingende, der mitreißende Ausdruck für unser Wollen«[7] gerade im Vergleich zur entscheidenden, ästhetischen Aufbruchbewegung des 20. Jahrhunderts, deren künstlerische Leistung die ganze Generation der Emigrierten als eigene Hintergrunderfahrung, als »Geistes- und Gefühlslage«[8] miterlebt hatte.

Die Einschätzung des Expressionismus als ästhetischer Revolte bedeutete aus dem Rückblick des Exils, wie die Debatte in der Moskauer Exilzeitschrift *Das Wort* deutlich macht[9], keineswegs eine positive Bewertung, sondern beinhaltete für die kommunistisch orientierten Autoren dessen Denunzierung als geistigen Wegbereiter des Faschismus. Gerade die ästhetische Orientierung der Expressionisten erschien als negatives Moment, weil sie damit einem die Realität verdrängenden Irrationalismus Vorschub geleistet hätten. Die suggestive Beharrung auf einer Wirklichkeitsbindung von Literatur, wie sie im Streit um den Expressionismus zutage tritt, entspringt einem grundsätzlichen Unbehagen an einer Schreibweise, die esoterisch »geheime Metaphern und Bildzeichen« verwendet habe, »die keiner bekannten Wirklichkeit vergleichbar waren«, wie Carl Einstein betonte.[10] Eine derartige Konstellation verbot sich aber innerhalb einer aktivistischen Position des antifaschistischen Kampfes im Exil, das »kein Zustand«, sondern »eine Tätigkeit« sein sollte[11], nicht nur in Sichtweite der sozialistischen Realisten.

Im Grunde war die Lage für alle Exilautoren gleich, wenn es um eine ästhetische Debatte ging, die sich im innovativen Kontext der Moderne bewegte. Deren Realitätsferne, wenn nicht Realitätsdestruktion stand im Widerspruch zu den konkreten Anforderungen, die jedes Schreiben im Exil beeinflußten. In der Expressionismusdebatte treten, sieht man von den spezifischen, innersozialistischen Richtungskämpfen ab, letztlich die problematischen Grundkonstellationen aller Schreibweisen in der Emigration zutage. Stellvertretend ließ sich in der Auseinandersetzung mit dem Expressionismus die Frage nach der Bedeutung der Lebensrealität für den Status und die Formen von Literatur stellen.

Wenn Lukács die »außerordentliche Dürftigkeit des Inhalts« von expressionistischen Texten und deren »übersteigerte(s) subjektive(s) Pathos« in der Darstellung verurteilte[12], so geht es nicht nur um die Entlarvung einer angeblich überlebten Epoche deutscher Literatur, sondern im Verdikt artikuliert sich die Zielsetzung eines ›neuen‹, der Zeit entsprechenden Schreibens. Eine realitätsorientierte Ästhetik und eine daraus resultierende Schreibweise hatten zwar schon in der neusachlichen Gegenbewegung gegen die expressionistische »Kunstperiode«[13] seit den zwanziger Jahren ihre theoretische und praktische Fundierung gefunden, doch erhielten sie durch die besondere Lage des Exils eine zusätzliche aktivistische Pointierung. Die Emigration schien die Hinwendung zur Realität einzufordern. Die materialistische Kulturthese von der Literaturkonzeption als »Ausdruck einer bestimmten gesellschaftlichen Wirklichkeit«[14] bot sich geradezu an.

Doch was in der Auseinandersetzung mit der »Selbstzersetzung des bürgerlichen Denkens«[15] im Expressionismus kritisch und zum Teil gegenläufig diskutiert wurde, weil man eine avantgardistische Literaturtradition als Träger antibürgerlicher Tendenzen für ein Volksfrontbündnis retten wollte[16], das war im Exil nur bedingt produktiv umzusetzen. Gerade die Positionen des »sozialistischen Realismus« schon der zwanziger Jahre vermitteln mehr einen plakativen und zugleich naiven Theorieanspruch, der die komplexen Ästhetikdiskurse der Moderne nur sehr vereinfacht zu reflektieren vermochte und sich im Grunde nur abgrenzte.

Die im Exil geführte Expressionismusdebatte der Linken, die ihren Impuls von der ab 1932 eingeleiteten Dekretierung eines »sozialistischen Realismus«

als der gültigen »Hauptmethode« von »Dichtung und Literaturkritik« ableitete und die »vom Künstler die wahrheitsgetreue, historisch konkrete Beschreibung der Realität in ihrer revolutionären Entwicklung« verlangte[17], verstärkte nur die Defizite in der ästhetischen Schreibdiskussion. War doch im Horizont einer nur noch apodiktischen Darstellungsideologie, deren Bezeichnung als »Methode« begrifflich einen uneinlösbaren Anspruch darstellte[18], kaum mehr als ein rein politisch orientiertes Literaturkonzept zu formulieren. Für eine offene, den spezifischen Herausforderungen des Exils angemessene Poetikdebatte wirkte dies eher lähmend. Die restriktiven Ansätze der Expressionismusdebatte, die sich als Realismusdiskussion formal progressiv gab, beeinflußte denn auch nur sehr bedingt die Schreibweisen des Exils. Trotz eines vor allem bei Lukács spürbaren Sendungsbewußtseins, die russische Formalismusdebatte vermittels der grundsätzlichen Diffamierung des Expressionismus und damit der literarischen Moderne überhaupt für die Schreibhaltung von Exilautoren fruchtbar zu machen, entziehen sich die meisten Schriftsteller diesem Ansatz.

Brecht mokierte sich ironisch (wenn auch zeitgenössisch unpubliziert) über die »Realismustheoretiker« vom Schlage Lukács', die ihm bei seiner Arbeit am Roman *Die Geschäfte des Herrn Julius Cäsar* nicht den allergeringsten Fingerzeig hätten geben können.[19] Er wie auch andere literarisch profilierte Exilautoren (A. Seghers, L. Feuchtwanger, O.M. Graf u.a) wehrten sich mit Entschiedenheit gegen einen dogmatisch verengten Realismusbegriff, dessen ästhetische Leistungsqualität Brecht zutreffend mit »Inhaltismus« kennzeichnete.[20] »Wirklichkeit dar(zu)stellen« bedurfte stets neuer, sich wandelnder Schreib-»Modelle«[21], um nicht darstellerisch hinter die Wahrnehmungsmöglichkeiten einer modernen Lebenswelt zurückzufallen. Das »Festhalten an Beschreibungsarten (...), die für Gutsbesitzer paßten« – die Spitze zielt auf Lukács' Favorisierung eines angeblich vorbildlichen Realismus im 19. Jahrhundert bei Balzac oder Tolstoi – empfand Brecht als eine Fesselung, wie er auch im »Niedersäbeln des Expressionismus« zu Recht einen Vorgang sah, um »Befreiungsakte an und für sich« zu unterdrücken.[22] Sein Anspruch auf »Produktion« als das eben »Unvorhersehbare«[23] schien ihm dadurch gefährdet, und er formulierte in seiner Abwehr das Festhalten an den stets innovativen Ästhetikkonzepten der Moderne in einem prinzipiellen Sinne.

Daß im Kampf der dogmatischen »Realismustheoretiker« gegen den Expressionismus im Grunde der »Kampf gegen das Studio, den Versuch«[24] steckte, war den meisten, selbst produktiven Exilautoren klar, auch wenn sie eine realitätsbezogene Ästhetik praktizierten. Doch auch diese bedurfte, wie Brecht betonte, der »Phasen des Experiments«[25], dessen Voraussetzungen und Ergebnisse nicht zu dekretieren waren. Sozialistische Schreibbedingungen mit ästhetischen Aufbruchsideen zu verbinden, war ein Anliegen, das sich nicht leicht artikulieren ließ, da die restriktiven sowjetischen Literaturpositionen dem weitgehend hinderlich im Wege standen. Entsprechend vorsichtig wurden die Exildebatten geführt, indem man Konventionen des offiziösen »sozialistischen Realismus« gerade aus den Dispositionen der Exilliteratur zu relativieren suchte.

Anna Seghers' Stellungnahme gegen Lukács[26] und dessen Kritik an der Avantgarde des Jahrhunderts betont so den grundsätzlichen Charakter wirklicher Kunst als »Bewußtmachung von Wirklichkeit«, ja sogar als Bestandsaufnahme einer »neuen Wirklichkeit«.[27] Sie liefert implizit mit diesen Stichworten mögliche Ziele einer Schreibästhetik des Exils, das eine neue, herausfordernde Realität für die Literatur war oder hätte zumindest sein müssen. Was Anna Seghers mit allgemeinem Problemanspruch, aber zugleich auch als subjektive Schreiblegitimation gegenüber Lukács artikuliert, ist die Empfindung, wenn nicht Gewißheit, das Exil als »ein neues Stück Wirklichkeit« literarisch nicht ohne weiteres »ganz bewußt machen« zu können.[28]

Sie hat zwar als Schriftstellerin im Exil den Wunsch, die Unmittelbarkeit von »Grunderlebnissen« produktiv aufzugreifen und mit »vollkommene(m) physische(m) und intellektuelle(m) Einsatz (...) die Rücktransportierung des Werks auf die Realität« zu gestalten, doch ist ein solch »heftige(r) Versuch eines neuen Inhalts«[29] Merkmal für die Schwierigkeit, eine spezifische Ästhetik im Lebensmodus der Emigration theoretisch zu konkretisieren. Es ist zwar der Versuch erkennbar, die Erfahrungen literarisch nutzbar zu machen, wie dies das erzählerische Exilwerk von Anna Seghers praktisch belegt, aber ihr Schreiben bleibt stofflich akzentuiert und gebunden. Der Umgang mit der Realität des Exils bleibt als ästhetische Projektionserfahrung weitgehend unreflektiert und diffus, was hinsichtlich der produktiven Qualität kein Nachteil sein muß. Der Verzicht auf eine ästhetische Exildebatte ist aber doch von grundsätzlicher und symptomatischer Bedeutung.

II

Lukács' Fixierung auf normative, weitgehend abstrakte Positionen gestattet nicht einmal den Seitenblick auf die Problematik, wie in der Emigration möglicherweise neu zu schreiben sei. Der »Tendenz- und Latenzüberschuß« einer »bewegten Wirklichkeit«, der die Wahrnehmung »sogenannter Tatsachen«[30] offener für das Kunstwerk macht, war für ihn im Gegensatz zu Ernst Bloch nicht wahrnehmbar, obwohl der ästhetische Wechselbezug zwischen Realität und ihrer fiktionalen Umsetzung im Horizont dialektischen Denkens nahelag. Lukács mißtraute aber grundsätzlich der »Spontaneität der schöpferischen Aufnahme der Welt«[31] und sah in der »Unmittelbarkeit« des produktiven Prozesses ein für das Schreiben eher nachgeordnetes Moment. Dieses Herunterspielen einer produktiven Ästhetik verweist auf sein tiefgehendes Mißtrauen gegenüber einem kreativen Vorgang, der im Ergebnis offen ist. Wer wie Lukács die »moralisch-intellektuelle Arbeit des Künstlers an sich selbst«[32] im Hinblick auf einen umfassenden »Realismus überhaupt«[33], eine literarische »Kultur des Realismus«[34], in den Vordergrund rückt, für den ist das ästhetische Gestaltungsexperiment mit den eigenen Lebenserfahrungen nahezu anarchischer Natur.

Lukács' Ziel war eine »Kultur, der der konkrete Sinn für das Große im Leben, für die Gestaltungsart der menschlichen Größe als Realität«[35] stets vergegenwärtigt werden sollte. Ein solches Konzept schloß tragende Antriebsmomente der Literatur in der Moderne aus, die mit dem Merkmal der Dekadenz stigmatisiert wurden. Anna Seghers rügte denn auch in ihrem Briefwechsel mit Lukács diese Haltung gerade im Hinblick auf die Aufgaben einer Exilliteratur als »Verengung« der »Fülle und Farbigkeit in unserer Literatur«.[36] Für »die Gestaltung der neuen Grunderlebnisse«, für »die Kunst unserer Epoche«[37] bedurfte es einer ästhetischen Offenheit, die Lukács wohl deshalb nicht annehmbar erschien, weil er die erzielbaren literarischen Ergebnisse für nicht überschaubar hielt. Da er aber Ästhetik in einen politischen Kontext operativ eingebunden sehen wollte, um ein letztlich fiktives Konzept von einem integralen »Zusammenhang zwischen Realismus, Volkstümlichkeit und Antifaschismus«[38] für die Literatur im Horizont der dreißiger Jahre zu entwerfen, war alles, was davon abwich, zu verurteilen.

Die integrative Größe dieser Urteilsbasis war »Dekadenz«, in der eine vermeintlich irrationalistische Moderne, die Literatur des Faschismus, aber auch noch als »reaktionär« abgestempelte Texte der antifaschistischen Exilliteratur negativ zusammengeworfen wurden. Die Problematik einer konkreten Füllung dieses Begriffes Dekadenz, aber auch seine faktische Antiquiertheit – »man sollte sich hüten, in alten bildern zu denken«, merkte hierzu Brecht bissig an[39] – liegen auf der Hand. In der Wirkung auf eine exilliterarische Funktionsdebatte gefährlich war dieser Standpunkt gerade wegen seiner bewußten Unschärfe in der Sache. Zudem belebte Lukács mit seiner Ausgrenzungsstrategie die unselige Tradition bildungsbürgerlicher Borniertheit gegenüber einer inhaltlich und formal innovativen Literaturpraxis, wie sie im Deutschland des ausgehenden 19. Jahrhunderts schon auf die Texte des Naturalismus und dann im weiteren der Frühmoderne herrschend gewesen war. Sein Anspruch auf eine ›richtige‹ Literaturpraxis wie die Behauptung einer ›falschen‹ Tradition sind gleichermaßen »imaginäre Konstruktionen« im Sinne Siegfried Kracauers.[40]

Auffallend ist dabei weniger das Bedürfnis nach einer zumindest postulierten fortschrittlichen Ästhetik als der Rückgriff auf den »alten großen Realismus«.[41] Ein ästhetisches Entwicklungs- und Verfallsdenken wird zur bedingenden Konfiguration stilisiert und sogar noch als dialektisch deklariert[42], um einen aktuellen, literaturtheoretischen Standort bestimmen zu können. Aus der Feststellung eines »ideologischen Kampfes« zwischen »Fortschritt und Rückschritt«[43] als einer literaturgeschichtlichen Konstante wird der problematische Versuch abgeleitet, eine poetologische Bezugsgröße zu gewinnen. Die Schwierigkeit, einen Parameter für Fortschritt und Rückschritt festzulegen, negiert Lukács zwar aufgrund seiner subjektiven, geradezu »richterlich« urteilenden Geschichtssicht in den dreißiger Jahren[44], deren Anziehungs- und Überzeugungskraft nicht gering war, doch ist diese Parteilichkeit im »Kampf gegen schädliche Tendenzen«[45] nur das Symptom für eine grundsätzliche Ablehnung jedes wirklich produktiven, im Ergebnis nicht vorauskalkulierbaren Gestaltungsprozesses. Der schöpferische Aspekt von Kunst und Literatur wird als letztlich bedrohliches Moment eingeschätzt, da die Beziehung zur Realität nicht mehr jederzeit garantiert erscheint.

Für eine offene Poetik der Moderne, die Elemente der Lebenswirklichkeit zwar grundsätzlich reflektierte, sie aber im Modus der sprachlichen Projektion nicht mehr als festumrissene Erfahrungsgrößen anerkennen wollte, hat Lukács kein Verständnis, bewirkte sie doch »Auflösungserscheinungen«[46], was im Grunde Verunsicherung bezeichnet. Für derartige Konzepte aber war kein Platz in seinem marxistischen Weltbild, das eine »klassenlose Gesellschaft« postulierte und in diesem »gesellschaftliche(n) Sein« einfach »alle Stilfragen der Gegenwart«[47] aufgelöst sehen wollte. Jede ästhetische Diskussion hatte sich für Lukács diesem Anspruch unterzuordnen. Für die sensible Wahrnehmung und Umsetzung von im Exil erfahrener Realität war aus dieser Sicht kein Platz. Die einem »sozialistischen Realismus« verpflichteten Texte der Emigration zeichnen sich denn auch nicht durch ästhetische Reflexionen aus, sondern ordnen sie ganz inhaltlichen Intentionen unter.

Im Gegensatz zu der restriktiven Dogmatik von Lukács, die nicht nur von den stalinistischen Rahmenbedingungen, sondern auch von einem persönlichen Bedürfnis nach Ideologie – einschließlich klarer Feindbilder – geprägt ist, steht Ernst Blochs Plädoyer für eine marxistisch orientierte Ästhetik des Exils, die »das poetische Verwesentlichen«[48] nicht auf einen platten Realismus reduziert, sondern aus der grundlegenden Einsicht in »das wichtigste Element des Wirklichen: das ungelebte Mögliche« der Dichtung »einen beschleunigten Strom von Handlung, einen verdeutlichten Wachtraum vom Wesentlichen« als entscheidendes Veränderungspotential von Welt und Bewußtsein zuweist. Nicht um eine »Abbildung von Fakten« könne es gehen, sondern um eine »von Prozessen«, so daß poetische »Wahrheit« auf »die Aufzeigung der Tendenz und Latenz dessen verweist, was noch nicht geworden ist und seinen Täter braucht.«[49]

Marxismus und »schöpferische Phantasie«[50] schließen sich nach Bloch nicht aus, weil dieser »beide, Welt wie Innen, nun wechselwirkend aus ihrer Entfremdung, Verdinglichung«[51] heraushebe. Damit aber wird Dichtung als »Produktivkraft«[52] gerade unter den Bedingungen des Exils zentral funktionalisiert, weil dieses »latent-wartend(e)« Stoffe liefere, die das Moment eines wirklich kreativen, gestalterischen Realismus enthalten, »Wirklichkeit plus Zukunft«[53] zu vermitteln. Die intellektuelle Möglichkeit einer Schreibästhetik des Exils, die geschichtstheoretische Orientierungen, Bewältigung belasteter Gegenwart und poetologische Offenheit miteinander verbindet und dabei auch das Erbe der Moderne bewahrt[54], wird hier zumindest proklamativ, wenn auch mit dem Beispielfall des Brechtschen Werks im Kopf[55] sichtbar.

Derartige Standortsuche blieb im marxistisch orientierten literarischen Diskussionsraum des Exils faktisch eine Außenseiterposition. Die Lage der Exilliteratur wurde dort im Regelfall nicht spezifisch gesehen. Die gängige Annäherung von Gesellschaftszustand und Ästhetik ebnete die Beschreibungsverhältnisse dahingehend ein, daß für die literarische Auseinandersetzung mit dem Faschismus und damit die Formulierungslage des Exils die gleichen Bedingungen unterstellt wurden wie für den Kampf, eine als spätbürgerlich und kapitalistisch deformierte Ästhetik der Moderne abzulösen. Innerhalb des marxistischen Bildes einer großen geschichtlichen Handlungsperspektive mußten die aktuellen Herausforderungen der Exilliteratur völlig nachgeordnet bewertet werden, da deren Gestaltungsprobleme sich in dem Maße auflösen sollten, wie der angenommene Gang einer progressiven proletarischen Kunst und Kultur siegreich die bestehenden bürgerlichen und kapitalistischen Verhältnisse überwand. Im Horizont eines dann auch literaturtheoretischen Utopiedenkens ging es allzuleicht nur um eine formale Diskussion, deren Beliebigkeit indes Symptom fehlender Reflexion gewesen ist. Verdikt und Zurechtbiegung des gleichen Befundes finden sich innerhalb der marxistischen Literaturdebatte des Exils nur allzu oft. Es kam apodiktisch nur auf die »Bejahung der kommenden Ordnung« an, um mit Hilfe eines ästhetischen Formalismus der ansonsten geschmähten »Negation des Gegebenen« doch noch einen Nischenplatz zu sichern.[56]

Derart kanonisierende Tendenzen beschneiden und relativieren zusätzlich eine noch offenere Proklamation, im Exil eine »Kultur des Realismus« zu praktizieren, in der die Begrenzungen »bürgerlichen Lebensgefühls« durch die ideale Überhöhung zu »prägnante(n) intellektuellen Physiognomien« überwunden werden, wie Lukács dies für Gorkijs Roman *Die Mutter* behauptete.[57] Faktisch bewirkte die russische, von Lukács wesentlich mitbestimmte Literaturdebatte einen ganz verengten, formalistischen Realismus, der auf einem konventionellen, antimodernen und begrenzten Ausdrucksinventar bestand. Im Falle des Brecht-Hay-Streites von 1937[58] dienten diese Positionen auch dem Versuch, eine komplexere deutsche Exilliteratur zu unterbinden, da nicht nur die Prinzipien einer experimentellen Ästhetik grundsätzlich in Frage gestellt wurden, sondern sogar die künstlerischen Chiffrierungsmittel einer gegen den Faschismus wirksamen Schreibweise eingeschränkt werden sollten.[59] Die dogmatischen marxistischen Literaturtheorien der dreißiger Jahre setzten sich damit dem auch aus heutiger Sicht noch gültigen Vorwurf aus, wie ihn Brecht als Betroffener formulierte, »alles Praktische des wirklichen Kampfes einfach vergessen« zu haben.[60] »Dichten« wurde gerade nicht mehr »als menschliche tätigkeit«, als »gesellschaftliche praxis mit aller widersprüchlichkeit, veränderlichkeit, als geschichtsbedingt und geschichtemachend« angesehen[61], wie Brecht 1940 in seinem *Arbeitsjournal* bissig notierte.

Die Impulse einer verfestigten Theorie vom »sozialistischen Realismus« bestimmten im Kreis der kommunistisch gebundenen Autoren des deutschen Exils nur bedingt und allgemein das Schreibverhalten. Ihre wesentliche Wirkung war vor allem die Blockierung einer offen geführten, ästhetischen Debatte, wie literarisch auf die existentiellen Herausforderungen der Emigration zu reagieren sei. Selbst Brecht, der auf Lukács und die russische Formalismusdebatte oppositionell[62] reagierte, publizierte seine einschlägigen »Notizen« dazu nicht.[63] Politische Überlegungen dürften dabei eine Rolle gespielt haben. Nur am Rande[64] reflektieren aber auch die »Notizen« eine spezifische

Schreiblage der Exilliteratur. Brecht äußert sich letztlich im Horizont eigener werkpoetischer Überlegungen und Entwicklungen.

Der relevanteste Versuch Brechts, eine offensive Schreibästhetik des Exils im Sinne einer »Waffe« handhabbar zu entwerfen[65], sind die 1934/35 entstandenen *Fünf Schwierigkeiten beim Schreiben der Wahrheit*. Es sind weitgehend inhaltliche »Zielvorgaben«, »erfolgreich die Wahrheit über schlimme Zustände (zu) schreiben«[66], um diese zu ändern. Aber auch wirkungs- und rezeptionsästhetische Erwägungen werden angesprochen, erkennt Brecht doch, daß Literatur im Exil nicht nur autorbezogen sein darf, sondern den potentiellen Leser ästhetisch einbeziehen muß, denn »die Erkenntnis der Wahrheit ist ein den Schreibern und Lesern gemeinsamer Vorgang.«[67] Der latenten bis ausdrücklichen Entmündigung des Lesers im »sozialistischen Realismus« wird hier ein bewußtes Gegenmodell entgegengestellt.

Über diese (wenig explizit gemachte) Kritik hinaus formuliert Brecht eine praktische Strategie mittelbaren, aber das Denken herausfordernden Schreibens, da »List nötig« sei, »damit die Wahrheit verbreitet wird.«[68] Der Text, zur Verbreitung als Tarnschrift im Deutschen Reich konzipiert[69], kann selbst als Beispiel für dieses Verfahren gelten, sich in der Exilliteratur eine aufklärerische, zugleich aber auch stilistisch reflektierte Wahrnehmungs- und Vermittlungshaltung anzueignen. Brecht vermittelt auktoriale Betroffenheit und will der Emigration nicht nur einfache stoffliche Aspekte abgewinnen, sondern diese zu ästhetisch tragenden Konfigurationen des Schreibens, zum »innersten Wesen« im Sinne Feuchtwangers[70] machen.

Dieser Ansatz artikuliert letztlich doch wieder nur ein schreibbiographisches, wenn auch auf eine poetologische Dimension hin orientiertes Bewußtseinsmoment. Zu einer stringenten Theoriedebatte verdichten sich solche Überlegungen indes nicht, es bleibt in der Regel bei aperçuhaften Notizen.[71] Noch am ehesten trifft Brecht die Tendenz einer ästhetischen Theorie von Exilautorschaft, wenn er im August 1940 notiert, daß »die poesie (...) der zugrunde gehenden gesellschaft auf den grund« folge: »die schönheit etabliert sich auf wracks, die fetzen werden delikat. das erhabene wälzt sich im staub, die sinnlosigkeit wird als befreierin begrüßt.«[72] Die destruktive Zeiterfahrung produktiv zu verarbeiten, bedeutete zwar den Versuch, sich zu behaupten, doch macht der sarkastische Eintrag auch deutlich, daß die notgedrungenen Prinzipien einer verarmten und sinnentleerten Kunst nicht einem offensiven Gestaltungswillen, sondern der unverhüllten Misere und Verzweiflung entspringen. Brecht umreißt eine Grenze, die weniger für sein eigenes Werk aufgrund günstigerer Lebensumstände als für viele andere Exilautoren bittere Erfahrungsrealität bis hin zum völligen Verstummen gewesen ist. Feuchtwangers These vom Exil als zwar harter, aber durchaus produktiver Schule für den aus dem heimatlichen Sprach- und Kulturraum vertriebenen Schriftsteller, weil der »Blick freier für das Große, Wesentliche«[73] gemacht werde, aber auch Döblins These von der Emigration als »Feuerprobe«[74] sind kaum mehr als pauschale Leerformeln. Als inhaltliche Standortbestimmungen dafür, wie im Exil spezifisch zu schreiben sei, taugen sie kaum.

III

Die vorherrschenden Denkmodelle für eine Bewältigung einer destruierten Literaturerfahrung in der Emigration sind denn auch nicht auf innovative Schreibpraxis hin ausgerichtet. Im Vordergrund stehen vielmehr Kontinuitätsvorstellungen, diese »Traumforme(n) des Geschehens«[75], wie sie Walter Benjamin kritisch im *Passagenwerk* diagnostizierte. Die Geschichtskonzeption, daß »nichts Neues unter der Sonne« geschehe[76], verschwistert sich in der Emigration nur allzu leicht mit einem auf Überzeitlichkeit hin projizierten Literaturverständnis. Dies gilt nicht nur für die Traditionalisten, sondern auch für die »Geistesrevolutionäre«[77], die formalen Neuerer aus der Schreibepoche vor 1933.

Döblin behauptet provokant, daß die »Bedingungen von Kunst und Literatur« insofern invariant seien, weil sie ihrer Genese nach nicht auf »sofort sichtbare politische und gesellschaftliche Wirkung« ausgerichtet sein sollten.[78] Da der Dichter auch im Exil in der Produktivsphäre seiner Herkunftsliteratur eingebunden bleibt und insofern »ein tausendfaches Gespräch (...) nach allen Seiten« führen kann[79], existiert für ihn die Möglichkeit, eine innerlich begründete ästhetische Kontinuität bruchlos fortzuführen. Der Gang in das Exil ist deshalb nicht ein notwendiger Anlaß zum Bruch mit früheren Schreibprinzipien, wenn auch – aber das gilt für den grundsätzlichen Innovator Döblin überhaupt – der Blick für literarische Entwicklungen gewahrt werden muß. Angesichts der Gegebenheiten einer Literatur im Exil kann diese grundsätzlich nur in einer stark gesellschaftsbezogenen, »säkularisierten« Themenstellung konkretisiert werden, um »in die menschlichen Verhältnisse einzudringen« und damit »das schaffende Zentrum einer neuen Menschheit« zu entwerfen.[80]

Dieser utopische Ansatz ist schreibästhetisch nicht als Kompensation zu bewerten, sondern die Absage Döblins an die »reale historische Entwicklung«[81] für eine Literatur des Exils beruht auf seiner poetologischen Überzeugung von einer die plane Wirklichkeit transzendierenden Funktion aller Dichtung. Gerade auch im Exil bedeutet poetisches »Realisieren« eigentlich »Irrealisieren«, denn »es heißt, etwas Vorhandenes nicht vorhanden machen durch etwas Neues«.[82] Nicht mimetische, sondern strukturell neu entworfene Darstellungsweisen sind Döblins ästhetisches Credo, das wie bei Musil den Verzicht auf »bloß(e) Schilderung« zugunsten einer »Ausdeutung des Lebens«[83] poetologisch erreichen will.

Für Döblin bestand diese im Exil durch die komplexe Entfaltung einer zunächst mythischen, dann mystisch und religiös unterlegten Schreibprojektion, die nicht als Ausweichen vor der Realität mißverstanden werden sollte, sondern gerade als Modalität ihrer Verarbeitung.[84] Die Funktion des Schriftstellers und seines Werks als »spezielle Wirklichkeitsentdeckung und -darstellung«[85] wird von ihm betont. In der Form des historischen Romans sieht er eine spezifische Möglichkeit, dieser Ansicht auch poetologisch Raum zu schaffen, ohne das Prinzip eines nur paradigmatischen Schreibens, wie es Heinrich Mann im *Henri Quatre* praktizierte, zu verfolgen.[86] Es geht Döblin nicht um die erzählerisch konventionelle Inszenierung von Realität. Ästhetisch fordert er einen dichterischen Wandlungsprozeß, einen »Übergang einer Realität in eine andere«, eine Umsetzung von »bloß schattenhafte(r) Überlieferung in eine echte, nämlich ziel- und affektgeladene Realität.«[87] Für Döblin wie etwa auch Iwan Goll ist es gerade im Exil die »Arbeit des Poeten«, »Realität zu sehen und auch das, was sie überschreitet.«[88] Eine Ästhetik der fiktionalen Entgrenzung von Wirklichkeit zeichnet sich hier als Programm für eine Literatur des Exils ab, die zum einen der existentiellen Herausforderung und der geschichtlich-gesellschaftlichen Konstellation Rechnung tragen will, die aber auch Postulate der poetologischen Diskussion in der Moderne weiterzuführen sucht.

Der vor allem von Lukács im Exil favorisierte ästhetische Antagonismus von »Erzählen und Beschreiben«[89] als der Leitlinie fiktionaler Realitätsverarbeitung erweist sich vor dem Hintergrund derartiger Positionen als vergleichsweise rückständig und für die Schreibsituation der Emigration wenig impulsfördernd. In der komplexen Problemlage der schriftstellerischen Produktivität wirkt das ästhetische Programm von Lukács zu eng. Zwar proklamierte auch Döblin im Exil wie die meisten Autoren das Prinzip klar kalkulierter Stellungnahme, doch ist seine für den historischen Roman beanspruchte »Parteilichkeit des Tätigen«[90] nicht auf den Primat eines disponierenden »Erzählens« nach der Zielvorgabe »epischer Bedeutsamkeit«[91] im Sinne von Lukács zu reduzieren. Die grundsätzliche Differenz zwischen beiden Ansätzen betrifft das Moment der erzählerischen Unmittelbarkeit. Was Lukács als »Zerfall der Komposition«, als »Atomisierung der Dichtung in selbständige Momente« negativ wertet und so gerade die Errungenschaften einer an radikaler Spontaneität interessierten Moderne denunziert[92], ist für Döblins Ästhetik des Schreibprozesses das Wesentliche. Seine »Parteilichkeit des Tätigen«, des Autors, lebt aus der steten Vergegenwärtigung der erzählerischen Darstellung, die subjektiv entworfen und von sensibler Dynamik getragen sogar den Anspruch auf eine spezifische ›Wissenschaftlichkeit‹ des Epischen[93], als eigenständige Methode der Vermittlung von Welt erheben konnte. Eine derartige Sonderstellung der Literatur war im Denkhorizont des »sozialistischen Realismus« nicht akzeptabel, dessen Vorstellungen von der Konstitution der Fiktion auf Abhängigkeit von der Realität und nicht auf narrative Eigenwirklichkeit hinausliefen.

Döblins Erzählprinzip eigendynamischer ›Irrealisierung‹ statt plakativer Realitätsabbildung ermöglichte es ihm auch, ohne ästhetischen Theoriebruch historische Romane als Formulierungsantwort auf die Schreibherausforderung des Exils zu begründen.[94] Im Gegensatz zu Feuchtwanger und anderen Autoren, denen der geschichtliche Stoff als »Kostüm« und »Stilisierungsmittel« diente, um auf »die einfachste Art die Illusion der (sc. zeitgenössischen) Realität zu erzielen«[95], sieht Döblin in der Produktionsästhetik historischer wie gegenwartsbezogener Stoffe eine im Prinzip gleiche Gestaltungsgrundlage wirksam werden. Für ihn gilt nicht der Vorwurf von Lukács, daß der Verweisungscharakter historischer Epik in der Regel auf stoffliche Analogien beschränkt bleibe und dadurch letztlich sogar »die Geschichte der Vergangenheit« nur marginalisiert werde[96], sondern für Döblin dominiert allemal der erzählerische Prozeß den Stoff. Die Eigendynamik der Darstellung ist ihm wichtiger als der prinzipiell austauschbare Gegenstand des Erzählten.

Anders als Döblin, wenn auch mit ästhetischer und nicht stofflicher Akzentuierung, entwickelte Brecht für den historischen Roman im Exil sein spezifisches Schreibmodell, »Wirklichkeit dar(zu)stellen«[97], als kalkulierten »Formalismus«[98]. Die Darbietungsform der Erzählung ist auch für ihn wichtiger als das stoffliche Substrat. Er distanziert sich dadurch bewußt von den naiven Schreibmodellen des Exils, durch eine »dichterische« Gestaltungsperspektive »humanistische« Gegenbilder und Traditionen gegen die deutsche Barbarei entwerfen zu wollen.[99] Literaturästhetik des Exils sollte nicht auf einen pauschalen antifaschistischen Wirkungsaspekt reduziert diskutiert werden. Die Realität der literarischen Exildebatten vermittelt indes gerade diesen Zugriff und verleugnet damit eine komplexere Tradition von poetologischer Reflexion in der Moderne. Der Wille zur stets innovativen Selbstbesinnung der »Literatur als Utopie«, wie sie Musil programmatisch im Schweizer Exil 1940 fordert[100], ist im Hinblick auf eine ästhetische Diskussionsebene für die meisten Autoren nicht vorhanden gewesen.

»Arm, sehnsuchtsvoll und von Zweifeln bedrängt«[101], wie sich die Lage der emigrierten Schriftsteller darstellte, lag es auch kaum nahe, über eine literaturtheoretische Dimension von Exilautorschaft nachzudenken. Der »Ausnahmezustand«, der nach Walter Benjamin eigentlich »die Regel« in der Geschichte sei[102], lähmte Ansätze zu einer künstlerischen Selbstreflexion. Momente einer intellektuellen Stagnation sind insofern erkennbar, als das Bewußtsein, nicht nur moralisch, sondern auch qualitativ den besseren Teil deutscher Literatur zu repräsentieren, für viele Exilautoren kennzeichnend ist. Man war von der eigenen Schreibpraxis überzeugt und betonte geradezu die durch die Emigration ungebrochene Tradition. Da man über die »Macht des Wortes«[103] zu verfügen glaubte, erschienen auch die gewählten ästhetischen Darstellungsmodelle souverän und ohne Rücksicht auf die spezifisch neue Situation bestimmbar. Vor allem in bürgerlichen und ›humanistischen‹ Autorenkreisen wurden Vorstellungen von einer überzeitlichen Literatur gehegt, die »von jeher dasselbe Leben beschrieben und durch dieselben Erfahrungen dieselben Einsichten erworben« habe.[104] Eine solche ideale Kunstauffassung, innerhalb derer auch im Exil »das Neue (...) aus den erweiterten Elementen des Vergangenen«[105] abzuleiten versucht wurde, bestimmte das Klima, in dem man sich einer ästhetischen Grundsatzdebatte mental verweigern konnte.

Dieses Ausweichen hing aber auch eng mit dem ausgeprägten Schreibindividualismus der Exilautoren zusammen. Jeder pflegte ästhetisch ein mehr oder minder eigenes Gestaltungsbewußtsein, das bei Licht betrachtet allerdings durchaus kollektive Züge erkennen läßt. Die Unterschiede in der heterogenen »Emigrationsliteratur«[106] beruhen weniger auf einer unterschiedlichen Poetik als auf einer Differenz in der autobiographischen Schreibdisposition, die als eigentliche Leitlinie die Textgestaltung bestimmte. Eine »Aura von Lebensgefühl, eine Lufthülle biographischer Stimmung«[107] prägte nicht nur den *Doktor*

Faustus Thomas Manns. Die konkreten Lebensbezüge bestimmten die Darstellungsweise weitaus stärker als theoretische Überlegungen zu einer Ästhetik des Exils.

Diese biographische Grundlage der Exilliteratur, so verständlich sie erscheint und bis heute auch eine identifikatorische Rezeption der Texte begünstigt, markiert eine problematische Schreibsituation. Der Rückzug auf individualistische Antriebskonzepte verinnerlichte als ästhetische Leitlinie den mangelhaften Bezug der Emigranten zu ihrer gesellschaftlichen Umgebung im Exil. So förderte die Entfremdung von der heimatlichen sozialen Wirklichkeit die Tendenz zu einer nur noch imaginativen Poetik, die zwar noch Momente von Wirklichkeit – vor allem auf der Ebene der Darstellungssprache – aufnimmt, diese selbst als Totalität aber nicht mehr erfassen und umsetzen kann.

IV

Die kritische Modalität einer im Exil isolierten deutschen Literatur spiegelt sich in Carl Einsteins theoretischer Abrechnung mit der ästhetischen Avantgarde-Bewegung seines Jahrhunderts, der *Fabrikation der Fiktionen*. In der Vehemenz der Abrechnung mit dem »leidenschaftliche(n) Ästhetizismus«[108] der »Literaten« und »Intellektuellen« seiner eigenen Generation spielt die Erfahrung eines schon vor 1933 freiwillig ins Pariser Exil gegangenen Autors eine Rolle, sind doch wesentliche Aspekte der vernichtenden Kritik letztlich auch für die Schreibsituation der Emigration analogisierbar. Die Umgebungsbedingungen sind zwar anderer Art, doch gilt das Gesagte, das den Vorwurf eines gesellschaftlichen und politischen Versagens der deutschen Literatur im 20. Jahrhundert artikuliert, auch für weite Teile der Exilliteratur. Auch sie huldigte ja als »imaginative Kunst« jenem »metaforischen Manierismus« der Moderne, der die Unfähigkeit belegt, »mit einem Satz einen Fakt zu umgrenzen, eine Tatsache zu absorbieren und zu gestalten, ohne sie zu verlieren.«[109]

Wenn auch das »privat Poetische als erste Realität« in der Literatur des Exils nach 1933 nicht in gleicher Weise wie bei den Expressionisten in visionäres »Traumgeschehen« umschlug[110], so zeigen sich doch strukturelle Berührungspunkte. Auch in der Formulierungssituation des Exils wie in der der Avantgarde aus den ersten beiden Jahrzehnten des Jahrhunderts zeichnet sich eine gesellschaftliche Isolierungslage ab. Für die Autoren lag es gleichermaßen nahe, »eine Wirklichkeit, die man mißbilligt, tätig abzuändern« und eine »isolierte Individualität gegen die kollektiv gültigen Fakten«[111] abzugrenzen, schrieben doch viele, wie z.B. Thomas Mann – bezogen auf den *Doktor Faustus* – für sich behauptete, ein »wunderliche(s) und äußerst überpersönliche(s) Werk«.[112]

Carl Einstein proklamierte angesichts der eigenen Exilerfahrung und aufgrund der Vorstellung, daß die literarische Moderne vor dem Faschismus versagt habe, den Anspruch, auf die überholte »Diktatur der individuellen Fiktionen zu verzichten und den Primat der Aktion und der tatsächlichen

Prozesse herzustellen.«[113] Für die Intellektuellen gelte es wieder zu lernen, »die Utopie der ästhetisch vollkommenen, doch zwecklosen Handlung« endgültig aufzugeben.[114] Hinter dieser Meinung steht Einsteins eigene Engführung von Lebenspraxis und noch möglicher Autorschaft im Exil, entschied er sich doch für die Teilnahme am Spanischen Bürgerkrieg und gegen weiteres Schreiben.

Unabhängig von dieser persönlichen Konsequenz bezeichnet die *Fabrikation der Fiktionen* sensorisch in ihrer radikalen Absage an die künstlerische Produktivität der Moderne die ästhetische Sprachlosigkeit des Exils. Nur vereinzelt klingt dann doch die Hoffnung an, eine neue Ästhetik zu finden, die der »Desillusionierung des Menschen« im 20. Jahrhundert Rechnung trägt und möglicherweise sogar eine »einheitliche Sinngebung der Geschichte ermöglicht«.[115] Kunst müsse »aus der artistischen Vereinsamung« herausgezwungen werden, wozu es »einer social fest umrissenen Wirklichkeit, die zum Schreiben sich verdichtet«, bedürfe.[116] Ihre Referenz sah Einstein wie viele der bürgerlichen und sozialistischen Emigrationsautoren in der »arbeitenden Masse«[117], deren Potential die poetische Imagination realisieren sollte. Die Fatalität dieser Sehnsuchtsformel lag darin, daß im Grunde an die Stelle des kritisierten »Traumsport(s)«[118] der artistischen Fiktionen nur ein anderer, der gesellschaftliche Traum von einer kämpferisch-funktionalen Literatur trat. Was als ästhetisches Konkretisierungsmoment gedacht war, erscheint in Wirklichkeit auch nur als eine kunstvoll erdachte Abstraktion.

Die »planerische«[119] Schreibsituation des Exils ließ wenig Spielraum für einen ästhetischen Diskurs neuer Art. Am tragfähigsten und ehrlichsten erscheint noch das Beharren auf einem an der Eigenwirklichkeit der Dichtung festhaltenden Schreibprinzip, bei dem man nach Musil »das Reale zwar wissen will, aber nicht um es wiederzugeben«[120]. Daneben wirken Darstellungshaltungen, die Wirklichkeit realistisch abbilden wollten, als naiver Anspruch ohne einlösbare Substanz. Im »sozialistischen Realismus« tritt, gerade wenn er für sich eine »intellektuelle Physiognomie des künstlerischen Gestaltens« im Sinne von Lukács reklamierte[121], letztlich ein magisches Deutungsmoment zutage, das gar nicht so weit von Auffassungen entfernt ist, Dichtung als »Sinngebung«, als »Ausdeutung des Lebens«[122] zu verstehen. Das Exilerleben förderte allenthalben den Willen zur literarischen Kompensation der Wirklichkeit und erzeugte damit, wie Carl Einstein zutreffend feststellte, ein im Grunde archaisches, ästhetisches Textkonzept.[123] »Dichtung (...) zum ursprünglichen Element des Realen«[124] zu machen, erschien kaum mehr möglich. Im »Bewußtmachen« von »Elementen der Wirklichkeit«[125] stellte sich keine ganzheitliche Erfahrung des Exils mehr ein. Scheinbar realistische Schreibweisen wurden faktisch zu Formen inszenierter Realität, wobei für die politisch orientierten Autoren ideologische Leitlinien, für die an poetologischen Momenten mehr ausgerichteten Schriftsteller die Idee einer verstehenden »Gefühlsordnung«[126] maßgebend waren. Übergänge zwischen beiden Rahmendispositionen traten vielfach auf.

Eine gemeinsame ästhetische Basis der Exilliteratur wird darin erkennbar, den produktiven Standort der Fiktion zu legitimieren. Schreiben im Exil wird zur Aufgabe, zum Versuch einer Formierung, wenn nicht gar einer »Neu-Schöpfung«[127] angesichts der persönlichen wie kollektiven Destruktionen, deren mentale Konfigurationen zumeist schon in die Zeit vor 1933 zurückzuverfolgen sind. Der Aufbruchsimpuls der literarischen Avantgardebewegungen des 20. Jahrhunderts, literarische Gegenwelten zur Wirklichkeit zu imaginieren, wird im Exil neu zu akzentuieren versucht. Im Bewußtsein, daß die »Balance zwischen Werk und Welt vermittels einer Gesamt-Abkonterfeiung« nicht mehr zu leisten war, steckt zum einen ein resignatives Element: »Eine Welt, die sich selbst zersprengt, läßt sich nicht mehr abkonterfeien.« Aber auch der Wille zur gestalterischen Reaktion darauf ist gleichermaßen da, denn da die »Verwüstung« der Welt »aus den tiefsten Wurzeln der Menschennatur stammt, ist es diese, welche in aller Nacktheit, in ihrer Größe wie in ihrer Erbärmlichkeit dargestellt werden muß.«[128] In dieser Einschätzung Hermann Brochs steckt nicht nur sein eigenes ästhetisches Konzept einer »mythischen Romanform«[129] als »logischer Prophetie«[130], sondern sie umschreibt über alle Fraktionierungen hinweg das prägende Moment schriftstellerischer Exilerfahrungen.

Die mythosorientierte Literatur des Exils[131] konkretisierte einen epischen Reflexionsprozeß, der schon in den zwanziger Jahren und nicht nur in Deutschland einsetzte und der die Erfahrung umzusetzen suchte, daß »mit bloßem Erzählen« keine »Totalität« mehr zu schaffen sei, »welche der Welttotalität die Waage halten kann«[132]. Im Rückgriff auf mythische Formierungen schien diese narrative Disparität auflösbar, war ein »radikale(r) Umbruch des Stils« möglich, der durch »Abstraktionismus« die Begrenzung der konventionellen Ausdrucksmöglichkeiten überwand.[133] Der enge Rahmen einer nur syntaktisch determinierten Darstellungssprache ließ sich so semantisch sprengen, so daß die Idee einer universellen Sprache der Dichtung ins Bewußtsein rückte.[134]

Die Fragwürdigkeit einer solchen Poetik lag in ihrem esoterischen Gestus, der allerdings, wie gerade Brochs Exilwerk belegt, auch vor Trivialisierung nicht unbedingt schützte. Entscheidender als ein derartiges Scheitern ist für das Verständnis mythisierender Exilliteratur die Erkenntnis, daß der poetologischen Dimension eine mentale Disposition zugrunde liegt, der eigenen Ausgrenzungserfahrung eine ganzheitliche Imagination kompensatorisch entgegenzustellen. Die Entscheidung zugunsten säkularer oder jüdisch-christlicher Mythen spielt für die grundsätzliche Funktion derartigen Erzählens nur eine nachgeordnete Rolle. Entscheidend ist die Grundintention, die narrative Welt zu enthistorisieren, um sie der Erfahrungswelt und damit auch der eigenen, problematisch gewordenen Existenz als Utopie entgegenzusetzen. Die Mythisierung wird so im Exil zu einer Bewältigungsstrategie.

Man kann darin ein konservatives Fluchtmoment von »sociale(r) Hemmung« und »Minderung der geschichtlichen Vitesse« sehen[135], wie es Carl Einstein im Hinblick auf die esoterische Literatur der Frühmoderne behauptete, man kann aber auch im neuentdeckten Mythos »eine Phase des Realen«, den »Beginn neuer Wirklichkeit« diagnostizieren[136], wenn er als Medium »zur Irrationalisierung der Welt«[137] verstanden wird. Die »neuen Mythen« stiften eine Realität, die ästhetisch über naive, rationale Deskription und eine nur kalkulierte Kunstanschauung hinausweisen.[138] Die Quintessenz dieser durch das Exil neu bewußt gewordenen Einsicht besagt, daß »die liberale Utopie von frei wollenden Individuen beendet« sei und sich »ein hartes besessenes Geschick« auch ästhetisch Geltung verschafft, »dessen Ersatz bisher Naturgesetz und Kausalität erfolglos gebildet hatten.«[139]

Die kritische Resignation, die Einstein hier äußert, mündet in den Versuch einer neuen, »soziologischen« Funktionsbestimmung von Kunst und Literatur in Richtung auf eine kollektive Autonomie des ästhetischen Darstellungsprozesses, den zur gleichen Zeit Broch als Umschmelzung der »Realitätsvokabeln«[140] zu bestimmen versuchte. »Die Einheit der dichterischen Syntax« im Roman vermöge zwar nicht die Zeitbedingtheit der ästhetischen Form, ihre Relativität, aufzulösen, aber sie erhebe wenigstens der Idee nach »das Relative in die Zone des Absoluten«[141]. Im Modus »der einheitsstiftenden Syntax des Dichterischen« entsteht so zumindest »symbolisch« ein »Totalitätsbild der Erkenntnis«[142], das durch rationale, wissenschaftliche Deskription niemals erreichbar wäre.

Sieht man von dem spezifischen Weltbild Brochs und einer daraus resultierenden Poetik ab[143], so verbindet ihn mit Einstein die Idee, daß die Wirklichkeit durch Erzählen durchstoßen werden müsse. In der ästhetischen Forderung, daß die Fiktion als »fluktuierende Erfahrung« von »fluktuierende(r) Realität«[144] sich transzendieren müsse, spiegelt sich die mentale Schreiblage des Exils, die auf »transhistorische Identifikationsmuster«[145] dränge, um den Mangel an gesellschaftlicher Einbindung zu kompensieren.

V

Im Anspruch auf eine ästhetische Autonomie der Literatur in der Emigration artikulierte sich ein Repräsentanzdenken für die schriftstellerische Projektion, die von einer konkreten Referenz auf die Wirklichkeit absah. Der Exilautor verhielt sich dabei gemäß dem von Walter Benjamin 1934 postulierten Schriftstellertypus, der als »Techniker« imstande sei, »die Hindernisse zu sehen, die seiner Technik von der gegenwärtigen Produktivordnung in den Weg gelegt werden«, und daraus »seine Opposition gegen diese Ordnung« zu entwickeln.[146] Was Benjamin als materialistische Schreiblage im 20. Jahrhundert definiert, bezeichnet immanent auch und gerade die Situation der Exilautoren.

Das ästhetische Bewußtsein des Exils konkretisierte sich denn auch weniger als poetologischer Neuansatz. Die Diskussion lief im Grunde darauf hinaus, Schreiben unter der Bedingung der Emigration als Einlösung eines schon längst eingeschlagenen Weges anzusehen.[147] Das Festhalten an Kontinuitätsvorstellungen kann als Bewältigungsform der durch das Exil ausgelösten Schreibkrise angesehen werden. Es ist faktisch aber auch das Fazit aus einer schon vor 1933 existenten Lage, die im kritischen Diskurs zwischen bürgerlicher und linker Intellektualität hellsichtig formuliert worden war.[148] Die thematischen Entwürfe von Flucht und Rettung bestimmten ja vielfach schon die Literatur in der Spätphase der Weimarer Republik.[149] Die poetologische Diskussion reflektiert diese mentale Tendenz weder vor noch nach der Emigration in grundlegender Weise. Das Erlebnis des Exils förderte nicht den Blick dafür, sich der anstehenden Herausforderung auch ästhetisch neu stellen zu müssen. Die Vertreibungserfahrung begünstigte vielmehr die Einstellung, die bisher betriebenen Schreibweisen als die eigentliche Tradition deutscher Literatur zu verstehen.

Schreiben im Exil lief faktisch auf die Behauptung eines geschichtlichen Sonderweges hinaus, nicht aber auf die Formulierung einer spezifischen Wahrnehmungs- und Darstellungsästhetik. Dieses Beharren hat nicht nur Gründe, die in der Psychologie von Vertreibung und Flucht zu suchen wären, sondern es wirkt als epochenspezifischer Verweigerungsprozeß, als Bewußtseinskrise der modernen Aufbruchsbewegungen. Entsprechend wurden auch neue kulturelle Ausdrucksformen wie das Medium Film ästhetisch nicht ernsthaft diskutiert[150], sieht man von Ansätzen Walter Benjamins[151] oder auch Hermann Brochs ab, der seinen »Mythos einer neuen Kultur« explizit nicht mehr im Roman, sondern im »industrialisierten Film« entwickelt sehen wollte.[152]

Eine intensive Reflexion über eine ›wirksame‹ Ästhetik des Exils findet sich im Grunde nur bei Brecht, wenn auch stark in die eigene theoretische und stets von ihm selbst kommentierte Schreibentwicklung eingebunden.[153] Mangels äußerer Resonanz und angesichts fehlender Publikationsanstöße werden diese Äußerungen nur bruchstückhaft im *Arbeitsjournal* und im *Messingkauf*-Konvolut[154] formuliert. Die gegen das Moment einer rezeptiven »Einfühlung« des Zuschauers gerichtete Theatertheorie des *Messingkaufs*[155] hat für eine Ästhetik des Exils insofern Bedeutung, als in ihr auch ein antifaschistisches Handlungsmoment eine bewußte Rolle spielt.[156] Da die herkömmliche aristotelische Theaterform durch den Nationalsozialismus wirksam vereinnahmt und deshalb korrumpiert erschien, bedurfte es für den Exilautor eines konstruktiven Gegenmodells, das die Verschleierung von illusionistisch erzeugter Realität nicht mehr ermöglicht. Es gilt für Brecht, »vorgänge des wirklichen lebens auf der bühne« so abzubilden, »daß gerade ihre kausalität besonders in erscheinung tritt und den zuschauer beschäftigt«.[157]

Die Bedeutung des *Messingkauf*-Projektes liegt darin, daß es Brechts theoretische Positionen selbst zum Gegenstand eines Spiels auf der Bühne macht. Inhaltlicher ästhetischer Ansatz und Ausführungsform verbinden sich theatralisch, wobei es nicht nur formalistisch um eine Integration, sondern um die gespannte Korrespondenz von Theorie und Anwendung geht. Die Forderung Brechts, daß »die vorgänge« bei der neuen Schreib- und Darstellungsart »historisiert und sozial milieurisiert«[158] werden müßten, findet gleich konkrete Anschauung und fördert so eine »staunende, erfinderische und kritische haltung des zuschauers«[159]. Das ästhetische Konzept Brechts, den Wahrnehmungsmodus von Wirklichkeit mit der kritischen Phantasie der Rezipienten in Beziehung zu setzen[160], verweist auf das Bewußtsein, den eigenen Erfahrungen im Exil, wo man »für die schublade ... keine konzessionen« machen muß[161], ein Schreibmodell entgegenzustellen, das Realität ebenso operativ wie imaginativ bestimmt. Die »saekularisierung des theaters«[162] erscheint als Versuch, der konventionellen Ästhetik des Exils einen impulsgebenden Gegenentwurf abzugewinnen.

In der Profilierung eines nichtaristotelischen, verfremdenden Theaters steckt als Motiv, die Entfremdungsprozesse des Exils zu bewältigen[163], wird doch die Hoffnung auf eine literarische Praxis artikuliert, innerhalb derer »die welt (...) als änderbare« zu erfassen gelernt werden kann.[164] Die ästhetische Korrektur geschichtlicher Miseren kann zwar auch im Sinne Brechts als dialektischer Prozeß verstanden werden, doch sagt dies wenig über die eigentliche intellektuelle Leistung des Konzeptes aus. Es erfüllt im Kern, was Carl Einstein als »planetarisches« Kopftheater mit »latenten Balancen« der »zu beschreibenden« Zustände[165] ästhetisch in der *Fabrikation der Fiktionen* gefordert hatte. Seine Vorstellungen decken sich mit denen Brechts, der »Berichte von Träumen oder Entwürfen« geben wollte, »in denen der Stückeschreiber (...) über die Wirklichkeit verfügt«.[166]

Das Exil wird so zur immanenten Referenz einer Ästhetik, die sich dem von Walter Benjamin 1933 für die Sprache allgemein behaupteten Darstellungsprinzip einer »unsinnlichen Ähnlichkeit«[167] annäherte, um gesellschaftlich wirksam zu werden. Das Modell Brechts vermeidet, was Carl Einstein kritisch als »Akkumulierung eines seelischen Überschusses« in der modernen Kunst zwecks einer Flucht vor »positive(r) Wirklichkeit« gekennzeichnet hat.[168] Brecht wie Einstein geht es um die Auflösung jener herkömmlichen »Überbewertung des Imaginativen«[169], soweit es nur individuelle Erfahrung repräsentiert. Als kollektiver, phantastischer Prozeß mit offenem, experimentellem Charakter, wenn auch als Ergebnis eines »regiehaften Politikums«[170] in »einer Zeit des Epochenwechsels«[171] verstanden, hat die Imagination durchaus ihren ästhetischen Ort im Schreiben des Exils. Mit Ernst Blochs schon vor 1933 geäußerter Anmerkung zu Brechts Montage-Poetik geht es um die Möglichkeit einer »anderen Sprache, andere(r) Informationen, andere(r) Unterwegs-Gestalt der aufgebrochenen Wirklichkeit«[172]. Ästhetik des Exils müßte ein »Antizipierendes« sein, von einer »Welt beschienen, die noch nicht ist«[173], denn »die träume fliegen den taten voraus«[174].

---

1 E. Bloch: »Bewußtsein als Verhängnis« (1938). In: Ders.: *Literarische Aufsätze*. Frankfurt/M. 1965 (= *Gesammelte Werke*. Bd. 9), S. 66–71, hier S. 71. – 2 H. Mann: »Sammlung der Kräfte«. In: *Die Sammlung* 2 (1934/35), S. 6. – 3 Ebd., S. 8. – 4 Ebd., S.6. – 5 Vgl. E. Kleinschmidt: »Exil als Schreiberfahrung. Bedingungen deutscher Exilliteratur 1933–1945«. In: *Exil* 1982, Nr. 2, S. 33–47, hier S. 36. – 6 W. Ilberg: »Die beiden Seiten des Expressionismus« (1938). In: H.-J.

Schmitt (Hg.): *Die Expressionismusdebatte*. Frankfurt/M. 1973, S. 167–171, hier S. 168. – 7 Ebd., S.171. – 8 B. Ziegler: »Nun ist dies Erbe zuende« (1937). In: Schmitt (wie Anm. 6), S. 50–60, hier S. 51. Vgl. ebd. auch S. 60 »Gedanken- und Gefühlswelt«. – 9 Zur ästhetischen Relevanz der Expressionismusdebatte vgl. als Diskussionsbeitrag K. Menges: »Georg Lukács. Die Exilliteratur und das Problem der Modernität«. In: A. Stephan/H. Wagner (Hg.): *Schreiben im Exil*. Bonn 1985, S. 40–53. – 10 C. Einstein: *Die Fabrikation der Fiktionen*. Hg. von S. Penkert. Reinbek 1973, S. 155. – 11 E.E. Kisch, in: *Die neue Weltbühne* (Prag/Paris) 22/1934, S. 700, hier zitiert nach S. Schlenstedt: *Wer schreibt, handelt*. Berlin/DDR, Weimar 1983, S. 149. – 12 G. Lukács: »Größe und Verfall des Expressionismus« (1934). In: Ders.: *Werke*. Bd. 4. Neuwied, Berlin 1971, S. 121. – 13 Der Begriff geht auf K. Kersten: »Strömungen der expressionistischen Periode« (1938). In: Schmitt: *Expressionismusdebatte* (wie Anm. 6), S. 95–103, hier S. 95, zurück. – 14 K. Berger: »Das Erbe des Expressionismus« (1937). In: Schmitt (wie Anm. 6) S. 91–94, hier S. 92. – 15 Ebd., S. 93. Auch Brecht zitiert ohne bemerkbare Sensibilität für die faschistische Bedeutungsbesetzung des Worts den Begriff »Zersetzungserscheinungen«, wobei er seinerseits auf Lukács Bezug nimmt (B. Brecht: »Der Geist der Versuche«. In: Ders.: *Gesammelte Werke*. Bd. 8. Frankfurt/M. 1967, S. 320). – 16 Vgl. Berger, »Erbe« (wie Anm. 14), S. 93: »schaffen wir die ideologischen Voraussetzungen, daß sie (sc. die expressionistischen Künstler) in die Volksfront eintreten.« Und ebd.: »Das Erbe des Expressionismus in diesem Sinne (sc. der fortschrittlichen Kulturleistung) zu pflegen ist unsere Aufgabe.« Zum weiteren Hintergrund von sozialistischer Literaturtheorie und Bündnisvorstellungen mit dem ›bürgerlichen‹ Lager, aber auch im Hinblick auf ein bürgerliches Literatur-Erbe vgl. im Überblick F. Trapp: *Deutsche Literatur zwischen den Weltkriegen. Bd. II: Literatur im Exil*. Bern, Frankfurt/M., New York 1983, S. 201–210. – 17 Vgl. H. Ernolaev: *Soviet Literary Theories 1917–1934*. Berkeley, Los Angeles 1963, S. 168, hier zitiert in der deutschen Übersetzung nach D. Pike: *Deutsche Schriftsteller im sowjetischen Exil 1933–1945*. Frankfurt/M. 1981, S. 354. – 18 Vgl. dazu präzisierend wie kritisch A. Seghers, Brief an Georg Lukács vom 28.6.1938. In: Schmitt (wie Anm. 6), S. 266 f., wo sie die »Methode« des Realismus als »zweite Stufe des künstlerischen Schaffens« deklariert, die aber der ersten, »der unbewußten Aufnahme der Realität« bedarf, um künstlerisch produktiv zu sein. Ebd., S. 267 dann auch die Kritik an den Autoren, die steril nur die »Methode des Realismus« beherrschten, was zu mißglückten Werken führe. – 19 B. Brecht: »Über den formalistischen Charakter der Realismustheorie« (um 1938). In: Ders.: *Gesammelte Werke*. Bd. 8. Frankfurt/M. 1967, S. 298–307, hier S. 299. – 20 B. Brecht: »Über Realismus«. In: Ders.: *Gesammelte Werke* (wie Anm. 19). Bd. 8. S. 320 f., hier S. 321. – 21 B. Brecht: »Über den formalistischen Charakter«, ebd., S. 300. – 22 Ebd., S.304. – 23 Vgl. hierzu W. Benjamin: »Tagebuchnotizen 1938« (Besuch bei Brecht in Svendborg). In: Ders.: *Gesammelte Schriften*. Bd. 6. Frankfurt/M. 1985, S. 537 im Kontext eines Gesprächs über »russische Literaturpolitik«. – 24 G. Wangenheim: »Klassischer Expressionismus. Impressionen eines sozialistischen Realisten« (1938). In: Schmitt (wie Anm. 6), S. 104–120, hier S. 114 f. – 25 Brecht: »Über den formalistischen Charakter« (wie Anm. 19), S. 304. – 26 Zum Konflikt A. Seghers mit G. Lukács vgl. F. Trapp: »Anna Seghers Kritik an Georg Lukács und an der ›Internationalen Literatur‹«. In: G. Eifler/A.W. Keim (Hg.): *Anna Seghers – Mainzer Weltliteratur*. Mainz 1981, S. 125–145. – 27 A. Seghers, Brief an G. Lukács (wie Anm. 18), S. 271. – 28 Ebd., S. 271. – 29 Ebd., S. 273 f. die Belege. – 30 E. Bloch: »Marxismus und Dichtung« (1935 als Rede auf dem Congrès pour la Défense de la Culture in Paris). In: Ders.: *Literarische Aufsätze* (wie Anm. 1), S. 135–143, hier S. 139. – 31 Brief von Georg Lukács an A. Seghers vom 28.7.1938. In: Schmitt (wie Anm. 6), S. 274–286, hier S. 278. – 32 Ebd., S. 280. – 33 Ebd., S. 284. – 34 G. Lukács: »Intellektuelle Physiognomien des künstlerischen Gestaltens« (1936). In: Ders.: *Werke* Bd. 4. Neuwied, Berlin 1971, S. 185. – 35 Ebd., S. 185. – 36 A. Seghers, Brief an Georg Lukács vom Februar 1939. In: Schmitt (wie Anm. 6), S. 286–291, hier S. 290. – 37 Ebd., S. 290. – 38 Schlußbrief von A. Seghers an Lukács vom 2.3.1939. In: Schmitt (wie Anm. 6), S. 291–301, hier S. 301. Die Einführung des Begriffes »Volkstümlichkeit« als Kennzeichen eines akzeptablen Realismus entspricht dabei der offiziösen Sprachregelung in der Sowjetunion ab 1936. Vgl. Pike: *Schriftsteller* (wie Anm. 17), S. 360. Lukács' Position stimmt mit der offiziellen literarischen Parteilinie überein. Vgl. dazu ebd., S. 489 ff. – 39 B. Brecht: *Arbeitsjournal*. Hg. von W. Hecht. Bd. 1. Frankfurt/M. 1973, S. 28. – 40 Vgl. S. Kracauer: *Geschichte – von den letzten Dingen*. Frankfurt/M. 1971 (= *Schriften*. Bd. 4), S. 172. – 41 G. Lukács: »Der Roman« (1934; auf russisch publiziert 1935). In: Ders.: *Moskauer Schriften. Zur Literatur-*

theorie und Literaturpolitik 1934–1940. Hg. von F. Benseler. Frankfurt/M. 1981, S. 56. – **42** Vgl. ebd., S. 55: »Denn der Aufbau des Neuen und die objektive wie subjektive Zerstörung des Alten sind (sc. im Hinblick auf den neuen Roman des sozialistischen Realismus) unlösbar dialektisch verbunden.« – **43** Vgl. G. Lukács: *Skizze einer Geschichte der neueren deutschen Literatur.* Berlin/DDR, 1953, S. 150 im Zusammenhang von Thomas Manns *Lotte in Weimar.* – **44** Vgl. dazu ausführlich D. Pike: *Lukács und Brecht.* Tübingen 1986, besonders S. 69 ff. – **45** G. Lukács, Brief an A. Seghers vom 28.7.1838. In: Schmitt (wie Anm. 6), S. 284. – **46** G. Lukács: »Roman« (wie Anm. 41), S. 51. – **47** Ebd., S. 55. – **48** E. Bloch: »Marxismus« (wie Anm. 30), S. 140. – **49** Ebd., S. 141. – **50** Ebd., S. 142. – **51** Ebd., S. 143. – **52** Ebd., S. 142. – **53** Ebd., S. 143. – **54** Zur ästhetischen Bewertung des Expressionismus bei E. Bloch vgl. auch dessen »Montage«-Kapitel in: Ders.: *Erbschaft dieser Zeit* (1935). Frankfurt/M. 1965 (= *Gesamtausgabe.* Bd. 4), S. 221 ff. – **55** Bloch: »Marxismus« (wie Anm. 30), S. 142 benennt Brecht als ›faustischen‹ Dichtertypus, in dem »sogar ein Stück der antiwohligen Kunstverachtung« stecke und der damit »den Satz zuschanden« mache, »daß alle Dichtung Lüge sei«. – **56** Als Behauptung Peter Merins (= Otto Bihalij-Merin) auf das Exilwerk B. Brechts bezogen. In: Ders.: »Das Werk Bert Brechts«. In: *Internationale Literatur,* Nr. 7 (1935), S. 77–97, hier S. 83. – **57** Vgl. Lukács: »Physiognomien« (wie Anm. 34), S. 188. – **58** Vgl. dazu Pike: *Lukács* (wie Anm. 44), S. 214 ff. – **59** Vgl. B. Brecht an J.R. Becher am 11.3.1937 über die Schädlichkeit eines literarischen Formenstreites im Exil: »(...) und daß literarische Versuche, die Wahrheit über den Feind in getarnter Form durchzuschmuggeln, (...) denunziert und dadurch sabotiert werden«. In: B. Brecht: *Briefe.* Hg. von G. Gläser, Frankfurt/M. 1981, S. 315. – **60** Ebd. – **61** Brecht: *Arbeitsjournal* (wie Anm. 39), Bd. 1, S. 158 (Eintrag vom 24.8.1940). – **62** Ebd., S. 25 (Eintrag vom 18.8.1938), S. 26 f. (18.8.), S. 38 f. (Febr. 1939). Zum Funktionshintergrund der nicht öffentlich geführten Brecht/Lukács-Debatte vgl. H. Claas: *Die politische Ästhetik Bertold Brechts vom Baal zum Caesar.* Frankfurt/M. 1977, bes. S. 143 ff., und Ders.: »Bertold Brechts Schreibweisen der Wahrheit«. In: L. Winkler (Hg.): *Antifaschistische Literatur.* Kronberg/Ts. 1977, Bd. 2, S. 101–124. – **63** Die »Notizen« jetzt in: B. Brecht: *Werke.* Bd. 8. Frankfurt/M. 1976, S. 349 ff. Zu den Überlegungen Brechts, ob er seine Aufzeichnungen veröffentlichen solle vgl. auch das Tagebuchzeugnis W. Benjamins von 1938 in: Ders.: *Gesammelte Schriften.* Bd. 6, Frankfurt/M. 1985, S. 538. – **64** Vgl. Brecht: *Arbeitsjournal* (wie Anm. 39), S. 28 passim. – **65** B. Brecht: *Werke.* Frankfurt/M. 1967. Bd. 8. S. 222: »(...) die Kunst, sie (sc. die Wahrheit) handhabbar zu machen als eine Waffe.« – **66** Ebd., S. 229. – **67** Ebd., S. 230. – **68** Ebd., S. 238. – **69** Ebd., S. 16* mit irriger bibliographischer Angabe (Erstdruck 1934 statt 1939!). – **70** Vgl. L. Feuchtwanger: »Arbeitsprobleme des Schriftstellers im Exil« (1943), hier zitiert nach: E. Loewy (Hg.): *Exil. Literatur und politische Texte aus dem deutschen Exil 1933–1945.* Stuttgart 1979, S. 676–680, hier S. 677. – **71** Vgl. z.B. Robert Musils Notizen über eine »Vereinigung des Biographischen mit dem Gegenständlichen« als narratives Schreibkonzept neuer Art unter dem Eindruck des Exils in: Ders.: *Tagebücher.* Hg. von A. Frisé. Hamburg ²1983, S. 944 bezogen auf einen neuen Schreibansatz Musils (ca. 1940/41). – **72** Brecht: *Arbeitsjournal* (wie Anm. 39), Bd. 1, S. 153 (Eintrag vom 20.8.1940). – **73** Feuchtwanger: »Arbeitsprobleme« (wie Anm. 70), S. 679. – **74** A. Döblin: »Die deutsche Literatur im Ausland seit 1933«. In: Ders.: *Aufsätze zur Literatur.* Hg. von W. Muschg. Olten, Freiburg i.Br. 1963, S. 187–210, hier S. 197. – **75** W. Benjamin: *Passagen-Werk.* In: Ders.: *Gesammelte Schriften.* Bd. V.2. Frankfurt/M. 1982, S. 679. Benjamin verweist allerdings darauf, daß das »träumende Kollektiv (...) keine Geschichte kennt.« Für dieses ist das Bewußtsein von Modernität und »ewige(r) Wiederkehr alles Gleichen« funktional äquivalent. – **76** Dies ist das Motto zu Lion Feuchtwangers Roman: *Der falsche Nero.* Amsterdam 1936, das seinerseits auf Prediger Salomo 1,9 zurückgeht. – **77** Der Begriff geht auf Alfred Döblin zurück, der ihn im Rahmen seiner literaturgeschichtlichen Bemühungen im Exil einführt. Vgl. A. Döblin: *Literatur* (wie Anm. 74), S. 189 f. Vgl. Ders.: *Die literarische Situation.* Baden-Baden 1947, S. 18 ff. zur gleichen, hier als »progressiv« bezeichneten Autorengruppe. – **78** A. Döblin: *Literatur* (wie Anm. 74), S. 199. – **79** Ebd., S. 202. – **80** Ebd., S. 207. – **81** Ebd., S. 207. – **82** A. Döblin: *Unser Dasein* (1933). Hg. von W. Muschg. Olten, Freiburg i.Br. 1964, S. 445. – **83** Musil: *Tagebücher* (wie Anm. 71), S. 969. – **84** Spezifisch zu interpretieren versucht hat dies neuerdings unter psychologisierendem Aspekt H. Kiesel: *Literarische Trauerarbeit. Das Exil- und Spätwerk Alfred Döblins.* Tübingen 1986. – **85** A. Döblin: »Der historische Roman und wir« (1936). In: Ders.: *Literatur* (wie Anm. 74), S. 177. – **86** Vgl. dazu R. Werner: »Transparente Kommentare. Überlegungen zu historischen Romanen deutscher Exilautoren«. In: *Poetica* 9

(1977), S. 324–351, hier S. 340. – **87** Döblin: »Roman« (wie Anm. 85), S. 181. – **88** Yvan Goll: »Le poète doit-il être de son temps?«. In: *Les cahiers du journal des poètes* (Bruxelles), Serie enquêtes. Collection 1936, Nr. 16 (10.7), S. 27 f., hier zitiert nach S. Schlenstedt: »Einsamer – Mittler – Zeuge. Ivan Goll zwischen Ende der zwanziger Jahre und 1936«. In: Der.: (Hg.): *Wer schreibt, handelt. Strategien und Verfahren literarischer Arbeit vor und nach 1933.* Berlin/DDR, Weimar 1983, S. 410–449, hier S. 441. – **89** G. Lukács: »Erzählen oder beschreiben« (1936). In: Ders.: *Werke.* Bd. 4. Neuwied, Berlin 1971, S. 197–242. – **90** Döblin: »Roman« (wie Anm. 85), S. 182 und S. 184 ff. – **91** G. Lukács: »Erzählen« (wie Anm. 89), S. 213. – **92** Ebd., S. 218. – **93** Vgl. Döblin: »Roman« (wie Anm. 85), S. 178. – **94** Zur Debatte um den historischen Roman im Exil vgl. unter den älteren Arbeiten vor allem Werner: »Kommentare« (wie Anm. 86); als Überblick A. Stephan: *Die deutsche Exilliteratur 1933–1945.* München 1979, S. 155–163. Zur Forschungslage und -diskussion vgl. F. Hackert: »Die Forschungsdebatte zum Geschichtsroman im Exil. Ein Literaturbericht«. In: *Exilforschung* 1 (1983), S. 367–388; H. Ongha: *Geschichtsphilosophie und Theorie des historischen Romans bei Lion Feuchtwanger.* Frankfurt/M. 1982; H. Koopmann: »Geschichte ist Sinngebung des Sinnlosen. Zur Ästhetik des historischen Romans im Exil«. In: A. Stephan/H. Wagner (Hg.): *Schreiben im Exil.* Bonn 1985, S. 18–39 (dort S. 34 f., Anm. 1 die ältere Literatur). – **95** L. Feuchtwanger: »Vom Sinn des historischen Romans«. In: Loewy: *Exil* (wie Anm. 70), S. 872–877, hier S. 873. – **96** G. Lukács: »Der Kampf zwischen Liberalismus und Demokratie im Spiegel des historischen Romans der deutschen Antifaschisten« (1938), hier zitiert nach dem Teildruck in: Loewy: *Exil* (wie Anm. 70), S. 883 (im Kontext einer positiven Würdigung von Heinrich Manns *Henri Quatre*). Zu Lukács Bewertung des historischen Exil-Romans vgl. auch: »Der historische Roman« (entstanden 1936/37), bes. Abschnitt V im 4. Kapitel, in: Ders.: *Werke.* Bd. 6 (*Probleme des Realismus III*). Neuwied, Berlin 1965, S. 407 ff. – **97** B. Brecht: »Über den formalistischen Charakter der Realismustheorie« (ca. 1938 entstanden; im Exil unpubliziert). In: Ders.: *Werke* Frankfurt/M. 1967, Bd. 8, S. 300 bezogen auf den *Tui*-Roman, aber im weiteren Kontext auch auf den *Caesar*-Roman. – **98**. Ebd., S. 300. – **99** Vgl. Lukács: »Kampf« (wie Anm. 96), S. 884. – **100** Musil: *Tagebücher* (wie Anm. 71), S. 951 (Eintrag von 1940). – **101** H. Mann: »Der Sinn dieser Emigration«. Paris 1934, S. 42 f., hier zitiert nach: *Exil-Literatur 1933–1945. Ausstellung der Deutschen Bibliothek in Frankfurt/M.* Frankfurt/M. ³1967, S. 169. – **102** W. Benjamin: »Über den Begriff der Geschichte«. In: Ders.: *Gesammelte Schriften.* Frankfurt/M. 1974. Bd. I.2, S. 697 (These VIII). – **103** Vgl. den gleichnamigen Essay H. Manns von 1935 in: Ders.: *Verteidigung der Kultur. Antifaschistische Streitschriften und Essays.* Berlin/DDR 1971, S. 112–116. – **104** H. Mann: »Das geistige Erbe« (1937). In: Ders.: *Verteidigung* (wie Anm. 103), S. 154–161, hier S. 155. – **105** Th. Mann: Geleitwort zum ersten Heft der Zeitschrift *Maß und Wert*, Jg. 1 (1937/38), S. 4. – **106** Vgl. zum Begriff schon L. Marcuse: »Zur Debatte über die Emigrantenliteratur«. In: *Das neue Tage-Buch* 2 (1935), hier S. 43: »Das Wort ›Emigrationsliteratur‹ ist also ein Oberbegriff, dem die tiefere, sachliche Berechtigung fehlt.« – **107** Th. Mann: *Die Entstehung des Doktor Faustus.* Amsterdam 1949, S. 22. – **108** Einstein: *Fabrikation* (wie Anm. 10), S. 286. – **109** Ebd., S. 312. – **110** Ebd., S. 287. – **111** Ebd., S. 287. – **112** Th. Mann: *Entstehung* (wie Anm. 107), S. 51. – **113** Einstein: *Fabrikation* (wie Anm. 10), S. 327. – **114** Ebd., S. 326 f. – **115** Ebd., S. 326 (beide Zitate). Die letztere Formulierung greift möglicherweise zitathaft umkehrend des Philosophen Theodor Lessing programmatische These von der »Geschichte als Sinngebung des Sinnlosen« (1919) auf. – **116** Ebd., S. 321. – **117** Ebd., S. 321. – **118** Ebd., S. 320. – **119** R. Musil: »Motive–Überlegungen (Nachlaß-Notizen)«. In: Ders.: *Gesammelte Werke.* Bd. *Prosa und Stücke.* Hg. von A. Frisé. Reinbek 1978, S. 904 unter dem Stichwort »Kollektivismus«: »Unsere sehr mißliche planetarische Situation (sc. im Exil) fordert Solidarität.« – **120** R. Musil: *Tagebücher* (wie Anm. 71), S. 791 (Eintrag aus der Schweizer Exilzeit). – **121** Vgl. G. Lukács: »Die intellektuelle Physiognomie des künstlerischen Gestaltens« (1936). In: Ders.: *Werke* Neuwied, Berlin 1971. Bd. 4, S. 151 ff. – **122** R. Musil: »Fallengelassenes Vorwort zu: Nachlaß zu Lebzeiten – Selbstkritik und Biographie« (1935). In: Ders.: *Gesammelte Werke.* Bd. *Prosa und Stücke* (wie Anm. 119), S. 970. – **123** Vgl. Einstein: *Fabrikation* (wie Anm. 10), S. 263 u.ö. – **124** C. Einstein: »Georges Braque« (1934). In: Ders.: *Werke* Wien, Berlin 1985. Bd. 3, S. 341. – **125** Vgl. A. Seghers: »Aufgaben der Kunst« (1944). In: Dies.: *Aufsätze, Essays 1927–1953.* Berlin/DDR, Weimar 1980, S. 168–174, hier S. 169. – **126** Musil: »Fallengelassenes Vorwort« (wie Anm. 122), S. 970. – **127** H. Broch: »Die mythische Erbschaft der Dichtung« (1945). In: Ders.: *Kommentierte Werkausgabe* Frankfurt/M.

1976, Bd. 9/2, S. 210. – **128** Ebd., S. 210. – **129** Ebd., S. 211. – **130** Ebd., S. 210 (bezogen auf das Beispiel von Joyce *Finnegans Wake*). – **131** Vgl. hierzu kritisch Th. Koebner: »Isis, Demeter – das waren Zeiten! Mythenrekonstruktion und Mythenskepsis in der Literatur der Dreißiger und Vierziger Jahre. Ein Versuch«. In: A. Stephan/H. Wagner: *Schreiben* (wie Anm. 94), S. 71–94, zu Broch speziell S. 81 ff. – **132** Broch: »Erbschaft« (wie Anm. 127), S. 210. – **133** H. Broch: »Mythos und Altersstil« (1947). In: *Werkausgabe* (wie Anm. 127), Bd. 9/2, S. 212–233, hier S. 213. – **134** Vgl. Yvan Goll in: *Transition* (Paris) Nr. 23 (Juli 1935), S. 149 f., hier zitiert nach Schlenstedt: *Wer schreibt* (wie Anm. 88), S. 410–449, hier S. 441. – **135** Einstein: *Fabrikation* (wie Anm. 10), S. 67. – **136** Einstein: *Braque* (wie Anm. 124), S. 341. – **137** Ebd., S. 213. Vgl. dazu als Schreibeinstellung auch A. Döblin: *Unser Dasein*. Olten, Freiburg i.Br. 1964, S. 445: »Realisieren heißt auch irrealisieren.« – **138** In diese Richtung zielt auch der narrative Mythos-Einsatz bei Anna Seghers. Vgl. dazu E. Haas: »Urbilder und Wirklichkeitsträume. Zur paradigmatischen Funktion des Mythos bei Anna Seghers«. In: P. Roos/F.J. Hassauer-Roos (Hg.): *Anna Seghers. Materialienbuch*. Darmstadt, Neuwied 1977, S. 51–61 sowie Dies.: *Ideologie und Mythos. Studien zur Erzähl- und Sprachstruktur bei Anna Seghers*. Stuttgart 1975. – **139** Einstein: *Braque* (wie Anm. 124), S. 213. Einstein setzt sich mit seiner an Braque nur thematisierten, keineswegs aber auf ihn beschränkten Ansicht explizit von marxistischen Positionen ab: »Gesellschaft (wird) nicht nur von den ökonomischen Kräften bestimmt (...), sondern gleicherweise vom sozialen Mythus.« (S. 213). – **140** H. Broch: »Das Weltbild des Romans« (1933). In: Ders.: *Werkausgabe* (wie Anm. 127), Bd. 9/2, S. 89–118, hier S. 115. Vgl. zu den weiteren, ethischen Argumentationshintergründen der Brochschen Poetik E. Schlant: »Zur Ästhetik Hermann Brochs«. In: M. Durzak (Hg.): *Hermann Broch. Perspektiven der Forschung*. München 1972, S. 371–384, bes. S. 380 und 384. Die Vorstellungen Brochs werden auch im großen Essay über »James Joyce und die Gegenwart« von 1936 thematisiert (in: *Werkausgabe* Bd. 9/1, S. 63–94). – **141** Broch: »Weltbild« (wie Anm. 140), S. 115. – **142** Ebd., S. 115. – **143** Vgl. F. Vollhardt: »Hermann Brochs Literaturtheorie«. In: P.M. Lützeler (Hg.): *Hermann Broch*. Frankfurt/M. 1986, S. 272–288. – **144** H. Broch »Joyce« (wie Anm. 140), S. 72. – **145** Vgl. Koopmann: »Geschichte« (wie Anm. 94), S. 28 (bezogen auf den historischen Roman). – **146** W. Benjamin: *Gesammelte Schriften*. Frankfurt/M. 1985, Bd. 6, S. 183 (Nachlaßfragment im Kontext der Pariser Vortragsreihe von 1934). – **147** Vgl. dazu etwa H. Broch in seiner Notiz »Robert Musil und das Exil«. In: Ders.: *Werkausgabe* (wie Anm. 127), Bd. 9/1, S. 96 f. – **148** Vgl. S. Kracauer: »Die Biographie als neubürgerliche Kunstform« (1930). In: E. Lämmert u.a. (Hg.): *Romantheorie. Dokumentation ihrer Geschichte in Deutschland seit 1880*. Köln 1975, S. 178–181, hier bes. S. 181. – **149** Vgl. z.B. im motivgeschichtlichen Deutungskontext z.B. M. Auer: *Das Exil vor der Vertreibung. Motivkontinuität und Quellenproblematik im späten Werk Alfred Döblins*. Bonn 1977. – **150** Vgl. symptomatisch etwa B. Brechts negative Einschätzung des Films in: Ders.: *Arbeitsjournal* (wie Anm. 39), Bd. 1, S. 399 f. – **151** Vgl. W. Benjamin: »Das Kunstwerk im Zeitalter seiner technischen Reproduzierbarkeit«. In: *Gesammelte Schriften* Frankfurt/M. 1974. Bd. I.2, S. 471 ff. (2. Fassung). – **152** Broch: »Erbschaft« (wie Anm. 127), S. 211. Vgl. auch Ders.: *Briefe. Bd. 2 (1938–1945)*. Frankfurt/M. 1981, S. 390 (an E. Polack 30.5.44). – **153** Zu den Positionen der epischen Theaterdiskussion im Exil vgl. E. Bahr: »Brechts episches Theater als Exiltheater«. In: A. Stephan/H. Wagner: *Schreiben* (wie Anm. 131), S. 109–122 (mit weiterer Lit.). – **154** Erstmals hg. von W. Hecht, Frankfurt/M. 1963 (= B. Brecht: *Schriften zum Theater 1935–1951*. Bd. 5). – **155** Ebd. – **156** Vgl. hierzu als Hintergrundsklärung F.D. Wagner: »Hitler und die Theatralik des Faschismus: Brechts antifaschistischer Diskurs«. In: *Zeitschrift für deutsche Philologie* 101 (1982), S. 561–583, hier S. 576 ff. – **157** Brecht: *Arbeitsjournal* (wie Anm. 39), Bd. 1, S. 137 (Eintrag vom 2.8.40). – **158** Ebd., S. 140 (Eintrag vom 3.8.40). – **159** Ebd., S. 141. – **160** Vgl. ebd., S. 141: »die beschäftigung mit der wirklichkeit setzt die phantasie erst in den rechten genußvollen gang.« – **161** Ebd., S. 45. – **162** Ebd., Bd. 2, S. 912 bezogen auf das »Kleine Organon für das Theater« (1948) (Eintrag vom 13.11.49). – **163** Vgl. E. Bloch: »Entfremdung, Verfremdung«. In: Ders.: *Literarische Aufsätze*. Frankfurt/M. 1965 (= *Gesamtausgabe*. Bd. 9), S. 277–284, hier S. 282. – **164** Brecht: *Arbeitsjournal* (wie Anm. 39), Bd. 1, S. 194 (Eintrag vom 1.11.40). – **165** Ebd., Bd. 1, S. 238 (Eintrag vom 31.1.41). – **166** B. Brecht: *Der Messingkauf*. In: Ders.: *Gesammelte Werke* Frankfurt/M. 1967. Bd. 7, S. 700. – **167** W. Benjamin: »Über das mimetische Vermögen« (1933). In: Ders.: *Gesammelte Schriften*, Frankfurt/M. 1977, Bd. II.1. S. 210–213, hier S. 212. – **168** Einstein: *Fabrikation* (wie Anm. 10), S. 95. – **169** Ebd., S. 98. – **170** Vgl. E. Bloch: *Erbschaft dieser Zeit* (1935).

Frankfurt/M. 1962 (= *Gesamtausgabe*. Bd. 4), S. 226. – **171** Brecht: *Messingkauf* (wie Anm. 166), S. 631. Vgl. dazu auch E. Blochs These von der »dialektisch übergehenden Zeit und Gesellschaft, die von der künftigen schwanger ist«. In: Ders./H. Eisler: »Die Kunst zu erben« (1938). In: H. Eisler: *Musik und Politik. Schriften 1924–1948*. Hg. von G. Mayer. München 1973, S. 406–414, hier S. 410. – **172** Bloch: *Erbschaft* (wie Anm. 170), S. 227. – **173** Bloch: »Kunst zu erben« (wie Anm. 171), S. 410. – **174** Brecht: *Arbeitsjournal* (wie Anm. 39), Bd. 1, S. 143 (Eintrag vom 5.8.40).

Alexander Stephan

Anna Seghers' *The Seventh Cross*
Ein Exilroman über Nazideutschland als Hollywood-Film

Die Exilliteratur der Jahre 1933 bis 1945, lange Zeit ein weißer Fleck auf den Landkarten der Literaturwissenschaften, brachte es in den vergangenen zehn Jahren zu beachtlicher Popularität. Dennoch ist man bisweilen von der Größe der Informationslücken überrascht, die selbst dort klaffen, wo es um bekannte Exilanten und um erfolgreiche Bücher aus dem Exil geht. Ein Beispiel dieser Art ist Anna Seghers und ihr Deutschlandroman *Das siebte Kreuz*. Höchst unzuverlässig ist nämlich, was die umfangreiche Seghers-Forschung über den Fluchtweg und die Arbeitsbedingungen der 1933 aus Deutschland Vertriebenen berichtet. Unvollständig waren lange Zeit die Informationen zur Entstehungs- und Manuskriptgeschichte des Romans, der 1942 zuerst in englischer Übersetzung bei Little, Brown in Boston und kurz darauf im Original bei El Libro Libre in Mexiko erschien.[1] Und vollends im Dunkeln liegt die Geschichte jenes Films, der 1943/44 unter dem Namen *The Seventh Cross* in Hollywood gedreht wurde.

Verwunderlich ist diese Tatsache zumindest aus zwei Gründen: einmal, weil hier eine kommunistische Exilantin, die es ins ferne Mexiko verschlagen hatte, an einem Ort zu Ruhm und Geld gelangte, der selbst so prominenten US-Exilanten wie Bertolt Brecht und Heinrich Mann verschlossen blieb; zum anderen, weil die Entstehung und Rezeption des Films *The Seventh Cross* als Modell für die Möglichkeiten und Grenzen der Exilliteratur in ihrem jeweiligen Gastland dienen kann.

*

Das Interesse von Hollywood an Anna Seghers' Roman reicht zurück bis in den Sommer 1942, als *Das siebte Kreuz* noch nicht einmal als Buch vorlag. »As I told you over the phone the other day«, schrieb Maxim Lieber, Anna Seghers' literarischer Agent, der das Romanmanuskript gerade an Little, Brown vermittelt hatte, Ende Juni 1942 an die bekannte Drehbuchschreiberin Viola Brothers Shore, »the decision of the Book-Of-The-Month Club to take Anna Seghers' *Seventh Cross* as one of their choices, has created considerable interest in the novel on the part of the picture studios.«[2] Kurz darauf berichtete dann auch das Branchenblatt der amerikanischen Filmindustrie, *Variety*, daß die großen Studios auf die Geschichte von Georg Heislers Flucht aus einem

Konzentrationslager aufmerksam geworden seien: »Mr. (Oscar) Serlin (...) is interested in *The Seventh Cross*, a book by Anna Seghers which is due on the stands next month, but had not taken a formal option on the drama rights when these notes were compiled. Viola Brothers Shore was spoken of as the dramatizer.«[3] Zehn Tage später, am 16. September 1942, korrigiert sich *Variety* bereits wieder. Jetzt ist nicht mehr von Serlin, sondern von dem ehemaligen Max Reinhardt-Schüler Otto Preminger die Rede, der seit Mitte der dreißiger Jahre für 20th Century Fox tätig war: »Otto Preminger purchased *Seventh Cross* Book of the Month Club selection for October for immediate production. Book, by Anna Seghers, will be dramatized by Viola Brothers Shore. The producer-actor now on the Coast will head east as soon as the dramatization is complete, probably within three weeks, to start production rolling.«[4]

Die Nervosität der Filmgrößen deutet an, daß Hollywood in der Story von Heisler den Stoff für einen publikumswirksamen Streifen sah. In der Tat war der Roman durch den Book-of-the-Month Club und eine Comic-Strip-Fassung innerhalb von wenigen Wochen einem in die Millionen gehenden Publikum zugänglich geworden. Das Fluchtsujet enthielt ein hohes Maß an »drama«. Die geradlinige, in Zeit, Ort und Handlung relativ einheitliche Fabel versprach ein straffes Drehbuch und niedrige Produktionskosten. Und schließlich gehörte *The Seventh Cross* dem 1942 noch an Beliebtheit zunehmenden Genre des Antinazifilms an.

Doch nicht ein Drehbuch für Hollywood, sondern ein Bühnentext wurde zuerst erstellt, von dem sich Lieber erhoffte, daß er am Broadway zur Aufführung käme. Kurzentschlossen schickte Preminger in diesem Zusammenhang im November 1942 Viola Brothers Shore nach Cuernavaca, Mexiko, um dort von ihr mit Anna Seghers' Hilfe einen spielbaren Text herstellen zu lassen. Das Produkt dieser Zusammenarbeit galt der Seghers-Forschung bislang als verschollen: zwei komplette Bühnentexte von je gut über 100 Seiten.[5] Aber der Broadway interessierte sich nicht für die Gemeinschaftsproduktion. Allzu eng hielt sich das Manuskript an die Form der Romanvorlage; allzu fern lag dem an unterhaltsame Stücke gewöhnten Theaterpublikum der deutsche Stoff. Und sicherlich wird es der Vermarktung des Manuskripts nicht genützt haben, daß Viola Brothers Shore der Heisler-Geschichte recht schrille politische Töne beigemischt hat: »To put a whole piece of Germany on the stage requires a little help from you«, spricht sie die Theaterbesucher direkt an. »Down there in your lap is the Concentration Camp. Don't mind. Only at first it's disturbing. After a while you don't see the barbed wire. For $ 6.60 you could have Gestapo there on top, but *we* know it was a passing phase, like your Snoop Committees, Witch Hunts, Heresy Trials and your J. Edgar Himmler. Behind the barbed wire is open country. Beyond that is the river. You can imagine a River, the Main or the Rhine or the Hudson.«[6]

Erfolgreicher verliefen hingegen die Verhandlungen um die Filmrechte für das Buch. Nach Serlins und Premingers Vorstoß drängte Mitte Oktober 1942 die seit Jahren als Schauspielerin und Drehbuchautorin in Hollywood tätige Salka Viertel den Leiter des »Story Departments« von Metro-Goldwyn-

Mayer, Kenneth Mackenna, in einem Telegramm, den Seghers-Roman zu lesen: »Dear Kenneth please read The Seventh Cross (...) Would make wonderful picture exciting and deeply moving.«[7] Ungefähr zur gleichen Zeit gab die Dramatists Guild grünes Licht für einen »screen play contract«: »(...) the contracts had not yet been authenticated by the Dramatists Guild«, schrieb Maxim Lieber dazu am 26. Oktober an Little, Brown, »because Anna Seghers had not yet applied for membership in the Author's League of America. Only this« morning was this effected and now things are ship-shape (...).«[8]

Ende Februar/Anfang März 1943 spitzt sich dann die Situation zu. Am 23. Februar wird bei MGM, das sich das Vorkaufsrecht gesichert hat, ein Angebot von Maxim Lieber diskutiert, der für das Buch $ 100.000 verlangt.[9] Einen Tag später schaltet sich Pandro S. Berman, der spätere Produzent des Films, in die Verhandlung ein. Da Lieber gleichzeitig mit Warner Brothers verhandelt, 20th Century Fox Interesse bekundet[10] und ein Angebot von Preminger, der das einzige Exemplar des Manuskripts von Viola Brothers Shore und Anna Seghers zu besitzen scheint[11], auszulaufen droht[12], muß Berman schließlich innerhalb von einer halben Stunde seinen Entschluß fassen[13]: am 25. Februar ersteht MGM eine Option auf die Filmrechte. Nach einigen Tagen Bedenkzeit, in denen im Studio eine Synopsis des Buches herumgereicht wird, und nach hektischem Hin und Her von Telegrammen und Telephonaten zwischen den MGM-Büros in Culver City, Kalifornien, und New York einigt man sich zwei Wochen später mit Lieber auf die gewünschte Verkaufssumme von $ 100.000. Seghers' Anteil wird mit $ 67.500 festgesetzt. Ihr Agent Lieber erhält $ 10.000. Von Viola Brothers Shore erkauft sich MGM für $ 22.500 das Recht, eine neue »dramatization« schreiben zu lassen.[14]

An den Beginn der Dreharbeiten für *The Seventh Cross* war freilich vorerst noch nicht zu denken. Zwar beauftragte MGM auf Empfehlung von Berman die damals noch recht unbekannte, erst kurz zuvor als »screen writer« angestellte New Yorker Autorin Helen Deutsch damit, ein neues Drehbuch zu schreiben. Doch während schon die ersten der weit über 50 erhalten gebliebenen »synopses«, »plot outlines«, »notes« und »drafts« eingingen und diskutiert wurden, war die Rechtsabteilung von MGM noch damit beschäftigt, Probleme auszuräumen, die aus Anna Seghers' Status als Exilantin resultierten.

So galt es zunächst, einen Weg vorbei an General Order No. 13 des Alien Property Custodian der Vereinigten Staaten zu finden, ohne dessen Genehmigung auch nur die Aufnahme von Verhandlungen mit einem potentiellen »enemy alien« verboten waren.[15] Dann war, mitten im Kriegswinter 1943, in zum Teil seitenlangen Telegrammen an einen Kontaktmann in London die für den kommerziellen Erfolg des Films unerläßliche Frage des Copyrights für Großbritannien zu klären – wobei den Telegrammen zur Beruhigung der Zensoren routinemäßig die Bemerkung hinzugefügt wurde: »This is a Motion Picture Message.« Versuche, von El Libro Libre und Editorial Nuevo Mundo eine Freigabe der Rechte zu erhalten, scheiterten wochenlang daran, daß der MGM-Mann in Mexiko City für den Exilverlag zwar ein Postfach, aber keine Straßenadresse ausfindig zu machen vermochte. Exemplare der deutschen und spanischen Ausgabe des *Siebten Kreuzes* konnten wegen der in den Kriegsjahren verschärften Zensurbestimmungen nur durch Privatpersonen bzw. mit monatelangen Verzögerungen auf dem Postweg von Mexiko nach Los Angeles transportiert werden. Eine Reise des Seghers-Agenten Maxim Lieber nach Mexiko machte es nötig, daß MGM in einer Petition an den Innenminister in Washington ein politisches Argument anführte, das sich sonst im Archivmaterial des Studios im Zusammenhang mit diesem Film nicht wiederfindet: »The propaganda value of the motion picture we intend to make based on this novel has been considered of real value to our war effort (...)«[16] Und schließlich war die alles entscheidende Frage zu klären, ob Anna Seghers in den USA überhaupt Tantiemen beziehen durfte oder ob sie als Deutsche bzw. Ungarin, die sich in einem Drittland aufhält, auf der »black-list« des Alien Property Custodian geführt wurde.[17] Dazu Homer Jones, Chief der Division of Investigation and Research des Office of Alien Property Custodian in einem Schreiben an MGM vom 8. April 1943:

»In response to your recent inquiry (...), please be advised that it will be proper for you to conclude your arrangements for acquisition of motion picture rights to copyrighted properties in which interests are held by a German national (...) The money to be paid as a result of the purchase by your company should be placed in an account with said depository from which withdrawals may be made only upon the authorization of the Alien Property Custodian.«[18]

Von Behörden und Studiomanagern unbeachtet blieb dagegen ein Thema, das ohne Zweifel schon 1942/43 einen entscheidenden Hinderungsgrund für die Bewilligung von amtlichen Sondergenehmigungen geliefert hätte: die Beziehungen von Roman und Autor zur Kommunistischen Partei. Sei es, daß die Filmbosse nur die entpolitisierten Synopsen des Buches in die Hand nahmen, sei es, daß sie die auch für nicht-deutsche Leser kaum übersehbaren Verbindungen zwischen Widerstand und KPD im Roman nicht erkannt hatten – die Frage nach den weltanschaulichen Überzeugungen und der Parteizugehörigkeit von Figuren wie Wallau (»potential leader of a movement against the Nazis«[19]), Heisler, Hermann und Franz kommt weder in den Briefwechseln zwischen MGM und Regierungsstellen noch in der internen Korrespondenz des Studios auf.[20]

Politisch entsprechend ahnungslos waren oder gaben sich im Rückblick auch die an den Dreharbeiten Beteiligten: Zinnemann, Berman und Herbert Rudley, der einzige Schauspieler, der noch zu erreichen war, sagten in Interviews spontan und einstimmig aus, nichts über den politischen Standort von Autor und Buch gewußt zu haben. Und auch Anna Seghers hat offensichtlich keinen Versuch unternommen, den Alien Property Custodian oder die verschiedenen alliierten Konsularbehörden in Mexiko über ihre Parteizugehörigkeit aufzuklären. Jedenfalls begnügt sie sich in einer autobiographischen Skizze, die sie am 11. August 1943 im Rahmen ihrer Verhandlungen mit MGM vom britischen Pro-Consul A. Percival Hughes in Mexico City beglaubigen läßt, damit, sich als »wholeheartedly anti-Nazi and pro-Allied Nations« zu kennzeichnen: »It is solely on account of my anti-Nazi sentiments and writing and the fact that I was born of Jewish parentage that I was compelled to leave my native Germany.«[21]

Anfang Juni 1943 war dann der Vertrag, diesmal zwischen Anna Seghers und MGM, endgültig unterschriftsreif.[22] Das Studio schien sicher zu sein, daß der Vertrieb des Films zumindest in der englischsprachigen Welt ohne Schwierigkeiten abzuwickeln sei. Anna Seghers mußte sich damit abfinden, daß die vier jeweils am 1. Juni der Jahre 1943 bis 1946 ausgezahlten Raten ihres Honorars, von dem nach amerikanischer Steuergesetzgebung ohnehin mehr als 30 % einbehalten wurden, zunächst einmal auf ein Sperrkonto bei der Chemical Bank & Trust Co. in New York gingen. Dennoch durfte sie durchaus zufrieden sein, denn gleichsam ohne ihr eigenes Zutun hatte sie erreicht, was fast allen der in Los Angeles ansässigen Exilautoren verwehrt blieb: Erfolg in Hollywood.[23]

Schließlich begannen Ende September die eigentlichen Vorbereitungen zu den Dreharbeiten für den Film, den MGM »one of our most important productions of the year«[24] nannte und dessen Entstehung von der Presse aufmerksam verfolgt wurde. Spencer Tracy, damals für ein Wochensalär von gut $ 5000 bei Metro angestellt, erhielt die Starrolle des Georg Heisler. Fred Zinnemann, ein gebürtiger Wiener, den Berthold Viertel in Hollywood gefördert hatte und der bei Metro bis dahin vor allem als Kurzfilmer tätig gewesen war, wurde dem Projekt als Regisseur zugeteilt. Signe Hasso übernahm die weibliche Hauptrolle, das heute noch aktive Schauspielerehepaar Hume Cronyn und Jessica Tandy spielte Paul und Liesel Röder, der Broadwaystar Katherine Locke übernahm die Rolle der Frau Sauer.

Besonders hervorgehoben wurde in den Presseberichten, daß sich unter den Schauspielern außergewöhnlich viele Ausländer befanden. Gemeint waren damit freilich nicht Exilanten wie Helene Weigel, die in zwei nur wenige Sekunden dauernden Szenen als Hauswartsfrau ihre einzige Filmrolle im amerikanischen Exil hatte, oder Alexander Granach, der in der Endphase der Dreharbeiten die Rolle des Zillich erhielt, sondern die Schwedin Hasso, die Engländerin Tandy und der Kanadier Cronyn. Erfahrungen mit dem Hitlerregime hatten der Presse zufolge der Pole Kurt Katch, der den Hermann spielte, und die in Berlin bekannt gewordene Karin Verne als Leni.

Exilschauspieler, die sich damals in großer Zahl in Hollywood aufhielten, bekamen dagegen durchweg nur die üblichen »minor parts and bits«[25]: so Helene Thimig als Frau Anders[26], Liesl Valetti, die Tochter der Kabarettistin Rosa Valetti, als Sauers Dienstmädchen und deren Cousine Lotte Stein als Frau Schmitt.[27] Dazu Berthold Viertel in seiner Besprechung ›The Seventh Cross‹ als Film: »Zinnemann hatte einen amerikanischen Hauptdarsteller. Sollte der nicht aus dem Rahmen fallen, mussten alle wichtigen Rollen (...) mit Amerikanern besetzt werden. Ein paar deutsche Künstler durften statieren (...), um Atmosphäre zu erzeugen (...).«[28]

*

Der Film, der dann im Sommer 1944 der Presse und seit September der Öffentlichkeit gezeigt wurde, zählt zweifellos zu den besseren »big studio productions« aus jener Zeit. Zinnemanns damals noch kaum entwickeltes Talent als Regisseur trug dazu ebenso bei wie das geschickt die Romanhandlung reduzierende Drehbuch von Helen Deutsch, der Ruf von Spencer Tracy als Charakterdarsteller und die überdurchschnittlichen Leistungen der bis in die kleinsten Rollen mit ausgezeichneten Schauspielern besetzten »stellar cast«.[29] Am wichtigsten für das Gelingen des Films dürfte jedoch gewesen sein, daß weder Helen Deutsch noch Zinnemann oder Berman die Handlung des Romans entscheidend veränderten. So wurden, trotz der von Deutsch, Zinnemann und anderen in vielen Arbeitsgängen durchgeführten Reduktion der Romanhandlung auf eine Filmgeschichte, der Ablauf der Ereignisse und die Eigenschaften der Hauptfiguren beibehalten. Hervorgehoben wurde, wenn auch auf Kosten der politischen Aussage, eines der Leitthemen des Romans: »(...) that there is still some good – and some good Germans – in Germany.«[30] Immer wieder wird der Zuschauer in den breit ausgemalten Sequenzen in Röders Wohnzimmer, aber auch in der dem Stil der Zeit entsprechenden Abschiedsszene zwischen Georg und Toni, der Kellnerin, mit der Kraft des »gewöhnlichen Lebens« konfrontiert. Symbole wie das Kreuz und religiöse Anspielungen wie die ›Märtyrergeschichte‹ Wallaus werden für den Film übernommen. Milieu und Fakten entsprechen, von kleinen Fehlern abgesehen[31], weitgehend der deutschen Realität Mitte der dreißiger Jahre. Und schließlich deutet sich in der bis zum Schluß in die Handlung eingeblendeten Stimme Wallaus, der mal als Heislers Berater, dann wieder als Erzähler, oft aber auch als Kommentator und Bindeglied zum Zuschauer auftritt, an, daß Helen Deutsch und Zinnemann mehr oder weniger bewußt einige der modernen Erzählmittel des Romans wie stream of consciousness, erlebte Rede, Zuschaueradresse usw. für den Film nutzbar zu machen suchten.

Die Änderungen, die für den Film vorgenommen wurden, waren dagegen, mit einer Ausnahme, weniger bedeutsam. So fällt es zum Beispiel kaum auf, daß die Spannung durch ein paar hinzugeschriebene Auftritte der Gestapo und eine Verfolgungsjagd durch Mainz erhöht wurde.[32] Auch die Tatsache, daß Heisler im Film unverheiratet bleibt, die Beziehungen zu Leni und Toni dagegen breit ausgemalt werden, tut dem Film keinen Abbruch. Und selbst die als »comic relief« in die Handlung eingebauten Szenen in Röders und Sauers Wohnungen – von Sauers Haus heißt es an einer Stelle, es sehe aus wie in einem Hollywood-Film – stören kaum.

Folgenreich war dagegen der Eingriff der Filmemacher in den Roman in einem anderen Aspekt: die Verdrängung der politischen Botschaft des Buches zugunsten dessen, was man als ewig-menschliche, existentielle Themen bezeichnen könnte. Oder anders gesagt: Hollywood ignorierte weit mehr noch als die Lektoren von Little, Brown und der amerikanische Übersetzer des Buches die weltanschauliche Position der Funktionäre vom Schlag Wallaus und machte sich statt dessen jene zeitlose Perspektive zu eigen, die Anna Seghers auf den ersten Seiten des Buches um den Schäfer Ernst entstehen läßt. Anlaß, die Akzentverschiebung als bewußte Entpolitisierung des Stoffes oder gar als einen verkappten Antikommunismus auszulegen, gibt es nach Durchsicht des MGM-Archivs freilich nicht. Wohl aber ist anzunehmen, daß Holywood in der Geschichte von Georg Heisler jenen existentiellen Zug witterte, der in den frühen vierziger Jahren als »realism« auch in anderen Erfolgsfilmen, etwa *Casablanca*, anzutreffen war.

Belege, die eine solche Auslegung unterstützen, bietet der Film in Fülle: die Schauspielkunst von Spencer Tracy gehört hierhin, dem die Rolle des Außenseiters, des »loners« und gehetzten, aber ehrlichen Imstichlassers, der sich hinter breiten Hutkrempen und hochgeschlagenen Mantelkragen verbirgt, auf den Leib geschrieben war. Zinnemanns Handschrift wäre zu nennen, der von sich selbst sagt, daß er bei Filmen wie *The Seventh Cross*, *High Noon* und *A Man for All Seasons* davon fasziniert gewesen sei, »Menschen in einer schwierigen Situation zu beobachten« und zu sehen, »wie sie reagieren«.[33] Immer wieder sind Szenen mit Nebel und Regen ausgemalt, angefangen von den ersten Bildern der Flucht bis hin zu den letzten Einstellungen aus dem Fenster von Tonis Zimmer und Heislers Gang zu dem holländischen Schiff, das ihn in die relative Freiheit des Exils bringen wird. Wallaus Stimme wiederholt mit der Monotonie eines Leitmotivs, daß hier nicht Nazis und Antifaschisten aufeinandertreffen, sondern jene sich immer wieder und überall wiederholende Konfrontation von Gut und Böse stattfindet:

»Voice (calm, deliberate, dispassionate): When all the stories have been told, the great stories and the little ones – the tragedies and the melodramas – when all the stories of what happened in Europe have been told, as of course they never *can* be, the Seventh Cross will be remembered as the story of a few people in one little district of West Prussia (!), who proved there is something in the human soul which sets men above the animals and beyond them. Hatreds and wounds vanish; political doctrines change; this is eternal.«[34]

Und auch Helen Deutsch hat, etwa in der Szene, in der Füllgrabe Georg dazu zu überreden sucht, sich der Gestapo zu stellen, durch ein paar hinzuerfundene Sätze das ihre getan:

»Fuellgrabe: What are you struggling to stay alive for? What for? (with bitter conviction) There have been causes and men have died for them! Yes! But *this*? A struggle just to remain alive? For what? To see the sun rise again? – Better be dead and rotting and not have to see man's inhumanity to man! *It's an evil world, Heisler – a stinking, horrible, godforsaken world!* (...) Voice (a pleading cry) No...! No...! Even in Germany that isn't true! (...) Don't believe him! Listen to me! (fading) Hear me (...).«[35]

Andere, etwa die Werbeabteilung von MGM, hatten weniger im Sinn mit Existentialismus und Ewigkeit. Wohl wissend, daß es ein Streifen mit »somber title and no pronounced love interest«[36] beim heimischen Publikum schwer hat, entschloß man sich dort nämlich kurzerhand, die Erstaufführung des Films in sieben amerikanischen Großstädten mit einer Werbekampagne besonderer Art zu begleiten. *Life* berichtet: »They set up a George Heisler man hunt in seven cities across the U.S. In each city Heisler (acted by Spencer Tracy's stand-in, Roy Thomas) had to pass seven crosses in a given time. To the first person who spotted him in each city went a $ 500 War Bond.«[37] Um diese Jagd, die das »unofficial blessing«[38] des FBI besaß, so realistisch wie möglich zu machen, ließ MGM in den betreffenden Städten Plakate mit »Heislers« Bild drucken; Radiostationen sendeten Suchmeldungen mit Stimmproben des Flüchtigen; tausende von Handzetteln wurden verteilt, die die Bevölkerung zur Teilnahme an dem »man hunt« aufforderten:

»Be alert. Prove that no suspect can escape American vigilance (...) This man calling himself George Heisler and other aliases will pass through this city on or before September 5th. Description (...) age 38, height 5 Ft. 11 ½ inches, weight 190 pounds, blue grey eyes, ruddy complexion resembles Spencer Tracy (...) He will pass this cross (...) When you see him go up to him and say ›You are George Heisler. The seventh cross awaits you!‹«[39]

Dokumentiert und fotografiert wurden die Aktionen durch einen Reporter von *Life*. Seine Bildstreifen zeigen »Heisler« in verschiedenen Verkleidungen vor dem Hintergrund bekannter Touristenattraktionen in San Francisco, Boston, Washington, Milwaukee und Denver. Die letzten Bilder der Reihe sind sich dabei immer ähnlich: mal wird »Heisler« von ein paar Halbwüchsigen, mal von einem Rudel Studentinnen eines College, mal – »in a Nelson Eddy ›Maytime‹ garb« – von zwei »Waves«[40], Mitgliedern des Women's Appointment Volunteer Emergency Service der U.S. Navy enttarnt.

*

Man mag angesichts der Ereignisse in den Konzentrationslagern Europas die Werbekampagne von MGM mit gemischten Gefühlen beurteilen. Fest steht, daß auch die professionelle Filmkritik, die *The Seventh Cross* im Herbst 1944 ein beachtliches Maß an Aufmerksamkeit schenkte, nur im Ausnahmefall auf den existentiellen und politischen Gehalt des Streifens oder gar auf einen Vergleich von Buch und Film zu sprechen kam. Das gilt besonders für die Kritiker der Regionalblätter, die allemal mehr Interesse für den »entertainment effect«[41], für Verfolgungs- und Liebesszenen also, als für die Aussage eines Films aufbrachten. Wie weit dabei selbst das Antinazithema in den Hintergrund geraten konnte, belegen drei keineswegs untypische Besprechungen: »›The Seventh Cross‹«, schreibt so zum Beispiel der *Los Angeles Examiner*, »couldn't be more exciting if it were just plain cops and robbers with a Manhattan background. This is because it has one paramount virtue always saleable at the box office – an electric suspense (...) As for the anti-Nazi theme, its treatment in Miss Deutsch's screenplay is strictly for entertainment effect.«[42] »In its translation to picture form, this story (...) has wisely abandoned its political flavor. It has become, instead, the story of the psychological rehabilitation of a man whose bitter experiences as a prisoner have convinced him the milk of human kindness is non-existent. On this basis it has a profound emotional appeal, coupled with a tingling suspense (...).«[43] Und die *Los Angeles Times* meint gar: »›The Seventh Cross‹ (...) is really one long screen chase (...)

It would be too bad if you let the period and subject keep you away, for despite the depressing background it's the chase that counts.«[44]

Verständiger, auch mit Bezug auf die Form des Films, reagierten nur einige überregionale Blätter. So gingen Newsweek, der New Yorker und Theater Arts auf die Rolle von Ernst Wallau ein, dessen »before-and-after-death Greek chorus«-Effekt sie als »awkward substitution of the vocal for the visual« kritisierten.[45] Time erkannte im Heisler des Romans den Typ des »seasoned and astute professional revolutionist« und wirft dem Film vor, durch die Entpolitisierung der Figur ihre ›Vitalität‹ genommen zu haben.[46] Und The Nation meinte gar, The Seventh Cross als »ultratypical M-G-M ›major‹ production« abtun zu müssen, ein Stil »fatal to any sort of film except the purest low-ceilinged romance«.[47]

Am interessantesten war jedoch zweifellos die Kontroverse, die in zwei Besprechungen der New York Times angesichts der Frage aufbrach, ob The Seventh Cross inmitten der sich häufenden Nachrichten über deutsche Kriegsverbrechen nicht zu stark für einen »›soft‹ peace« plädiere.[48] Angeschnitten wurde damit nämlich ein Thema, über das man damals nicht nur unter Amerikanern und Engländern, sondern auch unter den Hitlerflüchtlingen selbst hitzige Debatten führte. Dabei wurde auf der einen Seite in der Annahme, der Krieg werde bald vorbei sein, unter der Überschrift Post-War Horizon das Argument ins Feld geführt, daß Filme wie The Seventh Cross eine wichtige Rolle für die nachkriegsdeutsche Kultur spielen könnten: »Indications that Hollywood intends the screen to play a big part in helping to shed light on the problems of peacemaking and readjustment after the war are becoming increasingly evident. ›The Seventh Cross‹ (...) is considered a typical example of Hollywood's ›advanced‹ treatment of Germany and Germans (...).«[49] Auf der anderen Seite stand die Meinung, daß ein Film wie The Seventh Cross durch seine tolerante Haltung gegenüber Deutschland »Germany's national crime on Nazi backs« lade: »Obviously this picture can make sentiment for a ›soft‹ peace. It looks as though we are getting a dandy ›thriller‹ at a pretty high price.«[50] Denn, so zitiert die New York Times Pandro Berman, »the picture (...) will show, just as the chief protagonist discovers, that there is still some good (...) in Germany (...) Pictures with such a theme are going to be welcome and useful perhaps a year from now, although they might not have been acceptable a few months ago or even today.«[51]

Ähnlich, wenn auch mit der authentischen Bitterkeit von Beteiligten, wurde in der Exilpresse argumentiert. »Amerikanische Soldaten«, meinte so etwa Manfred George im Aufbau, »die diesen Film sehen, müssen den Eindruck bekommen, dass im Grunde die deutsche Bevölkerung nur darauf wartet, den Antifaschisten zu helfen (...) So wird der an sich echte und gefühlte Film (...) zu einem falschen und trügerischen Produkt (...) voller Schiefheiten und vielleicht sogar schädlichen Wirkungen.«[52] Dem hält ein anonymer Schreiber in The German American entgegen, daß es »eine Torheit« sei, die Existenz »anständiger Deutscher« zu leugnen:

»Haben wir nicht eben von der Ermordung Ernst Thälmanns und Rudolf Breitscheids und Zehntausenden anderer anständigen Deutschen gehört? Abzuleugnen, dass es anständige Deutsche, konsequente Kämpfer gegen die nationalsozialistische Barbarei in Deutschland gibt, kann nur das Gegenteil dessen herbeiführen, was alle Feinde Hitlerdeutschlands wollen. Wenn die Besatzungsarmeen der Verbündeten keinen Unterschied zwischen Nazis, Feiglingen, charakterlosen Opportunisten einerseits und anständigen Deutschen andererseits machen würden, dann wird dies in der Praxis dazu führen, dass offene oder geheime Nazianhänger, dass der Dreck Deutschlands zu Bürgermeistern, Polizeikommissaren, Verwaltungsbeamten und Wirtschaftssachverständigen eingesetzt werden. Nein, der Film ›Das siebte Kreuz‹ ist keine – auch ungewollte – Propaganda für einen ›soft peace‹.«[53]

Soweit wir wissen, hat sich Anna Seghers an den Auseinandersetzungen um den Film nicht beteiligt.[54] Wohl aber erschien in der von ihr mitgestalteten Zeitschrift *Freies Deutschland* anläßlich der Aufführung des Films in Mexiko im April 1945 eine Besprechung von Alexander Abusch. In ihr geht Abusch als Kommunist davon aus, daß die Behauptung eines New Yorker Kritikers[55], »dieser Film sei infolge einer zu guenstigen Darstellung der Deutschen eine Propaganda fuer einen ›weichen Frieden‹«, »geradezu grotesk« sei. Seiner Meinung nach wisse nämlich jeder, der während der dreißiger Jahre »staendigen Kontakt mit der deutschen antifaschistischen Untergrundbewegung hatte, (...) mit welcher Aufopferung von vielen Menschen gegenseitige Hilfe unter Todesgefahr geuebt wurde.« Wenn überhaupt etwas an dem Film zu kritisieren sei, dann, daß Wallau, »der eigentliche grosse Held des Romanes, (...) zu sehr als Episodenfigur« verschwindet. Gerade Wallau und seine »Freunde« nämlich dürfen, wie Abusch meint, »bei der Planung der demokratischen Zukunft Deutschlands niemals uebersehen« werden.[56]

Daß Abusch mit diesem Kommentar wohl auch die Meinung von Anna Seghers wiedergibt, belegen neben dem Romantext jene Essays aus dem mexikanischen Exil, mit denen sich Anna Seghers auf die Rückkehr nach Deutschland vorbereitete. Immer wieder warnt sie dort davor, Hitler mit Deutschland gleichzusetzen. Wiederholt weist sie auf die Einheit von deutschem Volk, Land und Geschichte hin, verlangt die Rettung der deutschen Sprache und Kultur aus den Händen der Faschisten und fordert, an jene Tradition anzuknüpfen, die von Störtebeker über Florian Geyer bis zu den Namenlosen reicht, die nach 1933 in Deutschland ermordet wurden. Wer dagegen wie Emil Ludwig, Henry Morgenthau und Lord Vansittart meine, daß das deutsche Volk unheilbar sei und deshalb »von der Erde verschwinden« müsse, läuft ihrer Ansicht nach unweigerlich Gefahr, sich jenem »Punkt«[57] zu nähern, von dem aus die Exilanten aus Deutschland vertrieben worden waren.

In der Tat begann man sich ungefähr zur selben Zeit, in der Anna Seghers ihre Gedanken in Mexiko niederschrieb, in Washington für *The Seventh Cross* zu interessieren. Für die Armee wurde eine Billigausgabe des Romans gedruckt.[58] »War Department employees and military personnel« sind aller Wahrscheinlichkeit nach durch Ausschnitte aus dem Film auf den Dienst in

Europa vorbereitet worden – zumindest deutet darauf eine Absprache zwischen Loew's Inc. und der U.S. Regierung, in der es um die Freigabe von zwei kurzen Ausschnitten aus dem Film geht (»High shot of concentration camp« und »Various views of concentration camp«).[59]

Berichte über die propagandistische Wirkung des Films bei der kämpfenden Truppe liegen nicht vor. Wohl aber gibt es Hinweise darauf, daß die MGM-Fassung des Seghers-Stoffes auch außerhalb der USA eine große Anzahl von Menschen erreichte. So erinnert sich der brasilianische Schriftsteller Jorge Amado, daß »der reißende Absatz« des Buches während des Zweiten Weltkriegs noch »gesteigert« wurde durch den Film, »der etwa zur gleichen Zeit auf den Leinwänden unserer Filmtheater erschien«.[60] Aus England wurde gemeldet, daß der Streifen mit Erfolg lief.[61] Und auch in Schweden hat der Film allem Anschein nach »lobende Besprechungen« erhalten.[62]

Ausgerechnet in Deutschland, wo nach 1945 Aufklärung über die jüngste Vergangenheit besonders vonnöten war, scheint *The Seventh Cross* dagegen dem ausbrechenden Kalten Krieg zum Opfer gefallen zu sein. Jedenfalls berichtet die Kulturbundzeitschrift *Sonntag* Anfang August 1947, daß sich die Zensurbehörde der amerikanischen Besatzer im Zuge einer Kampagne gegen Anti-Hitlerfilme in den USA auch gegen die Aufführung des Zinnemann-Streifens in Berlin ausgesprochen habe: »Die zuständige Dienststelle im amerikanischen Sektor Berlins gab der generellen Besorgnis ihrer Regierung Ausdruck, daß der in dem Film zum Ausdruck kommende Widerstandswille in der deutschen Öffentlichkeit falsch ausgelegt werden und einen Widerstandswillen gegen die Besatzungsmächte hervorrufen könne.«[63]

Einen kommerziellen Gewinn erzielte *The Seventh Cross* trotz der weltweiten Verbreitung wohl nicht für MGM. Fred Zinnemann zufolge hat der Film jedoch zumindest die Produktionskosten von gut über einer Million Dollar[64] eingespielt.[65] Hume Cronyn wurde 1945 von der Academy of Motion Picture Arts and Sciences für seine Interpretation des Paul Röder als bester Nebendarsteller nominiert.[66] Hier und da erinnern sich ältere Kinobesucher in Leserbriefen an den Streifen.[67] Ansonsten ist *The Seventh Cross* weitgehend von der Leinwand verschwunden. In der Bundesrepublik blieben zwei Sendungen im ZDF (1972 und 1983) und eine bei der ARD (1986) ohne besondere Resonanz. In der DDR, wo der Club der Filmschaffenden und die Berliner Volksbühne 1954 die tschechische Fassung des Films zeigten, reagierte man eher verwirrt und schlecht informiert.[68] So beläßt es ein Rezensent im *Sonntag*, unsicher, ob er das geistige Eigentum einer National- und Friedenspreisträgerin kritisieren bzw. ein Machwerk aus dem kapitalistischen Hollywood loben könne, bei der Feststellung, daß der Film »doch nicht viel mehr als das äußere Handlungsgerüst« vom Original übernommen habe. Zudem falle ein Vergleich mit dem Roman »sehr zuungunsten des Films aus«: Was dem Film fehle, sei »jenes Einfühlungsvermögen, das in seiner letzten Tiefe nur da vorhanden sein kann, wo auch ein Gleichklang der Gesinnung oder, sagen wir es ganz deutlich, der Ideologie vorhanden ist.«[69] Und auch Peter Palitzsch, der für die *Weltbühne* über den Streifen schrieb, kommt zu keinem klaren Urteil. Einerseits wird nämlich von ihm kritisiert, daß *The Seventh Cross*, »gedreht für sein hollywoodgewöhntes Publikum (...) sich weidlich an die spannenden und sentimentalen Elemente der Story« halte. Andererseits hebt er lobend hervor, daß »der Film nicht, wie sooft bei uns, äußerliche Merkmale zur Kennzeichnung antifaschistischer oder faschistischer Gesinnung benutzt, sondern darauf vertraut, daß sich der Charakter eines Menschen aus seinen Handlungen ergibt.« Spencer Tracy, meint Palitzsch, ungeachtet der Gefahr, damit eine bedenkliche Affinität zwischen sozialistischem Realismus und Hollywood-Stil herzustellen, gebe dabei »ein schönes Beispiel für die Verkörperung eines positiven Helden« ab.[70]

So gut wie völlig vergessen ist *The Seventh Cross* in den USA. Daran wird wohl auch die Tatsache nichts ändern, daß der New Yorker Verlag Monthly Review Press jüngst eine Neuauflage der englischen Übersetzung des Romans herausgebracht hat.[71] Jedenfalls entschloß sich MGM, als 1969 das Copyright für den Film erlosch, in der Annahme, Anna Seghers sei längst verstorben, erst nach einigem Zögern dazu, einen Antrag auf Verlängerung der Rechte zu stellen.[72]

---

1 Vgl. meinen Aufsatz: »›... ce livre a pour moi une importance spéciale.‹ *Das siebte Kreuz*: Entstehungs- und Manuskriptgeschichte eines Exilromans«. In: *Exil* (1985) H. 2, S. 12–24. Eine umfassende Studie über Text und Kontext von *Das siebte Kreuz* steht kurz vor dem Abschluß. – 2 Maxim Lieber, Brief an Viola (Brothers Shore) vom 22.6.1942. The Viola Brothers Shore Collection, American Heritage Center, University of Wyoming. – 3 *Variety* vom 6.9.1942. Zitiert nach einem undatierten Brief des New Yorker Büros von MGM an Mr. Margulies im MGM-Studio in Culver City. Dem Metro-Goldwyn-Mayer/United Artist-Studio in Culver City, Kalifornien, sei an dieser Stelle dafür gedankt, daß es bereitwillig Archivmaterial zur Verfügung gestellt hat. Sofern nicht anderes vermerkt, beziehen sich Angaben zum Film *The Seventh Cross* auf dieses Material. – 4 *Variety* vom 16.9.1942. Vgl. dazu einen Brief von Maxim Lieber an Little, Brown vom 26.10.1942 (Verlagsarchiv von Little, Brown & Co., Boston; dem Verlag sei für die großzügige Bereitstellung von Archivunterlagen gedankt): »I give you my word, that I issued no publicity statements concerning the dramatic rights to *The Seventh Cross*. I suspect, however, that my associate in this venture, Miss Sarah Rollitts, was responsible. She was, as a matter of fact, somewhat premature (...).« – 5 Exemplare der beiden Manuskripte, die sich mehr oder weniger eng an den Romantext halten, befinden sich im Nachlaß von Viola Brothers Shore (vgl. Anm. 2). – 6 Bühnenfassung von *The Seventh Cross*, undatiertes Manuskript, S. 2 (vgl. Anm. 2). Mrs. Wilma Salomon, die Tochter von Viola Brothers Shore, hat in einem Brief an den Verfasser vom 2.3.1987 bestätigt, daß Sätze mit einem derartigen Stil und Ton aus der Feder ihrer Mutter gestammt haben könnten. Vgl. auch ein Gespräch, das John Stuart 1942 für *New Masses* mit Anna Seghers geführt hat: »She told me that she had very recently helped Viola Brothers Shore prepare the playscript of *The Seventh Cross* which Otto Preminger will produce. It gave her an opportunity to improve her English, to prevent mistakes which crept into the translation of *The Seventh Cross* from the German as well as some unnecessary omissions from the original manuscript« (*New Masses* vom 16.2.1943, S. 23; vgl. meine Übersetzung des Interviews in A.S.: »Ein Exilroman als Bestseller. Anna Seghers' *The Seventh Cross* in den USA. Analyse und Dokumente«. In: *Exilforschung* Bd. 3 (1985), S. 252-257). Vgl. auch Wolfgang Kießling: *Exil in Lateinamerika*. Leipzig 1980, S. 441: »Anfang 1943 fuhr Anna Seghers in das 85 Kilometer südlich der mexikanischen Hauptstadt gelegene Cuernavaca und arbeitete dort gemeinsam mit Viola Brothers Shore an der Dramatisierung ihres Romans. Danach hatte sie keinen Einfluß mehr auf die Arbeit am Film.« Nicht bekannt zu sein scheint Kießling, daß der in Mexiko erstellte Text für die Bühne gedacht war und dem Film gar nicht zugrunde liegt. – 7 Salka (Viertel), Telegramm

an Kenneth Mackenna vom 14.10.1942. Ob auch Berthold Viertel, der dem Film später in der *Austro-American Tribune* (1944/45, H. 3, S. 9–10) eine ausführliche Besprechung widmete, bei der Vermittlung seine Hand im Spiel hatte, ist nicht auszumachen. Jedenfalls bleiben Buch und Film in einem Brief vom 11.7.1942, in dem Anna Seghers Viertel um Manuskripte für eine Anthologie bei El Libro Libre bittet, unerwähnt (Deutsches Literaturarchiv, Marbach). Vgl. in diesem Zusammenhang auch Anna Seghers' Brief an Wieland Herzfelde vom 9.5.1940, in dem sie mitteilt, daß eine Kopie des Romanmanuskripts »in Hollywood bei dem Viertel« liegt (A.S., Brief an W.H. vom 9.5.[1940]. In: Anna Seghers, Wieland Herzfelde: *Ein Briefwechsel 1939–1946*. Hg. von Ursula Emmerich u. Erika Pick. Berlin/DDR 1985, S. 34–35). Pandro S. Berman hat auf die Frage, wie der Stoff zu MGM gekommen sei, geantwortet: »via normal channels« (Gespräch mit dem Verfasser am 8.5.1984), was in Hollywood so viel heißt wie durch Fürsprache einflußreicher Leute. – **8** Maxim Lieber, Brief an C. Raymond Everitt (Little, Brown) vom 26.10.1942. (vgl. Anm. 4). – **9** Brief von J. Robert Rubin vom 23.2.1943. – **10** *New York Times* vom 2.3.1943 (zitiert nach Unterlagen im MGM-Archiv, vgl. Anm. 3). – **11** MGM, Notizen zu einem Telefongespräch zwischen Florence Browning und Mr. Fadiman vom 6.2.1943. Im Nachlaß von Viola Brothers Shore befinden sich Dokumente, die darauf hinweisen, daß dieses Manuskript bei der Rückreise von Viola Brothers Shore zunächst vom United States Custome Service in Fort Worth, Texas, konfisziert worden war (vgl. Anm. 2). – **12** Nightletter von J. Robert Rubin vom 24.2.1943. – **13** MGM, Notizen zu einem Telefongespräch vom 25.2.1943. – **14** Warum MGM den Text von Viola Brothers Shore nicht verwendet hat, geht aus den Archivunterlagen des Studios nicht hervor. Andererseits scheinen sich alle Beteiligten, darunter Maxim Lieber, Liebers Mitarbeiterin Sarah Rollitts und Preminger, einig gewesen zu sein, »that the script needs clarity and tension« und »that the characters need to be individualized« (Maxim Lieber, Brief an Viola Brothers Shore vom 12.2.1943. (Vgl. Anm. 2). – **15** D.O. Decker, Brief an Ralph Rice (Alien Property Custodian) vom 8.3.1943. – **16** MGM, Brief an den Secretary of State, Washington vom 24.3.1943. Wenn Maxim Lieber Probleme bei der Aus- und Einreise in die USA hatte, so mag das vor allem daran gelegen haben, daß er damals offensichtlich bereits vom FBI und anderen Staatsbehörden der nachrichtendienstlichen Tätigkeit für den NKWD verdächtigt wurde (vgl. dazu meinen Beitrag in *Exilforschung* Bd. 3 (1983) S. 247–249. – **17** D.O. Decker, Brief an Ralph Rice (Alien Property Custodian) vom 8.3.1943. – **18** Homer Jones, Chief, Division of Investigation and Research (Alien Property Custodian), Brief an David Decker vom 8.4.1943. Wie eng solche Entscheidungen jeweils mit anderen Regierungsstellen abgestimmt wurden, beweisen zwei Briefe des Alien Property Custodian an das FBI vom 9.9.1943 und 1.6.1944, in denen Zahlungen angekündigt werden, »provided the Federal Bureau of Investigation has no objections« (Archiv des U.S. Department of Justice). – **19** Elene Aristi, Synopses of 10/22/43 OK script, S. 4 (MGM-Archiv, Drehbücher). Jan-Christopher Horak hat darauf hingewiesen, daß die amerikanischen Antinazifilme damals nicht nur durch das »genrespezifische Zeichensystem« (S. 91) von Hollywood, sondern auch durch eine »konservative Faschismustheorie« bestimmt wurden, die sich ohne Rücksicht auf den realen Kapitalismus in den USA an einer »idealen Vorstellung der amerikanischen Demokratie gegenüber« »Symbolen« wie »Freiheit der Meinungsäußerung, Freiheit der Religionsausübung« (S. 378–379) usw. orientierte (J.-Ch. H.: *Anti-Nazi-Filme der deutschsprachigen Emigration von Hollywood 1939–1945*. Münster ²1985). – **20** Der Verfasser hatte zudem die Gelegenheit, mit folgenden Personen zu sprechen, die an der Herstellung des Films entscheidend beteiligt waren: Fred Zinnemann am 15.2.1984; Pandro S. Berman am 8.5.1984; Helen Deutsch am 26.11.1983; Herbert Rudley am 31.10.1984. Keiner von ihnen besaß Kenntnis von den politischen Zusammenhängen der Romanhandlung oder der weltanschaulichen Position von Anna Seghers. Diskussionen darüber, ob und wie man im Film den Untergrund mit der kommunistischen Partei in Verbindung bringen sollte – so die einmütige Antwort der Befragten – haben 1943/44 nicht stattgefunden. In Los Angeles wohnende Exilautoren und -schauspieler wurden selbst dann, wenn sie am Film mitwirkten, über diese Zusammenhänge nicht befragt, weil, wie Rudley, der immerhin den Franz Marnet spielte, es formulierte, alle Beteiligten primär daran interessiert waren »to get the job done«. Rudley meinte auch, daß wahrscheinlich außer Spencer Tracy keiner der Schauspieler das gesamte Drehbuch kannte. – **21** »To Whom It May Concern« (Lebenslauf von Anna Seghers) vom 11.8.1943. – **22** Am 24.6.1943 war Anna Seghers in Mexiko City von einem Auto angefahren worden. Im Augustheft des *Freien Deutschland* berichtet der Gehirnchirurg Prof. Dr. Variano Vázquez mit

Datum vom 13.7., daß ihr Gesundheitszustand zu »den schwersten Befuerchtungen« Anlaß gebe. Trotz ihrer Verletzungen scheint Anna Seghers jedoch in der Lage gewesen zu sein, bereits am 27.7. den Vertag mit MGM und am 11.8.1943 jenen eidesstattlichen Lebenslauf vor dem amerikanischen Vize- bzw. dem britischen Pro-Konsul in Mexiko zu unterschreiben. Am 27.7. war auch Walter Janka in der U.S. Botschaft erschienen, freilich vor einem anderen Vizekonsul, um zu beglaubigen, daß El Libro Libre auf alle Ansprüche gegenüber MGM verzichte. Daran, ob er zusammen mit Anna Seghers zur Botschaft gefahren ist und in welchem Gesundheitszustand sich die Schriftstellerin befand, vermag sich Janka nicht mehr zu erinnern (Gespräch mit dem Verfasser am 8.11.1984). – 23 Vergleicht man Anna Seghers' Einkommen etwa mit dem einer Hollywood-Größe wie Pandro S. Berman, der damals ca.$ 3.500 wöchentlich zuzüglich eines jährlichen Bonus von $25.000 erhielt, dann erscheint dieser ›Erfolg‹ in einem etwas gemäßigteren Licht. - 24 Mappe Fred Zinnemann, Metro-Goldwyn-Mayer-Archiv, Culver City. – 25 MGM on Call Bureau Cast Service vom 28.3.1944. Jan-Christopher Horak: »The other Germany in Zinnemann's ›The Seventh Cross‹ (1944)«. In: Eric Rentschler (Hg.): *German Film & Literature. Adaptations and Transformations.* New York 1986, S. 118 meint zur, über 30 Exilschauspieler gezählt zu haben. – 26 Diese Szene im Drehbuch weicht beträchtlich von der Romanvorlage ab und ist zudem ebenso wie der Auftritt von Lotte Stein (Anm. 27) für die Endfassung des Films geschnitten worden. – 27 Walter Wicclair listet die Namen von diesen und anderen Exilanten auf, die in dem Film mitwirkten: »Die Emigranten Felix Bressart, Alexander Granach und John Wengraf bekamen größere Rollen. Kleine und noch kleinere Rollen spielten Ludwig Donath, (...) Martin Berliner, Lionel Royce, (...) Norbert Müller, (...) Irene Seidner, Lotte Palfi, Gisela Werbezirk (...)« (W.W.: *Von Kreuzburg bis Hollywood.* Berlin/DDR 1975, S. 137-138). Fred Zinnemann erinnert sich, daß von den Exilschauspielern besonders Gisela Werbezirk zur Atmosphäre des Films beigetragen habe (F.Z., Gespräch mit dem Verfasser am 15.2.1984). – 28 Viertel: »›The Seventh Cross‹ als Film« (vgl. Anm. 7) S. 10. – 29 »Dream Lovemaking Starts Tracy Role«, Zeitungsausschnitt ohne Quellenangabe, Academy of Motion Picture Arts and Sciences, Beverly Hills. - 30 Fred Stanley: »Post-War Horizon. Hollywood Fashions New Films to Shed Light on the Problems of Peace«. In: *New York Times* vom 7.11.1943. – 31 Zum Beispiel stimmt das Modell des Mainzer Doms nicht mit dem Original überein. Das Wort Konzentrationslager wird falsch buchstabiert. Die Handlung findet 1936 und nicht, wie im Roman, 1937 statt – ein Fehler, der 1983 auch noch der *Frankfurter Rundschau* (vom 4.3.1983) unterläuft. – 32 Im MGM-Drehbucharchiv befinden sich unter dem Datum 30.-31.3.1943 eine Reihe von Notizen, in denen Helen Deutsch sogar mit der Idee spielt, Heisler der Gestapo auszuliefern, aus deren Händen er nur durch eine falsche Aussage von Hellwig wieder frei kommt. – 33 »›Ich hab' sehr viel Glück gehabt im Leben.‹ Interview mit Fred Zinnemann«. In: Antje Goldau, Hans Helmut Prinzler u. Neil Sinyard (Hg.): *Zinnemann.* München 1986, S. 32. – 34 »The Seventh Cross«. Drehbuch von Helen Deutsch vom 22.10.1943, S. 1 (MGM, Drehbucharchiv). Der Text im Film weicht hier, wie auch bei Anm. 35, vom Drehbuch ab. – 35 Ebd., S. 94. – 36 »Man Hunt. M-G-M puts on an exciting stunt to promote ›The Seventh Cross‹«. In: *Life* vom 16.10.1944, S. 113. – 37 Ebd. – 38 Dietz to Strickling, Teletype Message from New York Office (MGM) vom 11.8.1944. – 39 Dietz to Strickling, Teletype Message from New York Office (MGM) vom 14.8.1944. – 40 »Man Hunt« (wie Anm. 36), S. 115. – 41 Neil Rau: »Suspence in ›Seventh Cross‹ Thrills«. In: *Los Angeles Examiner* vom 29.9.1944. – 42 Ebd. – 43 »Zinnemann, Tracy, Berman Win Honors«, Zeitungsausschnitt, ohne Quellenangabe, Academy of Motion Picture Arts and Sciences, Beverly Hills. – 44 Philip K. Scheuer: »Suspense Filmed in New Way«. In: *Los Angeles Times*, September 1944. – 45 »The Man Who Got Away«. In: *Newsweek* vom 2.10.1944, S. 107. – 46 *Time* vom 18.9.1944, S. 92. Viertel: »›The Seventh Cross‹ als Film« (vgl. Anm. 7), S. 10 bemängelt zwar, daß »die Nazis (...) fast ganz weggelassen« seien. Auf die Partei von Wallau und Heisler kommt freilich auch er nicht zu sprechen (»die Untergrundkämpfer, die tapferen Maulwürfe«, S. 9). – 47 James Agee, in: *The Nation* vom 16.9.1944, S. 334. – 48 Bosley Crowther: »›Seventh Cross‹, Anti-Nazi Drama, With Spencer Tracy, at Capitol – Other New Films«. In: *New York Times* vom 29.9.1944. Daß diese Kontroverse »verbissen« gewesen sei und daß »die ansonsten vornehmlich an ästhetischen Kriterien orientierte amerikanische Filmkritik« auf *The Seventh Cross* »ausgesprochen politisch« reagiert habe (*Deutsche Theaterleute im amerikanischen Exil.* Ausstellung. Redaktion: Jan Hans. Hamburg o.J., S. 105) dürfte freilich übertrieben sein. Oberflächlich bleibt auch Martin Loiperdingers Vermutung, daß »dem amerikanischen Durchschnittsbürger (...) der Gedanke, am Feind noch irgendwelche Unterscheidungen zu treffen, ohnehin weitgehend fremd« sei (M.L.: »Fred Zinnemanns ›The Seventh Cross‹. Antifaschistischer Anspruch und amerikanische Wirklichkeit 1944«. In: *Tribüne* (1986) H. 99, S. 67). Und auf keinen Fall trifft zu, was Bernard F. Dick in *The Star-Spangled Screen. The American World War II Film*. Lexington 1985, S. 208 behauptet: »The voice-over epilogue virtually insists that *The Seventh Cross* be taken as a World War II film since what it says of Germany applies only to the time when war and aggression have not only begun but are also in progress (...).« Andererseits besteht kein Zweifel, daß sich die antideutsche Stimmung zur Jahreswende 1944/45 in den USA auf einen Höhepunkt zubewegte. Deutschland wurde damals von einer überwiegenden Zahl der Amerikaner weit vor Japan als Gefahr für die Zukunft ihres Landes angesehen; vom deutschen Volk, in dem Ende 1942 nur 6 % ihren Hauptfeind gesehen hatten (*The Gallup Poll. Public Opinion 1935–1971*. Bd. 1: 1935–1948. New York 1972, S. 356), glaubten im Mai 1945 ganze 4 % der Befragten noch, daß es die Morde in KZs und Kriegsgefangenenlagern abgelehnt habe (ebd., S. 508; vgl. dagegen eine Umfrage, die im Juni 1945 in Schweden durchgeführt wurde, bei der 71 % erklärten »most Germans didn't know (...) about the (...) concentration camps«; Hadley Cantril (Hg.): *Public Opinion 1935–1946*. Princeton 1951, S. 1071). Auf die Frage »What do you think we should do with Germany as a country?« sprachen sich im Mai 1945 34 % der Amerikaner dafür aus, das Land strengstens zu bestrafen und als politisches Gebilde zu zerstören – gegenüber nur 8 %, die sich für Begriffe wie »lenient, rehabilitate, reeducate, encourage trade, start afresh« entschieden (*The Gallup Poll*, S. 506). Weitgehend einig war man sich auch darüber, daß alle Deutschen durch Filme über die Morde in den Konzentrationslagern aufgeklärt werden sollten (ebd., S. 505); zugleich machte man sich über die Zahl der Naziopfer noch erhebliche Illusionen: im November 1944 setzten 27 % der Befragten die Zahl bei »100.000 or less« (ebd., S. 472) an, im Frühjahr 1945 wurde im Durchschnitt auf 1.000.000 Tote geschätzt (ebd., S. 504). Vgl. in diesem Zusammenhang auch John Mason Brown: »Wie Amerika während des Kriegs über Deutschland dachte«. In: *Die amerikanische Rundschau* (1947) H. 13, S. 117–126. – 49 Stanley: »Post-War Horizon« (wie Anm. 30). Vgl. auch Philip T. Hartung in *The Commonweal* 22 vom 15.9.1944, S. 519: »(...) it impresses upon an important point that we too easily overlook: all Germans are not nazis (...).« Zinnemann hat rückblickend betont, daß ihm Berman das Drehbuch mit der Bemerkung geschickt habe, es sei »höchste Zeit, daß man einen Film macht, der zeigt, daß nicht alle Deutschen Ungeheuer sind« (»Ich hab' sehr viel Glück gehabt im Leben.‹ Interview mit Fred Zinnemann«, S. 31 f.). Mit den Vertretern der soft-peace-Theorie habe er – wie auch Pandro S. Berman – bis heute »no patience« (Gespräch mit dem Verfasser am 15.2.1985). – 50 Crowther: »›Seventh Cross‹, Anti-Nazi Drama« (wie Anm. 48). – 51 Stanley: »Post-War Horizon« (wie Anm. 30). – 52 Manfred George: »Ein guter Film mit zweifelhafter Wirkung«. In: *Aufbau* 40 vom 6.10.1944, S. 11. – 53 Anon.: »Das siebte Kreuz«. In: *The German American* 12 vom 15.10.1944, S. 6. – 54 Da sich im Seghers-Nachlaß Rezensionen zur Aufnahme von Buch und Film in den USA finden, ist freilich anzunehmen, daß Anna Seghers über die Debatten informiert war (Anna-Seghers-Archiv, Akademie der Künste der Deutschen Demokratischen Republik). – 55 Gemeint ist hier wohl Manfred George. – 56 A.A. (d.i. Alexander Abusch): »Der Film ›Das Siebte Kreuz‹«. In: *Freies Deutschland* (1945) H. 5, S. 28. – 57 So zum Beispiel in »Deutschland und wir«. In: Anna Seghers: *Über Kunstwerk und Wirklichkeit*. Bd. 1. Hg. von Sigrid Bock. Berlin/DDR 1970, S. 188. – 58 Brigitte Melzwig: *Deutsche sozialistische Literatur 1918–1945. Bibliographie der Buchveröffentlichungen*. Berlin/DDR 1975, S. 315 führt eine solche »Overseas Edition for the Armed Forces« an – freilich mit dem sicherlich unkorrekten Erscheinungsjahr 1942. Nachforschungen bei den verschiedenen Sammlungen des National Archives and Records Service in Washington haben keine Informationen über Kriegsausgaben von Buch und Film erbracht. Wohl aber befindet sich in dem jüngst eröffneten Anna-Seghers-Archiv ein Exemplar von Band Q-33 der Militärausgabe, das mit folgendem Copyrightvermerk versehen ist: »This book is published by Editions for the Armed Services, Inc., a Non-Profit Organization established by the Council on Books in Wartime, which is made up of American publishers of General (Trade) books, librarians, and booksellers. It is intended for exclusive distribution to members of the American Armed Forces (...).« Vgl. auch Erinnerungsberichte wie den von Jurij Brežan, in denen von einer GI-Ausgabe in »The soldier's pocket library« berichtet wird (»Gespräch über Anna Seghers«. In: *Neue deutsche Literatur* (1984) H. 9, S. 12); vgl. auch das Archiv von Little, Brown (Anm. 4). – 59 Licence, Loew's Inc. and United States of America vom 24.4.1945. Die Länge dieser beiden

Filmstücke betrug insgesamt 63 Fuß. – **60** Jorge Amado, in: Verlagsprospekt, Verlag Volk und Welt (1983). Der in *Neue deutsche Literatur* (1983) H. 10, S. 15 abgedruckte Text scheint einer anderen Übersetzung zu folgen. – **61** Zum Beispiel in *Freie deutsche Kultur. German Anti-Nazi Monthly*, Oktober 1944, S. 13. – **62** Gustav Korlen: »Anna Seghers in Schweden«. In: Kurt Batt (Hg.): *Über Anna Seghers. Ein Almanach zum 75. Geburtstag*. Berlin/DDR 1975, S. 148. Helmut Müssener geht in seiner 1974 erschienenen Examensarbeit *Exil in Schweden. Politische und kulturelle Emigration nach 1933* weder auf den Buch- noch auf den Filmerfolg von *The Seventh Cross* ein. – **63** Anon.: »Internationales Theater«. In: *Sonntag* 31 vom 3.8.1947, S. 1. – **64** Eine MGM-interne Dokumentation vom 25.11.1944, »The Seventh Cross«, Scen. 7909, Prod. 1314, nennt für das Buch $ 100.000, das ›Szenario‹ über $ 60.000 und die gesamten Produktionskosten über $ 1,3 Millionen. – **65** Fred Zinnemann, Gespräch mit dem Verfasser am 15.2.1984. – **66** Donald A. Dewan, Academy of Motion Picture Arts and Sciences, Brief an Loew's Incorporated vom 12.3.1945. – **67** So zum Beispiel in den USA in einer »TV Answerman« überschriebenen Kolumne: »There is an old movie. Possibly the name is ›The Seventh Cross‹ or ›The Seventh Day‹ (...). It is set in Germany or Europe in the 1930s or 1950s. Tell me the name of the movie, the year, and the man who escaped. – M.P., Crescent, Ok« (Zeitungsausschnitt, ohne Quellenangabe). – **68** Peter Palitzsch: »Ein notwendiger amerikanischer Film«. In: *Weltbühne* 51 vom 22.12.1954, S. 1616 buchstabiert den Namen des Regisseurs falsch (»Zennemann«). Ulrich Blankenfeld: »›Das siebte Kreuz‹«. In: *Sonntag* 48 vom 28.11.1954, S. 5 verlegt, wie der Film, die Handlung in das Jahr 1936 und buchstabiert die Namen der Schauspieler Agnes »Moorebaed« und Hume »Gronyn« falsch. – **69** Blankenfeld: »›Das siebte Kreuz‹«, S. 5. – **70** Palitzsch: »Ein notwendiger amerikanischer Film«, S. 1615 f. – **71** Anna Seghers: *The Seventh Cross*. New York 1987. – **72** Ein gewisses Interesse an dem Film kam erst in jüngster Zeit wieder auf. Im Oktober 1980 bestellte das DDR-Fernsehen bei MGM einen dreiminütigen Ausschnitt aus *The Seventh Cross*, der wohl für eine Sendung zu Anna Seghers' 80. Geburtstag gedacht war. Als Metro, weil man augenscheinlich nicht mit der DDR ins Geschäft kommen wollte, $ 2700 für jede Sendeminute forderte, platzte das Vorhaben. Abschlägig wurde auch die Anfrage eines Düsseldorfer Theaters behandelt, das 1982/83 100 Sekunden des Films als Hintergrund für eine Inszenierung von Christopher Hamptons *Tales from Hollywood* benötigte.

Arie Wolf

»Ein Schriftsteller nimmt Urlaub«
Arnold Zweigs Abschiedsschreiben aus Israel

In seiner Zweig-Biographie zitiert Manuel Wiznitzer einen Abschiedsbrief Arnold Zweigs vor seiner Abreise aus Palästina, den dieser als »Rundschreiben an seine Freunde« bezeichnet. Nach Wiznitzers Angabe soll der Brief einige Tage vor der Proklamierung des Staates Israel entstanden sein.[1]

Wie ein Vergleich dieses Textes mit dem in den Beständen des Zionistischen Zentral-Archivs aufbewahrten Dokument[2] ergibt, handelt es sich bei der Publikation Wiznitzers nur um die ersten zwei Seiten des im Anhang abgedruckten Abschiedsbriefs, betitelt »Ein Schriftsteller nimmt Urlaub« (s. Anlage I). Für die trifft die zeitliche Zuschreibung Wiznitzers tatsächlich zu, während der archivalische volle Text des Schreibens vier Seiten stark ist und am Schluß zwar eine nicht gestrichene Signatur Zweigs, jedoch kein Entstehungsdatum aufweist. Ursprünglich war der Brief zur Veröffentlichung im MB (= Mitteilungsblatt der HOGOA, d.h. der Vereinigung von Immigranten aus Deutschland und Österreich nach damals üblicher hebräischer Initialabkürzung) bestimmt. Die Gründe für die dann nicht zustande gekommene Veröffentlichung und das vermutliche Entstehungsdatum des endgültigen vollständigen Textes deutet Eli Rothschild vom Leo Baeck Institut in Jerusalem in einem Begleitschreiben an, mit dem er Zweigs gefundenen Abschiedsbrief 1982 an das Zionistische Zentral-Archiv sandte (s. Anl. II). Er schreibt unter anderem: »Da ich das Ausreisedatum Zweigs nicht weiss, kann ich nur annehmen, Z. habe das Ms. kurz vor Abreise übergeben, bzw. übergeben lassen.« Diese Annahme ist berechtigt, denn wie der Vergleich des durch Wiznitzer publik gemachten Textes mit dem archivalischen ergibt, besaß dieser lediglich die ersten zwei Seiten mit gestrichenem Datum (30. April 1948) und ebenfalls gestrichener Signatur Zweigs, während die folgenden zwei Seiten von der Ausrufung der Unabhängigkeit Israels und vom Befreiungskrieg als von stattgefundenen Fakten sprechen, somit unmöglich einige Tage vor der Proklamation des Staates Israel entstanden sein konnten.

Dieser bis jetzt also nur teilweise veröffentlichte Brief ist ein interessantes psychologisches und literarhistorisches Dokument, und er hat eine bewegte Vorgeschichte. Bekanntlich hat es Zweig während seines 15jährigen Aufenthalts in Palästina (Dezember 1933 bis Juli 1948) nicht fertig gebracht, sich im Lande einzuleben und Wurzeln zu schlagen. Über die Gründe dafür klagte er unter anderem im Aufsatz *Verwurzelung*, veröffentlicht in der von ihm mitredigierten Wochenschrift *Orient* (Nr. 14, 13. Juli 1942). Die Schuld schob er den leitenden Instanzen des »Jischuws« zu, die sich angeblich wenig (oder gar nicht) um seine Existenznot und seine Schaffensbedingungen als deutschschreibender Autor kümmerten. Der Aufsatz regte den bekannten Publizisten Gustav Krojanker zu einer scharfen, sehr verdrußvollen Replik an (*Sentiment und Ressentiment*[3]). Die Kontroverse löste eine Kettenreaktion aus: Leserzuschriften, Diskussionsbeiträge pro und contra. Darunter befand sich auch ein ausgesprochen versöhnlicher Aufsatz, gezeichnet von R.W. (offenbar Robert Weltsch) unter der Überschrift *Zur Klärung. Nachwort zu einer Diskussion*.[4] Der kämpferische Polemiker Krojanker, der Zweig der unpatriotischen und unzeitgemäßen Egozentrik beschuldigt hatte, ließ sich durch den konzilianten Ton des R.W. nicht beschwichtigen, sondern griff charakteristischerweise ein zweites Mal in die Kontroverse ein.[5]

Arnold Zweig stand längst im Verdacht, das Land bei der ersten sich bietenden Gelegenheit verlassen zu wollen. Daß er tatsächlich noch vor Ausbruch des Zweiten Weltkriegs Auswanderungspläne erwog, beweist etwa sein Briefwechsel mit Sigmund Freud[6] und Lion Feuchtwanger[7].

Nach Kriegsende gingen im Land sogleich auch Gerüchte um, Zweig habe vor, nach Deutschland zurückzukehren. Licht auf diese Frage wirft seine Korrespondenz mit Louis Fürnberg, seinem kommunistisch gesinnten Freund, dem später verantwortlichen Funktionär im Informationsministerium der nach dem Krieg wiederhergestellten ČSR. Fürnberg lebte fünf Jahre im palästinensischen Asyl und war am 16. März 1946 in die Tschechoslowakei zurückgekehrt. In einem Brief vom 11. September 1946 berichtet Zweig seinem Prager Briefpartner u.a., daß sein Sohn Michael nach Berlin versetzt worden sei, und zwar als Zivilbeamter. Zweig bittet seinen Freund, falls er gelegentlich eines Berlinbesuches Michael treffen werde, ihm Grüße auszurichten und dann lesen wir:

»Sagen Sie ihm auch, dass die Notiz in *Reynold News*: ich hätte die Absicht nach Deutschland zurückzukehren, in der gesamten palästinensischen Presse voller Aufregung gebracht und kommentiert worden ist, und dass ich alle Mühe hatte, die (gefährliche) öffentliche Aufmerksamkeit von meinen Bewegungen abzulenken. Es braucht vorläufig keine Rede davon zu sein, was ich im nächsten Jahr zu tun beabsichtige. Sie wissen ja, wie sich die Situation hier verhält und dass es nur ein Narr wagen kann, die nationalistischen Empfindlichkeiten der massgebenden Zirkel und Schichten zu stören.«[8]

Noch an anderer Stelle desselben Briefes ist von der Kräfte verbrauchenden »Zeitungshetze«[9] die Rede. In einem weiteren Brief derselben Briefsammlung heißt es ebenfalls:

»Dass die gesamte Presse hier bereits von Gerüchten widerhallt, ich sei im Begriff nach Deutschland zurückzukehren, möchte ich Euch (der Brief ist an Louis Fürnberg und seine Frau Lotte gerichtet – A.W.) nicht vorenthalten. Ich habe nur geantwortet, dass mich nichts so sehr verlockt, Schriftsteller, der ich bin, als die Übersiedlung unter eine vierfache Militärzensur. *Ich werde mir doch nicht in die Karten gucken lassen, noch dazu, bevor ich sie selber kenne. Aber: auf Wiedersehen!*«[10]

Der ironische, verschmitzt-schlaue Ton dieser Abfuhr an die von Gerüchten widerhallende »gesamte Presse« ist unverkennbar. Es ist eine gezielte Täuschung, gedacht als Ablenkungsmittel im Sinne des ersten Briefzitats, aus dem Wunsch erklärbar, sich »doch nicht in die Karten gucken (zu) lassen«. Der Freund dagegen, der keine Rücksichten auf die Resonanz der palästinensischen Öffentlichkeit und Presse zu nehmen braucht, dringt auf eine möglichst schnelle Europareise der Zweigs. Er lockt:

»Sie werden, wenn Sie einmal die Küste des Heiligen Landes im Rücken haben, nicht mehr begreifen, wie Sie es alle die Jahre aus- und durchhalten konnten dort. Europa ist etwas Wundervolles (...). Wir warten auf die Nachricht, die uns Ihre Abreise aus Palästina meldet.«[11]

Und ein halbes Jahr später:

»Ja, wie ist es eigentlich? Und was hält Sie? Die Chamsine??? Oder Blumenthals dümmste Nachrichten aus Europa? Glauben Sie mir: es ist eine grosse Sache, Europa! Kommen Sie nur und lassen Sie sich bald von uns feiern (...). Und die kühl und klar genug sehen, die wissen auch, dass Sie mit Thomas Mann zusammen heute die europäische Literatur repräsentieren.«[12]

Aus dem Erinnerungsbuch Ruth Klingers, die Zweigs freiwillige Sekretärin in Haifa in den Jahren 1943 bis 1946 war, um dann nach Prag zu gehen[13], erfahren wir, wie sie im Zusammenwirken mit Louis Fürnberg für die Zweigs nicht nur tschechische Einreisevisa, sondern sogar eine kostenlose Reise nach Prag durchgesetzt hat.[14] So konnte Zweigs Ausreise nach vielen Verzögerungen, die unter anderem durch verwickelte Wohnungsprobleme verursacht waren[15], am 15. Juli 1948 auf dem Luftwege erfolgen. Die Fahrt begründete Zweig in seiner Korrespondenz mit Ruth Klinger als kurzfristige Europatournee, veranlaßt in erster Linie durch die Notwendigkeit, sein Manuskript *Freundschaft mit Freud* in ruhiger, von Kriegshandlungen ungestörter Atmosphäre abzuschließen. Deshalb »möchte er eine Anzahl Wochen in Prag sitzen und sein Buch in Freuds Geburtsland zuende schreiben«.[16] Dem Brief an Ruth Klinger vom 12. Juli 1948 legt Zweig einen anderen bei mit der Bitte, ihn an seinen Londoner Agenten Loewen zu leiten. Loewen sollte die Besorgung eines englischen Visums für ihn einleiten:

»Er brauche die Sommermonate für sein Freud-Buch, und falls er es nicht zuerst in der ČSR und dann in London schliessen könne, wolle er es erst in London mit dem dortigen Material sättigen, und dann nach Prag kommen (...) Er käme dann auf der Rückreise nach Prag, denn ohne das Geburtshaus Freuds (in Pribor, früher Freiburg genannt) gesehen zu haben und die Gegend, in der Freud aufgewachsen ist, könne er bestimmte Überzeugungen nur schlecht ausdrücken...«[17]

Ruth Klinger glaubt sich berechtigt zu schlußfolgern: »Ich erwähne diese Briefstellen, weil aus ihnen eindeutig klar hervorgeht, daß *Zweig nicht daran dachte, das Land für immer zu verlassen.*«[18]

Diesem scheinbar plausiblen Schluß, den die weiteren Ausführungen bekräftigen[19], widersprechen aber zwei Stellen aus früheren Briefen an Louis und Lotte Fürnberg. Die eine lautet:

»Und nun grüssen Sie mir Kisch und Ihre ganze prachtvolle Stadt, und zweifeln Sie nicht daran, dass wir uns im Frühjahr wiedersehen, wenn nicht irgendeine Überraschung die Lebenskurve umbiegt. *Denn von mir aus bin und bleibe ich ein Europäer und ein deutscher Marxist*, und da meine Frau mitkommt, wohin das Schicksal mich verschlägt, werden wir zu viert wieder zusammensitzen und auf die *palästinensische Zeit verwundert zurückblicken.*«[20]

Und knapp ein Jahr vor seiner Ausreise, am 28. Juli 1947, schreibt Zweig ausdrücklich:

»Eigentlich wollte ich auf Ihre Antwort warten (...) und Sie dann anfragen, *ob Sie oder Kisch* (Egon Erwin Kisch, der »rasende Reporter« – A.W.) *mir behilflich sein könnten, die Rücksiedlung nach Europa* vorzubereiten.«[21]

Alle hier angeführten Zitate und Fakten beweisen also zu Recht, daß die Redaktion des *MB* und die palästinensische zionistische Öffentlichkeit Grund genug hatten, Zweig gegenüber argwöhnisch und mißtrauisch zu sein. Nichtsdestoweniger glaube ich, daß die Nichtveröffentlichung des Abschiedsartikels im *MB* ein taktischer Fehler war. Aus pragmatischen Rücksichten, nicht zuletzt wegen der Wohnungsfrage, war Zweig daran interessiert, nicht alle Brücken hinter sich abzubrechen, sich eine Hintertür für die Rückkehr nach Israel offenzulassen für den Fall einer »Panne« bei seinem Versuch, sich in Europa irgendwo zu etablieren. Das ist aus dem von Ruth Klinger angeführten Tatsachenmaterial leicht ersichtlich. Die Veröffentlichung des Briefes hätte ein moralisches Hindernis für Zweig werden können, auf J. Bechers Vorschlag einzugehen, sich in der damaligen Sowjetzone niederzulassen. Denn der Brief war angelegt, bei den Lesern den Eindruck zu erwecken, sein Autor habe keineswegs vor, für immer wegzugehen. Die Wortwahl und die Stilistik des Briefes, die Korrekturen, die das Typoskript aufweist – alles zielt darauf hin, den Leser in der Überzeugung zu bestärken, es handele sich nur um eine kurzfristige Auslandsreise des Dichters, von der er bald auf den Carmel zurückkehren werde. In diesem Sinne ist allein schon die Überschrift auffallend: »Ein Schriftsteller nimmt Urlaub«. Harmloser Urlaub, nicht Abschied! Von der Tendenz, das potentielle Leserpublikum zu besänftigen, zeugen auch andere Hinweise im Text. So schließt der vierte Absatz des Typoskripts mit dem Satz: »Und darum muss es sein, dass wir uns *vorläufig* trennen«. Und im folgenden Absatz heißt es: »Da bin ich, und *ein paar Monate lang werde ich weg sein*« (meine Hervorhebungen – A.W.). Dieselbe Tendenz, den Argwohn zu dämpfen und zu entkräften, verraten auch manche Korrekturen, deren Sinn erst richtig verständlich wird, wenn man den Hintergrund berücksichtigt: den Vorwurf des Verrats, der Desertion, der Entfremdung abzuwenden. So streicht Zweig zum Beispiel im zweiten Absatz des Textes das Wort »Haifa« in der Wortgruppe »in Haifas schweren Monaten« und setzt statt dessen das Wort »unsern«. Eine Bagatelle? Nein! »In *unsern* schweren Monaten« drückt sich Solidarität mit den kämpfenden und leidenden Mitbürgern aus, während die frühere Formulierung viel unpersönlicher und indifferenter, distanzierter und unbeteiligter klingt.

Der zweite Absatz des Typoskripts sucht den Eindruck zu erwecken, der Dichter habe bis jetzt durch sein Ausharren »auf dem Posten« seiner patriotischen Bürgerpflicht Genüge getan, indem er sich den gleichen Gefahren aussetzte wie seine Mitbürger; damit wollte er seine Umgebung aufrichten, ihr Mut zusprechen. Der Absatz schließt mit dem Satz: »Ohne dass es jeder Beliebige merkt, fühlt sich doch jeder Beliebige von ihm bestätigt, von einem Mann, dessen Abscheiden, wenn ihm etwas zustiesse, die Öffentlichkeit vieler Sprachen und Länder *aufhorchen liesse* (meine Hervorhebung – A.W.). So der Wortlaut nach den vorgenommenen Korrekturen. Ursprünglich hieß es: »zur Kenntnis nähme«. Die neue Formulierung verstärkt die Expression: handelt es sich ja nicht um den Abschied eines unbedeutenden Durchschnittsmenschen, sondern um den eines großen Dichters. Ein dieser Art betontes Selbstbewußtsein möge einem Dichter von Zweigs Rang zugestanden werden. Aber den früher abschließenden Passus hat Zweig auch gestrichen, und der lautete: »Darum war es unklug in früheren Jahren, Nachrichten zu verbreiten: die Abfahrt dieses Schriftstellers in sicherere Gegenden sei beobachtet worden.« Die selbstapologetische Aussage dieses Satzes immerhin ist unverkennbar, das schlechte Gewissen spürbar.

Es kann hier nicht auf alle Korrekturen eingegangen werden. Einiges sei aber noch vermerkt. Da spricht Zweig etwa im fünften Absatz des Typoskipts von »(...) jenem ›Chaos‹, von dem so viel geredet wurde, bevor es wirklich ausbrach«. Später streicht er das Wort »wirklich« und setzt statt dessen »als Belagerung ausbrach«. Wieder eine scheinbar irrelevante Nuance. Doch hat diese Nuance ihren tieferen Sinn. »Chaos« kann abwertend perzipiert werden, »Belagerung« hingegen wirkt heroisch und aufwertend. Ähnlich läßt sich auch die nächste Korrektur im gleichen Absatz deuten. Ursprünglich hieß es: »Tragt euren Mut weiter voran und Eure Zuversicht, dass aus diesem *Wirrwarr* (meine Hervorhebung – A.W.) wieder ein erträgliches Leben entstehen werde (...).« Dann wird »Wirrwarr« gestrichen und durch »Schlachtfeld« ersetzt. »Chaos« und »Wirrwarr« – das ist die spießbürgerlich-verängstigte Sicht, »Belagerung« und »Schlachtfeld« passen besser in das Vokabular eines mit den heroischen Freiheitskämpfern solidarischen, sich mit ihnen quasi identifizierenden Schriftstellers.

Der fünfte Absatz scheint besonders betonen zu wollen, es handle sich um eine bevorstehende kurzfristige Abwesenheit, denn mehrfach wird hier gesagt: »ein paar Monate lang werde ich weg sein«, dann vier Zeilen weiter: »ehe man auf Urlaub geht« und zuletzt eine charakteristische Korrektur: Im Satz »Und, Freunde, lasst es Euch gut gehen, damit wir uns wiedersehen können, noch ehe dieses Schicksalsjahr 1948 sich rundet« wird das Wort »können« gestrichen! Das Wiedersehen hat als etwas Feststehendes zu erscheinen, nicht als etwas Potentielles, Wünschenswertes.

Bei genauerer Prüfung des Textes bemerkt man auf dem zweiten Blatt unter der abschließenden Zeile des 5. Absatzes das gestrichene Datum (»Haifa, 30. April 1948«) und die gestrichene Unterschrift. Die folgenden zwei Seiten müssen also nach dem 30. April entstanden sein. Tatsächlich enthalten diese zusätzlichen Passagen einen Lobgesang auf den Heldenmut, die »militärische Tüchtigkeit und die schmucklose, unpathetische Einsatzbereitschaft unserer Jugend!« Inzwischen war die Unabhängigkeit des Staates Israel ausgerufen worden und der Befreiungskampf des jungen Staates gegen die arabische Intervention ausgebrochen. Unmöglich, daß die einmalige historische Größe dieses Augenblicks nicht auch auf Zweig, trotz seines ambivalenten Verhaltens zur Sache der national-staatlichen Wiedergeburt des jüdischen Volkes, einen unvergeßlich tiefen Eindruck gemacht hätte. Dennoch geht es nicht an, die hymnisch-enthusiastische Tonalität dieser letzten zwei Seiten als schmeichlerische Mimikry eines Konformisten abzutun. Daß diese Zeilen eine echte Emotion ausdrücken, ist durch weitere biographische Fakten bestätigt: Als er etwa im stalinistischen Schreckensjahr 1953 den Mut aufbrachte, sich der antisemitischen Hetze entgegenzustellen und den Zionismus zu rechtfertigen[22] oder durch seine Haltung im Jahr 1967, als er die Unterzeichnung einer die »israelische Aggression« verurteilenden Deklaration verweigerte.

Darum sei wiederholt: hätte man diese patriotische Deklaration Zweigs veröffentlicht, ihm wären tragische Verwicklungen, den Israelis viel Verdruß erspart worden.

Anlage I: Arnold Zweigs Abschiedsbrief
            (Wortlaut des Originaltextes)

Vierzehn Monate Verdun waren seinerzeit, 1916/17, für einen geistigen Menschen genug, um eine Pause zu erzwingen. Vierzehn Monate Deutsche Kolonie in Haifa 1947/48 besorgten diesmal das Gleiche. Ihr werdet darum, liebe Freunde, weder verwundert noch unwillig aufhorchen, wenn Ihr erfahrt: es ist so weit.

Nun hat es immer einen Sinn, auf dem Posten zu bleiben, selbst wenn dieser Posten durch die Macht der Umstände vom aktiven Leben der Mitbürger abgeschaltet ist. Der geistige Mensch, an seinem Habitus kenntlich, richtet seine Umgebung auf, dadurch dass alle sehen: auch dieser setzt sich dem Geschick aus, das uns alle täglich bedroht. Auch dieser, obwohl durch keine Hantierung an unsere Stadt gebunden, will nicht darauf verzichten, in unsern schweren Monaten durch die Strassen zu gehen – sogar noch, wenn allgemein davon abgeraten wird. Ohne dass es jeder Beliebige merkt, fühlt sich doch jeder Beliebige von ihm bestätigt, von einem Mann, dessen Abscheiden, wenn ihm etwas zustiesse, die Öffentlichkeit vieler Sprachen und Länder aufhorchen liesse.

Irgendwo muss man einen Schreibtisch aufstellen können, um ein zur Hälfte vollendetes Buch zuende zu schreiben. Irgendwo muss die schöpferische Stille sich ausbreiten dürfen zwischen vier noch so bescheidenen Wänden. Man muss nicht gezwungen sein, statt an den Gang der Arbeit an befreundete Menschen zu denken, von denen man gern erführe, ob sie den Zerstörungen in den

Strassen Jerusalems oder auf den Landstrassen zwischen unsern Städten und Siedlungen diesmal wieder entgangen seien. In vielen Punkten dieses Landes arbeiten und kämpfen die Kinder der Freunde – man kann sich nicht auf das Kapitel eines Buches konzentrieren, wenn man hört, gerade in jener Gegend sei es gestern scharf hergegangen.

Ausserdem muss ein Schriftsteller Post bekommen – nicht nur für Palmström gilt: »Sie ist seiner Tage Kost«. Auf einem Kriegsschauplatz kann nicht gedruckt werden. Und nur durch die Post also laufen Honorare ein. Bleiben sie aber aus, so muss man an seine Freunde appellieren, und es ist schön und wärmt das Herz, dass dies nicht vergeblich geschieht. Aber ein Zustand ist das nicht, den man längere Zeit aufrechterhalten kann, das gebt Ihr mir zu. Und darum muss es sein, dass wir uns vorläufig trennen.

Sich trennen also, ohne Abschied nehmen zu können. Man ist schon zu abgenutzt an Nerven und Mut, um sich mit beschädigten Augen den Ungewissheiten der Landstrasse auszusetzen. Man wäre gern in Tel-Aviv manche Treppe hinaufgestiegen, hätte manches Vorgärtchen durchquert und an gewissen Türen geklingelt: »Da bin ich, und ein paar Monate lang werde ich weg sein«. Man wäre gern durch die Ruinenstadt Jerusalem gestiefelt, um nahe Verwandte nicht ohne Abschiedskuss zu verlassen, in jenem »Chaos«, von dem so viel geredet wurde, bevor es als Belagerung ausbrach. Aber es kann nicht sein, und so sagt man, ehe man auf Urlaub geht, den Freunden ein öffentliches Lebewohl. Habt Dank für all das Gute, das Ihr in Gesinnung und Taten einem Sechzigjährigen bewieset. Tragt Euren Mut weiter voran und Eure Zuversicht, dass auf diesem Schlachtfeld wieder ein erträgliches Leben erstehen werde, wie es sich vor dem grossen Antifaschistischen Kriege und während seiner Jahre durchgesetzt hatte. Hütet Euch, wenn ich das noch sagen darf, vor den Ausschweifungen der Hoffnungen und Wunschträume, zu denen das Feuer des Kampfes, und so erfolgreichen Kampfes, leicht verführt. Und, Freunde, lasst es Euch gut gehen, damit wir uns wiedersehen, noch ehe dieses Schicksalsjahr 1948 sich rundet.

Denn die Schrift sagt zwar, man solle sich hüten, jungen Wein in alte Schläuche zu füllen. Aber noch falscher ist es, zu Jahren gekommen, abgeklärten Wein zu verschmähen, bloss weil er nicht mehr gärt.

*

Und nun sind doch noch viele Wochen vergangen, und die Hindernisse, die sich einer Abreise entgegenstellten, entfalteten ihr Spiel, nicht nur gegen mich, sondern gegen dieses ganze Land, den Jischuv, der sich plötzlich im Kriege befand, einer Blockade ausgesetzt, mit der sich leider die Mandatarmacht verabschiedete. Mir aber brachte diese Zeit – und nicht nur mir – ein Erlebnis ein, eine Bestätigung, die ich um keinen Preis missen möchte. Ich war Zeuge, wie sich die militärische Tüchtigkeit und die schmucklose, unpathetische Einsatzbereitschaft unserer Jugend manifestierte. Mit blossen Händen fast verteidigten sie die Punkte, die nach strategischen Gesichtspunkten nicht angelegt, sich doch in Festungen verwandeln mussten und, wie solche, mit schweren Waffen angegriffen wurden.

Ihre Verteidiger, in schlichtem Khaki, ohne Orden und Ehrenzeichen, haben sich für mein Gefühl den besten Regimentern angereiht, deren Taten wir im ersten und im zweiten Weltkrieg rühmten. Söhne und Töchter aller europäischen Siedlungen und Klassen des jüdischen Volkes hatten jahrzehntelang ihre Traditionen, die Traditionen der besten Heere der Welt, in die Kindererziehung dieses Landes eingebettet – in eine Erziehung zum Leben und nicht zum Sterben. Die Arbeit, der schöpferische Geist des Spielens, das befreite Jugend- und Menschentum all dieser ehemaligen Grossstadtbewohner stellte ein Heer ins Feld, das schon jetzt eines bewiesen hat: Der soldatische Geist, in Freiheit und Willen zur Selbstbehauptung umgesetzt, tut Wunder.

Wer, wie unsereiner, im ersten Weltkrieg die unbemerkte und doch oft so entscheidende Rolle beobachtete und mitmachte, die in gefährlichen Situationen ein einziger, kaltblütiger Private oder N.C.O. spielte, wenn es sich darum handelte, den durch Tod oder Abwesenheit ausgefallenen Offizier zu ersetzen, der wusste: Im Felde ist der jüdische Soldat allen anderen völlig gleichwertig, dort aber, wo Intelligenz, Entschlusskraft und Mut zum Selbsteinsatz den Ausschlag gaben, durch keinen anderen zu übertreffen. Denn in wievielen europäischen Heeren des vorfaschistischen Zeitalters konnten Juden höher aufsteigen als bis zum N.C.O.?

Und noch eine Lehre gaben uns diese Tage, eine Bestätigung, um es noch einmal zu sagen. Die faschistischen Systeme erzogen ganze Jugenden unter dem Schlagwort: Fürs Vaterland sterben zu lernen. Sie liessen den Todestrieb solcher Art Orgien feiern, der in allen Menschen auf der Lauer liegt, sie vergeudeten damit den schönsten Besitz, den Völker überhaupt haben, die Jugend, die »ewige Glückchance der Menschheit«. Mit welchem Erfolg? Noch auf lange hin verderben Trümmerfelder die schönsten und fleissigsten Gegenden mehrerer Erdteile. Wir aber retteten unsere Kinder her, und unsere jungen Ehepaare brachten die ihrigen hier zur Welt, mit der immer wiederholten Parole: leben zu lernen. Die Siedlungen und Stadtränder dieses kleinen Landes wimmelten von der Freude, aufzubauen, Wirklichkeit zu schaffen, einer lebendigen Erneuerung zu dienen. Aber siehe da, als der Zwang zum Selbstschutz und zur Verteidigung diesen Lebenswillen militärisch umschaltete Ostler und Westler verschmelzend und in eine einheitliche Armee umgiessend, da ward bewiesen, was uns glücklich macht: Das freiheitliche, schöpferische Soldatentum einer progressiven, der neuen Zeit dienenden Lebensform erzeugt, gleichsam in Stunden, Leistungen, zu welchen die früheren Regimenter der Kaiser, Zaren und Faschisten jahrzehntelang trainiert werden mussten. Die Eroberung Haifas mitgemacht zu haben, wenn auch inaktiv, stellt sich für mich neben die stärksten Eindrücke und besten Taten, die ich als junger Mann erleben durfte. Und wenn ich draussen das zu bezeugen haben werde, was hier geschah, wird es mit Worten geschehen, die eine Fontanesche Ballade des Alten Fritzen beenden: »Ich salutiere! Es war gut«.

Arnold Zweig

Anlage II: Brief Eli Rothschilds / Leo Baeck Institute Jerusalem an Dr. Michael Heimann / Central Zionist Archives, Jerusalem vom 25. Februar 1982

Betr.: Arnold Zweig und das »MB«

Dem Zweig-Autographen von gestern lasse ich heute einen zweiten, ganz anderen (*weit wichtigeren!*) folgen: diesmal ein für das »MB« bestimmter »Abschieds«-Artikel Zweigs, der im Jahre 1948 das Land verliess. Ich markierte das Ms. oben rechts mit (1948), da der Inhalt dies Jahr fixiert. Da ich das Ausreise-Datum Zweigs nicht weiss, kann ich nur annehmen, Z. habe das Ms. kurz vor Abreise übergeben, bzw. übergeben lassen. Die 4 Blatt fand Frau Nissenbaum, Tramers langjährige Sekretärin, in dessen Büro-Hinterlassenschaft, mit angehängtem Zettel folgender Bleistiftvermerke ohne Datum: »1) Dr. Landauer, 2) M.B.Archiv!«, darunter »K«-Signatur (Kreutzberger). Daraus wäre zu schliessen, dass die Redaktion damals beschloss, den Artikel nicht zu drucken. Ob Dr. Georg Landauer den Aufsatz gesehen hat, ist heute nicht mehr feststellbar, doch ist unwahrscheinlich, dass Dr. Kreutzberger seine Ablage-Anweisung gab, ohne Dr. L. befragt zu haben. Es hat als sicher zu erscheinen, dass »man« diese Ankündigung Zweigs, das Land zu verlassen, nicht drucken wollte, weil (so glaube ich mich zu entsinnen) die Empörung unter den alten Zionisten allgemein war, gerade auch unter denen aus Deutschland. Auch eben, weil er nach Deutschland ging. –

Die *handschriftlichen Korrekturen* im Text stammen, wie die *Signatur*, von Zweig selbst. [...]

---

1 Manuel Wiznitzer: *Arnold Zweig. Das Leben eines deutsch-jüdischen Schriftstellers.* Königstein/Ts. 1983, S. 150. – 2 Zionistisches Zentral-Archiv in Jerusalem (ZZA), Zweig-Archiv, Mappe K 13/155/3. – 3 In *MB* der HOGOA (= Hitachdut Olej Germania we-Olej Austria nach damaliger Nomenklatur, später IRGOME umbenannt: Irgun Olej Merkas Europa, deutsch: Verband der Immigranten aus Mitteleuropa), Nr. 33, 14. August 1942. – 4 In *MB*, Nr. 38, 18. September 1942. Robert Weltsch war früher Chefredakteur der *Jüdischen Rundschau*, Zentralorgan der Zionistischen Vereinigung für Deutschland (ZVfD); angesehener deutsch-jüdischer Publizist. – 5 »Der Unterschied« in *MB*, Nr. 39, 25. September 1942. – 6 Vgl. Sigmund Freud – Arnold Zweig: *Briefwechsel*. Frankfurt/M. 1968, S. 131 f. – 7 Lion Feuchtwanger – Arnold Zweig: *Briefwechsel 1933–1958*. Bd. I. Berlin/DDR 1984, Briefe Nr. 49 (22. April 1936, S. 113), Nr. 70 (16. Februar 1937, S. 146 f.), Nr. 72 (22. März 1937, S. 151 f.), Nr. 73 (23. März 1937, S. 155), Nr. 75 (16. Juni 1937, S. 159), Nr. 83 (22. September 1937, S. 169). – 8 *Der Briefwechsel zwischen Louis Fürnberg und Arnold Zweig. Dokumente einer Freundschaft*. Berlin/DDR, Weimar 1978, S. 148. – 9 Ebd., S. 149. – 10 Ebd., Brief vom 18. November 1946, S. 152. Meine Hervorhebung. – 11 Ebd., Brief vom 5. Dezember 1946, S. 153 f. – 12 Ebd., Brief L. Fürnbergs vom 25. Juni 1947, S. 158. – 13 In Prag wirkte Ruth Klinger zuerst als ČSR-Korrespondentin der

Tel Aviver *Jedioth Chadaschoth* und später als erste Sekretärin der frisch gegründeten Israelgesandtschaft. Vgl. Ruth Klinger: *Zeugin einer Zeit. Ein Lebensbericht.* Privatdruck ²1979, S. 317, 346 ff., 353 f., 356 f. – **14** Ebd., S. 359 f. – **15** Ebd., S. 347, 359. – **16** Ebd., S. 347. – **17** Ebd., S. 359. Dieselbe Motivation führt Zweig in einem eigens auf Fürnbergs Empfehlung englisch verfaßten Brief vom 21. September 1947 an; vgl. *Der Briefwechsel Fürnberg – Zweig,* S. 166. Im Brief an L. Fürnberg vom 11. März 1948 ist auch von einer Einladung des Jüdisch-Demokratischen Komitees in Bukarest die Rede, Anfang Mai dort zwei Vorträge zu halten; vgl. ebd., S. 180 f. Auch wird im gleichen Brief die Möglichkeit erwähnt, einen geschäftlichen Besuch in Stubenkoebing, Dänemark, abzustatten und außerdem auf Einladung Professor Walter A. Berendsohns, eines Studienkameraden aus Münchner und Berliner Zeiten, im September 1948 eine Anzahl von Vorträgen in Stockholm zu halten; ebd., S. 182. – **18** Klinger, *Zeugin einer Zeit.* S. 359. Meine Hervorhebung. – **19** Ebd., S. 360 ff. – **20** *Der Briefwechsel Fürnberg – Zweig,* S. 162 (Brief vom 30. Juni 1947). Meine Hervorhebung. – **21** Ebd., S. 163. Meine Hervorhebung. – **22** Vgl. Lion Feuchtwanger – Arnold Zweig: *Briefwechsel.* Bd. II, Brief vom 14. Januar 1953, S. 199 ff.

Kurzbiographien der Autoren

Hans Helmut Christmann, geboren 1929 in Mainz; Studium der Neuphilologie in Mainz und Frankfurt/M., Promotion und Habilitation in Mainz; Studienaufenthalte in Frankreich, Italien und Spanien; ordentlicher Professor an der Universität Saarbrücken 1965, in Tübingen 1974; Officier de l'Ordre des Palmes Académiques. Veröffentlichungen u.a. zur Geschichte der Sprachwissenschaft und der Romanistik, u.a. »Frau und ›Jüdin‹ an der Universität: Die Romanistin Elise Richter (Wien 1865 – Theresienstadt 1943)« (1980).

Klaus Fischer, geboren 1949; Studium der Soziologie, Wissenschaftsgeschichte und Wissenschaftslehre in Marburg und Mannheim; Dr. phil. habil.; Wissenschaftlicher Angestellter und Privatdozent an der Technischen Universität Berlin; zur Zeit am Zentrum für Antisemitismusforschung der Technischen Universität Berlin als Bearbeiter eines Forschungsprojektes zur Wirkungsgeschichte der deutschsprachigen wissenschaftlichen Emigration nach 1933. Veröffentlichungen u.a.: »Kritik der marxistischen Wissenschaftstheorie« (^{2}1979); »Konventionalismus oder Realismus?« (1980); »Galileo Galilei« (1983 und 1986) »Kognitive Grundlagen der Soziologie« (1987), sowie zahlreiche Aufsätze zur Wissenschaftstheorie, Wissenssoziologie, Wissenschaftsgeschichte und zur Struktur und Dynamik kognitiver Systeme.

Dieter Haselbach, geboren 1954 in Gelsenkirchen; Studium der Soziologie, Politikwissenschaft, Europäischen Ethnologie und Philosophie in Marburg/Lahn, Promotion 1984; Stipendium der Deutschen Forschungsgemeinschaft 1985 – 1988. Veröffentlichungen zur Geschichte der Soziologie, zu sozialen Bewegungen und zur Sozialpolitik; u.a.: »Franz Oppenheimer« (1985); »Liberale Sozialpolitik, Alternativökonomie und Krise« in: »Leviathan« 14/1986. Arbeitet an einem Buch zum Ordoliberalismus in der Bundesrepublik Deutschland.

Gerhard Hirschfeld, geboren 1946 in Plettenberg (Westf.); studierte Geschichte, Germanistik und Politische Wissenschaften in Bochum und Köln (Staatsexamen); Dr. phil., Lektor (DAAD) am University College Dublin/Irland; Wissenschaftlicher Assistent für Neuere Geschichte an der Universität Düsseldorf; seit 1978 Wissenschaftlicher Mitarbeiter am Deutschen Historischen Institut in London, Gastdozent an den Universitäten Birmingham und Warwick. Veröffentlichungen u.a.: »Exil in Großbritannien. Zur Emigration aus dem nationalsozialistischen Deutschland (Hg., 1983); »Fremdherrschaft und Kollaboration. Die Niederlande unter deutscher Besatzung. 1940–1945« (1984); »The Policies of Genocide. Jews and Soviet Prisoners of War in Nazi Germany« (Hg., 1986); arbeitet derzeit an einer Studie über die wissenschaftliche Emigration nach Großbritannien 1933–1939.

Erich Kleinschmidt, geboren 1946; Studium der Geschichte und Germanistik, Promotion 1973; Assistent an der Universität Freiburg i.Br. 1974–1982, Habilitation 1980, 1983–1987 Professor für Neuere Deutsche Literatur an der Universität Freiburg, 1987 Berufung als Professor für Neuere Deutsche Literaturgeschichte an die Universität München. Forschungsgebiete: Frühe Neuzeit, Literaturtheorie und -soziologie, Edition, A. Döblin, Exilliteratur, Gegenwartsliteratur. Publikationen: »Herrscherdarstellung« (1974); »Stadt und Literatur in der Frühen Neuzeit« (1982); A. Döblin: »Drama – Hörspiel – Film« (1983); C. Einstein: »Bebuquin« (1985); A. Döblin: »Schriften zu Leben und Werk« (1986). Zahlreiche Aufsätze in Zeitschriften.

Hans-Peter Kröner, geboren 1949 in Bottrop; Studium der Humanmedizin in Münster, Staatsexamen 1976, Promotion 1980; seit 1982 Wissenschaftlicher Mitarbeiter am Institut für Theorie und Geschichte der Medizin in Münster. Veröffentlichungen zur Geschichte der wissenschaftlichen und medizinischen Emigration.

Gottfried Niedhart, geboren 1940; Professor für Neuere Geschichte an der Universität Mannheim. Veröffentlichungen vor allem zur neueren englischen Geschichte und zur Geschichte der internationalen Politik seit dem 18. Jahrhundert. In Arbeit ist eine Biographie Gustav Mayers. Neuere Publikationen: »Geschichte Englands im 19. und 20. Jahrhundert« (1987); »Der Westen und die Sowjetunion« (Hg.,1983); »Großbritannien als Gast- und Exilland für Deutsche im 19. und 20. Jahrhundert« (Hg., 1985).

Sven Papcke, geboren 1939 in Hamburg; Studium der Geschichte und der Sozialwissenschaften, seit 1974 Professor für Soziologie an der Westfälischen Wilhelms-Universität Münster. Arbeitsschwerpunkte: Politische Soziologie, Ideengeschichte, Kultursoziologie.

Christian Pross, geboren 1948; Studium der Medizin in Heidelberg und Bristol, England. Ausbildung zum Arzt für Allgemeinmedizin in Berlin. Seit 1983 Forschung über Emigrantenärzte und die Medizin im Nationalsozialismus; 1984 Ausstellung und Buch über die Geschichte des Krankenhauses Moabit in Berlin 1920–1945: »nicht mißhandeln«; 1985–1986 wissenschaftlicher Mitarbeiter am Hamburger Institut für Sozialforschung; Veröffentlichung über die Geschichte der Wiedergutmachung: »Wiedergutmachung – Der Kleinkrieg gegen die Opfer« (1988). Zur Zeit Stipendiat der Deutschen Forschungsgemeinschaft am Institute of the History of Medicine der Johns Hopkins University in Baltimore, USA.

Dieter Schiller, geboren 1933; nach dem Germanistikstudium von 1955–1965 Universitätslehre an der Humboldt-Universität zu Berlin. Promotion 1965, anschließend Tätigkeit im Institut für deutsche Sprache und Literatur der Akademie der Wissenschaften. 1973 Professur, gegenwärtig stellvertretender

Direktor des Zentralinstituts für Literaturgeschichte der Akademie der Wissenschaften der DDR. Arbeiten zur deutschen Literaturgeschichte des 20. Jahrhunderts (Becher, Döblin, Klaus Mann, Mühsam, Musil, Regler, Rilke, A. Zweig u.a.), vorwiegend zur Literatur im antifaschistischen Exil. Mitherausgeber und Mitautor der »Geschichte der deutschen Literatur« Band 6–10 (1973–1978); Autor von »Von Grund auf anders« (1974); Mitautor von »Exil in Frankreich« (1981) und »Wer schreibt, handelt« (1983).

Alfons Söllner, geboren 1947; Studium der Literaturwissenschaft, Politologie und Philosophie in Regensburg, München und Harvard. 1973 M.A. und 1977 Promotion in München; 1977–1979 Stipendiat der Deutschen Forschungsgemeinschaft; 1979–1984 Wissenschaftlicher Assistent am Otto-Suhr-Institut der Freien Universität Berlin; 1986 Habilitation. Derzeit Wissenschaftlicher Mitarbeiter am Zentrum für Antisemitismusforschung der Technischen Universität Berlin. Veröffentlichungen: »Geschichte und Herrschaft. Studien zur materialistischen Sozialwissenschaft 1930–1945« (1979); »Franz Neumann zur Einführung« (1982); »Zur Archäologie der Demokratie in Deutschland. Analysen politischer Emigranten im amerikanischen Staatsdienst«, 2 Bände (Hg., 1986); »Peter Weiss und die Deutschen. Die Entstehung einer politischen Ästhetik wider die Verdrängung« (1988). Aufsätze und Editionen zur Kritischen Theorie, zur Staats- und Rechtstheorie, zur wissenschaftlichen Emigration und zur politischen Ästhetik.

Hans Speier, geboren 1905 in Berlin; Studium der Soziologie und Nationalökonomie in Berlin und Heidelberg, Promotion 1928 bei Karl Mannheim; 1929 – 1931 wissenschaftlicher Redakteur im Ullstein-Buchverlag; 1931 Dozent für Soziologie an der Hochschule für Politik in Berlin. Emigration 1933 in die USA; 1933 – 1942 und 1947/48 Professor für Soziologie an der Graduate Faculty der New School for Social Research in New York; 1942 – 1947 in verschiedenen Verwaltungen in Washington; 1948 – 1969 Gründer und Leiter der sozialwissenschaftlichen Forschungsabteilung der Rand Corporation; 1969 – 1973 Professor an der University of Massachusetts in Amherst. Seit den vierziger Jahren Berater und Mitglied in diversen amerikanischen Wissenschaftsorganisationen; Ehrenmitglied der Deutschen Gesellschaft für Soziologie. Zahlreiche Bücher u.a. über die deutschen Angestellten vor dem Nationalsozialismus (1932/1977), über NS-Kriegspropaganda (1944), die politischen Anschauungen der bundesdeutschen Führungselite und die deutsche Wiederbewaffnung (1957), die Berlin-Krise (1961); diverse Aufsätze, die auch gesammelt erschienen sind: »Social Order and the Risks of War« (1952 u.ö.); »Force and Folly. Essays in International Affairs and the History of Ideas« (1969); daneben literarische Studien u.a. über Shakespeare und Grimmelshausen (1964); Hg. u. Autor (zusammen mit H.D. Lasswell u. D. Lerner) von »Propaganda and Communication in World History« (3 Bde., 1979/80).

Alexander Stephan, geboren 1946; Studium der Germanistik und Amerikanistik in Berlin, Ann Arbor/Michigan und Princeton; 1972–1973 Lektor in Princeton, dann Professor für neuere deutsche Literatur an der University of California, Los Angeles. Seit 1985 an der University of Florida. Veröffentlichungen: »Christa Wolf« (1976, ³1987); »Die deutsche Exilliteratur 1933–1945« (1979); »Christa Wolf« (Forschungsbericht 1981); »Max Frisch« (1983); »Die Ästhetik des Widerstands« (Hg., 1983, ²1987); »Schreiben im Exil. Zur Ästhetik der deutschen Exilliteratur« (Mithg., 1985); Aufsätze über DDR-Literatur, Exilliteratur, Arbeiterliteratur, G. Lukács, A. Seghers, Chr. Wolf, P. Weiss u.a.

Arie Wolf, geboren 1911 in Czorkow/Ostgalizien; studierte Jura, deutsche und französische Philologie an den Universitäten Krakau, Lwow/Lemberg und Leningrad; 1939 – 1979 Bürger der Sowjetunion; 1949 – 1954 »Zionshäftling«. Promotion 1971 mit einer stilkritischen Untersuchung über das Romanwerk Lion Feuchtwangers; bis 1975 Dozent am Lehrstuhl für deutsche Philologie der Universität Charkow; 1980 Emigration nach Israel. Zahlreiche Veröffentlichungen zur deutschen Literatur des 20. Jahrhunderts, namentlich zur Exilliteratur, u.a. über Lion Feuchtwanger, Arnold Zweig und Thomas Mann. Lebt in Jerusalem.

Schriftenreihe des Instituts für Deutsche Geschichte Universität Tel Aviv

Daniel S. Nadav
Julius Moses und die Politik der Sozialhygiene in Deutschland
340 Seiten. Paperback.
DM 52,–
ISBN 3-88350-453-X

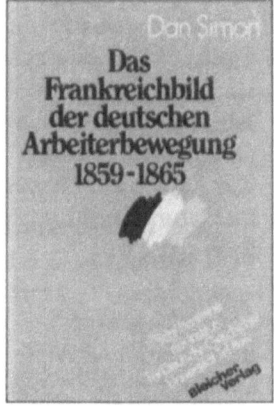

Dan Simon
Das Frankreichbild der deutschen Arbeiterbewegung 1859–1865
334 Seiten. Paperback.
DM 52,–
ISBN 3-88350-451-3

NEU

Yehuda Eloni
Zionismus in Deutschland Von den Anfängen bis 1914
572 Seiten. Paperback
DM 85,–
ISBN 3-88350-455-6

Meir Buchsweiler
Volksdeutsche in der Ukraine am Vorabend und Beginn des Zweiten Weltkriegs – ein Fall doppelter Loyalität?
496 Seiten. Paperback.
DM 68,–
ISBN 3-88350-452-1

In jeder Buchhandlung erhältlich.

Joseph Karniel
Die Toleranzpolitik Kaiser Josephs II.
568 Seiten. Paperback.
DM 78,–
ISBN 3-88350-452-1

Fordern Sie jetzt Prospektmaterial an!

Bleicher Verlag

Holderäckerstr. 14 · D-7016 Gerlingen · Telefon (0 71 56) 2 10 33

EXiL Forschung Erkenntnisse Ergebnisse

ZU BEZIEHEN ÜBER:

EDITA KOCH
Goethestraße 122
D-6457 Maintal 2
Telefon 06109/6 57 86

DM 18,50
incl. MWSt. und Porto

Exil 1933-1945

Blätter für deutsche und internationale Politik

Die auflagenstärkste und meistabonnierte politisch-wissenschaftliche Monatszeitschrift in deutscher Sprache. Sie bietet Analysen, Meinungen, Dokumente, Chroniken. Unentbehrlich in den aktuellen Auseinandersetzungen um Alternativen und Weichenstellungen für die 90er Jahre.

Themen der letzten Hefte u. a.:

Mythen und Realitäten des Münchener Abkommens · Der deutsch-amerikanische Dauerstreit über die atomare Verfügungsgewalt · Gläserne Bürger für einen undurchsichtigen Staat · Aspekte der Historikerdebatte: die Entsorgung der NS-Vergangenheit · Beweiszwang für die Opfer, Freispruch für die Täter · Testfall Golf · Die Grünen: Eine linksradikale Partei der Mitte? · Eiszeit auf dem Arbeitsmarkt · Politik mit und gegen AIDS · Wege zur Aussöhnung mit der Sowjetunion · Zukunftsszenarien der Gewerkschaften · Frontstaatsdämmerung · Der Fall Barbarossa: Es geschah Schlimmeres, als wir wissen wollen · Streit um die NATO-Strategie · 40 Jahre Bundesrepublik: Anstöße zur Bewältigung einer „Erfolgsgeschichte" · SPD/SED: Kultur des politischen Streits · Der Reaganismus ist ausgereizt · Ozonloch und Klimabeeinflussung · Bonn-Paris: Der Erbfeind als Ersatzfreund · Amerikanisch-sowjetische Annäherung und regionale Konflikte · Stalinismus als politisches System

In den letzten Heften schrieben u. a.

Elmar Altvater · Egon Bahr · Ulrich Beck · Angelika Beer · Karl Bonhoeffer · Andreas von Bülow · Frank Deppe · Hans-Peter Dürr · Valentin Falin · Olaf Feldmann · Iring Fetscher · Georg Fülberth · Katrin Fuchs · Heinz Galinski · Diethelm Gohl · Wilhelm Hankel · Selig S. Harrison · Mechtild Jansen · Hubert Kleinert · Arno Klönne · Verena Krieger · Reinhard Kühnl · Annette Kuhn · Dieter S. Lutz · Alfred Mechtersheimer · Meinhard Miegel · Hans Mommsen · Bahman Nirumand · Helmut Ridder · Karin Roth · Karl Heinz Roth · Sergej Salygin · Kurt Scharf · Hermann Scheer · Walter Schütze · Susanne Schunter-Kleemann · Hermann Otto Solms · Christian Streit · Bernd-Jürgen Wendt · Karl-Georg Zinn

Zum Kennenlernen:

für DM 10,– (Vorauskasse: Verrechnungsscheck, bar oder in Briefmarken) erhalten Sie 2 Monate lang die „Blätter" (Einzelheftpreis DM 9,–). Die Lieferung wird nur fortgesetzt, wenn Sie es ausdrücklich wünschen.
Schreiben Sie uns oder rufen Sie an: „Blätter"-Service für Leserinnen und Leser, Gottesweg 54, 5000 Köln 51, Telefon (02 21) 360 02 38

Heft 4
ISBN 3-8015-0228-7
ISSN 0391-6418
ca. 140 Seiten, DM 20,-

Anläßlich des 40. Jahrestages der Gründung des Staates Israel setzt sich **BABYLON** mit Israel und dem Zionismus auseinander.
Dabei geht es weder um Anklage noch um Apologetik, sondern vielmehr um eine nüchterne, illusionslose Bestandsaufnahme.
Im Mittelpunkt stehen Geschichte und Vorgeschichte des Staates selbst sowie die Auswirkungen der Gründung eines jüdischen Staates auf das Bewußtsein der Juden in der Diaspora.

Ein weiterer Schwerpunkt wird die Frage sein, ob und wie das nachwirkende Trauma der NS-Vernichtungslager eine realitätsangemessene Wahrnehmung des sogenannten "Nahostkonflikts" verstellt.

Aus dem Inhalt:
Dan Diner
Nach 40 Jahren:
Israel in der Wüste
Peter Demant
Die Ideologie der Gush Emunim
Mosche Zuckermann
Der Fluch des Vergessens
Ilan Pappé
Eine historische Annäherung an den Krieg von 1948
Cilly Kugelmann
Gespräch mit Matti Peled
Azriel Carlebach
Schrei auf, geliebtes Land
Samuel Gringauz
Die jüdischen Displaced Persons
sowie Rezensionen zur jüdisch-maghrebinischen Literatur in Frankreich, zu David Grossmann und Paul de Man u.a.

außerdem lieferbar:
Heft 3
ISBN 3-8015-0223-6
134 Seiten, DM 20,-

András Kovács,
Die Judenfrage im zeitgenössischen Ungarn

BABYLON
Beiträge zur jüdischen Gegenwart
Periodikum erscheint zweimal jährlich
Herausgeber:
Micha Brumlik, Dan Diner, Susann Heenen-Wolff, Gertrud Koch, Cilly Kugelmann, Martin Löw-Beer
Redaktionsanschrift:
Verlag Neue Kritik, Kettenhofweg 53, 6000 Frankfurt 1, Telefon (069) 72 75 76

verlag neue kritik

verlag neue kritik

verlag neue kritik

Zu beziehen in jeder guten Buchhandlung.
BABYLON kann im Abonnement auch über den Verlag bezogen werden.
Verlag Neue Kritik, Kettenhofweg 53, 6000 Frankfurt am Main 1
Tel. 069 / 72 75 76

Heinz Steinert, 1938, Waldheim, der Antisemitismus und die erzwungene österreichische Identität
Ruth Beckermann, Fredi Blau auf Reisen
Micha Brumlik und Dan Diner, Zum Börneplatz-Konflikt
Fritz Pohle, Jüdische Emigration und kommunistische Bündnisbemühungen in Mexiko
Giorgio und Nicola Pressburger, Die Synagoge
Harold Bloom, Franz Kafka: Unbestimmter Wohnsitz

Heft 2
ISBN 3-8015-0216-3
140 Seiten, DM 20,-

Saul Friedländer, Die Shoah als Element in der Konstruktion jüdischer Erinnerung
Dan Diner, Über Grenzen der Historisierbarkeit der Massenvernichtung
Alexander Smolar, Unschuld und Tabu. Antisemitismus in Polen

Ein Interview mit Hans Mayer und Beiträge zu Jean-Paul Sartres Schrift zur Judenfrage von Claude Lanzmann, Georges Bataille, Axel Honneth, Micha Brumlik, Martin Löw-Beer, Eva Groepler, Gertrud Koch u.a.

Heft 1
ISBN 3-8015-0211-2
137 Seiten, DM 20,-

Dan Diner,
Negative Symbiose. Deutsche und Juden nach Auschwitz
Norman Birnbaum, Zur gegenwärtigen Situation der amerikanischen jüdischen Intellektuellen
Harold Bloom, Scholem: Unhistorischer oder jüdischer Gnostizismus
Gertrud Koch, Anmerkungen zu Claude Lanzmanns Film Shoah
Marek Edelman "Red' keinen Quatsch, mein Kind ..."
Jürgen Habermas, Zu zwei frühen Publikationen des deutschen Staatsrechtlers Carl Schmitt

Literatur im historischen Prozeß — eine Reihe zur demokratischen Tradition in der Geschichte der Literatur

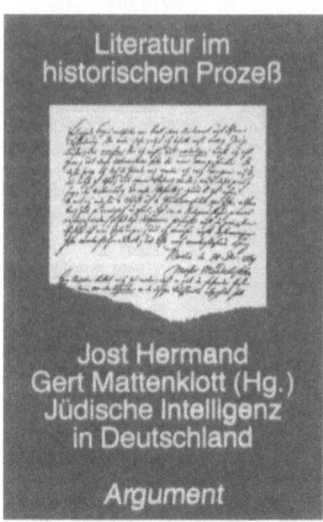

Jüdische Intelligenz in Deutschland
Hrsg. von Jost Hermand und Gert Mattenklott

In Deutschland hat zu keiner Zeit viel mehr als eine halbe Million Juden gelebt. Dennoch gibt es seit dem Mittelalter »das Judenproblem«. Es wird immer dann aktuell, wenn in geschichtlichen Krisensituationen nach einem Sündenbock gesucht wurde. Unter diesem Druck definierten die Juden Anfang des 20. Jahrhunderts ihre Identität in drei Richtungen: Assimilation, Zionismus und Sozialismus. Die Beiträge des Bandes konzentrieren sich auf das Verhältnis der aufklärerischen, links-bürgerlichen und sozialistischen Tradition zum Judentum.
AS 157, LHP 19, 160 S., DM 18,50

Frühe DDR-Literatur
Traditionen, Institutionen, Tendenzen
Hrsg. von Klaus R. Scherpe und Lutz Winckler

In der Diskussion um die »Einheit« der deutschen Literatur spielt die Auseinandersetzung mit der frühen DDR-Literatur eine Schlüsselrolle: Betont die Literaturgeschichtsschreibung der DDR den historischen und kulturellen Neuanfang und damit die Konstituierung einer eigenständigen Literatur, so wird im Westen auf die Kontinuitäten von Sprache und Kultur verwiesen, die die deutsche Literatur auch nach 1945 als Einheit erscheinen lassen. Der vorliegende Band, an dem Wissenschaftler aus der BRD, DDR, Frankreich und den USA mitgearbeitet haben, versteht sich als Beitrag zu dieser Diskussion.
Argument-Sonderband AS 80
Literatur im historischen Prozeß 17
208 S., DM 18,50

Argument

Rentzelstraße 1   2000 Hamburg 13

30 Jahre Argument

www.ingramcontent.com/pod-product-compliance
Lightning Source LLC
Chambersburg PA
CBHW051219300426
44116CB00006B/635